作 者 简 介

斯图尔特·艾伦（Stuart Allan）教授是英国当下知名的媒介研究专家。现为英国Bournemouth大学教授。曾任西英格兰大学教授。出版专著与编著十余本。著作被翻译成中文、韩语、阿拉伯语、波兰语等，在世界范围受到关注。并担任Sage、Blackwell等著名出版社学术期刊《媒介、战争与冲突》、《传播文化与批判》等编委。

McGraw Hill Education

新闻学与传播学译丛

新闻业：批判的议题

Journalism: Critical Issues

[英] 斯图尔特·艾伦（Stuart Allan） 主编

纪 莉 石义彬 译

WUHAN UNIVERSITY PRESS

武汉大学出版社

图书在版编目(CIP)数据

新闻业:批判的议题/(英)斯图尔特·艾伦著;纪莉,石义彬译.—武汉:武汉大学出版社,2011.9

新闻学与传播学译丛

ISBN 978-7-307-09160-3

Ⅰ.新…　Ⅱ.①艾…　②纪…　③石…　Ⅲ.新闻学—文集

Ⅳ.G210-53

中国版本图书馆CIP数据核字(2011)第177596号

责任编辑:罗晓华　　　责任校对:刘　欣　　　版式设计:马　佳

出版发行:**武汉大学出版社**　(430072　武昌　珞珈山)

(电子邮件:cbs22@whu.edu.cn　网址:www.wdp.com.cn)

印刷:武汉中科兴业印务有限公司

开本:720×1000　1/16　印张:30.75　字数:437千字　插页:3

版次:2011年9月第1版　2011年9月第1次印刷

ISBN 978-7-307-09160-3/G·2278　定价:68.00元

Stuart Allan
Journalism: Critical Issues
ISBN 0-335-21475-4

湖北省版权局著作权合同登记号：鄂图字 17-2007-033

Stuart Allan
Journalism: Critical Issues
ISBN 0-335-21475-4

This authorized Chinese translation edition is jointly published by McGraw-Hill Education (Asia) and Wuhan University Press. This edition is authorized for sale in the People's Republic of China only, excluding Hong Kong, Macao SAR and Taiwan.

本授权中文简体字翻译版由麦格劳-希尔（亚洲）教育出版公司和武汉大学出版社合作出版。此版本经授权仅限在中华人民共和国境内（不包括香港特别行政区、澳门特别行政区和台湾）销售。

湖北省版权局著作权合同登记号：图字：17-2007-035

前 言

隐藏在平实的视野中——新闻的批判议题

斯图尔特·艾伦

> 任何时候总有一种压倒一切的正统，一种广泛的默契，不要去讨论令人普遍感到不悦的事实。
>
> ——乔治·奥威尔

新闻业总有麻烦。评论家接二连三、振振有词地说它处于危机之中，甚至正在失去民主社会的核心地位。他们中的一些人指向新闻报道方面的丑闻，比如说 BBC 的安德鲁·吉利根（Andrew Gilligan）、《纽约时报》的杰森·布莱尔（Jayson Blair），或者《今日美国》的杰克·凯利（Jack Kelley）等人的报道①。这些人的行为证实了新闻业日久弥深且令人不安的弊端，从而让评论家们提高警示的声音。甚至一些知名记者也在大声质疑，至少是担忧，随着民

---

① 关于安德鲁·吉利根和赫顿报告的研究和讨论，请参看本书第二十四章斯蒂芬·巴尼特的研究。在 BBC 记者吉利根指出政府武器专家大卫·凯利是其报道的信息来源之后，凯利自杀。简而言之，赫顿报告是调查导致凯利自杀的一系列事件的报告。在吉利根的报道中，他指出在首相办公室的压力下，一份关于伊拉克问题的情报文件被修改。赫顿报告证实政府在其中无罪，引发批评家提出报告为政府“洗脱”的指责。2003 年 5 月，记者杰森·布莱尔从《纽约时报》辞职，他被指出屡次犯下记者的欺骗行为（详见凯利 2003 年关于感知评价的论文）。2004 年 1 月，外国记者杰克·凯利（五次提名普利策奖）从《今日美国》辞职，他承认在报道中错误地引导了编辑。

粹主义、政治力量和各方利益的无情入侵与强劲拉扯，这个一度让人自豪的职业之经脉正在被快速磨损，逐渐瓦解。

当《每日镜报》承认它刊登的英国士兵虐待伊拉克囚犯的摄影图片确实是伪造的时候，人们觉得这就是新闻业的写照，很少有人真的对此感到惊讶。在“一定要抢先报道”这个动机的持久驱动下，新闻界不惜一切代价赶超自己的对手。而这表明新闻界惯常牺牲的对象就是——真实。《每日镜报》在头版如此致歉：

对不起……

我们

被骗了

送到我们手上的伊拉克虐囚照片的确是假的

现在我们很清楚地知道《每日镜报》刊登的英国士兵虐囚照片就是伪造的。

它们的证据还不足以强大到让其上法庭认罪，但是《每日镜报》有责任要求自己求证事实。我们的使命就是告知事实。

这份报纸100多年来一直坚持着一样东西，以后也仍将坚持。如果我们没能做到，我们是让对我们最重要的人失望，那就是我们的读者。

因此，今天我们对读者致歉，因为我们发表了我们现在确信并非真实的图片。

我们还就刊登这些图片，对皇家陆军兰开夏步兵团和我们的驻伊拉克部队表示歉意。

《每日镜报》是出于良好意愿刊登这些图片的……

（《每日镜报》，2004年5月15日，头版）

很多批评家已经指出，驻伊拉克英军的名誉，甚至他们的安全都有可能被“这些廉价的新闻标题拿来交易”（引用一位英国上议院议员的愤怒言辞来说）。不过，不足为奇的是，尽管那个曾经目空一切的主编皮尔斯·摩根已经被保安押离位于 Canary Wharf① 办公室的大门，各种迹象显示，该报采编室会很快就恢复常态。该报所属母公司镜报集团（Trinity Mirror）出于对持股人投资和广告商意愿的考虑要求摩根立刻辞职，及时生效。而《卫报》在社论中观察到："摩根先生编辑了一份喧嚣的反战报纸，基调不均衡，但野心值得称赞。"而且我们要注意到，"在这个令人不悦的伊拉克事件中，唯一因此失去工作的人是记者，这真是个反讽"。报社的领导反正要说："摩根先生的倒台对英国媒体是个教训，否认这点是愚蠢的。"(《卫报》，2004 年 5 月 15 日)

美国的记者显然面对着另一种教训。在距巴格达 20 英里之外臭名昭著的 Abu Ghraib 监狱，出现了真实的虐囚照片。尽管国际特赦组织、红十字会和人权观察等国际组织携手努力让新闻媒体关注美军对伊拉克囚犯的虐待问题，但是它们的信息仍被记者忽略了数月之久。不过，随着 CBS 新闻节目《60 分钟》在 2004 年 4 月 28 日播放了其中几幅令人震惊的图片之后，这个事件终于曝光。事件逐步引发人们的愤怒，给布什当局带来巨大的政治危机。在这个过程中，CBS 因为该独家报道受到了人们的广泛称赞。但是，如果仔细审视这个报道的发布过程，我们就会发现该节目的制作人在播放照片之前，为美国五角大楼的官员提供了充分的机会去准备一份"媒介回应"(有 11 页之长)。尤其有细节表示，在 CBS 播放该报道前 8 天，驻伊拉克联军总司令理查德·B. 迈尔斯（Richard B. Myers）找到 CBS 主播丹·拉瑟（Dan Rather），要求即使不取消，也要推迟播出该报道。据称，梅耶对该报道对美国驻伊部队的潜在反响表示担忧，担心这些图片揭发出来会导致更多美国士兵在伊拉克死亡。

几乎所有人都会说五角大楼官员对 CBS 新闻的要求是可以理

① 译者注：《每日镜报》是创办于 1903 年的英国小报。Canary Wharf 位于英国伦敦东部。20 世纪 80 年代，许多英国著名报纸搬离"舰队街"来到这里。目前，《每日镜报》在 Canary Wharf 地铁站口附近一幢叫做加拿大广场的写字楼里办公。

解的，他们的利益要求他们这样考虑和处理问题。但批评家普遍不能理解的是CBS接受了这样的要求。很显然，《60分钟》最后决定播放这些图片的主要动机是要抢在西摩·赫什（Seymour Hersh）①之前对虐囚事件进行报道。他们听说《纽约客》杂志就要刊出这个报道，还有完整的图片。在这个压力下CBS会怎么做？对CBS臣服于五角大楼要求的态度感到不满的人很快就可以猜到，如果CBS不是担心被赫什抢先报道该事件，它可能就不会播这个事件的不完整版，甚至有可能选择根本不播出。CBS自己就在后记里对观众解释了为什么他们臣服于五角大楼的要求：

> 后记：两周前，我们就收到国防部的请求，最后我们收到了来自联军总司令理查德·B. 迈尔斯的请求，要求我们出于对伊拉克地面战争的危险和紧张局势的考虑，推迟对此事的报道。我们决定对这个要求表示尊重，但同时对国防部施加压力，要求他们增加对Abu Ghraib监狱所发生事件的关注。本周，随着这些照片开始在其他地方传播，而且一些记者开始发表他们所写的报道，国防部同意对我们的报道予以配合。
>
> （丹·拉瑟，《60分钟II》，CBS新闻，2004年4月28日）

杰夫·法杰（Jeff Fager），《60分钟II》的执行制片人，之后坚持表示他对报道被延迟感到“非常糟糕”。“新闻是一个微妙的东西，”他说，“很难只是做出那些决定。延迟报道对我们不是自然的；自然的做法是将报道播出去。但是环境又非常不比寻常，我觉得你必须考虑到这个。”（引自《华盛顿邮报》，2004年5月4日）很多批评家并没有被此说服。温和点说，压制这样的报道是没有合法性的。有些人相信国防部官员同意“配合”报道，只是

① 译者注：西摩·赫什（Seymour Hersh）是《纽约客》知名记者，普利策奖获得者，以独立调查报道闻名于业界，是首先揭露美军伊拉克虐囚的报人之一。

表明他们有以某种方式“玩转”这个报道的欲望，以帮助他们扭转公众舆论。这个丑闻在官方的话语里，只是牵涉一些“坏分子”的行为，没有什么证据表明它是系统的政策和程序造成的。不过，相反的证据早已被广泛接受，并非只有承认了的阿富汗和关塔纳摩存在虐囚。而且，CBS两周的自我审查，将报道推延，是一个无法抵赖、令人难过的事实。它必将对在伊拉克遭遇虐囚事件的囚犯产生伤痛的后果。

在报道发生大约一个月之后，关于新闻对公众的告知义务遭到进一步的质疑。同时，这也敦促那些拥有话语权的人更要对自己的行为负责。2004年5月26日的《纽约时报》刊登了一个对读者的说明。该说明刊登在第10版“《纽约时报》与伊拉克”的标题下面，总结了《纽约时报》伊拉克战争报道的明显过失。《纽约时报》宣称自己对战前和战争冲突开始时刊登的“大量新闻”感到自豪，但同时《纽约时报》的编辑们还是坦白陈述了他们对报道的反思：

> ……我们发现很多报道没有像它们应该的那样有力度。有时信息本身是有争议的，因而现在值得质疑，不足以通过或者面对挑战。回顾过去，我们希望随着新的证据涌现或不能涌现，我们能够更有力度……伊拉克事件对于记者是非常复杂的事件，伊拉克流亡人士的言论都被美国官员急切地证实，以说服人们有干预伊拉克的需要。当局的官员现在承认他们有时陷入到那些流亡信源提供的错误信息中。新闻机构也是这样——尤其是这一次……还是很有可能在伊拉克发现化学或者生物武器，但是这一次看上去我们和当局都受骗了。而且至今我们没有将此告诉我们的读者。
>
> （《纽约时报》，2004年5月26日）

在被证实为不可信消息来源的伊拉克流亡人员之中，编辑们尤其关注艾哈迈德·查拉比。（Ahmad Chalabi，他与伊朗情报人员的联系被揭露之后，就不再是布什当局的心头好。)① 尽管在上述说明中没有明确点出记者的名字，但是评论家迅速判定出《纽约时报》的明星记者，普利策奖得主朱迪思·米勒（Judith Miller）是罪魁祸首。她是查拉比的亲密知己。据说她几周前给《纽约时报》驻巴格达站长发去的一封邮件受到了广泛批评。她在信中说："我已经报道查拉比10多年，为我们的报纸呈上了大部分关于他的故事……他为我们的报纸提供了大多数关于大规模杀伤性武器的独家报道。"(引自《编辑与出版家》，2004年5月26日）尽管《纽约时报》后来承认有"洪水般"的电子邮件和来信批评米勒，但是《纽约时报》拒绝了辞退她的要求。

《纽约时报》承认了自己的缺点，编辑们重新撕开杰森·布莱尔（Jayson Blair）抄袭丑闻造成的伤口，本来这个伤口已经要愈合了。在那个丑闻发生之后采取的各项措施中，高层编辑人员被更换，紧接着的举措就是任命丹尼尔·奥克伦特（Daniel Okrent）为公共编辑（行使报社内部督导员的职能）。奥克伦特很有技巧地批评了《纽约时报》在伊拉克报道上"有缺陷的新闻学"。用他的话说，"这个失败不是个体的，是机构性的"。为了澄清这个问题，他指出了5个导致这次不幸发生的记者行业规则和操行：

● 渴望抢先。奥克伦特认识到，抢先发稿是新闻人的生命。而新闻人在战时尤为重要的警觉与怀疑，则因此被"淹没在肾上腺素的洪流中"。对于《纽约时报》有关大规模杀伤性武器的报道，他指出，"读者读到的一些惊人故事，建立在未经证实的'启示'之上。很多时候，它们只是披着匿名的外衣，掩盖人们对各种利益的表达"。

● 头版综合征。出于与"本我"相关的各种原因，新闻人要出人头地的欲望难以置信地强烈。比如说要在头版的作者栏上出现自己的名字。例如，宣称基地组织和萨达姆有直接联

① 译者注：艾哈迈德·查拉比曾任萨达姆时期反对派主要流亡组织伊拉克国民大会主席，并提供了大量关于伊拉克大规模杀伤性武器的情报，曾一度受到美国军方高度重视。

系的报道肯定会吸引人，尽管这个报道可能有严重问题。奥克伦特补充说："还有一些报道气势汹汹地推销五角大楼的推断，你简直可以感觉编辑的肩膀上长出了军队的肩章。"

● "肇事逃逸"新闻学。熟悉的采编室格言告诉我们："报道越令人惊讶，我们越是要再三斟酌、回访。"奥克伦特表示，很多次《纽约时报》都没有再次检查信息来源的论断。没有付出足够的努力去追踪、核实，或者"如果消息来源论断有误，让发表的官员承担公共责任"。

● 宠溺信息来源。如果新闻业是负责任的，匿名消息来源可以是关键因素，但他们也可能是有毒害的。奥克伦特说，一个报纸有义务对它的读者准确地解释为什么他们可以相信这个消息来源讲的是事实。当它不真实时，要采取恰当的行为。他写到了"编辑的自动辩护"："我们不证实他所说的，我们只是报道他所说的。"当言论有署名时，可以这么用。但是对于匿名的消息来源，它比没有辩护更糟糕。它是给说谎者发通行证。

● 绕道编辑。在和当下以及前同事讨论的基础之上，奥克伦特提出："一个功能失调的体系能让一些记者在华盛顿和巴格达之外运作，超越常规管理的界限。"此时最大的担忧就是，记者在多大程度上提不出真实的问题，或者对报道有所保留。"当某个报道有意识地回避常规管理界限的挑战时，"奥克伦特观察到，"这就表明里面有一些东西值得怀疑。"

在强调这些议题的过程中，奥克伦特小心地解释说他不是要求有更多忏悔的行为。相反，他的目标是帮助推进更有力度的报道。用他的话说："我所渴望的是有力度的新闻，也是报纸对自己的读者和自尊欠下的一样东西。那就是，它不仅要揭示出那些推动大规模杀伤性武器报道之人的技巧，而且要揭示出《纽约时报》自己怎么被这个狡猾的政治运动的进一步发展所利用。"

当然不只奥克伦特一个人在呼吁这样的报道。他所指出的议题即使在不同的国家情境中，都是关于当下新闻界的公共讨论中再恰当不过的议题。很多报道中令人不安的事实都丧失在错误信息的漩涡和“背景简报”中，大规模杀伤性武器的报道只是其中之一。新闻媒介被普遍认为无法为多样化声音提供恰当的基础，让人们听到关于战争的事实。对于那些追随这些争论的人而言，不管他们在政治谱系中的位置是什么，都有这样一种共识，那就是“新闻业是什么”需要重新看待和认识。

（截稿）底线压力

在这种忧虑之下，“危机”一词被越来越频繁地用以描述今天的新闻业不足为奇。不过，我们常常在努力刻画这种危机时遇到困难，因为我们不知道该如何清晰地指出它的本质。在这里，我们有必要超越那些各式各样腐化新闻正义的不同事件，看看是否可以辨识出更广阔的趋势或者模式。

以美国对当下新闻业的评估为例，最近的皮尤研究中心报告（Pew Research Center）提供了令人不安的材料。报告显示：“几乎一半的全国性媒体记者（51%）以及相当比例的地方媒体记者（46%）相信新闻业正在走向一个错误的方向。”这个发现表明，“很多记者开始相信日益提高的底线压力正在‘严重地伤害’新闻报道的质量”。（66%受访的全国性媒体新闻人持有这个观点，57%受访的地方媒体新闻人持有这个观点。）而且，如果与该中心在1995年和1999年作出的调查报告相比较，可以看出对于“底线压力的有害影响”，记者的忧虑正在增加。我在后表中提供了“利润压力损伤新闻报道”一栏的总揽。

这个调查建立在对全美547个全国性媒体和地方媒体记者、制片人、编辑以及其他执行部门人员的访谈基础之上，时间是2004年3月和4月，也与我们提出其他议题的重要性相关。① 很显然，由于部分地意识到准确性标准在降低，前所未有多的记者对他们职

① 皮尤中心是一个独立舆论调查组织，由皮尤慈善信托基金会资助（该信托基金会有大约490万美元资产，是美国最大的私人慈善事业组织）。它的研究包括关于媒体、政治和公共政治议题的态度研究。它的网站为http：//people-press.org。

业的公众信誉感到警觉。同时，在过去3年里，越来越多的新闻人（将近一半接受访问的人在报纸或者杂志工作）目睹了采编室人员的削减。皮尤研究中心主任安德鲁·科胡特（Andrew Kohut）发现，“记者比以往情绪更为忧虑”，“这一点在裁员发生时尤为明显”（引自美联社2004年5月24日报道）。

利润压力损伤新闻报道

	全国性报刊			本土报刊		
对于新闻报道的底线压力	1995 %	1999 %	2004 %	1995 %	1999 %	2004 %
受到伤害	41	49	66	33	46	57
正在变化	38	40	29	50	46	35
其他/不知道	21	11	5	17	8	8
	100	100	100	100	100	100
报道越来越草率以及出错						
有效批评	30	40	45	40	55	47
无效	65	58	54	59	42	52
不知道	5	2	1	1	3	1
	100	100	100	100	100	100

来源：皮尤研究中心（2004）

我们对“底线压力”这个议题投入特别关注。调查发现，这种压力加重了被报告作者称为困扰新闻界的“信心危机”，迫切需要人们去挽救。在那些担心经济压力的受访记者中，86%的受访记者认为新闻媒介没有对复杂的新闻故事投以关注。56%的受访记者表示，媒介这些日子里“太胆怯”了；52%的受访记者认为新闻报道越来越偏向于犯事实错误，并提供草率的报道；50%的受访记者认为24小时新闻报道在削弱新闻。在与这个调查相关的一篇论文中，比尔·科瓦奇（Bill Kovach）（关注记者委员会成员）、汤姆·罗森斯蒂尔（Tom Rosenstiel）、埃米·米切尔（Amy Mitchell）（优秀新闻项目成员）提供了更深入的视角。他们对这些数据进行评价，提出“新闻产业持续着一种短期心理，一些批评家认为这个在过去就损伤了新闻业。这是一个令人警惕的信号”。科瓦奇等人回应了受访记者们对底线压力的观点，还进一步提出这种压力不仅来自记者所属集团，也来自广告商，这两者的联盟越来越坚固。“如果说5年前我们看到了变化的萌芽，”他们写道：“那么今天我们看到的是一种趋向。所有的参与者都在分裂：记者、管理者和公众。他们不仅在解决方式上存在分歧，而且连问题是什么都不再相互苟同。”

从全球背景来看，问题与解决方法之间日益变宽的鸿沟已经越来越明显。独立的新闻业受到持续增长的媒介集中、兼并和新闻媒介所有权全球化威胁，警钟一直长鸣。已经有人恰如其分地将这些公司对于信息的管控比作是“新审查制度”，尤其是当公共利益与股票所有者的私人利益发生冲撞时。根据最近的数据，奥尔登（Alden，2005）对十大全球媒介公司的描述如下：

1. 通用电气公司（GE）
1 826 亿英镑
旗下包括 NBC 国际几个美国地方频道，具有重大的非媒介利益
网址：www. ge. com/en

2. 时代华纳
404 亿英镑
旗下包括 HBO、CNN、《时代周刊》、华纳图书出版、AOL
网址：www. aoltimewarner. com

3. 维亚康姆
302 亿英镑

旗下包括CBS、MTV、尼克隆顿、Simon & Schuster出版公司、户外广告公司

网址：www. viacom. com

4. 新闻集团

282亿英镑

旗下包括英国天空广播公司、News International、哈珀柯林斯出版公司、DirectTV（美国），星空电视（亚洲）

网址：www. newscorp. com

5. 沃尔特·迪斯尼

267亿英镑

旗下包括ABC、几家美国报纸、迪斯尼频道、Miramax公司、主题公园

网址：http：//disney. go. com

6. Comcast公司

206亿英镑

旗下包括E！Entertainment公司、高尔夫频道

网址：www. comcast. com

7. 维旺迪（Vivendi）公司

151亿英镑

旗下包括Canal Plus公司

网址：www. vivendiuniversal. com

8. 贝塔斯曼①

134亿英镑

① 贝塔斯曼为私人所有；所提供数据为公司宣称的总资产。索尼没有列入表内，因为它的媒介利润基本来自音乐——www. sony. com。

旗下包括兰登书屋出版社、第五频道、巴兰泰图书集团、BMG

网址：www. bertelsmann. com

9. 甘乃特

120 亿英镑

旗下包括拥有数百家英国本地报纸的 Newsquest、美国全国性报纸《今日美国》

网址：www. gannett. com

10. 清晰频道传播公司

117 亿英镑

旗下包括数百家美国本土广播电台、户外广告公司

网址：www. clearchannel. com

来源：奥尔登（2005：260）；关于这些媒体的其他资产，可以参见《哥伦比亚新闻评论》的文章《谁拥有什么》(www. cjr. org/tools/owners)，FreePress (www. mediareform. net)、MediaChannel （www. mediachannel. org/ownership） 等资料。

哪怕只是瞥一眼这些财政报告（其中很多都在我上述提供的网站上可以找到），我们都可以发现与市场为善的管理部门在为集团化资本的巨轮抹油。罗伯特·W. 麦克切斯尼评价说：“当政策只是将大门关上，让有权力的商业利益在门后争夺，而公共意识或公共参与都被关在门外，你就只可能得到一样东西。那就是一个以商业利益为先，并为其最大化服务的媒介体系。”(McChesney，2004：252)

集团利益微妙地看上去简直是“常识性”地影响新闻内容，其方式只要通过仔细检审就可以辨识出来。还有一些善思的记者和学术研究者提供了重要的洞见（如 Adie，2002；Alterman，2003；Bell，2003；Brinkley，2003；Greenslade，2003；Hargreaves，2003；

Kovach and Rosenstiel，2001；Lloyd，2004；Lule，2001；Newkirk，2000）。在这一类叙述中，一个重要议题往往获得强调，那就是媒介所有人为了利益最大化有意将新闻商品化。这个商品化过程鼓励记者将媒介所有人的价值内在化，达到与专业性一致的境地。以默多克为例，他据说是世界上最著名的媒体大亨。在他的帝国的企业文化里，新闻价值被狭隘地定义为“为默多克服务”。《金融时报》的约翰·洛伊特指出：“对默多克来说，新闻和其他东西一样是商品：标准、平衡、公平由市场去观照。”（Lloyd，2004：118）洛伊特还说，默多克允诺开办“公开存偏的媒介”（比如福克斯新闻、《太阳报》、脱口秀电台以及其他），因为他相信这就是人们想要消费的东西。最近一次对英国报刊市场（默多克占领的世界市场的一部分）的总结见下列数据：

集团名称和执行控制人	市场份额与发行 (Jan-June，2004)
News International	34.6%
(Rupert Murdoch)	
Sun	3，365，844
Times	616，706
Sunday Times	1，347，665
News of the World	3，840，584
Daily Mail and General Trust	19.3%
(Lord Rothermere)	
Daily Mail	2，322，970
Mail on Sunday	2，269，271
Trinity Mirror	16.6%
(Victor Blank)	
Daily Mirror	1，883，274
Sunday Mirror	1，594，143
People	1，029，364

续表

集团名称和执行控制人	市场份额与发行 (Jan-June，2004)
Northern and Shell	14.5%
(Richard Desmond)	
Daily Star	898，692
Daily Express	892，388
Sunday Express	889，973
Daily Star Sunday	515，200
Telegraph Group	7.2%
(Barclay brothers)①	
Daily Telegraph	878，030
Sunday Telegraph	672，554
Guardian Media Group	3.1%
(Scott Trust)	
Guardian	358，625
Observer	425，317
Pearson	3.0%
(Pearson board)	
Financial Times	414，377

① 在本书写作时，Conrad Black，Hollinger International 的主控持股人正在寻求方式，阻止公司将电讯集团售卖给英国的 David and Frederick Barclay。巴克力兄弟的媒体资产包括《苏格兰人报》。他们准备以税前 71.5 千万英镑购买电讯集团。

续表

集团名称和执行控制人	市场份额与发行 (Jan-June, 2004)
Independent Newspapers (Tony O'Reilly)	1.8%
Independent	224, 499
Independent on Sunday	174, 573

来源：市场份额来自美国发行量审计局公布的 2004 年 1 月至 6 月全国日报和周日版报的数据统计（www. accessabc. com）; Alden（2005：15，18）。

默多克拥有世界上最流行的日报《太阳报》，他拥有的周日小报《世界新闻报》是同类报纸中销量最好的。这两份报纸从来不伪装说自己的报道是“不偏不倚的”。根据数据显示，默多克拥有英国报纸市场份额的 35.2%，他对这个国家其他媒体的拥有量也大概相当（尤其是天空新闻）。这就可以解释为什么英国首相都要仔细听他说了些什么。相应地，这也能解释为什么当人们提出对所有权道德的担忧时，不大可能得到热烈的回应。

不过，这样的财经数据只能提供整幅图景的一部分。对于新闻业来说，尤其带来挑战的是新闻文化活生生的物质性。比如，所有权变化会改变某些新闻组织的记者操守（Allan，2004）。在媒体要做出关键决定时，有的媒体所有人经常喜欢亲身干预，而更典型的做法则是依靠他信任的下属去揣摩他的意图。默多克旗下《澳大利亚人》一个前任记者回忆道：“在默多克的报纸里，记者没有获得一个记者应有的自由。”这显然不是记者受限不能报道一些主题的问题，它更多地是指记者在报道某些事情时应该采取的姿态。“默多克不必把它说出来，”他接着说，“我记得，他不给编辑发备忘录，告诉他们应有的态度。做默多克主编的人就是本能地知道什么能被接受，什么不能被接受。”（Coleridge，1993：489）例如，在伊拉克战争期间，福克斯新闻在报道和评论中“本能地接受的”

是右翼刺耳的挺战声音。《沙龙》杂志的大卫·J. 西罗塔（David J. Sirota，2004）说："当美国士兵穿越沙漠前往巴格达时，媒介大亨默多克拥有的'公平公正'的电视网看着像是一幅国营电视台的讽刺画，机械地重复着白宫的日常谈话要点，不管它有没有必要。"吉姆·罗腾博格（Jim Rutenberg，2003）在《纽约时报》写道："'福克斯方程式'证明，'顽固地播放将美国放在第一位的新闻'非常有利于提高收视率。"他指出："福克斯表现出电视新闻的新道路——'在主流新闻的核心位置，将传统的客观性观念放到一边，藐视非议，不怀疑政府。'"

安德鲁·尼尔（Andrew Neil，1996）是默多克在伦敦的《泰晤士报周日版》前主编，他在回忆录中回忆了他的上司如何在采编室内限制编辑的自由。尼尔的说法和上面所说的"本能"有异曲同工之妙。尼尔写道："默多克选择像我这样和他的波长一致的人做编辑：我们一开始就对政治与社会抱有相同的看法，即使我们不是每件事都保持一致。"（Neil，1996：164）很显然，尽管尼尔也提到了几个管理中有趣的例外，但是他觉得自己主要是保持了这种一致。不过，他将默多克描述为一个"非常政治的动物"，他写道：

> 默多克期待他的报纸广泛地支持他的信仰：一种来自美国的右翼共和主义和来自英国的纯粹的撒切尔主义的结合体，还要掺和一些适合他的殖民遗产的反英情绪（默多克出生在澳大利亚的墨尔本）。这就导致了既有自由市场经济的极端右翼配方，又有基督教道义主体的社会关怀，还有对堕胎、法律与秩序以及国防具有强硬保守主义视角的一锅浓汤。
>
> （Neil，1996：165）

在默多克旗下另一家报纸《纽约邮报》工作的记者丹尼·谢克特注意到，"毋庸置疑，《纽约邮报》在选举期间为共和党喧闹地造势，一点也不伪装自己是非党派的，或者还保有传统新闻观念。一旦默多克选择了他的候选人，社论与报道分开的传统原则就荡然无存”（Schechter，1999：378）。默多克很少公开表达他的政治主张，他宣称自己的表态不会产生什么后果。但是他并不诚实。他坚持说，他所做的只是确保他的新闻组织反映已经广泛发表、受到大众欢迎的言论。不管在什么情况下，毫无疑问，不管在投票箱里显示他的决定是什么，这么多年来他变化着地与党派结盟，展现出他强大的实用主义目标，这些都是为了推进他集团自身的利益。

围绕迈克尔·摩尔发表的极富争议的《华氏9·11》，关于集团利益对新闻界影响的争论出现了一个异乎寻常的转折。这一次是迪斯尼站到了事件的中心，它不允许旗下的Miramax电影公司补贴公映这部电影。很显然，它是担心这部电影的政治内容与处于竞选年的布什当局对抗。最后，Miramax的创立者哈里、鲍勃·韦恩斯坦买回了他们的权益，并组织了自己的发行渠道。这部电影成功了，在世界范围内带来惊人的影响。它努力使人们关注到主流新闻媒体没有曝光的议题。这种做法必然让一些记者感到不舒服，他们发现自己的职业实践出现了问题。摩尔将自己的工作比作“一种新闻”，他认为“这是记者应该做的真正的新闻”，还补充说：“我向你展现事实。”当问道作为一个纪录片记者，他是否遵循了不偏不倚的原则，他的回答是：“让我就像那些‘正当的’记者所为？‘正当的’记者不是不偏不倚的。美国这些‘正当的’记者支持这场战争，给这次战争做啦啦队，与当局共眠，从不提出难回答的问题，他们没有履行自己的工作，完全让美国民众失望。”（引自《全球邮报》，2004年6月18日）依摩尔的观点，记者很典型地通过一个滤镜向民众呈现布什当局，就像迪斯尼（通过纵向一体化手段）试图压制他的电影——通过集团控制信息的流通。

《华氏9·11》模糊了新闻与纪录片的界限，让人们回想起揭露真相的传统。它检审公共记录，让人们对布什对于9·11悲剧的反应，尤其是他发动对伊拉克战争的决定发出抗议。即使在该片放映之前，这部影片就已经点燃了政治火焰。一些保守团体组织抗议和静坐，威胁影院所有者禁止播放该片。同时，美国选举委员会也接到一些正式的投诉，提出该片的播放违反了选举规则。当这些以及相关策略都失败之后，一些批评家迅速转向寻求将该片定为R

级影片，以此给该片打上耻辱的烙印。这些人没法发现影片事实论述中有任何不准确的地方，便对摩尔进行人身攻击，质疑摩尔的爱国主义。而此时，媒介圈子内部出现赞扬摩尔的声音，称赞他的电影不仅对新闻界，而且对公众提供了公共服务。《纽约时报》专栏作家保罗·克鲁格曼（Paul Krugman）指出："摩尔先生最了不起的力量是，他对美国工人阶级具有真正的同情。而这点是大部分记者所缺乏的。"（《纽约时报》，2004年7月2日）《洛杉矶时报》的尼尔·盖布勒（Neal Gabler）称赞这部电影的作者挑战了记者的标志。他写道："通过大声地背叛真正的平衡，摩尔羞辱了美国的媒介组织。它们由于担心激怒保守党而拒绝报道摩尔现在报道的东西。"（《洛杉矶时报》，2004年7月7日）

是否这部影片，以及它产生的争议会给新闻界带来持续的影响还要拭目以待。在接受《今日》节目的凯蒂·库里克（Katie Couric）访谈时，摩尔自己将他的电影描述为、"默默向在新闻媒体工作的人提出请求，请他们做好自己的工作。我们需要你们。你们是我们的盾牌……而我觉得你们对美国人民做了相反的事情。"（引自《波士顿环球报》，2004年6月30日）强有力的话语，激情的表述。摩尔对新闻界的评价似乎在说，新闻业对记者来说是最重要不过的事情。不管记者们是否同意他的看法（而且，必须说记者在面对批评时和学术研究者一样脸皮出奇地薄），现在是时候展现他们反思的能力了。对每个像《纽约时报》或者BBC（后赫顿报告时代）那样准备自我反省，勇敢承认错误并努力改正的新闻机构来说，除了寻找新的道路之外，还有很多可以做的事情。这就解释了为什么针对新闻报道质量的公众批评，只要不是彻底地玩世不恭，都会获得广泛接受。

章节

上述讨论已经显示了本书作者们参与讨论的紧迫理由。多年来，我们总是说新闻界处于十字路口。真的，我们说得那么频繁，以至于它听着就是陈词滥调。但是，我们又会处处发现它的形式、实践操作和机构组织都发生了决定性的转型和新变化。因此，本书的目的就是为今天新闻界出现的新对话提供基础，并探讨它们未来的走向。

在每一个章节，《新闻业：批判的议题》都会在开篇提出一系列获得广泛关注的重要问题，这些问题还值得获得更大的关注。不过，我这里要承认，本书不可能在范围上完全覆盖所有的议题，也无法覆盖所有的国别和地区。但是，它虽然在广度上有缺憾，却努力将每个议题做得深入。所有的撰稿者都试图挑战思考“批判议题”的传统方式，以此拓展我们的理解，并鼓励我们为新闻业研究重新焕发活力进行更多的探索。通过这样的研究路径，我们希望本书能够提供一种生动的、富于争论的参与式研究。

参考文献

Adie, K. (2002) *The Kindness of Strangers*. London: Headline.

Alden, C. (ed.) (2005) *Media Directory* 2005. London: Guardian Books.

Allan, S. (2004) *News Culture*, Second Edition. Maidenhead and New York: Open University Press.

Alterman, E. (2003) *What Liberal Media*? New York: Basic Books.

Bell, M. (2003) *Through Gates of Fire*. London: Weidenfeld & Nicolson.

Brinkley, D. (2003) *Brinkley's Beat: People, Places, and Events That Shaped My Time*. New York: Knopf.

Carey, J. (2003) Mirror of the *Times*, *The Nation*, 16 June.

Coleridge, N. (1993) *Paper Tigers*. London: Heinemann.

Greenslade, R. (2003) *Press Gang*. London: Macmillan.

Hargreaves, I. (2003) *Journalism: Truth or Dare*? Oxford: Oxford University Press.

Hersh, S. M. (2004) Torture at Abu Ghraib, *New Yorker*, 10 May.

Kovach, B. and Rosenstiel, T. (2001) *The Elements of Journalism*. New York: Crown.

Lloyd, J. (2004) *What the Media are Doing to Our Politics*. London: Constable.

Lule, J. (2001) *Daily News, Eternal Stories*. New York: Guilford Press.

McChesney, R. W. (2004) *The Problem of the Media: US Communication Politics in the Twenty-first Century*. New York: Monthly Review Press.

Neil, A. (1996) *Full Disclosure*. London: Macmillan.

Newkirk, P. (2000) *Within the Veil: Black Journalists, White Media*. New York: New York University Press.

Okrent, D. (2004) Weapons of Mass Destruction? Or Mass Distraction? *New York Times*, 30 May.

Pew Research Center (2004) Bottom-Line Pressures Now Hurting Coverage, Say Journalists. Report of The Pew Research Center for The People and the Press, 23 May. http://people-press.org/.

Rutenberg, J. (2003) A Nation at War: The News Media, *New York Times*, 16 April.

Schechter, D. (1999) *The More You Watch, The Less You Know*. New York: Seven Stories Press.

Sirota, D. J. (2004) The Fox of War, Salon.com, 20 March.

目　录

第一部分　新闻的历史

第二部分　新闻与民主

第三部分　新闻现实

第四部分　新闻与他者化政治

第一部分　新闻的历史

第一章　与公众亲密交织

——名流与新闻

P. 大卫·马歇尔

- 名流传记如何使新闻转型？
- 名流与当代公共领域的关系是怎样的？
- 当今报纸上的新闻多大部分是在关注名流？
- 你能看到新闻报道逐渐变得像名流报道与娱乐报道的迹象吗？
- 从推广、宣传、公共关系到新闻话语，名流体系如何融入信息生产的谱系？

尽管在过去200年的大部分时间里，名流与新闻总是如影随形，但是它们交织在一起的关系总是暴露着新闻实践不太高贵的一面。新闻与名流构成一个变化着的公共领域，一个国家公民参与和发挥其重要性的另一种构成。这种重要性的转型不仅与民主政策和政治辩论的出现有关，而且也和复杂的娱乐产业的出现，以及充斥其文化形式的信息阵势紧密联系。本章主要研究新闻和名流的互动方式，以及两者的联盟如何产生出非常独特的表达和写作方式。它们不仅成为报纸特写的标准，而且在整个新闻的信息组织中都颇为流行。

在开始本研究之前，我们必须理解，由名流引发的新闻在报纸中如此司空见惯，以至于它的起源已经很难认清。例如，2004年5月13日，《纽约时报》刊登了一篇关于布什政府的国防部长拉姆斯菲尔德的报道。这个报道被设计成一个“传记”，描绘了一个在美军虐囚重大丑闻之下的国防部长形象。文章的标题是"拉姆斯菲尔德的呆兵还在继续，但要量力而行"。这标题暗含了全文的调子，对一个遭受围攻的人的心理和精神状况完全洞察。于是，我们从文中知道了拉姆斯菲尔德日常生活的个人细节，包括"上周日，他在位于华盛顿的优雅的屋子后院，全神贯注地钻研膝盖上10英寸高的文件"。一个拜访他的朋友表示："至少他坐在屋外——那天天气非常好。在那么大的压力下仍能如此，真是不错。"文章接着讲了很多关于这个人的背景细节：丑闻被揭露的那天，"在优美的、旧式的华盛顿Kalorama老区"，他邀请布什及其夫人劳拉（还有美联储主席艾伦·格林斯潘）在他家共进晚餐。"大家在相互的陪伴中都显得十分放松"；"尽管拉姆斯菲尔德有着凶神恶煞的外表，但他是个很自律的人"。尽管当时他正忙于阿富汗战争，他和他夫人仍然在周日如期去看望受伤的士兵。那一周他还三次看望了他高中时的朋友，"这人得了脑癌，濒临死亡"。我们还发现他是一个永不休憩的工作者，看到他"平时工作狂式的工作方式的稳定性"。这个报道要调查的是拉姆斯菲尔德是否会辞职，但是它传递的信息很典型地来自名流新闻实践，那就是挖掘一个名人真正是什么样的。尽管这个报道被放在头版，周围都是关于占领伊拉克的清醒报道，但拉姆斯菲尔德传记仍然显著地再现了人们经常在报纸特写中看到的风格。在当代新闻写作和表达中，人们已经不再质疑这种描绘方式。实际上，要生产这样的报道，记者必须保证获得不同的消息来源。那么，不时从名流新闻中呈现的就是与公共关系、宣传的进一步融合。在文中这个具体事例中，作者伊丽莎白·巴米勒（Elisabeth Bumiller）要和拉姆斯菲尔德的朋友建立某种信任，以获得一些个人生活的细节，并获得这些消息来源的同意公开谈论他。这种信任的建立确保了新闻报道对拉姆斯菲尔德进行更正面的解读。结果就是：这个报道介于肤浅的人物传记与拉姆斯菲尔德是否会辞职的重要报道之间。

缘 起

19 世纪，伴随着报纸的大众流通与发展，描绘名人的报道兴起。为什么对名人的报道会在那个时代出现耐人寻味。18 世纪末 19 世纪初，政治和文化版图出现了一系列变化，使得名流作为一种社会类别被发展出来。他们最开始是在参与后来所谓公共领域时发生转型。名流这个概念显示出知名个体对公众事务的显著参与，但是他们参与的方式与皇室和教会领袖的表现方式截然不同。名流是对公众权力的一种承认——实际上在很多方面，名流是集体权力在某一特定个体上的化身（Marshall，1997）。因此，要通过名流与民主的密切关系，以及它所表达的权力新形式来理解 19 世纪名流的出现。国家首脑的形象可以静默而隆重地复制在硬币和其他权力代表物上，但是随着民主权力的扩展，一种新的公共身份得到发展，它来自大众权力的兴起。名流自身代表着一种矛盾性，它一方面由于个体地位的提升而具有相对独特性，另一方面又依附于来自广大人民群众的民主价值理念的新体系。

新闻起源于商业报道以及政治宣传手册，它与民主发展同样有着一定的联系。报纸和其他印刷出版品的发展在部分程度上依赖于不同的权力组织。19 世纪，在诸如美国、法国、英国这些国家，伴随着政治解放的扩大，民主文化素质普遍提高，报纸转型为对国家政治事务进行信息交流和公开辩论的重要场所。通过转型为以营利为目的的大众订阅机构（通过把版面出售给试图获得较大受众群的广告商），这些国家的部分报纸至少标志性地代表了平民百姓的利益和需求。约瑟夫·普利策与威廉·鲁道夫·赫斯特等 19 世纪晚期美国报业的巨头建立了一种新闻品牌帝国，占有较为广泛的读者份额，并努力迎合他们所认为的欲望与利益。这被称为典型的黄色新闻主义。记者在其中详尽地描述一些耸人听闻的，且与都市读者生活息息相关的新闻。随着那些让人感到淫秽色彩以及揭露丑闻的报道的发展，对知名个体的传记式描写开始出现。在整个 19 世纪的发展过程中，名人新闻开始从仔细地研究他们在公众场合的表现，变化到揭露他们的私生活，以及他们私生活与公共生活的交织。正如里昂所揭示的那样，从19世纪到20世纪，名流新闻逐渐由记者从认识名人的人那里拼凑故事，转变为记者直接在名人私人住处进行直接的采访（Charles Ponce de Leon，2002）。

从19世纪到20世纪，有许多原因促成名流新闻的产生与发展。首先，名流报道展现了对个体的颂扬，这与文艺复兴以来一直发展的“自我”的意识形态贯穿在一起。名流展现了个人成就与转变的高度典范，因此挑战了阶级社会的僵化，显示出超越阶级划分的潜能。名流所代表的个体性也与消费资本主义的膨胀交织在一起，使大众能够把消费作为一种自我实现和转变的手段。消费者文化通过广告、百货公司，以及产品与服务的实际扩散，呈现出现代个体重塑自我的一系列可能性。名流折射出现代自我认知的形式，成为消费文化发展选择的另一个来源。

名流新闻还努力满足当代文化的其他显著需求。埃米尔·涂尔干用“失范”这个词来描述都市生活无处不在的隔离状况（Durkheim，1964）。20世纪中期，黎士曼用“孤独的人群”回应涂尔干的术语，以此表达在大众社会相似的距离感（David Reisman，1950）。工业化进程，劳动力向城市迁移，并在全球范围内移往新的制造中心，笼罩在城市一座座建筑物和一个个机构之上的普遍的分离感与错位感，都促使更深刻的无名感与疏远感产生。名流的故事提供了一群大众所熟悉的人物去填补这个缺口，人们在其中看到共性的东西，将自己与名流、与彼此再次联系起来。名流新闻不是强调我们与名流的距离、名流的光环，与这种话语相反，名流新闻努力使名人更加真实，用他们的日常生活给我们提供更大的亲密感。通过记者的描绘，名流的平凡之处和非凡之处都更为人熟知。这些故事将这些个体与大众联系到一起。由于报纸杂志上提供的大量私人资料，受众相应地对某位名流有了某种程度的“情感投资”（Marshall，1997）。

名流新闻似乎正不断地满足着当代生活中文化结构的特定需求，同时它显然也是不同的政治和文化产业的工具。汤姆·莫尔（Tom Mole）研究了文学名流的兴起，他的研究尤其揭示了与文化产品的大众生产相关的变化条件。莫尔的研究发现，当写作变得不那么具有匿名性（匿名性曾是18世纪的规范），出版商变得更加注意如何体现他们出版目录的与众不同。要确保自己与众不同，最有效的方法是在作者的可见度和使作者让读者感觉更真实方面投资。因此，拜伦不仅仅是一个文学家，他也因其私生活出名，成为一个众所周知的人物，有着清晰的公众形象。莫尔把这种转变与一种需要联系在一起，这种需要就是与新近疏远的大众读者联系在一起。通过给广大阅读群体提供作者的背景资料，这种个体间的联系使文学作品有了活力。

在报纸大规模发行的发展过程中，报纸所有者和记者一样也发展这样的技巧和话语，将迥然不同的读者吸引到一起。在美国，报纸努力地生产一些呼吁跨越阶级和种族界限的报道。在过去的几十年里，娱乐报道逐渐成为跨越这种界限的主要领地。报纸发表越来越多关于流行艺术的特写与评论，以吸引工薪阶层以及他们的休闲兴趣。同时，这种关于综艺节目和电影的报道文体，努力使这种新型文化形式的艺术长处合法化，从而使它们作为报道来源更为中产阶级所接受。电影演员和歌星的名人报道最终在19世纪二三十年代成为超越明显阶级差别的新闻报道，被人们广泛接受。

在文化行为这个更广阔的维度中，名流新闻在简化公共领域表象方面发挥着工具性作用。它有助于把注意力集中在某个个体上，并提供给公众一群值得注意的名人。在美国，这种建构与国内市场以及国家政治的兴起紧密联系。在19世纪中期，P. T. 巴尔纳姆（P. T. Barnum）这个最顶端的娱乐叫卖者总是力图确保他旗下的明星，如珍妮·林德（Jenny Lind），在巡演到达某个地区前能在当地的报纸上出现关于她的新闻。他发现这种背景介绍能提升明星的特质，吸引公众对他的策划的注意。通过这种先进的公关宣传，全国娱乐市场得以发展，并获得了新闻界的支持。而新闻界也认识到创造被推崇的个体对于售卖报纸和杂志的价值。

名流新闻的主观特质：它与媒介公关和广告宣传的联系

研究名流新闻最重要的原因之一就是它总能阐明新闻实践对其信息源的特殊依赖，以及什么被看作是新闻价值。恰恰是因为一个人的知名度预先确立了新闻价值，因此名流的身份地位简化了确定新闻价值的过程。名流能确保一种高度的关注，反之，其他新闻可能达不到这个效果。

与新闻对应的职业发展于 19 世纪，盛行于 20 世纪。这些职业组织、保护并培养对名人的兴趣。媒介公关常常被看作是确保刊登的人和事以一种美好姿态出现的实践。P. T. 巴尔纳姆在这个领域的工作被看作是启蒙式的。媒介公关行为和广告十分相似，为了对公众产生更大影响，它会夸张和吹捧某个事件或某人的重要性。因此，在日益壮大的娱乐产业中，个体或者公司都会聘用媒介公关人员。实际上，从 20 世纪 20 年代开始，媒介公关在好莱坞工作中很大成分是代表明星与粉丝保持联系。而 20 世纪早期形成的公共关系与媒介公关的实践截然不同，它是更为合法的职业。代表个体或者公司的公共关系专家，他们的工作类似记者对于报纸的工作。发布新闻稿是公共关系的创造，公司以此控制负面事件的潜在影响，或用于提升演员或者政客的公共知名度。在整个 20 世纪，发布新闻稿成为调整报纸评论影响的工具。

在新闻报道的某些领域，媒介公关、宣传与推广成为新闻结构中的正常部分。娱乐新闻与其他形式的新闻一样，不得不适应这个特殊行业和它的“重头戏”中新闻与事件的流通过程。电影发布、唱片发行、戏剧或者演唱会首映都需要和新闻媒体建立一种亲密联系，以求共赢。在这类发布活动中，宣传和推广部门擅长控制接触明星的渠道。因此，在电影放映前，参加媒体招待会是对电影明星进行采访的一种标准做法。在电影上映前的推广中，媒体招待会可以成为一个事件。如果电影是全球发行，那么演员可能是电影在当地首映式的一部分，采访也会围绕着首映进行。除了评论界的评论，大多数影片一定会使用这种形式的预先宣传，在报纸以及主要电视网上出现某个明星的专访。为使记者圆满地完成报道，给记者的媒体资料包里还会提供详尽的背景信息。随着更昂贵的作品被制作出来，记者还会拿到“电子媒体资料包”，里面有当地电视台可以使用的电影片花，以及当地记者提出尖锐问题的明星访谈。

官方及正式报道的发展

公关体系用以为新闻记者提供一个知情者的角色。娱乐产业和新闻记者普遍合作，双方策略性地达成共识：记者与明星“接触”之后，确保进行有利于明星的报道。在大型报纸或者主流杂志中，这种公关体系制造了名流传略或访谈特写的标准结构与模式。它可以具体概括为以下几个步骤：

1. 记者和明星在家居环境或者咖啡馆会面。
2. 描述明星的日常着装与举止行为。
3. 讨论明星近期的作品——这基本主导了为何这篇报道具有新闻价值。
4. 揭示一点与大家以为的明星性格不相符的东西——看上去是明星轶事，其实是揭示明星的本色。（选自 G. Baum，1998）

这种模式从 19 世纪 20 年代中期发展起来。它的故事结构不咄咄逼人，基本上是一种吹捧式的，充满对个体个性的赞颂。因此，名流传略结合了记者对个人创造性及独特性的奉承，以及记者揭示名流被隐藏一面的努力，用以发现名流的“真实自我”。

杂志业也许比报业在更大程度上依靠名流传略。杂志封面及封面故事是杂志销售的主要广告机制。选择某个名流作为封面形象，很大程度上与新闻事件一样是杂志的市场战略。因此，有的时候某个名流甚至会占满各种杂志封面。1997 年《泰坦尼克号》公映之时，很难找到一本没有以莱昂纳多·迪卡普里奥为封面的杂志。他的形象照亮了青少年类、新闻类、娱乐八卦类，以及女性类杂志。登上杂志封面并不是明星的收入来源；它更多地意味着编辑的内容控制（Turner et al.，2000）。一些最知名的名流封面，比如黛米·

摩尔1991年在《名利场》封面上那张怀孕时赤裸身体的彩绘图片，既被用以提升明星个人魅力，又成为杂志公关的沸点。

某些杂志以名流为基点编辑内容。安迪·沃霍尔（Andy Warhol）的《访谈》(*Interview*) 就是一个奉承名人，和名人进行一些泛泛无味访谈的大型杂志。在历史上，一些画报如《生活》和《展望》定期以名流传记为中心安排它们的杂志内容。更近期的杂志如美国的《人物》，脱胎于《时代周刊》“人物”专栏，在1974年成为独立的出版物。它成为名流表现自我的展示橱。《人物》杂志在澳大利亚的连锁杂志《谁》使用独家专访，不仅使杂志畅销，而且确保杂志作者能够获得接近名流私人及家庭生活的机会(Turner et al，2000：132-135)。独家专访也是某些杂志确保新闻价值的方式。当一些名流试图消除一些丑闻的负面影响时，独家专访也常使用到。

名流的独家专访既是一种资源，引发国内市场中众多杂志和电视网的紧张战争，又能成为一场标价战。比如《OK!》杂志2000年用160万美元赢得迈克尔·道格拉斯和凯瑟琳·泽塔琼斯婚礼照片的独家官方发行权。而就在《OK!》杂志发布婚礼照片三天前，它的竞争者《Hello》刊发了未经授权而偷拍的婚礼照片。道格拉斯、泽塔琼斯与《OK!》杂志联手诉讼成功，获得损害赔偿金。在美国市场的主要电视网之间，对迈克尔·杰克逊或O.J.辛普森的专访竞争如火如荼。一旦获得，各个电视网都会把节目放在王牌新闻杂志节目中。实际上，记者的职业能力就建立在各施其力使名人在自己节目上露脸的基础之上。美国的芭芭拉·沃尔特斯（Barbara Walters）在成为一名成功的电视记者和女主持人后，做了名流传略的作家和访谈者。英国的大卫·弗罗斯特（David Frost）和克莱夫·詹姆斯（Clive James）也是通过对有名没名的人物专访建立起相似的电视职业生涯。奥普拉·温弗里（Oprah Winfrey）在一次偶然的机会中从下午的脱口秀节目主持调为黄金时段的脱口秀主持人，成为了20世纪90年代迈克尔·杰克逊和迈克尔·乔丹钦点的采访者。美国的凯蒂·库里克（Katie Couric）与戴安·索亚(Diane Swayer）继承了这个传统，继续为名流面对大众讲话提供一个合意的平台。

丑闻、名流与新闻报道

当官方的新闻报道版本让新闻实践扮演起宣传员和公共关系的角色时，对名流丑闻的报道又使记者处于一个与娱乐公关机制相敌对的角色。来自美国的杂志《国家质询者》(*National Enquirer*) 以报道外星人的故事，以及其他令人难以置信的奇闻轶事而久负盛名。它还经常刊登名流被抓拍的私人照片。但是，它对 O. J. 辛普森谋杀调查的无情追踪真的捕捉到一些明确的证据，将 O. J. 辛普森与他前妻及前妻男友的谋杀联系在一起。更值得关注的是，其他报纸和杂志报道了《国家质询者》的调查结果。在 20 世纪 90 年代中期，有那么一小段时间，超级市场的小报让新闻以另一种形式达到了某种高度。由于没有其他知名媒介揭露丑闻时常有的限制，《国家质询者》不仅领先将 O. J. 辛普森案的事实公之于世，而且第一个揭露了杰西·杰克逊（Jesse Jackson）恋童。《国家质询者》通过刊登一系列名流的图片达到名誉的最高峰。不管是不讨好的伊丽莎白·泰勒的照片还是令惠特尼·休斯顿情绪不安的清晰照片，它们都让该报 40 年里在"新闻报道"中占有一席之地。毋庸置疑，任何名流的倒下都是重要的新闻题材。它们不仅是小报的主要内容，也是最高雅报纸的构成元素。电视节目在丑闻和官方报道之间游走，已然孕育了另一层的名流新闻。《娱乐今宵》(*Entertainment Tonight*) 是 20 世纪 80 年代由制作公司提供的一档夜间节目，它报道八卦以及官方不想报道的明星信息与动态，成为美国电视产业中类似报道的行业标准。全世界很多国家都制作了类似《娱乐今宵》的节目。它以晚间新闻报道的模式，把娱乐新闻作为一种标准的新闻"食粮"呈现给观众——不过主持人脸上能看到更多的微笑。

名流丑闻具有戏剧化转变新闻价值的潜能。O. J. 辛普森案的审讯成为头版新闻，超过了所有正常新闻价值所占头版新闻的比例。戴安娜王妃的死据称是被狗仔队追车造成的结果。这条新闻在所有的媒介中被铺天盖地地报道，好几周让其他新闻相形见绌。关于对迈克尔·杰克逊被捕以及与亵童案相关的审讯同样引发了无节制的报道潮。从对杰克逊被捕事件的地毯式报道到对他的支持和辩护团队的猜测性报道，关于杰克逊最近丑闻的报道简直成了一场媒介"马戏"，有些记者全天候地专注于此。当具有这种潜能的丑闻事件出现时，它们就从报纸娱乐版直冲头版。名流成为讨论的焦点，引起大范围的关注和争论。就当代的报道方式而言，新闻报道是名流被谈论的最有效渠道：名流成为我们话语的谈论焦点，而且让过去属于私人和个人的领域出现政治维度。

全方位的名流体系：记者成为名流

由于记者呈现出记录者的理想形象，与报道对象保持着中立。很显然新闻自身成为，新闻已然成为了名流体系中权力等级的组成部分。整个20世纪后半期，报纸和杂志越来越多地使用作者姓名（《经济学家》有可能是英语报刊中为数不多的几个例外之一）。这就加强了记者个体的可识别性，以及对某些成功记者的赞美。同样，电视在20世纪50年代的兴起培养了广播电视新闻明星。克朗凯特主持CBS《晚间新闻》20多年，成为新闻明星以及电视新闻中名流身份的标志。杰拉尔多·里韦拉（Geraldo Rivera）是美国脱口秀主持人和现场记者，他在美国的名流身份超越了他的记者专长。在美国的城市市场中，本地新闻主持人多少带有点克朗凯特这类名流身份。在印刷媒介中，记者努力从简单的记者身份转向专栏作家。作为专栏作家，记者与他所报道的政治、娱乐或体育方面的名人地位越来越平等。

记者向名流的转变使得一些个体成为他们报道故事的一部分。2004年有发现说，《今日美国》的明星记者杰克·凯利（Jack Kelly）20多年的名望部分地建立在一些与众不同的故事与图片中，而这些故事和图片是由一些训练有素的信息提供人提供的虚构内容，而且这些信息提供人居然甚至在新闻事件中不在场。与此类似的是，2003年《纽约时报》处理了杰森·布莱尔（Jayson Blair），他处心积虑为树立名气而构思假新闻。也许有人会联想到互联网揭黑者马特·德鲁奇（Matt Drudge）和他的《德鲁奇报告》(*Drudge Report*）带来的名流身份新发展。这个行业像依赖政治、娱乐一样依赖名流身份。

结　语

很难把新闻的历史和当代名流体系的兴起分割开来。新闻在改造一个新的公共领域上起到工具性作用，而名流则是让新的公共领域的关键要素扩展的基础手段和方法。在两者的融合过程中，新闻通过对名人的专题特写扩充了娱乐和体育报道。它也使用了一些在描写娱乐明星时使用的写作技巧去报道政治或其他领域有名或声名狼藉的人。娱乐报道大规模地发展壮大，成为所有媒体信息和新闻播报的重要组成部分。随着名流报道量的增加，新闻来源与记者之间的密切联系越来越自然化和正常化。换言之，从编辑内容方面来说，名流新闻是公关、推广与新闻融合的主要地点。名流新闻是探索不同形式文化政治的工具，它是对自我、私人以及秘密的调查。通过名流传记，对丑闻的调查揭示了所有肮脏的细节和心理过程，都通过名流访问公布出来。名流新闻在我们已经转变的、变化着的公共领域中，成为探索“政治个人”的所在地。

参考文献

Baum, G. (2004) A Celebrity Profie Formula. Online at http://www.aphrodigitalia com/mm/archive/celebprofie/, accessed, 8 March 2004.

Blakley, J. (compiler) (2004) Two or Three things I know about Celebrity Journalism. Seminar at USC Norman Lear Center, USC Annenberg School for Communication, 27 September 2002 online at http://learcenter. org/pdf/powers _ notes. pdf, accessed 10 March 2004.

Bumiller, E. (2004) Stolid Rumsfeld Soldiers on, but Weighs Ability to Serve, *New York Times*, 13 May, p. A13.

Connell, I. (1992) Personalities in the popular media, in P. Dahlgren and C. Sparks (eds) *Journalism and Popular Culture*. London: Sage.

Durkheim, E. (1964) *The Division of Labor in Society*. Trans. George Simpson, New York: Free Press.

Dyer, R. (1979) Stars. London: BFI.

Keeps, D., Melcher, C., Virga, V. and Coz, S. (2002) *National Enquirer: Thirty Years of Unforgettable Images*. New York: Hyperion/Miramax.

Marshall, P. D. (1997) *Celebrity and Power: Fame in Contemporary Culture*. Minneapolis: University of Minnesota Press.

Mole, T. (2004) Romanticism and Celebrity. Paper presented at the Cultural Studies Association (US) Conference, Persona series, Northeastern University, Boston, 5-9 May.

Ponce de Leon, C. S. (2002) *Self-Exposure: Human Interest Journalism and the Emergence of Celebrity in America*, 1890-1940. Chapel Hill, NC: University of North Carolina Press.

Reisman, D. (1950) *The Lonely Crowd*. New Haven: Yale University Press.

Rojek, C. (2001) *Celebrity*. London: Reaktion.

Turner, G. (2004) *Understanding Celebrity*. London: Sage.

Turner, G., Bonner, F. and Marshall, P. D. (2000) *Fame Games: the Production of Celebrity in Australia*. Cambridge: Cambridge University Press.

第二章　种族、意识形态与新闻业
——黑人民权运动与电视新闻

简·罗兹

- 为什么争取公民权利会成为电视新闻的一个流行话题？
- 电视记者如何架构这种全国性危机？
- 为什么黑人民权政治运动的出现使新闻媒介陷入窘境？
- 黑人民权运动家如何利用电视推动他们的运动？
- 在对黑豹党的报道中，电视新闻在建构国家意识形态中扮演了什么角色？
- 20 世纪 60 年代以来的这些报道如何持续地塑造了我们对种族和抗议的理解？

种族意识属于特定的历史情境，在不同的国家、地区都有各自具体的内容，并且随着政治、社会、文化和人口的变动而不断变化。在美国和大部分西方世界中，这种思想意识基于这样的假设：存在生物学意义上的种族群体，人们的相貌和行为决定了人们所属的种族。尽管科学家们对人类可以划分为纯粹而明晰的种族提出了越来越多的质疑，但是这种生物决定论的观点仍然根深蒂固。在美国，人类种族差异论可以追溯到 16 世纪欧洲探索新世界的运动，当时他们在探索活动中与当地居民的接触增加，非洲奴隶贸易也开始出现。包括温思罗普·乔丹（Winthrop Jordan）、雷金纳德·霍斯曼（Reginald Horsman）和奥尔登·沃恩（Alden Vaughan）在内的很多学者都追溯了欧洲人与不同种族人的早期接触，并注意到在这个过程中建构的一种等级秩序，宣扬白种人在道德、智力和身体素质上的优越性（Jordan，1977；Horsman，1981；Vaughan，1995）。这种观念的传播为对北美掠夺抢劫、灭绝不友善土著居民以及奴役非洲人提供了部分理论依据。长期以来，美国和一些其他国家发展了一套精巧的理论框架和公共话语，以图加强一种观念，那就是：非白种人是低下的，无法自我管理，不能融入美国主流社会，因此他们威胁国家的稳定。

自美国建国之日起，新闻界在传播种族思想意识中扮演着重要角色。19 世纪，为了反击白人媒体对种族的歪曲和他们所建构的种族神话，非裔美国人和其他少数民族建立了他们自己的独立媒介。直到 20 世纪初，美国报纸和杂志都是高度政党化的，常常公开声明自己是种族主义者，反对废除奴隶制度，支持迁移印第安人。它们是反移民的助推者，本土情感的激发者。那些与不同种族的人交流有限的读者依赖充斥着刻板印象和扭曲事实的新闻报道了解其他种族。在全国性的媒体中，通常会听到反对的声音要求终结白人至上主义和种族歧视，但是由于担心失去主要观众，他们的呼吁被普遍禁声。到了 20 世纪中期，新闻界领袖人士呼吁新闻界要发动一场严肃的职业改革，让新闻像其他领域一样认真地遵守客观、公正和真实的原则。例如 1947 年，新闻自由委员会（即哈钦斯委员会）宣布媒体责任应包括“如实地呈现社会群体成员的构成”，间接地提出了种族报道的问题（Leigh，1947：20-27）。这使得媒体关于弱势群体的报道有了一定的改进，但是媒体依然不够重视甚至忽略那些重大的全国性种族问题，像种族不平等、种族隔离和种族暴力等。

20 世纪 50 年代晚期，基于南部的民权运动到来，对这些新闻业的传统产生了深远而持久的影响。下面的论述将重点强调民权斗争对美国新闻业的影响，以及 20 世纪 60 年代晚期黑人民权运动家成为新闻主体后，媒体陷入的困境。当时，电视作为新媒体的出现是一个重要的因素，它使得新闻成为视觉文化。伴随着电视的兴起，黑豹党之类的群体组织崛起。这意味着在美国社会，种族意识形态的斗争将会在一个更重即时性和视听内容而不是复杂思想的媒介中传播。

1966年春，作为政治实体和视觉偶像的黑豹党第一次出现在美国人的电视上。当时，休伊·牛顿（Huey Newton）和博比·西尔（Bobby Seale）① 还在计划创建这个日后著名的组织。美国的两大全国电视网报道了在阿拉巴马朗兹县（Lowndes）学生非暴力协调委员会（简称 SNCC）领导的选民登记工作，领导这个黑人群体的政治组织后来确立为黑豹党。那时，在这场运动前沿最显眼的人物是 SNCC 的年轻主席斯托克利·卡迈克尔（Stokely Carmichael）。为了争取选举权，卡迈克尔宣布阿拉巴马黑豹党成员要实施“黑人力量”(Black Power)②（参见 Van Deburg，1992）。

美国广播公司和哥伦比亚广播公司都派遣了记者前往美国社会种族隔离的顽固地带，阿拉巴马州的海纳斯韦尔（Haynesville），去采访当地黑豹党的工作人员(《CBS 晚间新闻》1966 年 3 月 10 日；《ABC 新闻》1966 年 5 月 3 日）。1965 年，正是在这个城镇，一个由白人组成的陪审团宣判四名 3K 党成员谋杀维权工作者维奥拉·柳左（Viola Liuzzo）的罪名不成立③。《CBS 晚间新闻》的记者站在朗兹县的法院前，把南方的种族主义比作其身后这幢高大宏伟的建筑，他用庄重严肃的口吻说道：“新粉刷的油漆颜色——白色，非常富有象征意义。每天这幢大楼里的白人官员们在这个白种人不及黑种人 1/4 的县里征收税款、管理学校、挑选陪审员、处理法律事务。”(《CBS 晚间新闻》，1966 年 3 月 10 日）在 CBS 的报道

① 译者注：休伊·牛顿（Huey Newton）和博比·西尔（Bobby Seale）为黑豹党的创建人。

② 译者注：“黑人力量”（Black Power）是 SNCC 主席斯托克利·卡迈克尔（Stokely Carmichael）在 1966 年提出的激进口号。它要求黑人为自己的解放而奋斗，而不能等待白人的“恩赐”。这实际上是放弃“非暴力”理论，鼓励黑人使用武力。在密西西比，“黑人力量”促使黑人注册登记为选民及竞选公职，促进黑人团结，寻求政治力量。

③ 译者注：Viola Liuzzo 是美国人权运动积极分子，也是 5 个孩子的母亲。她虽是白人，但积极参加争取黑人合法选举权的各种游行。1965 年，马丁·路德·金演讲时要求大家一起在阿拉巴马州集会游行，在她驾车前往的途中，被三 K 党成员杀害。

中，黑豹党事件被认为是一场黑人向白人的权威地位反抗的崇高运动。那个站在镜头前拉长调子说话的白人长官就像是敌人的化身，他说："就我个人而言，我对所有的黑鬼都是公平的、坦诚的，这一点他们都知道。"最富视觉冲击力的镜头是摄像机定格在一个怒吼的黑猫标志上的画面。设计这个黑猫标志是因为阿拉巴马法律规定政党必须拥有一个便于不识字的选民确认的标志。在这些媒体建构的话语中，黑豹党宣扬平等民权，仅仅在政治选举的合法领域内开展活动。最后，在报道结束时，记者约翰·哈特（John Hart）总结该事件是一次正义击败非正义的胜利，"在这里黑种人的潜在力量已经改变了该县的政治气候"（《CBS 晚间新闻》1966 年 3 月 10 日；《ABC 新闻》1966 年 5 月 3 日）。

对于 20 世纪 50 年代末以来报道过美国南部的罢买、静坐、自由乘车运动①以及学校种族隔离制度的记者来说，这样的叙事是熟悉且舒服的。据一位历史学家说，1957 年发生在阿肯色小石城中央高中那场耗时持久、充满暴力的事件②"成为电视时代的第一出现场新闻秀"（Branch，1988：270）。电视新闻对于民权运动的可视性和全国动员都非常重要。NBC 资深新闻记者理查德·瓦雷里亚尼（Richard Valeriani）曾报道过多起类似的戏剧性事件。他指出，"电视有助于加快时机成熟的运动的进程"。电视新闻提供的视觉证据"迫使印刷媒介在报道相关事件时更为诚实"（Williams，1987：270）。运动的组织者们十分了解电视的重要性，像马丁·

① 译者注：1961 年 5 月 4 日，7 位黑人及 6 位白人示威者从华盛顿乘灰狗长途车，到密西西比首府杰克逊市，以此来打破汽车及候车室的种族隔离。当汽车行进到阿拉巴马州伯明翰市、蒙戈马利市等地时与当地白人发生冲突，不少示威者遭打受伤。但 4 个月后，州际汽车及候车室取消了种族隔离。

② 译者注：1957 年夏，阿肯色州小石城教育委员会允许 9 名黑人学生进入小石城中央高中就读。9 月 2 日，在秋季开学之际，该州民主党州长福布斯动用国民警卫队封锁学校，禁止黑人学生入学。为此，艾森豪威尔总统不得不在 25 日派美国陆军 101 空降师维持秩序。在全副武装的美国大兵保护下，9 名黑人学生最终得以入学。"小石城事件"被看作是美国反对种族主义的一个重要里程碑。

路德·金等人都希求获得全国媒体的认同。当国民警卫队、美国司法部长甚至总统都不得不参与到这场辩论时，民权与它的领袖们理所当然地成为富有价值的新闻主体（参见 Garrow，1986 和 Payne，1995）。

美国媒体惯用二元对立构筑民权运动，复制美国新闻界的标准价值：高尚与邪恶、公正与非法、北方与南方。在新闻的筛选过程中，记者突出和强化某种意识形态立场，形成新闻的框架（Entman，1993；Gitlin，1980）。先前的事件对于界定和改变媒体的新闻框架至关重要。在一个反战情绪高昂、社会动乱加剧、城市暴动增多的时期，早期对黑豹党的报道契合了既有的报道框架：黑人抗议种族隔离和种族歧视。非裔美国人追求政治和法律的平等机会是关于种族的全国性话语，位于这些报道的核心。对于种族融合的社会关系，白种美国人可能会感到不舒服，但是除南方人之外只有少部分人敢公开否认宪法赋予黑人的权利。在电视上，这场运动获得了更高的曝光率，同时越来越多的来自不同文化背景的人都参与到该运动中来，这绝不是巧合。参加抗议的白人和黑人一起被捕的场景，来自北方的年轻白人被残杀的惨剧，都促使该运动成为新闻商品。由于电视新闻能够对斗争、冲突进行清晰详细的报道，能够唤起北方白种人的道德愤慨，因而电视新闻非常适合民权题材的报道。

然而，并不能按照民权新闻报道的逻辑推断黑人解放运动的发展。即使 CBS 在朗兹县的反复斗争中觉察到了“黑人力量”的威胁，它也不会在那些富有自由思想和同情心的报道中揭示这种担忧。但是，他们会马上把黑豹党的名字和形象从南方斗争场所剥离，进入北方的种族纷争中。在随后的几个月里，“黑豹”所赋予的意义以及媒介呈现发生了极大的变化。黑豹党将不再与赋予民权的合理要求相联系。

为了自我防御，黑豹党于 1966 年成立。本研究对早期黑豹党的电视新闻报道进行了研究。一些评论认为黑豹党受到了广泛而无偏见的报道。然而，本研究发现，当该组织在加利福尼亚组建的头两年，黑豹党很少在电视上出现（参见 Pearson，1994：338-339）。

本研究的资料来源有CBS电视新闻的影像档案、Vanderbilt大学的电视档案以及ABC和NBC新闻脚本。这里必须说明一下，ABC和NBC两大电视网从不为研究提供资料脚本，它们只为广播和娱乐目的销售它们的影像资料，因而限制了本次调查的范围。不管怎样，美国的电视网在1966年报道了两次朗兹县的黑豹党，1967年报道了6次“黑人力量”的崛起。直到1968年夏，新的黑豹党才成为媒介主体。从1968年7月开始，美国的电视网制作了30多次黑豹党同警方的冲突，以及对牛顿的审讯的报道。

关于黑豹党新闻报道和框架的转变例证了新闻的意识形态功能。在某种程度上说，电视新闻的权力在于它能够构建一个视听空间来反对甚至取代文字呈现。很多学者都注意到，经由具有相同价值取向的守门人集团制作的电视新闻如何从社会、政治、文化的角度对事件进行了建构，而不是客观地再现现实。借用鲍德里亚的观点，费斯克解释说，正是这种超现实的状态“使我们不能清晰而按照等级地区分现实与其再现，以及区分再现的不同模式”(Fiske, 1994：62)。实际上，视觉媒体所开创的领域自身就带有种族的烙印。斯图尔特·霍尔曾解释说，电视新闻是一个种族与权力斗争的地方，在这里可以推理出种族主义是所有调解种族差异报道的思想基础（Hall, 1980：28-52)。

在美国，种族观念在媒体呈现中根深蒂固，其根源在于白人(或全国人）对黑人的垄断式想象。作者托妮·莫里森（Toni Morrison）就很有力地阐明了这点：“美国人谈论自己的明显方式有时候是寓言式的，有时候是隐喻式的，但是一旦再现非洲人时，就哑口无言了。”(Morrison, 1992：17）和他们的在其他公共机构中的同仁们一样，美国白人记者被这种种族间意义深远的关系深深影响和塑造。谈论20世纪60年代的那场动乱，就是以各种形式唤起对黑色的恐惧。莫里森把这种对非裔美国人的形象建构概括为“混合着黑皮肤、他者、恐慌和欲望的一团，是独特的美国式的”(Morrison, 1992：38)。这种种族想象在广播电视媒体上形成了对20世纪60年代“黑人力量”(歪曲）呈现的基础。当面对新的、交战的、反抗的黑人表达形式时，全国媒体陷入混乱。在新闻把关人眼里看来，黑豹党这样的组织不符合传统的新闻价值，实际上它们与赫伯特·甘斯（Herbert Gans）所提出的范畴，如负责任的资本主义、民主、小城镇的田园风格和个人主义完全相反（Gans，1979）。最后，只能以最普通的新闻价值，如冲突与名流来再现黑豹党，因为黑豹党不仅代表着城市的政治纷争，而且还代表着黑人与白人、公民或外来者，和解还是对抗的黑人意识之间的冲突。

1966 年春夏之后，当 SNCC 领袖斯托克利·卡迈克尔和 H. 拉普．布朗（H. Rap Brown）召集起黑人抵抗运动中年轻而激进的民权运动者，他们迅速得到了媒体的关注。这轮新的、更加密集的媒体曝光对于什么是“黑人力量”的鼓吹者转变了报道方式。电视新闻表述混乱，框架前后不一。它们搜寻清晰可辨的领袖人物和标志符号，强调煽动性的言论，而事实上却忽略了催发这场运动的社会政治环境。1966 年 6 月，密西西比格林伍德（Greenwood）的一场集会受到了新闻媒体的广泛关注。媒体记录下卡迈克尔对以往传统民权运动策略的不满。“我们说自由已经说了 6 年了，到头来还是什么都没有得到，”卡迈克尔大声喊道，“从现在开始，我们要说黑人力量！”当 SNCC 的成员们在全国的媒体面前大声呼喊“黑人力量”时，黑人民族主义时代进入公共领域（Van Deburg，1992：32）。新闻媒体将这些运动分子贴上武装分子、激进分子的标签。这些人挑战了他们的前辈非暴力、合法斗争的策略，对白人当局发出反抗的言论。

1967 年中期，电视新闻对于这些运动积极分子的报道零散而简短，一个月只有一两篇报道。尽管如此，媒体仍然对那种受到压抑的愤怒和不满的宣泄极感兴趣。很快媒体就确认了“黑人力量”的“领袖人物”卡迈克尔、布朗以及种族平等大会（CORE）的弗洛伊德·麦基西克（Floyd McKissick），并将他们作为每篇报道的中心。因此当卡迈克尔从起草委员会中得知草案要延缓的消息（1967 年 3 月 13 日），或者他在亚特兰大被监禁（1967 年 6 月 23 日），或者他访问法国（1967 年 12 月 6 日）时，电视网都会报道他(《CBS 晚间新闻》脚本)。就在这一年的春天，CORE 的麦基西克在美国新闻编辑协会的年会上说，媒体总是孜孜不倦地关注黑人生活的消极方面，而把其他的都忽略了。《CBS 晚间新闻》对此作了报道（CBS 晚间新闻文字稿副本）。但是，没有多少记者听他说些什么，对于黑人力量宣传者的报道依然持续着惯用的模式。

源自 SNCC 的黑豹党逐渐北上，并通过数次政治集会散布了“黑人力量”的信息。1967 年 1 月，他们在芝加哥召开新闻发布会，宣布支持陷入冲突的国会议员亚当·克莱顿·鲍威尔（Adam Clayton Powell），黑豹党再一次被推到电视新闻领域的前沿，尽管实际上对于该组织什么也没说(《CBS 晚间新闻》1967 年 1 月 12 日)。黑豹党仅仅成了代表黑人武装反抗的符号。

不到一年，卡迈克尔、SNCC 以及阿拉巴马黑豹党的电视画面就被换成了牛顿和西尔的新黑豹党。这些来自加利福尼亚的活动分子受到了朗兹县黑豹党、卡迈克尔言论以及一些革命家如马尔科姆·艾克斯和弗朗茨·法农（Franz Fanon）等人著作的启发。同时，20 世纪 60 年代抗议活动的电视报道模式也影响了他们。即使是对早期民权运动激进分子的有限报道也对这些运动积极分子有强大的影响。前文化部长埃默里·道格拉斯（Emory Douglas）回想他早年在黑豹党的时光，“就像是在电视上看到的运动一样，现在你能够参与和分享这个运动。你在电视上看到过马尔科姆·X，听人们谈论卡迈克尔和拉普·布朗……成为其中一部分能带来一种自豪感”(来自道格拉斯在《荣誉之眼 2》的访问，1989 年，第 3 集)。对他来说，亲身参与和电视观看几乎没有区别。绝大多数观众把这些新闻报道当作黑人抵抗运动日渐高涨的见证，但是道格拉斯把它们解读成政治和社会表达，回应了他对参与行动的渴望。全国观众对于牛顿、克里夫和西尔等名字耳熟能详，并且非常清楚成为一名黑豹党意味着什么。事实上，地方媒体和电视网新闻媒体传递着对黑豹党的媒体呈现。可以说，在 20 世纪 60 年代的黑人民族主义运动中，它们在塑造公共话语以及制定公共政策上扮演了着强有力的角色。

黑豹党表演给媒体看，而媒体也积极回应。这个更能引起人们注意的新黑豹党通过不断制造吸引人们眼球的符号和言论博取媒体的注意。他们的支持者通过服装、准军事表演以及使用一些煽动性的言辞（比如用“猪”来形容警察或者其他当权人物），极大地利用了视觉上的吸引力和价值。媒体报道中的黑豹党形象将一些种族主义话语的重要主题自然化，比如黑人倾向暴力对抗而非诉诸理性。从他们第一次在电视上露面开始，黑豹党就是以煽动者的形象出现：他们放弃传统的抗议形式，如设置罢工纠察队和示威游行等，武装监视警方的一举一动。电视摄像机捕捉到了黑豹党与白人当权人物紧张对峙的画面，画面中黑豹党使用了像“种族主义白人权力结构”和“种族主义猪”等话语，显示了他们潜在的、不易控制的威胁。牛顿解释说，使用“猪”字是一个深思熟虑的选择，因为年轻的黑豹党们将他们自己当作新一代的激进分子以出位。在晚间新闻中，黑豹党以“猪”字为惯用词汇，这有助于他们将自己建构为战斗者，对权力象征即使不是表达外露的仇恨，也起码表达了不敬。他们不是要求赋予他们权利的抗议者；他们是有武器的、愤怒的黑人，坚称要“通过任何必要手段”夺回属于他们的东西。

黑豹党预计媒介框架，并利用媒体议程来为他们服务。西尔记得牛顿曾预测“报纸将叫我们流氓和恶棍”。但是，据西尔说，非裔美国人能根据这些称谓认识到黑豹党的巨大影响力。西尔预料他们的媒介形象会引起黑人们的注意：“他们叫我们黑鬼、暴徒和恶棍已经400年了，这并不能伤到我什么，我只是想看看这些弟兄们在干什么。”（引自Foner，1995：xxxi）1967年春，电视新闻对新黑豹党进行了报道。他们在加利福尼亚的首府城市萨克拉门托（Sacramento）举行了第一次公众展示，期望这次事件能够提升他们的媒体曝光率。1967年5月2日黑豹党成员向州立法机关游行，一些人还挥动着装好子弹的武器，从而成功跳过地方报纸直接登上电视屏幕。媒介对此进行了一天常规报道，它们录制了30多分钟的带子，记录了博比·西尔抗议武器管制法案的声明，并且记录了警察们穿梭在国会大楼以及大楼草坪上追捕他们的场景。“新黑豹党坚信黑人武装反抗的日子已经到来，”西尔宣告说（1号执行命令，1967年6月2日在黑豹党社区新闻服务中心再次刊发）。电视摄像机记录了在一片喧哗和混乱中，黑豹党被警察推挤、搜查和拘捕的过程。

这则报道首先在萨克拉门托和圣弗朗西斯科播出，全国性的报道只是淹没在电讯简报中。但是电视图像保留了下来，黑豹党广为人知的形象被不断复制，一遍又一遍地在全国报道中出现。今天，电视网的地方附属台记录的影像成为那个时代的历史再现：黑色的贝雷帽，墨镜下无法掩饰的愤怒的黑色面庞，黑色的皮夹克，紧握的拳头，自信地挂在肩上的枪。加利福尼亚北部的媒体对萨克拉门托的抗议运动进行了为期几个月的报道。但那时人们以为这只是地方新闻，不在全国媒介市场的兴趣范围。而一年后，全国电视网对黑豹党现象高度关注。这次事件显示了黑豹党和新闻媒体在知识形态和曝光方式上的较量与对话，最终黑豹党有效地塑造了它的媒介形象。黑豹党需要媒体的关注，并且它的部分领导人渴望获得名声或恶名。而媒体也需要不断地用耸人听闻的新闻报道吸引观众的注意力。

全国妇女组织（NOW）的一项研究描述了这种对话关系，新闻媒体被视为该组织最重要的动员资源，让女性主义者借以分析并在一定程度上操控自己的媒介形象（Barker-Plummer，1995：306-324）。这一模式可以用来理解黑豹党试图与媒体发展的关系。很显然，黑豹党主动地建构了自己的媒介形象。为了更具镜头感，他们的活动、行为方式、言行举止都经过精心的策划。然而，NOW、民主社会学生促进会以及其他持不同政见的白人团体则无需同根深蒂固的种族观念和言论争辩（参见 Gitlin，1980）。白人运动分子通常能在与白人记者的战略合作中受益，这些记者有的能够认同甚至支持他们的章程。

新闻媒体试图雇用黑人记者来报道黑豹党，如《纽约时报》的厄尔·考德威尔（Earl Caldwell）和《生活》杂志的吉尔伯特·莫尔（Gilbert Moore）。但是黑人记者很少，实际上几乎看不到黑人记者出现在电视上。1968 年，社会失序全国咨询委员会即克纳（Kerner）委员会注意到：

> 记者行业在寻找、雇用、培训和晋升黑人方面非常落后。

> 今天，在美国新闻媒体从事编辑工作的人当中，黑人的比例不到5%，而且其中的绝大多数是在黑人拥有的机构中工作。
>
> （克纳委员会，1968：384-385）

尽管一些评论家曾断言白人记者对黑豹党太过同情，克纳委员会认为媒体和黑豹党之间实现双向有利的互动可能性有限："通过新闻人自己，在不同新闻机构中形成报道黑人武装分子的指导原则几乎是不可能的。"（克纳委员会）虽然媒体对黑豹党的报道可能有很大的需求，但是就媒体呈现进行战略协商的机会是有限的，并且需要去争取。尽管媒体对黑豹党进行了大量的报道，黑豹党依然痛斥这些"种族主义猪一般的媒体"。休伊·牛顿将媒体的报道框架视为"对付黑豹党的宣传战"的一部分：

> 在很大程度上由于媒体的不重视，公众从来没有清楚地知道，黑豹党的武装自卫行动只是党内领袖们所认为的反压迫自卫形式的一种而已。
>
> （Newton，1996：34）

不管怎样，同这一时期的绝大多数社会运动一样，黑豹党有目的地运用了媒体。电视逐渐成为全国主要的新闻和信息来源，这意味着引起电视的注意是任何团体实施政治动员的战略必要内容。黑豹党人对媒体的使用十分精通，他们很快认识到，媒体的关注能够用以吸引招募新成员，推进运动的发展以及将警察暴力等问题公之于众。在这段时期，电视业发现了新闻的娱乐价值，强调形式与收视率，而不是内容与社会责任。许多技巧和手段都用上了，比如注意节奏和编排，将类似的报道包装在一起，启用有影响力的主持人，避免复杂的思想观念。据政治学家爱德华·J.爱泼斯坦（Edward. J . Epstein）说，电视记者所投射出的思想偏见就是一切为了电视网的利益或者一切为电视网服务（Epstein，1975：182-209）。如此一来，黑豹党满足了电视对耸人听闻、连续报道和增加视觉内容等方面的需求。电视观众不再满足于观看生硬的图表和有瑕疵的背景照片。他们需要富有动感和让人过目不忘的图像。

1968年夏，休伊·牛顿因涉嫌谋杀一名奥克兰警官而受审。此事件使得黑豹党引起了全国的关注。从7月开始，由于黑豹党努力为牛顿案争取支持，大量有关黑豹党的报道出现在三大电视网上。电视新闻对黑豹党所提供的标志符号和戏剧般的事件十分感兴趣。为了赢得舆论，黑豹党人在奥克兰、圣弗朗西斯科和其他美国城市甚至电影上展开了一场“释放休伊”的运动，他们散发各种小册子、传单、海报并举行多次筹款活动。案子开庭时，数十位黑豹党人聚集在加利福尼亚奥克兰的阿拉梅达县（Alameida）法院外。他们站姿端正，高举横幅，以示与陷入战斗的领袖团结一致。《ABC新闻》的一则报道捕捉到黑豹党和支持他们的白人“嬉皮士”倾听博比·西尔谴责奥克兰警察局为“恐怖分子的组织”的画面(《ABC新闻》，1968年7月18日)。在陪审团审议期间，全国电视网又回头去报道了黑豹党大量的背景情况。牛顿的有罪判决吸引了新一轮的新闻高潮，引发了更多的相关报道。

为什么这些相对常规的法庭审理案件的报道会引起如此大的关注？这是因为这些报道叙事恰到好处地将黑豹党纳入到法律与秩序的新闻框架中。电视观众都熟悉法庭审理案件的过程，刑事审判制度可以看作是对黑豹党骇人举动给予公正的惩罚。休伊·牛顿被他的追随者捧为烈士，可以被框架为反英雄，或是警察国家的暴力受害者。同时，这场关于黑豹党的电视报道风潮发生于1968年全国民主大会召开之际。这次大会的电视报道典型地揭露了社会抗议的危机和警察暴力的程度。在大会召开之前，黑豹党举行新闻发布会，宣布在大会期间将不会发动示威游行(《ABC新闻》，1968年7月28日)。无论怎样，他们是象征的和实际的存在，博比·西尔后来被指控为“芝加哥七君子”之一，在自己的法庭上扮演了明星的角色。

北加利福尼亚以外日益活跃的运动也提升了黑豹党的电视形象。曾经只能作为地方报道的新闻具有了全国报道的价值，特别是在电视网的总部所在地——纽约。民主大会刚结束，由150名非在职警官组成的一群人在布鲁克林法院袭击了12名黑豹党人。三大电视网立即对此作了报道。观众开始在奥克兰电视网以外看到对黑豹党成员和领袖的采访。纽约市市长约翰·林赛（John Lindsay）谴责了警察的暴行。几篇新闻特稿对黑人运动分子同白人警察之间的纷争进行了详细的报道。同月，警方向位于奥克兰的黑豹党总部开火，焦点再次集中在黑豹党和警察之间的"战争"上(《ABC 新闻》，1968 年 9 月 5 日，1968 年 10 月 9 日；《CBS 晚间新闻》1968 年 9 月 4 日)。这段时期所有的新闻叙述中，警察被建构成一个充满委屈的群体。除了我们熟悉的那些充斥着黑豹标志和游行队伍的黑豹党报道外，电视还制作了长期的报道，对警方在工作中遇到的困难表示同情。

这一时期关于黑豹党的新闻报道典型地说明了媒体试图把黑人民权运动者纳入既存的报道体系中的努力。无论是民权运动还是白人反战激进分子的报道框架都不能轻易用于这场运动，它混合着黑人民族主义、自卫、左派意识形态以及激进而对抗的言论。黑豹党的电视形象和话语触发了美国白人对黑人男性力量、暴力的恐惧以及对一场彻底的种族战争的担忧。"失去控制的黑人男性形象对于白人来说是一个噩梦……"，费斯克在对 20 世纪 90 年代媒介事件的研究中提到（Fiske，1994：xviii)。早期对于黑豹党的媒介报道提示我们，种族话语始终存在于我们的民族内心。

自从黑豹党首次进入公众视野后，30 年来，他们的形象始终萦绕在公众的脑海里。黑豹党的视觉形象和他们的言论已深深地扎根于我们共同的和各自的记忆中，不管我们是否生活在他们那个时代，是否与这个组织有过直接接触，或者寻找过他们。它们已经变成了黑人赋权或黑人堕落的象征。在当代的新闻报道、纪录片以及虚构电影中，它们作为历史资料不断出现。这些资料会干扰那些试图摆脱右派评论，重新认识 20 世纪 60 年代的人。近来，反映 20 世纪 60 年代的文本就尝试将黑豹党传奇边缘化，或谴责它。例如，政治学家米塔·孟德尔·雷耶斯（Meta Mendel-Reyes)，一个 20 世纪 60 年代成长的怀旧的孩子，提到"在政治话语里提到 20 世纪 60 年代的负面形象，就会唤起人们对那些叛逆青年的回忆：凌乱的衣着、眼神愤怒的示威游行；穿着皮夹克戴着贝雷帽的黑豹党，持着来复枪，高声喊叫‘黑人力量’”（Mendel-Reyes，1995：72）。

“黑人力量”像幽灵一般，人们对它的诸多反应进一步证实了奥米（Omi）和怀南特（Winant）所说的，20 世纪 60 年代的黑人民族主义极大地动摇了占统治地位的政治文化。他们提到：“当白人自由主义者的族群策略被黑人武装分子予以实施时，白人自由主义者陷入了恐慌。”有些人认为媒体是导致 20 世纪 60 年代的运动失败的主要因素（Gitlin，1998：292）。其他人则警告要防止出现媒体的霸权式解读。哈林（Hallin）认为，“对新闻记者的意识形态控制”并不能确保媒体会持续不断地为资本主义社会主流机构的合法化服务（Hallin，1994：19-23）。在他看来，美国新闻业的矛盾性和斗争论本质使得它与政治当局保持一定的距离。在黑豹党事件中，美国的种族史和对社会动乱的担心都减弱了新闻记者对权力保持的距离。一旦警察部门、地方和州政府以及联邦调查局都认为黑豹党是必须根除的问题，那么黑豹党在媒体上的命运就被决定了。

参考文献

Barker-Plummer, B. (1995) News as a Political Resource: Media Strategies and Political Identity in the U. S. Women's Movement, 1966-1975, *Critical Studies in Mass Communication*, 12: 306-324.

Branch, T. (1988) *Parting the Waters: America in the King Years, 1954-1963*. New York: Simon & Schuster.

Entman, R. (1993) Framing: Toward Clarification of a Fractured Paradigm, *Journal of Communication*, 43(4): 51-58.

Epstein, E. J. (1975) *Between Fact and Fiction: The Problem of Journalism*. New York: Vintage Books.

Executive Mandate Number One (1967) *The Black Panther*, 2 June.

Fiske, J. (1994) *Media Matters: Everyday Culture and Political Change*. Minneapolis: University of Minnesota Press.

Foner, P. S. (1995) *The Black Panthers Speak*. New York: Da Capo Press.

Gans, H. (1979) *Deciding What's News.* New York: Pantheon.

Garrow, D. (1986). *Bearing the Cross: Martin Luther King, Jr. and the Southern Christian Leadership Conference.* New York: Random House.

Gitlin, T. (1980) *The Whole World is Watching: Mass Media in the Making and Unmaking of the New Left.* Berkeley: University of California Press.

Hall, S. (1980) The Whites of Their Eyes: Racist Ideologies and the Media, in George Bridges and Rosalind Brunt (eds) *Silver Linings: Some Strategies for the Eighties.* London: Lawrence & Wishart, pp. 28-52.

Hallin, D. (1994) *We Keep America on Top of the World.* New York: Routledge.

Hampton, H. (producer) (1989) *Eyes on the Prize*, Part II, episode 3.

Horsman, R. (1981) *Race and Manifest Destiny: The Origins of American Racial Anglo-Saxonism.* Cambridge: Harvard University Press.

Jordan, W. (1977) *White Over Black: American Attitudes toward the Negro*, 1550-1812. New York: Norton.

Kerner Commission (1968) *Report of the National Advisory Commission on Civil Disorders.* New York: E. P. Dutton, Inc.

Leigh, R. D. (ed.) (1947) *Commission on Freedom of the Press. A Free and Responsible Press, A General Report on Mass Communication: Newspapers, Radio, Motion Pictures, Magazines, and Books.* Chicago: University of Chicago Press.

Mendel-Reyes, M. (1995) *Reclaiming Democracy: The Sixties in Politics and Memory.* New York: Routledge.

Morrison, T. (1992) *Playing in the Dark: Whiteness and the Literary Imagination.* Cambridge, MA: Harvard University Press.

Newton, H. (1996) *War Against the Panthers: A Study of Repression in America.* New York: Harlem River Press.

Omi, M. and Winant, H. (1994) *Racial Formation in the United*

States: *From the* 1960*s to the* 1990*s*, 2nd edn. New York: Routledge.

Payne, C. (1995) *I' ve Got the Light of Freedom*: *The Organizing Tradition and the Mississippi Freedom Struggle.* Berkeley: University of California Press.

Pearson, H. (1994) *The Shadow of the Panther*: *Huey Newton and the Price of Black Power in America.* New York: Addison-Wesley.

Van Deburg, W. (1992) *New Day in Babylon*: *The Black Power Movement and American Culture*, 1965-1975. Chicago: University of Chicago Press.

Vaughan, A. T. (1995) *The Roots of American Racism*: *Essays in the Colonial Experience.* New York: Oxford University Press.

Williams, J. (1987) *Eyes on the Prize*: *America's Civil Rights Years*, 1954-1965. New York: Viking.

第三章　新闻业中“性别问题”的争论

——来自报道前沿的经验教训

琳达·斯坦纳

- 男性记者和女性记者的工作方式具有显著差异吗？如果有，这些差异是什么？
- 在新闻业中，自然性别与社会性别如何产生影响？
- 认为女人无法创作出和男人一样的报道，这种主张是怎样或为谁的利益服务的？

不仅是在18世纪和19世纪，而是一直延续到20世纪，人们都在热烈地争论自然性别所带来的差异。用亨利·希金斯（Henry Higgins）的话来说，通常胜利的雄辩者能设法解释为什么女人不能做到男人做到的事。这种观点无疑适用于新闻业。男性记者、编辑和发行人非常肯定地认为自然性别在新闻业中关系重大。显然，这就意味着女性没法成功地成为一个记者。女性无法处理编辑部里复杂混乱的文化；而且，更进一步来说，如果女性试图进入编辑室，那么这会摧残女性的健康，而且最终将女性“去性别化”。

唯一清楚的例外是女性可以站在女性的立场上去报道女性。从修辞学上来说，这种观点背后的逻辑是女人有着特殊的直觉，知道女人需要什么和想要什么。相反，男人们缺乏描绘时尚、孩子的养育、烹饪和室内装修的词汇和敏感性。有些男人争辩说，男人为女人写稿或者写关于女人的稿子，就“不像个男人”。男人崇高的地位和专业名声依赖于专注的主题和关系的受众。这要求男人必须垄断对于公共事务、政治和战争的报道；而女人将限制在女人的话题和受众中。①

本章认为，对基于“自然性别”的新闻实践的解释分析，并不像乍听起来那么陈旧过时。30多年来，学术界和非学术界人士都回避解释本质上与自然性别相关的问题。取而代之地，他们一直提到社会性别或者是“自然性别/社会性别体系”。但是“社会性别”可能已经失去了它原有的修辞学特征或者解释的有效性。这在一定程度上是因为，由于经济利润限制、管理期望，以及民族、种族甚至是政治，包括性别政治的影响，社会性别作为报纸产业中主要问题的导致因素，其重要性在不断下降。所以本章将会简略地以新闻业中女性的历史作为开端。然后，我会对社会性别的运用进行一定的检审，对该术语的当代使用提出一定的批评。② 最后我将再导入自然性别，并提出自然性别怎样影响新闻业，尤其是在战争报道中。女性对于体育与战争的报道是最具争议性的。在这两个竞争领域中，生理和身体非常引人争议。③

一个世纪妇女新闻工作的回顾

整个19世纪都听得到亨利·希金斯的牢骚，女人不能也不应与男人一样。男人和女人的情感和生理领域是相互独立的。社会性别的划分——私人与公共的、感性与理性的、休闲与工作——据说

① 本章基于美国历史与当代情景而写。不过，这个观点也适用于英国，尽管时间段有所不同（例如，英国女人在编辑室成功获得工作的人数不及美国，数量增长也比美国晚许多）。不过理论概念是相同的。

② 我大部分研究都是以批判意味谈及社会性别。而且，我一开始就承认习惯是难以改变的。谈到女性主义学者论述社会/文化结构比生物学和解剖学更有影响力时，我指的是社会性别而不是自然性别。我想将男人与女人看作是社会种类。我时常将“男性的”作为一个形容词，但我避免说“女性的记者”，这种说法似乎过度强调女人的身体和性特征，我更喜欢使用“女记者”。

③ 讽刺的是，尽管女性坚持说她们也能和男性一样报道体育，但是体育，特别是它的更衣室仍然是男性的堡垒。

表现着新闻中其他领域的特征。至少在新闻业中，这些领域是有等级而不是互补的。随着商业广告的增长，以“自然性别”来划分专家和一般劳动力的声音也变得更为活跃。大批读者对新闻的需求日益增加，不断增长的广告支持引发了报纸数量的持续增长。随着工资的增长，在报社工作变得更具吸引力。不过，男人依然反对女人进入编辑部工作。

20 世纪早期以及中期，这种观点发生了轻微的转变。当女人们开始在大专院校获得新的教育机会——包括新闻院系或是新闻教育项目——编辑和发行人就正确地预料到女人们会开始以更大的热情要求参与编辑部工作。作为回应，编辑们和其他男性新闻从业者们提出，雇佣和集中地培训女人是在浪费时间，因为她们很快，至少最后都会辞职去结婚和照顾家庭。众所周知的是，在两次世界大战中，许多编辑部实质上是不得已才雇佣女人。女人为各个版面写稿、报道，甚至是编辑，包括体育版。然而每一次，当战争结束，大多数的女人被命令为从战场返回的士兵们腾出位子。它的理由是，女人们喜欢再次将时间全部花在家里。为了防止女人们不愿意这样，有些女人之前就签订了同意这么做的协议。一些女人转去做地位低一些的工作；另外的一些则是全部从工作岗位上撤出去了。

对于自然性别差异的表述有时不是直接明确表达，但更通常的情况是，它们表达得极为明确。在 20 世纪早期出版的新闻教科书和职业辅导用书中，提到了自然性别带来的差异，警示女人们警惕来自编辑部中男人们的敌意，以及她们只能去为女性或社会版写作（Steiner，1992，1997）。大多数早期的新闻教材、职业或业余辅导书是由男人写的——他们通常是活跃的或是曾经的新闻工作者。然而也有创作此类文集的女性，她们也同样将女人们引向了新闻业中那些低门槛、低地位的区域。

正如上文所说，女人为女人去报道女人。报纸需要吸引女性读者，因为她们是广告主的重要目标，而男人们本质上抗拒为女人写作或去报道女人。因为女人们的“稿件”是指面向女性读者的，而且她们被鼓励以一种非新闻体的、谈话的风格来写作。今天，她们也许不能被称作新闻工作者。更中肯地说，为了获得工作，许多女人接受了自己对女人生活轨道的出轨。通常女人需要这工作，不仅仅是为了“零花钱”。真正的情况是，作为准许进入专业新闻界的代价，一些女人以更冲动易感的风格，发展出不同的话语或伦理原则。当然，女人们也报道不同的主题。但是一些女人发展出不同的工作方式，甚至许多女人对在这种与男性同事隔离开的领域工作感到满意，享受有区分的（客气的）对待和尊重。这个事实更多地说明了人们怎样对待工作环境，或是“天生的”差异。

不管接受或憎恶女性作者/主题/读者之间的同等，所有女人——以及为数不少的男人——都注意到编辑部如何把女人“作为”女人对待。①更重要的是，和许多其他领域一样，新闻业中存在着规范的理想，包括那些已经在描述性作品中清晰表达的，不能完全控制实际行为。一些女人设法抵抗对女性的边缘化，常常将自己塑造为不同于女人的“例外”，比如自己像个男人。一些女人发展出与男人不同的工作方式、不同的标准/词汇/道德原则。还有一小部分女人静静地做自己的事，做和男人一样的工作。同时值得指出的是，男人并不一定像他们的言语所显示的那样在行动上是性别主义者。一位《纽约先驱论坛报》的编辑称女记者“不能像男人那样理解诚信或公平竞争”（Walker，1934：248）。然而，他常常提供给女人，如伊莎贝尔·罗斯（Ishbel Ross）上头版的机会。②

作为例外的战争记者

在对何谓女性的认识出现变革的女性运动发展前的一百多年

① 伊丽莎白·班克斯（Elizabeth Banks）在她的《一个报纸女孩的自传》的开头中描述到一个发行人是如何回应她最初的工作申请的：“做什么也别做一个女报纸从业者。”（Banks，1902：6）在其后我所阅读过的大概100本由女记者所著的自传中，没有一本不提到这类事情。

② 在20世纪70年代，规定与描述之间的分歧朝着相反的方向发展着。随着女性主义运动的崛起，职业著作和新闻报道教科书很快从主张自然性别很重要转向称社会性别不应有差异对待。但现实是，编辑部花了几十年时间来反映这种转变（Steiner，1992）。

里，有一些女性，尽管数目不是很多，但作为专业记者取得了成功。她们为大众撰写了多样的总是由男人涉及的话题，包括公众事务和政治报道。她们甚至还报道国外新闻和战争新闻，由于战争的危险以及与男人的相关性，这些本是最显而易见排斥女性的报道领域。例如，1846 年，《纽约论坛报》的文学评论家、著名知识分子与作家（妇女权利的先驱）玛格丽特·富勒（Margaret Fuller）远赴意大利报道了一次革命（最终这次革命没能成功），以及法国对罗马的进攻。1850 年，在她回家的路上，富勒与刚和她结婚的意大利贵族丈夫以及他们的儿子死于沉船事故。富勒的朋友和家人显然出于保护她名誉的目的，毁掉了她大量的私人信件和文章（Von Mehren，1994）。虽然如此，富勒还是被人们誉为驻外记者。

简·麦克马纳斯·斯托姆斯（Jane Mcmanus Storms）尽管没有富勒那么出名，但也是和她同时代的一个浪漫的、充满精力的并备受争议的女性，尤其体现在她对墨西哥与美国军队的战争报道，以及对墨西哥内战的报道上。斯托姆斯替几家报纸写稿，主要为莫斯·耶尔·比奇的《纽约太阳报》供稿。1846 年，斯托姆斯陪同比奇对墨西哥进行了一次秘密和平访问，其间她还给比奇做翻译，同时记录下她自己的观察。她的战争通讯发表在《纽约太阳报》和其他几份报纸上，为她赢得了赞誉。起码有一位颇有权力的议员抱怨她“对战争和政治具有男性胃口”（Reilly，1981）。回到纽约后，她成为《真理报》的编辑，这是一份西班牙语的报纸，支持美国吞并古巴。

俄国革命、1897 年希腊与土耳其战争以及第一次世界大战中，作为战争记者的女性数量很少，在“二战”中数量则增长了许多。尽管如此，她们仍然被视为“例外”。一些女性认识到她们之所以赢得战争报道的任务是因为她们能够保证从女性视角予以报道。鲁思·考恩（Ruth Cowan），一位美联社记者，说她不懂什么作战策略，但她想把诺曼底登陆表达为“女人回家”（Wagner，1989）。更确切地说，女人们知道平民、政治领袖、士兵和记者“同事”们将她们“看作”是女性性别的化身，是女性中的一员。罗马尼亚总理曾反复向“二战”的战争记者询问，“美联社的安·斯特林格（Ann Stringer）什么时候回来？她拥有罗马尼亚最美的腿”（引自Wagner，1987：7）。《波士顿环球报》曾以标题“在雷马根第一个跨过莱茵河的女战地记者”刊登了爱里斯·卡彭特（Iris Carpenter）的文章；一篇关于卡彭特本人的文章取了标题：“霍特表示，她比图片更具吸引力”（Wagner，1989：28）。

女性通常会不理睬这种性别化，她们甚至不称自己为报社的女报人，而是报人。许多人夸耀男人不将自己看作是女报人，而只是报人。最有名的是《纽约先驱论坛报》柏林分部的主管玛格丽特·希金斯（Marguerite Higgins，1955）。军方官员似乎为没有女洗手间这件事困扰，从而使得夏洛特·艾本勒（Charlotte Ebener）有理由将她的自传命名为《没有为女人准备的设施》（1955）。女人们强烈抵抗军方以没有“设施”为借口将女人排斥在外的企图。美国高级军官下令让玛格丽特·希金斯离开朝鲜，他们声称是因为“在前线没有为妇女准备的设施”。希金斯逃开了这个决定，她向她的朋友道格拉斯·麦克阿瑟将军求助；后来她因为对朝鲜战争的报道而获得了普利策奖。

希金斯这样的女人一般对于男人对女人身体的注意是不在意的，她们通常认为性别化是不可避免的。回顾其在欧洲和亚洲的“冒险”报道，艾琳·科尔巴利·库恩（Irene Corbally Kuhn，1938：73）评论到，因为男性记者的战争经验，新闻编辑室里总有一种“性别钟”：死里逃生后，男人们现在“带着强奸犯一样的色欲来及时行乐，生活意味着女人，而女人则意味着性”。所以库恩拒绝评论她所在的《纽约每日新闻》的编辑对人“中间部分”的关注。那位编辑想让她引诱一位被判刑的逃兵役者回到法国，库恩对此仅评论说这位编辑“比起其他男记者的进取心，他对我的性吸引力更有信心”（Kuhn，1938：140）。

社会性别的发明

在20世纪70年代，学术界的女性主义者们开始抱怨将自然性别作为一种自变量的普遍做法。她们反对那种未经证明和靠不住的认为身体会不可避免地决定行为和思想的主张。她们建议将“社会性别”作为社会建构的概念，描述以往那些在性别上生物或解剖学的区分。盖尔·鲁宾（Gayle Rubin）1975年的那篇文章现在已经成为经典，文中解释了“原始生物学的性别”如何被转化成为一种二元的性别体系，通过语言、一系列制度化，以及包括宗教、教育、媒体得到增强和自然化。而且，社会性别和自然性别之间概念的差异刚好显示出性别的剖析有可能是不重要的，因此不能再预先判断男人和女人的能力或潜力，不管是作为群体或是个人。如果男人的主导地位不是生物学上的而是被建构出来的，那么男性特权就该受到抵制。①

这种概念化的过程激起了不同学科的大量研究。一开始的焦点是放在女性和女性气质的社会建构上，最后它甚至迫使学者们认识到男性和男性气质的问题。如此一来，一些社会性别批评家看到的问题（不称为女人而是女性，这个听起来更中立和非政治化）带来了持续的力量。由社会性别激起的研究特别注重在特殊的历史情境中，男性气质和女性气质是如何被社会建构出来的。在新闻和大众传播中，对社会性别问题的谨慎注意使得我们得以理解，记者们如何期望男性气质和女性气质调节人们的生活，如何运用性别标准，以及使用社会性别话语。女性主义学，以其对社会性别的注重，掀起了历史性工作，发掘女性在新闻业中的代言人。

研究者们还没有成功地证明，作为记者或编辑时，男性和女性有何“本质上的”不同。至少，从记者的自传和论文集、纪录片和采访，以及一些经验性的数据中找到的证据，可以从不同的方式去诠释。女性记者们往往憎恶社会性别预示着新闻价值、道德规范、采访实践或写作风格的观点。② 另一方面，有些女性不仅仅将

① 值得注意的是，区分相似概念，如“种族”和“族群”，或者甚至是在指示性取向时“同性恋”和“同志”的区分，是政治与生活方式的文化选择的集合。

② 不管其学术功过如何，她们的观点始终带有一种普遍的记者的哲学，即认为记者是客观的专业人士，因此可以超越自身。

编辑部中的雇用和提升看作是社会性别化的（性别主义的），传统新闻价值是男性气质的，而且她们还以此为据声称，女性，至少是指被大量聘用时，作为记者她们的行为方式是不同的。这种观点背后的逻辑是，由于女性的生活是不同的（更多地与家庭相关），她们会将不同的人与话题看作是有新闻价值和重要的。

来自越南的证据

1898 年，女性对美西战争的报道被认为是强调了战争的影响，比如伤者和难民的困境，而男性则将焦点放在军事技术和战争战略上。对女性新闻和女性对于战争态度的争论已经持续了一个世纪，作为对这一争论的回应，越南战争中，关于女性对战争的报道是否不同于男性的争论再度出现。在此之前，游击队形式的战争从未被官方正式承认。越南战争是第一个在电视上被报道的此类战争，而且事实上，还是“实时”报道。前线的消失，放松的军事管制，以及记者们无需军方的许可就可以订购商业机票到达越南，所有这些都有利于战争报道对女性的开放。在战争过程中，有 467 名女性从越南发回报道（Rouvails and Schackner，2000）。这并不意味着男人们愿意让她们出现在战场。莉斯·特洛塔（Liz Trotta）是第一位为美国电视进行持续越战报道的女性，她将男同事们的敌意归为他们感受到来自女性的竞争威胁（Trotta，1991：98）。更糟的是，当威廉·威斯特摩兰（William Westmoreland）将军认出一位年轻的女记者是他以前的邻居后，开始禁止女记者们在野地过夜；但是女人们抗议了他这项法令，美国军方最终废止了这项禁令。

最近 9 位报道过越战的女性的回忆展现的不仅仅是一些经历，同时也是对社会性别问题的一系列回应。一些女性说她们的显著性意味着她们在记者招待会上受到重视，她们的问题也首先得到回答。一些则认为，士兵们喜欢和女性交谈，并且给予她们帮助。另一些女性认为军方中的男性拒绝帮助她们并且给予她们不想要的那种注意。更值得一提的是，一些女性认为自己更能与越南人协调，报道战争“与人相关的一面”，而男记者们则强调美国和军方的立场。报纸上集结所有记者的报道，发现女人试图去描写越南的儿童和护士——因为战争不是“嘣嘣枪响”而是毁灭。根据鲁瓦尼斯和夏克勒（Rouvalis & Schackner，2000）的说法，塔德·巴提莫斯（Tad Bartimus）曾说她喜欢写作那些被男性称为“哭泣的姐妹货”的越南报道。要知道巴提莫斯自己说过她报道过所有美联社记者们报道的领域：经济、难民、伤残的退伍老兵、停滞的和平会谈。同样地，安妮·莫里西·梅里克（Anne Morrissy Merick），一位前体育记者暗示 ABC 电视网雇用她是为了避免性别歧视诉讼（Fawcett et al.，2002：92）。她提到自己主要是进行“特写报道”，因为这是她的任务所在。而男人们喜欢报道战役，一定意义上是因为战役能保证让他们的报道在晚间新闻上得以播出。

相反地，几位女记者说，她们讨厌去做这类报道。其中一些拒绝去写“女人的故事”，因为这种刻板成见贬低她们的身份，也因为这类报道更容易被删减。登比·福西特（Denby Fawcett）辞去女性专栏的工作，作为一位自由撰稿人跟男朋友去了越南。在她男朋友换工作后，她得到了原属于他的战争记者的职位。她坚持着“我所发出的报道和我的男同事们所能报道的一样，主要是因为我再也不想成为一个配合别人的女性专栏记者”（Fawcett et al.，2002：16）。实际上，男性和女性同样写“人情味”故事和解释性报道，分析什么导致了战争及战争的影响，同时他们也一样做出关于各个战役和战争策略的缺乏感情色彩的报道。①

近来，女性再次被指出在战争报道上不同于男性，她们注重战争带来的影响，包括对平民和非武装受害者的关注。例如，有些人说只有女记者们才会认真地揭露对波西尼亚妇女的系统性强奸，将这看作是一种战争武器。不过，从美西战争到第二次世界大战再到越战，对于女性这种报道立场的解释并没有提到男性和女性工作的自然或社会条件。不管在何种程度上，不论是在 1898 年或 1998 年，女性采用了人情味的方法或是关注“间接伤害”，都可能反映

① 与刻板成见相反的是，男性和女性在战争的“正确性”问题上存在着相似的分化（参见 Elwood-Akers，1988）。

出编辑指派女性去做什么和男人们是怎样编辑她们的报道的。这反映出女人要承诺做些什么才能得到工作，以及在性别主义的男性军方人员阻止她们进入时，她们得做什么。重要的是，这些解释性的故事让我们回想，让我们尊敬。有些记者比起其他人来更有天分，或是勇气。但女人在战争报道方面似乎并不具备什么“特质”。

针对社会性别的争论

将自然性别重新导入讨论中的观点是依赖几个命题而存在的，第一是社会性别自身是被严重扭曲的，以致它已经失去了它最初的价值。比起自然性别来，社会性别更确实和完全地被一分为二。自然性别和社会性别被合并了，自动地当作是一样的。正如琼·斯科特（Joan Scott，1999）所承认的，女性主义者们无法阻止它的堕落。不是所有的传播研究都像约翰·格雷博士的那样，将“社会性别”这个概念视为绝对的、不可避免的、普遍的和本质对立的。这位自诩为社会性别差异“专家”的人出版了十几本书，声称用“社会性别”和“社会性别洞察力”来解释为何《男人来自火星，女人来自金星》，他们是如何成为“对立的性别”的①。这是极端扭曲的例子。但是更为普遍的社会性别的含义，或者它的普遍性都失去了批判的边界。现在它代表着性别间因然的和自然的不同。

我们再扩展到学术作品中来看这个问题。我对一个“旗舰”学术期刊《新闻传播季刊》2000年到2003年发表的所有相关文章进行检审，并对其他几份媒介研究和新闻期刊中的相关议题进行考察，发现那些将社会性别和/或自然性别作为变量的人，很少发现这是个问题。对于研究性别问题的学者来说，几乎所有人都将社会性别和自然性别看作是可以互为替换的。一些人把社会性别当作变

① 约翰·格雷的《火星和金星的饮食与锻炼方法》在序言中将脑体中的荷尔蒙差异作为其主张的基础，“社会性别洞察力与我们的健康、幸福和体重控制息息相关”。

量，将他们定义为男性和女性①。这种将社会性别当作自然性别的用法也许是一种口误，反映出对男女都是社会存在这一概念的广泛接受。这也许和政治正确性有关，或是避免使用自然性别这样的术语，因为它带有生理—生物的含义。但这也同样暗示着，这个概念不再像以前那样能对传统话语产生动摇。

另一论点，带着对新闻学和新闻历史中的有趣推论，便是对于女性是否在本质上是一个不同于（或甚至是与其相对的）男性的单独群体的持续争论。女性是否具有特殊的敏感性（与生俱来的本能经验），或者说社会性别差异是否最多就是一个人造品，是父权制权力的手段。在凯·米尔斯（Kay Mills）的“女记者们有什么不同?”一章中，这个曾是记者的新闻历史学家举出了一个例子。米尔斯（1997）无差别地使用“女性”和“女人”这两个术语，但她注意到了“社会性别”的影响。她说女人以不同于男人的方式写作和广播。尽管她们所受的新闻训练都是一样的，她说女人们“不同的一套经验”使她们具有了特殊的敏感性。

米尔斯那章的标题使用过去时态也许会更具意义。也许女人们坚持做某些不同的事情（问不同的问题，采访女人，包括地位低下的女人，关注女人的经历与关注女性的主题，雇用女人，奖励女人）随着时间的流逝已经促使了新闻定义、编辑部文化和编辑政策发生变化，现在男女记者在一个已经转变了的环境中工作，社会性别已经几乎没什么影响了。也就是说，一旦女人们在编辑部里形成一定数量，特别是当她们突破职业瓶颈达到了管理层的职位，她们就能成功地带来新型的报道——吸引女性受众和对她们有重要意义的报道，以及与女性生活相关的报道。无论如何，我们现在不管是作为消费者还是研究者所看到的故事都不是没有协商过的产品，而是经过高度编辑的。新闻报道是经过多层次的协商才得以发表的。当记者的社会性别无关紧要时，也许正意味着历史中某一时刻的到来。

---

① 正如新闻报道是被编辑过的（用词的选择甚至文章结构都会被编辑改变），书籍和期刊的编辑们也会改变作品的用词，或要求作者做出一些改变。

自然性别的重要性

以上所说的观点都没有否认女人身体的吸引力和性特征被继续剥削利用，也不否认编辑部里继续存在着双重标准。利兹波特·范·祖能（Liesbet van Zoonen，1998：44）评论说，女性特质已经成为了“市场驱动的战争新闻中明显的成分”。我把它称作性相。也就是说，批评自然性别，而非社会性别，能更清楚地界定和指出问题的所在。尽管就业率统计会显示不同的状况，电视行业中问题非常明显，而原因也显而易见：吸引受众比获得信息更难。男主持人和记者可以变胖，头发可以变花白甚至是秃顶，年长的女性却得被迫离开出镜岗位，以免使男性观众疏远。

英国女性比美国女性明显更关心这件事。在BBC，播报新闻长久以来都是女性的工作，因为新闻播报员只是一个花瓶角色，只是为了好色的男观众的需要而存在的（Holland，1987）。安娜·塞巴（Anna Sebba，1994）认为，1991年海湾战争中的女记者人数显著增加，这是因为女性具有视觉吸引力，且能减轻暴力新闻带来的不适。驻外记者凯特·埃迪（Kate Adie）批评BBC管理层偏爱那些拥有“可爱脸孔和可爱臀部”的女记者胜过那些拥有新闻经验的女记者（参见Chambers et al.，2004）。而美国记者们同样对市场或利润驱动、个性化要求、关注名流，以及向“治疗”新闻转变感到失望。说得直率些，问题就是性。做出大多数这类迎合的都是女性。是女播音员在调情地笑，问一些个人问题，拥抱强奸犯。女性被操纵着去吸引男性和女性受众。但事实是，女性在新闻中受到嘲笑，以社会性别差异的名义，但实际上展现的并没有多少社会性别，而更多的是自然性别。管理层雇用市场调查机构，发行备忘录和指南手册，在会议上对穿着、笑的程度，以及和其他记者交谈都有着非常详细的要求。广播电视新闻，就全球范围来讲，女性的外表在决定是否雇用和指派何种任务中起着关键的作用，尤其是在战争新闻的情境中。在印刷媒体中情况也是一样，管理层可以要求更多人情味的“触点”，塞入更多个人言论以及个人信息。

此外，女性记者，特别是报道战争的女记者们，常说她们遭遇到来自性别主义者的差别对待或歧视。不过这并不会影响她们。她们非常确定她们与男同事一样，在工作的时候不是性别的化身，而下班后恢复自然的性别。说记者与其他人不同，人们产生置疑是很正常的。另一方面，记者也似乎勤勉地否认他们的自身经历，包括他们作为性别化身的经历。无论这种企图造成了怎样的歪曲，也许记者可以相对地忽略社会性别规范和期望。无论如何，我们很清楚的是，印刷媒介的从业者，尤其是广播新闻从业者受到了来自市场日益增长的压力。他们必须为获得受众的注意而竞争。他们必须帮助合伙人满足广告主的需求和追求利润的最大化。这也越来越多地转化为对自然性别的利用。女人们长久以来都是依据她们的外表被雇用、解雇和评价的，尽管审美标准在变化，而且很难评断哪种女人算是极其性感的。20 世纪 70 年代 NBC 的“黄金女孩”杰西卡·萨维特（Jessica Savit）自己承认由于她的美貌而得到超出她工作能力的升职。而 20 世纪 80 年代，克里斯蒂·克拉夫特（Christine Craft）因为“太丑”而被解雇，尽管她接受了电视台所要求的珠宝、化妆和穿衣训练。2002 年，CNN 为了力捧它的首席主持人宝拉·扎恩（Paula Zahn）播放了一则广告，这则广告遭到了全面的批评。广告中问道：“你到哪儿能找到这样一位具有煽动力的、超级聪明的，还有点性感的晨间新闻主播呢？”

提高女性的职业数量也无法解决这一问题。祖能（Zoonen，1991）注意到，在荷兰，现在从事电视报道的女性要多于男性，这种增长带来了一种电视新闻的隐私化。她这么说是指对人情味故事的关注，一种对待新闻读者的个人话语模式，以及将政治事件当作个人问题的报道方式。祖能哀叹女性所面对的“双面陷阱”：女人可以选择在公共领域中完全平等的融合，但会失去一些被高度看重的私人领域价值观念；或者她们也可以选择即使在公共领域，也保持她们的私人领域价值观念，而仍然被视为不同的（Zoonen，1991：228）。但是，祖能的分析颇为复杂，相同与不同的困境是一种历史的特殊产物。至少在媒介产业中，它仍是一种生产，而非选择。

结论

冒直言之险，这些问题，以及本质上与社会性别相关的问题，并不是女性主义的错。隐私化并不是由于以女性主义原则重新规范新闻造成的结果，而是为企业掌权者服务而带来的。理所当然地，女性主义学者和活动家理论上反对无人情味的规范与作为男权主义者标准的客观性。她们尤其支持提拔女性记者。她们不鼓吹女性在人际传播和亲密行为中具有假定的技巧，也不鼓吹雇用性感迷人的女人。因此，女性在广播工作中的种种优势都重新清楚地表达了传统的女性主义，这不是由于社会性别的假设（或是被误导的女性主义原则）造成的，而是由于市场议程。

作为一个女性主义概念，社会性别给女记者的工作与生活带来了荣誉。它同样也鼓励雇用女性作为高层管理者或其他性别不是那么分明的编辑部职位。但是，对社会性别的关注，即使被"正确地"概念化了，在一定情境中（追求轰动效应的问题），可能会将批判的注意力从编辑部中更重要的问题上转移开，如记者们的态度（包括一种对受众严肃需求的玩世不恭）、产品过程和市场营销。女性主义的分析是有用的，将女性主义理解为一种释放的、变革性的运动，它想要拆除基于经济驱动的相互建构的束缚，以及批判与社会性别、阶级、种族、性取向和种族划分相关的种种压制性的假设。而这里，我们要做的是对主要问题进行女性主义分析，包括对女性的性别化分析。

参考文献

Banks, E. (1902) *The Autobiography of a Newspaper Girl*. New York: Dodd, Mead.

Chambers, D., Steiner, L. and Fleming, C. (2004) *Women and Journalism*. New York and London: Routledge.

Ebener, C. (1955) *No Facilities for Women*. New York: Alfred Knopf.

Elwood-Akers, V. (1988) *Women War Correspondents in the Vietnam*

War 1961-1975. Metuchen, NJ: Scarecrow Press.

Fawcett, D., Mariano, A. B., Webb, K. et al. (2002) *War Torn: Stories of War from the Women Reporters who Covered Vietnam.* New York: Random House.

Higgins, M. (1955) *News is a Singular Thing.* Garden City: Doubleday.

Holland, P. (1987) When a Woman Reads the News, in H. Baehr and G. Dyer (eds) *Boxed in: Women and Television.* London: Pandora, pp. 133-150.

Kuhn, I. (1938) *Assigned to Adventure.* Philadelphia: J. B. Lippincott.

Mills, K. (1997) What Difference do Women Journalists Make? In P. Norris (ed.) *Women, Media and Politics.* New York and Oxford: Oxford University Press.

Reilly, T. (1981) Jane McManus Storms: Letters from the Mexican War, 1846-1848, *Southwestern Historical Quarterly*, LXXXV: 22-44.

Rouvalis, C. and Schackner, B. (2000) Female Correspondents recall their historic role reporting from Vietnam. www.Post-Gazette.com/magazine/20000330namwomen2.asp (accessed 30 March 2003).

Rubin, G. (1975) The Traffic in Women: Notes on the Political Economy of Sex, in R. R. Reiter (ed.) *Towards an Anthropology of Women.* New York: Monthly Review Press.

Scott, J. W. (1999) *Gender and the Politics of History.* New York: Columbia University Press.

Sebba, A. (1994) *Battling for News: The Rise of the Woman Reporter.* London: Hodder & Stoughton.

Steiner, L. (1992) Conceptions of Gender in Newsreporting Textbooks, 1890-1990. *Journalism Monographs*, no. 135.

Steiner, L. (1997) Gender At Work: Early Accounts by Women Journalists, *Journalism History*, 23(1): 2-15.

Trotta, L. (1991) *Fighting for Air: In the Trenches with Television News.* New York: Simon & Schuster.

Von Mehren, J. (1994) *Minerva and the Muse: A Life of Margaret Fuller.* Amherst: University of Massachusetts Press.

Wagner, L. (1989) *Women War Correspondents of World War II.* New York: Greenwood.

Walker, S. (1934) *City Editor.* New York: Frederick A. Stokes.

Zoonen, L. van (1998) One of the Girls? The Changing Genre of Journalism, in C. Carter, G. Branston and S. Allan (eds) *News, Gender and Power.* London: Routledge.

Zoonen, L. van (1991) A Tyranny of Intimacy? Women, Femininity and Television News, in P. Dahlgren and C. Sparks (eds) *Communication and Citizenship: Journalism and the Public Sphere in the New Media Age.* London: Routledge.

第四章 新闻道德
——面向乔治·奥威尔的批判?

理查德·基布尔

- 为什么强调主流媒介价值的政治基础如此重要?
- 为什么主流道德的争论会边缘化替代性媒介和左翼媒介?
- 从根本上挑战客观性和主观性到底有多重要?
- 我们能够从乔治·奥威尔面对新闻的道德与政治困境的尝试,以及对可信任的传播所作出的承诺中获得哪些启示?

主流新闻工作者如何看待道德规范?

当主流新闻工作者和顶尖评论人讨论媒介伦理时,他们的观点主要集中为下列四种:

- 超道德的道德观:这种愤世嫉俗的思考路径认为,道德问题与新闻工作者无关。媒体受利益(或者是收听率、收视率)驱动的操控,因此任何关于道德的讨论都只是理想主义者的空想。这一观点与德国人马克斯·施蒂纳(Max Stirner)19世纪所提出的存在主义哲学立场相关。它认为,无论用何种道德去修饰,所有人类的行为都是非道德的,本质上是自我本位、利己主义的(参见 Paterson, 1971)。
- 相对主义道德观:该观点特别关注道德困境。它反对英国新闻申诉委员会（the Press Complaints Commission）、英国全国记者协会（the National Union of Journalists）以及新的管理机关英国通信管理办公室（Ofcom）等机构倡导的道德准则。前《泰晤士报》记者、“英明报业”(PressWise，媒介道德机构）副理事鲍勃·诺里斯（Bob Norris）如此评论新闻道德准则（Norris，2000：325）：“它们有一点是共同的：不值一提。”他按照自己的道德标准去工作，他强调：“每则新闻都不尽相同，而且每位记者都有这样的冲动，要获得新闻，并且是在第一时间获得。设想一下，一个记者既要顾及协会的各种道德准则，又想在截稿时间前完成报道，这很不切合实际。”

● 职业主义道德观：该观点强调新闻工作者遵守行业协会所制定的职业道德准则与编辑方针。相应地，道德准则也被视为帮助这个行业形成了一种集体意识。与本观点相关的观念是，新闻工作者有服务公共利益的社会责任。尽管我们承认利润驱动和对收视率的关注会影响新闻工作者的行为，该观点仍然强调市场能很好地为每个人的利益服务（Whale，1972）。新闻专业主义也提出，新闻工作者的根本责任是保持客观中立、超然、平衡、公正准确的报道，并应严格区分事实与评论。这里，媒介被认为是通过反映社会的复杂性并报道各种（合法）言论以促进社会民主的关键所在。

● 自由主义道德观：该观点几乎完全集中于主流议题，它从各种不同的立场批判标准的职业道德观。它尤其关注媒介公共服务作用（特别是在广播中）的衰落，以及整个媒介对于名流、出格的皇室、运动明星以及真实电视“个性”的报道（Greenslade，2004；Thussu，2003）。奈尔·波斯特盖特（Nile Postgate，1985）在其引起社会重大反响的著作中提出，娱乐已经成为了超意识形态：娱乐已经成为再现所有经历的自然形态。更多新近的批评也持有同样的口吻，它们都非常担忧主流媒体对于小报化、通俗化和新闻主观性的日益强调。“事实”和“信息”让位于“感觉”，“硬”新闻被那些持续不断的建立在令人难以忍受的隐私侵犯基础之上的“软”的、人情味和刺激性的新闻所替代（Mayes，2000）。关于政治的报道让位于无尽的生活方式的特写，连议会也成为了这种报道的新闻来源（Franklin，2004：188-193）。而少数跨国集团（比如由鲁珀特·默多克和意大利的西尔维奥·贝卢斯科尼所经营的跨国集团）对于全球媒体工业的日益掌控同样也是该观点批判的对象（Gargreaves，2003）。

激进的观点

上述论述中后两种思考路径占据了主要的道德讨论。而第五种思考路径，一种更加有用的政治性观点，实际上被消除了。这种观点强调新闻作为一种社会再生产方式，为主导群体和阶级的利益，而不是全社会发挥作用。在这里，专业主义中的核心支柱（言论自由、民主、公共利益、客观、中立）都只是被看作一些神话。因此，它批判地强调以下内容：

- 主客观二元性
- 主流道德话语和个人/国家二元性中的个体（而非组织或社会）中心性
- 值得怀疑的言论自由
- 民主面和与之相伴的自有国度活动的边缘化
- 多元主义的问题
- 当替代性媒介实际上在议题讨论中被消除时，主流媒体与替代性媒介的问题

挑战主客观二元论神话

迈克尔·舒德森（Michael Schudson，1987）、盖伊·塔奇曼（Gaye Tuchman，1972）、斯图尔特·艾伦（Stuart Allan，1999：7-26）以及其他的学者已经证实了“客观性”这一概念从19世纪后

半期到20世纪初，在美国和英国的新闻专业主义形成过程中所具有的中心地位。由比尔·科瓦奇和汤姆·罗森斯蒂尔（Bill Kovach and Tom Rosenstiel, 2001）所写的《新闻的要素》(*Elements of Journalism*）一书，被《卫报》主编艾伦·拉斯布里杰（Alan Rusbridger）作为新闻工作者的入门示范读物所提倡。而《观察家》(*Observer*）的主编大卫·阿斯特（David Astor）则把奥威尔于1946年所写的经验随笔《政治与英语语言》(*Politics and the English Language*，参见Orwell, 2001：397-401）作为一种体例书让其员工进行参照。其中值得注意的是，对于事实的一种托马斯·葛莱恩式(Thomas Gradgrindian)① 的虔诚主导着所有的要素。他们说到，新闻最重要的是事实真相。在皮尤大众与新闻研究中心（Pew Research Centre for the People and the Press）和新闻工作者委员会(the Committee of Concerned Journalists）所做的采访调查中，所有的新闻记者都表示"新闻记者主要的责任是获得准确的事实"。科瓦奇和罗森斯蒂尔警告说，"一种认识论上的怀疑主义已经渗透到了我们精神生活的方方面面——从艺术、文学、法律、物理，甚至到历史"，并且"新的新闻业吞没了旧的新闻业的优点，以断章取义取代小心求证"。

前《独立报》与《新政治家》报纸主编，现在英国通信管理办公室就职的伊恩·哈格里夫斯（Ian Hargreaves）和2002BBC里思（Reith）论坛讲演人阿纳若·奥尼尔（Onora O'Neill）都认为，真实与准确是新闻的核心。但伊恩还是显得有些犹疑，他补充道："……即使我们知道这两者并不存在着无可辩驳的精确含义。"有一点很重要，英国全国记者协会的行为准则（www. nuj. org. uk）强调要把"确定的事实"从"评论与推测"中分离开来，而英国新闻申诉委员会（www. pcc. org. uk）也同样规定报纸不能是政党控制的，它"必须对评论、推测和事实进行区分"。

然而主流新闻工作者对客观性的固执承诺，以及对"事实"

---

① 译者注：托马斯·葛莱恩是狄更斯的作品《艰难时世》中的人物，是功利主义的代表人物。

能与“评论”分离的信念的执著追求与后现代主义者对于启蒙时期二元对立观点的批判大相径庭，那种二元对立观把理智置于情感之上，精神置于物质之上，头脑置于心灵之上，客观置于主观之上。它认为对信息的追求是可以不受价值观影响的，这种客观性至上的意识形态也使得主流新闻文化将道德与政治维度边缘化。正如布赖恩·麦克奈尔（Brian McNair，1996：33）所说，“新闻从来都不只是对世界‘那边’的一种记录或报道，而是一种综合的、充满价值观念的记述。它包含着其所生存的社会的主导思想与观念”。

值得关注的是，一些主流新闻工作者直言不讳地倡导主观性，并将其作为一种挑战客观性神话的途径。例如，反核武器的和平运动参与者詹姆斯·卡梅伦（James Cameron）（他在越战期间敢于把越南北部的人描述为正常的人，而不是共产主义怪物）评论说：“我从来都是主观的。我一直认为客观性没有事实重要。”（引自Keeble，2001a：133）但是“主观性事实”这一概念也同样需要从根本上挑战它。像迈拉·麦克唐纳（Myra MacDonald，2003：75）所说的那样，主观性可能有积极的一面（比如卡梅伦的报道），也可能有消极的一面：

> 主观性可以拥有不同的表现形式，而且其中的一些形式还会有助于知识的构成。记者或主持人的自我反省能够在一定程度上使他们更好地理解他们的话语构成，消除客观性这一神话。不过。探究自我后更为自我的表达，也使得个体更为沉迷自我的个性，对自身产生崇拜。

她有效地指出，关于小报化和信息娱乐化的话语是基于信息和娱乐的对立关系之上的，这种话语将一些问题弄得模糊不清：

> 因为这些话语倾向于启蒙时期原则所支持的范畴与分类，它就使得我们用传统的传播方法无法看清一些问题。特别是人格化，值得我们将它看作是一种多维而不是单一的过程，进行

更仔细的审视。

(MacDonald, 2003: 78)

由此可见，新闻工作者参与自己所面对的、报道的事件都可能最终成为一种自我放纵。比如，唐纳尔·麦克伦泰尔（Donal Maclntyre）① 的电视新闻调查往往把他像“英勇无畏的”名侦探一样过分地美化，从而使被调查的社会问题湮没在评论之中（Keeble, 2001）。但是谨慎且富有创造性地处理自己的思考（并且知晓深刻影响人格形成的政治经济因素），新闻工作者的自省则有可能为他们的报道带来新的意义和真实性。

像乔治·奥威尔在《论坛报》的个人专栏中所发表的文章（他在这些文章中经常使用“正如我所愿”这样特殊的语句）（Keeble, 2001b）以及艾朗特海蒂·罗伊（Arundhati Roy）② 针对美帝国主义的激情洋溢、学识广博的辩论都堪称是经典的“主观性”新闻。美国的一些作家（如汤姆·沃尔夫、琼·迪迪恩、杜鲁门·卡波特以及诺曼·梅勒）信奉新的新闻学，从20世纪60年代开始使用记者的主观性和虚构性叙事技巧写作（Wolfe, 1975）。但是，在英国从来没有人使用这种写作体例，这大概是因为英国的新闻工作者太过于恪守传统的客观性原则。总而言之，一种具有批判性的主观性不仅仅能够提升媒介内容的标准，而且能够扩展新闻体裁的边界。

挑战个人/政治二元论神话

主流的道德讨论也同样关注从更大的政治语境中脱离出来的职

① 译者注：唐纳尔·麦克伦泰尔（Donal Maclntyre）是爱尔兰的调查记者。擅长在电视上进行揭露式的调查报道。

② 译者注：艾朗特海蒂·罗伊（Arundhati Roy）是一位印度的知名作家、剧作家。曾于2001年在《卫报》上就美国入侵阿富汗问题对美国的对外政策进行了严厉的批评。

业新闻工作者个人所应承担的责任。例如卡伦·桑德斯（Karen Sanders）所强调的，新闻记者每天都要面对一系列的道德困境，比如欺瞒，重组故事，对恐怖主义、种族主义和同性恋恐怖症的报道，侵犯他人隐私，揭露丑闻以及有偿新闻，等等。然而她依旧把获取"好"新闻的希望倾注在记者个人身上：他们需要对同事、信源、公众以及他们自己承担相应的责任，让自己成为他们信任的人。她很赞同BBC记者约翰·辛普森（John Simpson）所说的："你所能做的一切，就是要确信你的良心很清楚，这一充满妥协和不确定的行业允许你做什么和不允许你做什么。"

这里存在着一些问题。在面对主导媒体强大的文化的、意识形态、经济的权力及其等级分明的组织管理结构时，彼此孤立的新闻工作者们（他们依靠自己的良心行事）常常感到力不从心。然而，荒唐的是，尽管职业道德源自西方的个人主义传统（这一传统从新教革命开始，一直持续到启蒙哲学家约翰·洛克和约翰·斯图亚特·穆勒那里），但个人的良心却不受英国法律的保护。2004年3月，受英国全国记者协会呼吁，英国下院选择主管文化、媒介和体育的委员会以及压力集团英明媒介（MediaWise）联合制定"媒介投诉委员会"的记者行为准则，将保护记者良知的条例纳入进去，但是遭到了拒绝。

某些激进的批评认为，首先要思考的是主流媒体"价值观"与日常事务的社会基础、政治基础以及经济基础，而不是个人的良知（Hallin，1986：10）。媒体在主流的、全球化、超级垄断的经济剥削结构中的定位，以及与全球军工企业的紧密联系都是决定其职业标准的决定性因素（Keeble，1998；McChesney，2000）。而有关新闻道德与客观性的讨论也植根于政治、权力以及利益之中。因此，按照德斯·弗里德曼（Des Freedman）的说法，2003年2月15日，全球数百万人为了反对攻打伊拉克而走向街头的举动"更可能是制造出了慷慨激昂的、批判的、置于语境中的报道空间和需求，而不应对传统的新闻记者的权力和专业主义持有天真的信念"。

值得怀疑的言论自由

言论/新闻自由这一概念既是新闻职业观的核心，又是西方资本主义社会主控价值体系的中心概念。正如约翰·奥尼尔（John O'Neill，1992：15）所说：

> 自由市场带来了言论自由。而这种言论自由为老百姓提供了他们所需的各种观点和有权使用的信息，从而促使他们以一种民主而负责任的方式为人处事。在一个开放的社会里，自由市场、新闻和民主这三者构成了一个彼此相互依赖的整体。

《每日电讯报》(*Daily Telegraph*) 主编查尔斯·摩尔（Charles Moore，1997）以一种类似于准修道士的口吻把1997年的英国大选描述为"民主的神圣时刻"。他指出："要想使整个过程生效，需要人民的选择。报纸必须为它们的读者提供所有能够帮助他们做出选择的材料。"

言论自由这一概念与文艺复兴时期和启蒙运动时期的个人自由有着千丝万缕的联系。这种个人自由相信，如果没有选择的自由，那么道德也将变得毫无意义。同时，它也与作为第四权力（the Fourth Estate）的媒介概念息息相关。最早提出"第四权力"概念的是历史学家托马斯·巴宾顿·麦考利（Thomas Babington Macaulay，1800-1959）。对他而言，前面三个等级分别是上院贵族议员（the Lords temporal)、上院主教议员（the Lords spiritual）和下院议员(the Commons)。"第四权力"这一概念突出了媒介的监督功能。新闻媒介能够对专业人员和政府的权力滥用进行制衡。而相应地，新闻媒介也承担着"公众守护人"的职责。它们保护"公众"，使其免受权力机构的伤害。这在许多运动中都得到了最好的体现。在这些运动中，大大小小的媒体都竞相质问和揭发权力机构的腐败行径。

不过，激进的评论家倾向于关注新闻运动的经济根源，他们认为，新闻界作为高尚的第四权力，为公众利益而自由运作的声明不过是停留在语言上而已。就像科林·斯帕克斯（Colin Sparks，1999：46）所说的那样：

> 英国的报业首先是商业性的。它们的存在不是为了报道新闻，充当公众的守护人，也不是为了监督政府的所作所为，保护普通公民免受权力滥用的伤害，更不是为了揭发丑闻或者做一些其他需要报业参与的美好而又高尚的事情。它们的存在和任何的商业活动一样，都是为了赚钱。它们履行一定的公共职责是为了商业上的成功。

在此，值得一提的是，替代性媒介持之以恒的反战运动、反种族歧视运动以及反性别歧视运动大多被主流评论界和学者忽略。

民主的神话与专制政治

安德鲁·贝尔西（Andrew Belsey，1998：11）对于传统的新闻道德观点进行了总结。对他而言，“道德的新闻界”是“建立在道德行为之上，能够促进社会民主进程并服务于公众利益的新闻界”。然而激进的评论家认为，即使是支撑新闻职业价值观的民主概念也是使少数人统治多数人（无论是在国内还是国际）合法化的某种神话。丹尼尔·哈林格尔和丹尼斯·贾德（Daniel Hellinger and Denis Judd，1991：9-10）列出了政治精英给人们制造民主合法性感觉的三个领域：教育机构，它担负着向新生代灌输国家主控政治意识形态的重任；大众媒介，它是使大量公众适应既定的政治经济现实的关键所在；最后是大选，电视为个人和组织提供了参与这一仪式化政治过程的机会，大部分公民通过电视收看这些经过精心谋划且异常壮观的庆典。

在这些民主的界面之外，还存在大量机构的、军事的、经济的和文化的构成，必须运用权力的杠杆完成。诚然，新闻职业观不认为专制政治影响着媒介的主导议程，而且和主流的新闻工作者存在着千丝万缕的联系（Keeble，1997）。然而，在多瑞尔和拉姆齐（Dorril and Ramsay，1991：x-xi）对当代专制政治的分析中，赋予媒介以重要的角色。安全部门、内阁以及军事保卫部门、核能部门及其相关部门，与高级公务人员共同构成国家专制政治的核心。专制政治"附属品"包括"所有能够对媒介产生影响的人物，无论是国家的安全人员，还是官方信息的发布者，抑是那些仅仅为了获得官方嘉赏或者封爵的高级新闻工作者"。

想要弄清楚雇工和间谍之间的确切联系往往是困难的，但从现有的证据来看，既是雇工又是间谍的人不胜枚举。《卫报》的媒介专家罗伊·格林斯莱德（Roy Greenslade）曾经评论道："大部分小报——甚至一些大报——都是英国安全局军情5处的玩物。"（参见Milne，1994：262）。而布洛赫和菲茨杰拉德（Bloch and Fitzgerald，1983：134-141）报道说"一份英国最著名的杂志"的编辑相信有一半以上国外记者的名字都在英国安全局军情6处的薪水簿上。1991年，诺顿·泰勒·理查德在《卫报》上写到，有500名优秀的英国人受到了中央情报局（CIA）和现已不存在的国际商业信用银行（Bank of Commerce and Credit International）的雇用，其中包括90名记者（Pilger，1998：496）。菲利普·奈特利（Phillip Knightley），撰写情报部门历史的一位作者，曾宣称他们在舰队街的每个办公室里都安插有人手（Keeble，2003）。

在英国入侵伊拉克之后，武器专家大卫·凯利博士（David Kelly）在争论中被迫自杀（其后紧跟着赫顿调查）。在这期间，《今日BBC》记者安德鲁·吉利根（Andrew Gilligan）和他的信息来源成了公众关注的焦点。他们称布莱尔政府（与情报部门互相勾结）在2002年9月的文件中"添油加醋"，以使入侵伊拉克合法化。吉利根事件，以及之后国家通讯总局（GCHQ）工人凯瑟琳·冈恩（Katherine Gun）和情报局前内阁部长克莱尔·肖特（Clare Short）所揭露的各种丑闻，都是要试图对联合国施加影响，使其通过入侵伊拉克的决议。这一切似乎加强了人们的自由观念，要对抗国家与媒介的关系。然而，事实上，正如罗杰斯（Rogers，1997：64）所说："这一焦点模糊了认识的视线，无法理解媒介实际上在多大程度上有效支持并勾结着专制政治。”值得一提的是，有关主流新闻工作者与情报部门之间关系的更显著和更重要的议题在其后对媒体丑闻的质询中都被忽略了。

同样地，新闻工作者在面对情报部门时所遇到的种种道德困境也是主流理论家们不考虑的。根据《卫报》记者大卫·利（David Leigh，2000）所说，情报机构像例行公事一样和记者们进行接洽。在对这一议题的罕见调查中，利评论道：

> 我想正直的记者所追求的理想应该是公正清白。我们所有的人都应该对于这些接洽保持一颗清醒的头脑并坚持一定的道德原则。虽然我们的虚荣心使我们相信自己能够控制自己。但事实却是它们正处心积虑地设法控制我们。

大部分侵犯他人隐私的主流报道都集中于那些涉及名人的案件，比如超模内奥米·坎贝尔（Naomi Campbell）、足球运动员加里·福利特克拉夫特（Gary Flitcroft）、电视新闻播报员安娜·福特（Anna Ford）、好莱坞超级明星凯瑟琳·泽塔·琼斯（Catherine Zeta Jones）和迈克尔·道格拉斯（Michael Douglas）、演员阿曼达·霍尔登（Amanda Holden）和电台音乐主持人萨拉·考克斯（Sara Cox）。报道中还会涉及法院、各种下院委员会、官方调查以及不同调解机构对于这些争论所做出的反应（Mayes，2002）。对于隐私，更大的威胁来自于不断扩张的专制政治——为了国家安全和商业的目的去监视（听）和拦截我们的电子邮件、手机谈话，还有那些不断出现在我们的日常生活中的监视器。激进的评论员特别强调了《调查权力规范法》(the *Regulation of Investigatory Powers Act*，2000）所产生的影响。这一法案为安全情报机构、执法部门和其他的公共机构批准和运用秘密监视、知情人、告密者和从事间谍工作的官员提供了法律依据（参见 www. privacyinternational. org）。

值得怀疑的多元主义

职业新闻观还强调主流媒体对于促进政治与文化的多元主义所发挥的重要作用。尽管普遍认为媒介是根据经济利益的需求来运作的（BBC 便越来越对收视率唯命是从），但也有人认为，如果新闻工作者能够承担起他们所担负的社会职责的话，市场是完全可以很好地服务于公众利益的（McQuail，1987：116-117）。而激进的评论家向这些观念发起了挑战。他们指出，主导价值观念始终贯穿于主流媒体之间，而意见表达也被局限于某种清晰可见的范围之内。因而，主导媒体的宣传与社会所认同的国家安全现状之间的相互勾结便成了一个关键的问题。媒介对于 20 世纪 80 年代以来美英所采取的一系列军事行动（1982 年是福克兰斯；1983 年是格林纳达；1986 年是利比亚；1989 年是巴拿马；1991 年、1993 年、1998 年和 2003 年是伊拉克；1992 年到 1993 年是索马里；1999 年是科索沃和塞尔维亚；2001 年是阿富汗）和其为了镇压反对意见并使政府行动合法化而做出的种种行径（Keeble，1997；Taylor，1998；Goff，1999；Hammond & Herman，2000；Miller，2004）的报道值得我们特别地关注。

主流理论家往往倾向于把宣传这一实用性概念应用于极权主义国家的媒介和西方民主国家发生危机或战争的特殊时期，比如西伯特、皮特森和施拉姆（Siebert，Peterson and Schramm，1963）在他们的开创性研究《报刊的四种理论》（*Four Theories of the Press*）中所做的总结。而与此相反，爱德华·赫尔曼和诺姆·乔姆斯基（Edward Herman and Noam Chomsky，1998：xi）提出了一种宣传模式，并将其应用于西方所有时期的媒介系统。在该模式中，“精英们能够决定对话的前提，规定普通老百姓应该看什么、听什么和想什么，并通过定期的宣传活动来操纵舆论”。

替代性媒介与主流媒介的尴尬处境

最重要的是，主流道德舆论很成功地淹没了几乎所有左翼替代性媒介的声音，淹没它们的道德标准、与历史的对抗（常常是在反抗中生存）、工作流程以及组织领地（Harcup，2003）。从实效上看，在主流媒介的话语之中，所运用的新闻定义非常狭窄。詹姆斯·柯伦和朴明珍（James Curran and Myung-Jin Park）在他们的《去西方化媒介研究》（*De-Westernizing Media Studies*，2000：3）中提到了一种“全球趋势中的少数派传统”（minority tradition with a global orientation）。伦敦的主流媒介便是典型的一例，书上也不时提及发生于美国和其他地方的丑闻（Sparks & Tulloch，2000）。少数族群、工会、宗教与环境团体、和平主义者、革命派、反全球化团体、左翼以及共产主义和女性主义等各种团体的媒体，（现在很多是以网站形式出现，或者以共同路线的方式组织）大部分都遭到了忽视（Harcup，1994）。

艾顿（Atton，2003）描述了替代性媒体多元而又往往混杂的特性，要我们警惕另一种二元对立关系的渗透，即替代性媒体（种族主义和法西斯主义出版物排除在外）与主流媒体之间的对立。艾顿认为，替代性媒体工作者不尊崇传统的客观性概念，在实践中把道德和政治有意识地联系在一起。

> 他们对主流媒体所谓的平衡深感怀疑，他们寻求建立自己的“反平衡”。因此，他们的论点是，那些在主流媒体中已经占据主导地位的观点不必再被重复。在替代性媒介中看上去是偏见或者中立的观点，不会被看作是绝对的真实：相反，它们是要带来来自不同视角的不同报道。
>
> （Atton，2003：28）

而这些正是主流媒体很少去关注的重要视角。

结论：乔治·奥威尔式的营救？

最终，我建议在新闻道德方面，放弃古老的笛卡儿式的二元性（感性与理性、客观与主观、头脑与心灵、思想与行动、文化与自然），去寻找新的范式。并且，正如客观性在根本上就有问题一样，主观性也在劫难逃。

但当真的放弃这些笛卡儿式的二元性时，我们却进入到了一个变动不居且令人不安的领域。新闻工作者能够在这种不确定性中工作吗？我觉得，乔治·奥威尔为我们提供了一种有益的尝试。对他而言，新闻工作者的道德与政治决定是最首要的选择。他认为主流媒体基本上都是在为富有的报纸所有者做宣传，所以，他主要（尽管不是全部）为英美那些小规模的左翼出版物撰写文章。他以这样的方式和那些与其有关系的人进行重要的政治辩论。与斯图尔特·艾伦（Stuart Allan，1999：131）所说的“主流媒体的潜在读者或者想象的读者群体”相比，他们才是真正的读者。因此，一些相对隐秘的左翼杂志成为了20世纪最伟大的报章杂志——比如《阿德尔菲》(*Adelphi*)、《新英语周刊》(*New English Weekly*)、《双周评论》(*Fortnightly Review*)、《论坛报》(*Tribune*)、《左翼新闻》(*Left News*)、《辩论者》(*Polemic*)、《进步论者》(*Progressive*)、《信仰》(*Persuasion*)。

1945年，纳粹帝国岌岌可危。而在这时，奥威尔以《观察家》战地记者的身份来到欧洲大陆。他向《观察家》提交了14篇稿件（每篇都有1 000字左右），向《曼彻斯特晚报》(*Manchester Evening News*）提交了5篇稿件（Keeble，2001b）。所有新闻体例最重要的元素在他的报道中都很明显：直观、明白清晰、具有迫切感、重点突出、易于总结和集中于相关的具体细节；语言简练，但内容丰富、描述生动且具有现场感；具有政治和道德观点；对反面意见公开（虽然他的报道经常被忽略或被人批评为乏味）。然而，在笛卡儿式二元性的包围下，他试图通过采用不同的声音来既承认主观性又获取客观性。新移民的声音、目击者的声音以及偷听到某些谈话的人的声音都在文章中出现。或者他可以是一个自信的评论家，也可以作为第一人称写得很好。但是奥威尔那些既生动又具有说服力的报道，同时也是杂乱无章且变化无常的。

然而，由于对客观性与主观性的激进结合以及对可信性传播的执著追求，奥威尔使其新闻报道的内容及形式显得非常激进。事实上，他在他的文章中创造性地提出了文化研究的原则。而且，在他的著作《巴黎伦敦落魄记》、《通往威根码头之路》以及《向加泰罗尼亚致敬》中，奥威尔把小说、现场报道、传记、人种志研究、政论以及媒介内容分析等方法混合起来使用。值得注意的是，奥威尔写于 1945 年的文章虽然没有给出答案，但指出了问题所在。什么是真实声音表达的写作类型？新闻记者到底是什么？基本的新闻困境是什么？在今天，这些问题依然是至关重要的。

参考文献

Allan, S. (1999) *News Culture*. Buckingham: Open University Press.

Atton, C. (2003) Ethical Issues in Alternative Journalism, *Ethical Space: The International Journal of Communication Ethics*, 1(1): 26-31.

Belsey, A. (1998) Journalism and Ethics: Can they Co-exist? In M. Kiernan (ed.) *Media Ethics*, London: Routledge, pp. 1-14.

Bloch, J. and Fitzgerald, P. (1983) *British Intelligence and Covert Action*. London: Junction Books.

Curran, J. and Park, M.-J. (2000) *De-Westernizing Media Studies*. London: Routledge.

Dorril, S. and Ramsay, R. (1991) *Smear*. London: Fourth Estate.

Franklin, B. (2004) *Packaging Politics: Political Communications in Britain's Media Democracy*. London: Arnold.

Freedman, D. (2003) Witnessing whose truth? Available at http://www.opendemocracy.net/debates/article-8-92-1007.jsp. Accessed on 5 April 2004.

Goff, P. (ed.) (1999) *The Kosovo News and Propaganda War*. Vienna:

International Press Institute.
Greenslade, R. (2004) Do these People have a Right to Privacy? *Guardian*, 26 January.
Hallin, D. (1986) *The "Uncensored" War.* Oxford: Oxford University Press.
Hammond, P. and Herman, E. (eds) (2000) *Degraded Capability: The Media and the Kosovo Crisis.* London: Pluto Press.
Harcup, T. (1994) *A Northern Star: Leeds Other Paper and the Alternative Press* 1974-1994. London and Pontefract: Campaign for Press and Broadcasting Freedom.
Harcup, T. (2003) The Unspoken—Said: The Journalism of Alternative Media, *Journalism*, 4(3): 356-376.
Hargreaves, I. (2003) *Journalism: Truth or Dare?* Oxford: Oxford University Press.
Hellinger, D. and Judd, D. R. (1991) *The Democratic Façade.* Belmont, CA: Wadsworth.
Herman, E. and Chomsky, N. (1988) *Manufacturing Consent: The Political Economy of Mass Media.* New York: Pantheon Books. (Reissued 1994, London: Vintage Books.)
Keeble, R. (1997) *Secret State, Silent Press: New Militarism, the Gulf and the Modern Image of Warfare.* Luton: John Libbey.
Keeble, R. (1998) The Politics of Sleaze Reporting: A Critical Overview of the Ethical Debate in the British Press of the 1990s, *Recherches en Communication*, 9: 71-81.
Keeble, R. (2001a) *Ethics for Journalists.* London: Routledge.
Keeble, R. (2001b) Orwell as War Correspondent: a Reassessment, *Journalism Studies* 2(3): 393-406.
Keeble, R. (2003) Spooks are Represented on Every Newspaper, *Press Gazette*, 9 October.
Kovach, B. and Rosenstiel, T. (2001) *The Elements of Journalism.* London: Guardian Books.

Leigh, D. (2000) Britain's Security Services and Journalists: the Secret Story, *British Journalism Review*, 11(2): 21-26. Available online at www.bjr.org.uk/data/2000/no2_leigh.htm. Accessed on 27 March 2004.

McChesney, R. W. (2000) *Rich Media, Poor Democracy: Communication Politics in Dubious Times.* New York: The New Press.

McNair, B. (1996) *News and Journalism in the UK.* London: Routledge.

McQuail, D. (1987) *Mass Communication Theory: An Introduction.* London/Newbury Park: Sage.

Macdonald, M. (2003) *Exploring Media Discourse.* London: Arnold.

Mayes, T. (2000) Submerging in 'Therapy News', *British Journalism Review*, 11(4):30-36.

Mayes, T. (2002) *Restraint or Revelation: Free Speech and Privacy in a Confessional Age*, London, spiked-online. Available online at http://www.spiked-online.com/articles/00000006DAC6.htm. Accessed on 27 March 2004.

Miller, D. (ed.) (2004) *Tell me Lies: Propaganda and Media Distortion in the Attack on Iraq.* London: Pluto.

Milne, S. (1994) *The Enemy Within: The Secret War Against the Miners*, London: Pan, p. 61.

Moore, C. (1997) The Right Way to Tell it, *Guardian*, 14 April.

Norris, B. (2000) Media Ethics at the Sharp End, in D. Berry (ed.) *Ethics and Media Culture: Practices and Representations.* Oxford: Focal Press.

O'Neill, J. (1992) Journalism in the Market Place, in A. Belsey and R. Chadwick (eds). *Ethical Issues in Journalism and the Media.* London: Routledge, pp. 15-22.

Orwell, G. (2001) *Orwell and Politics*, P. Davison (ed.). London: Penguin Books.

Paterson, R. W. K. (1971) *The Nihilistic Egoist*: Max Stirner. Oxford:

Oxford University Press.

Pilger, J. (1998) *Hidden Agendas.* London: Vintage.

Postgate, N. (1985) *Amusing Ourselves to Death.* London: William Heinemann.

Rogers, A. (1997) *Secrecy and Power in the British State: A History of the Offcial Secrets Act.* London: Pluto.

Roy, A. (2004) *The Ordinary Person's Guide to Empire.* London: Flamingo.

Sanders, K. (2003) *Ethics and Journalism.* London: Sage.

Seibert, F., Peterson, T. and Schramm, W. (1963) *Four Theories of the Press.* Urbana: University of Illinois Press.

Schudson, M. (1978) *Discovering the News: A Social History of American Newspapers.* New York: Basic Books.

Sparks, C. (1999) The Press, in J. Stokes and A. Reading (eds) *The Media in Britain: Current Debates and Developments.* Basingstoke: Macmillan, pp. 41-60.

Sparks, C. and Tulloch, J. (2000) *Tabloid Tales.* London, Boulder, New York: Rowman & Littlefield.

Taylor, J. (1998) *Body Horror: Photojournalism, Catastrophe and War.* Manchester: Manchester University Press.

Tuchman, G. (1972) Objectivity as Strategic Ritual: An Examination of Newsmen's Notions of Objectivity, *American Journal of Sociology*, 77(4): 660-679.

Thussu, D. K. (2003) Live TV and Bloodless Deaths: War, Infotainment and 24/7 News, in D. K. Thussu and D. Freeman (eds) *War and the Media.* London: Sage, pp. 117-132.

Whale, J. (1972) *Journalism and Government.* London: Macmillan.

Wolfe, T. (1975) *The New Journalism.* London: Picador.

第五章　网络上的新闻

——正在兴起的网络新闻的形式与实践

斯图尔特·艾伦

● 历史视角能给今天的我们带来网络新闻的哪些启示？

● 在网络新闻早期，什么样的报道形式上的革新吸引了公众的注意？

● 网络新闻的形式和实践在多大程度上已经被规范化了？

● 什么因素正在导致这些规范的逐渐固化？

有些原因是显而易见的，我希望能通过引用大卫·布林克利（David Brinkley）这位经验丰富的广播记者和新闻主持人的话开始本章关于网络新闻的探讨。布林克利的电视事业开始于1951年。在《骆驼新闻大篷车》① 做记者的他，扮演着向美国观众介绍电视新闻的重要角色。1956年10月，《大篷车》栏目被《亨特利—布林克利报道》取代，这个节目的特色是由在华盛顿的布林克利和在纽约的亨特利连线共同主持。这个节目能成为NBC的王牌电视新闻栏目，应该归功于几年来NBC出台的一系列改革方法。随着布林克利在1970年的退休，这个节目更名为《NBC晚间新闻》。

2003年6月11日布林克利去世时，时任《NBC晚间新闻》的

① 译者注：《骆驼新闻大篷车》（*The Camel News Caravan*）是一档由NBC电视网在1949年开办的15分钟电视新闻节目。该节目于1956年被《亨特利—布林克利报道》取代。这个节目因为受“骆驼香烟”资助而得名，也是NBC第一档彩色新闻栏目。

主持人汤姆·布罗考（Tom Brokaw）回忆说："布林克利是现代广播电视新闻的一个标志，他是一个才气十足的作者，当整个国家面临危机、悲剧和失败时，他的寥寥数语正是这个国家需要听到的声音。"（引自 Haberman，2003）早些年，在一次采访中，当被问及他如何看待自己在电视新闻界的传奇时，布林克利回答说：

> 每一条在电波中传递的新闻实质上都和我们创办《亨特利—布林克利报道》开始报道的样子差不多。我们或多或少地确立了广播电视新闻的形式，直到今天它继续被沿用。没有人能想到比这更好的方法做广播电视新闻。
>
> （引自 Waite，2003）

然而，在一篇摘自他回忆录的文章中，布林克利对于当下电视新闻状况的批评严厉得不能再严厉了。他写道：

> 电视主持人和记者要有效地将自己的产品传递出去。他们会充满吸引力地包装这些产品，希望能吸引数以百万计的人观看。但是，在最近的几十年中，恐怕很多电视新闻被包装得太有吸引力。为了应对经济压力、竞争，还有因为缺失了正直以及对企业价值的承诺，一些电视新闻变得如此琐碎、缺乏内容且无关痛痒，已经和娱乐节目没有区别。但是即使尽最大的努力，电视新闻都更多地受到来自媒体自身的压力，而不是新闻传递着的意识形态。结果，每一个记者，不管是主持人还是各地的现场记者都因为公众的质疑而权力受限。公众的这些质疑从一开始就将电视看作来自娱乐传统（像电影、喜剧等）的产品，而不是来自新闻传统。
>
> （Brinkley，2003）

这些文字来自一个在巩固电视新闻规范中扮演了重要角色的人，值得我们充分重视。这些文字不仅对电视新闻的未来方向提出了警告，而且布林克利所提出的"媒介自身的压力"对于电视新闻的结构发展至关重要。也就是说，自始出现的来自“新闻传统”和“娱乐传统”之间的张力会持续发展。要么走向更好，要么正如布林克利看来，走向更糟。

我讨论布林克利观点的道理现在应该已经很清楚了。我的论点是：我们现在所目睹的网络新闻在形式与实践上的固化过程，与之前的电视新闻的过程是相似的。在当下对网络新闻的辩论中，如何才能最大限度地实现网络新闻网站的独特潜能，也就是用他的话来说，如何才能对全球公众“有效地将自己的产品传递出去”？思考这个问题时，布林克利对早期电视提出的议题在回响。如同本章将展示的那样，新闻网站当然也不可幸免地要面对各种经济压力、新闻组织对手的竞争、对报道责任的思考以及观点的正直，这就和电视新闻一样。更富于挑战的问题是，与网络新闻相关的“媒介自身的压力”，也就是网络新闻至今依然才刚起步的状况。由于来自媒介自身的压力往往被理所当然地接受，并默认为这种媒介的特征，因此要改变就更为艰难。

突发事件的网络报道

在本章的讨论中，我将对网络新闻早期发展中的一些案例进行说明与评价。用历史发展的眼光来看，我要强调一点，那就是这些案例中的每一个都应该被看成是由一系列必然性构成的复杂状态中具有标志性的事件。从某种程度上说，勾勒出这些必然性事件的轮廓是可能的，它们有推动发展的逻辑。而且，我们回顾这些事件比当时发生的那一刻看得会更清楚。从好的一面来看，我们很难在那些总会发生的社会斗争的过程中去欣赏与评判。由于这些事件带给我们它们不可避免会发生的认识，所以我们必须付出一切代价让它们不再发生。

基于以上的认识，对1995年4月19日发生于俄克拉荷马州爆炸的网络报道的思考是一个很好的起点。在互联网的早期，大量的网络新闻网站提供了突发新闻的报道，这是对那悲剧的一天的切实宽慰。在那个周三上午9点零2分，一辆租来装载着大约4 800升易爆品的卡车，在阿尔弗莱德·穆拉大楼前爆炸。这栋九层高的办公大楼里有很多联邦政府的官员。据称，15 英里以外的人都可以感受到爆炸的震动。当时的官方称这是在当时美国本土上发生的最惨重的一次恐怖袭击，据报道爆炸造成的死亡人数达 168 人，其中包括 19 个在二层托管中心的小孩，另外还有 500 多人受伤。爆炸发生大概 90 分钟之后，蒂莫西·麦克维（Timothy McWeigh）在比林斯镇附近因为无照驾驶被警察拦住。因发现其隐蔽携带武器，警方随即将他逮捕。两天后，就在他将被释放的时候，他被指控为爆炸案的嫌疑犯。同一天，蒂莫西·麦克维的朋友特里·尼科尔斯（Terry Nichols）在堪萨斯州投降。特里·尼科尔斯和他的哥哥詹姆斯·尼科尔斯（James Nichols）被作为重要证人扣押。麦克维（McVeigh）和特里（Terry）在这起爆炸案中被控十一项罪。但是这两个人在法庭上皆宣称无罪。

1995 年，当新闻网站还只是将之前在媒体上的报道进行复制的时候，在 4 月份命中注定的这一天里，互联网扮演了创造空间将信息四处传播的角色。这成为了网络新闻历史上里程碑式的时刻。特别值得注意的是当时网络新闻报道的迅捷度及其深度和广度。就在爆炸发生几分钟之后，网络新闻的记者和编辑们就迅速地报道了他们获得的关于这场悲剧的所有消息。《直击新闻》（*Newsday Direct*）的执行副总编贝思·科普兰（Beth Copeland）说："爆炸发生后一个小时之内，我们就在报道中有俄克拉荷马城的定位地图、最新的美联社文章，以及一个图表式报道，是关于恐怖主义袭击中使用的各种类型的炸弹。"（引自 Agrawal，1995）在网站的其他位置，很多目击者贴上了他们看到的人群疏散的场景，其中经常会有让人心惊的细节描写。另外一些人怀着对于正在进行中的救灾工作的关注，转载了新闻。幸存者名单以及收治他们的医院（包括完整的电话联系方式）开始出现。一些俄克拉荷马城的居民主动帮助那些想要联系亲属却不能打进长途电话的焦急的人们拨打当地电话。网络论坛随即出现，在论坛中有人表达自己的愤怒，有人表达他们的悲伤，与此同时有人向受害者提供紧急救援。网络聊天室里的情况也是这样。网络服务商们开设多个聊天室供大家分享对于爆炸的观点和看法。在计算服务公司（CompuServe）工作的达芙妮·肯特（Daphne Kent）描述说，她当时浏览过的聊天室是她见过的最群情激奋的聊天室，很明显是因为爆炸案中有孩子伤亡，而且这种事情还可能在任何地方发生（引自 Haring，1995）。

《俄克拉荷马城日报》（*Oklahoma City Daily*）以及当地的电视台 KFOR 都开始尽可能快地报道相关新闻，人们可以就事件向电视台的人提问，并且要求听到那些除了广播电视媒介报道以外的新进展。比如美国在线一类网络服务商为爆炸案提供了储存空间，让人们在无线网络上获得新闻源（News Feed）。同时，Prodigy 公司与 AT&T 公司也为自己的注册成员提供事件进展的信息。（CompuServe公司也是一样，不过不是第一天就开始这么做）。我们清楚地看到，在爆炸发生 3 个小时之内，《直击新闻》的用户就可以通过公告牌向《海豹神兵》的作者理查德·马钦科（Richard Marcinko），一位专家与作者，提出相关问题讨论（Agrawal，1995）。很多报纸其实都有网络版，比如《纽约时报》的@TIMES 和《芝加哥论坛报》的芝加哥在线（CHICAGO ONLINE）。在爆炸当天，它们都是直到一天快结束了才刊登了一定的报道。很少有网站刊登通讯社来稿之外的文章。它们都倾向于在新闻在媒体上报道之后才贴出来。新闻图片更是少得可怜。与《圣何塞水星报》（*San Jose Mercury News*）相关的网站，以及《时代》旗下的网站是极少数几个刊登了图片的网站。ABC 还为美国在线的用户提供了一段视频。即使调制解调器在最高速度下工作，你也要等上 11 分钟才能下载这段只有十五帧的视频（Agrawal，1995；Hanson，1997）。从第二天一开始，很多网络报道就有了进步，一些新闻网站允许用户查看关于恐怖主义、军事组织以及相关内容的档案文章。

在谁应该为这次爆炸事件负责的问题上争论不休。很多主流新闻组织比如 CNN 反复散布毫无根据的谣言，声称“来自中东的 3 个男人”是首要嫌犯。其他专家提出另外的猜测，指出 4 月 19 日是联邦警员袭击在得克萨斯的瓦克的大卫教派阵营事件的纪念日。两年前联邦警察的那次袭击造成了 80 人死亡（造成那次失误的袭击的机构就有办公室在俄克拉荷马城的那个建筑物之中）。在这些猜测的漩流里，一些观点相互冲突，于是人们转向通过互联网去了解事态的进展。互联网的这些用户的人数是前所未有的。互联网的热量一触即发。互联网可以在用户的指尖下提供海量的信息，这自然也不是完全无暇的。关于这次爆炸案的阴谋论在网络上回响，主要在那些由右翼团体、倾向枪支使用自由、新纳粹以及类似的组织的网站上出现。托德·科普利维奇（Todd Copilevitz，1995）观察发现，对于那些追踪大爆炸报道的人来说，这更像是恐怖主义的工具正通过网络扩散。关于如何复制这次爆炸的技术手册告诉人们，将硝酸铵和烈性燃料混合就可以炸掉那座办公大楼。网上可以轻易获得这些信息让很多专家和政治家不安。有些人不禁要问，互联网应该为煽动极端主义者的暴力负责吗？计算机技术的快速传播让心怀怨恨的个体和组织能够彼此沟通，表达他们的仇恨，因而受到人们的批评。《华盛顿邮报》一篇评论员文章中指出，“过去，持有这种仇恨观点的人是孤立的，被剥夺表达权利的，然而有了这种技术，他们就可以聚到一起了。以前他们根本没法找到彼此的存在”（引自 Schwartz，1995）。

在俄克拉荷马爆炸引发了全国性危机之后，一些互联网的鼓吹者坚持认为互联网已经证明了自己是一种不可缺少的新闻与信息源。对此强烈反对的一些批评家则对新闻网站的价值感到怀疑，认为互联网的反应太慢，并且它提供的主要信息都可以从晚报或电视节目中获得。另外一些人将矛头指向了技术上的故障，他们观察到几个主要的新闻网站因为在最开始的几小时内承载不了超负荷的点击而瘫痪，而那本该是它们最有价值的时候（Andrews，1995）。罗森博格（Rosenberg）在《旧金山观察家报》（*San Francisco Examiner*）的一篇文章中写道：“网络媒体和传统媒体对于俄克拉荷马州大爆炸的报道，开启了这两种媒介关系的新纪元。”他还说：“网络正在迅速成为一个真实的场域。这个场域更像是一种跨国会场，在这里人们展开讨论，传播谣言，新闻出现。在这里，记者需要了解规律，识破陷阱，避免犯下巨大的错误。”在他看来，俄克拉荷马州爆炸案的新闻报道在新闻媒介和网络社区之间制造出了一种“反馈链”。这种反馈链既可能带来大量有用的信息，也可能带来不实的信息，这主要取决于记者对此的付出。

不管怎样，在大爆炸之后的两周内，网络传播的研究者注意到点击注册新闻网站的人数出现了戏剧性的增长。南多网站（NandOnet）（北卡罗来纳《新闻与观察家》*News and Observer* 的网站）主编布鲁斯·斯瑟勒夫（Bruce Siceloff）说："广播不再是报道突发性新闻的唯一媒介，我们也不需要不停地印刷才能带来新的新闻。"他接着补充说：

> 网络新闻没有截止时间，读者们也不会因为买了早间印刷的版而错过任何新闻……就像 CNN 和广播一样，我们能每分钟突破之前的报道，带来更新的内容——一个小时就能完成很多次更新。
>
> （引自 Agrawal，1995）

根据斯瑟勒夫的统计，在爆炸发生的头两个星期，南多网站的点击量以每周 30 万人次的速度增加。截至 4 月 30 日，总点击量达到了 237 万人次。他说，最吸引浏览者的是网站从一手信源得到的信息（如俄克拉荷马州的学生报、白宫、救援组织、亲军事和反军事组织等）。网络可以马上提供这些信息，也提供迅速反馈的机会（Agrawal，1995；Kenworthy，1997；Weise，1997）。

真相与谎言

在爆炸发生后的几个月中，关于互联网作为新闻信息源的潜能的讨论在业内引起了广泛关注。对于那些在报纸工作的人来说，很显然当突发新闻出现时他们很难与正在兴起的电子对手竞争。这一点在危机事件中尤为明显，这时的人们急需知道事情的最新进展。如同克里斯·奥克斯（Chris Oakes）在爆炸发生时写的那样，提供信息是互联网的生命。

> 未经处理的新闻、观点、吊唁等，都在世界发生混乱的时

候井喷式地爆发在新闻网站上。比起互联网的其他用途来说，互联网面对全国性悲剧的反应可能将是未来的最大用途。

(Oakes, 1995)

对于互联网上信息的可靠性的争论在接下来的几个月愈演愈烈，而尤其值得一提的是围绕TWA800型飞机坠机事件的报道所进行的讨论。1996年7月17日，一架从纽约飞往巴黎的波音747飞机在起飞20分钟之后坠落到长岛东北部的大西洋里。机上230名乘客全部遇难。对于这一突发新闻的报道一开始就流传着关于谁来对爆炸负责的各种猜测。一群目击证人对于事件的看法被写入报道，他们中一些人确信他们看到了一些闪光的物体高速飞行着靠近飞机。一些“恐怖主义专家”被邀来发表他们的看法，很快，专家们就将矛头指向阿拉伯人与穆斯林们，指责他们造成了这次飞机坠机（称这是对俄克拉荷马爆炸的回应），并称很快就会发现机上的炸弹（Husseini，1997）。也有一些人坚称这是由于机械故障和设计缺陷造成的。在这股求证与判断的大潮中，不少主流媒体记者往往采用了匿名的信源，有些就来自互联网。而与此同时，官方也将网络作为调查的重要资源。以美国联邦调查局（FBI）为例，他们在新闻发布会经常提到FBI纽约版的主页，并且同时请求大家帮助他们确定原因（FBI同时提供了它的邮箱地址和免费拨打的电话号码）。在坠机发生后的第一天，FBI主页就收到1 500多条信息，一些信息被FBI发言人描述为“极具价值”(Chester and Shotnicki, 1996)。

在接下来的几天，对事故原因的推断不断趋于白热化，一些共同的意见开始在几个网络讨论组上聚集。比较倾向于判断这架TWA800型飞机是忽然被在长岛附近进行演习的美国海军巡洋舰击中的，这场悲剧是“友军走火”。据《泰晤士报周日版》(*Sunday Times*）记者詹姆斯·亚当斯报道，这个判断最早出现在一个叫alt. conspiracy. com的新闻组中，之后被activism. miilitia，survivalism. com和impeach. clinton. com等其他新闻组转发。很快当地的电视新闻台报道了它，使得这个判断的效应扩散，出现在世界上很多主流媒体上。亚当斯写道:“在事故发生一周之内,这个‘友军走火’的说法成了华盛顿宴会派对上的热议话题,五角大楼不得不对此展开调查并澄清事实。”五角大楼拒绝承认这样一个判断,自然也被人们认为只是政府企图掩盖而已。丹尼斯·达根(Dennis Duggan)在《华盛顿新闻报》(*Newsday*)中报道说:“这辆飞机之所以被选中,是因为有两个阿肯色州的士兵在飞机上。他们曾经是比尔·克林顿的安全成员,正准备去巴黎向《世界报》揭示克林顿与外星人之间的勾当。”同时还称这个说法在《迈阿密先驱报》(*Miami Herald*)上也有报道。

对于那些相信这些阴谋论的人来说,同年11月发生了一件意想不到的事。前ABC新闻记者皮埃尔·塞林格(Pierre Salinger)(他曾一度是肯尼迪总统的新闻秘书)在戛纳的一次航空航天会议上做出了一个令人惊讶的说明。让所有听众震惊的是,他声称自己掌握了证据证明TWA800型飞机是由美国军队的导弹击落的。他有一份来自法国情报特工的报告,证明他的论点。这个言论引发了媒体的骚动。然而几天之后,一些情报评论家指出他所报告的内容中那些有权威性的细节早在几周之前就出现在一些网站上,塞林格被迫对此予以了承认。FBI的事故调查员以及美国的国家运输安全委员会都对他提出严厉的指责。国家安全委员会的一位官员称已经退休的塞林格是一个“曾经可敬的记者”(引自Harris,1996)。很多主流媒体的指责超越了塞林格本身,而集中在互联网作为传播虚假消息的平台的问题上。报纸的批评更加严厉,一些报纸声称,互联网从来不生产可证实的阴谋论。

互联网的兴起给电视带来的麻烦显然比给其他媒介带来的麻烦少。但是电视媒介也对网络进行了猛烈的批评。CBS很受欢迎的新闻节目《60分钟》(60 *minutes*)的主持人莱斯利·斯塔尔(Leslie Stahl)在讲到所谓掩盖TWA800型飞机坠落真相的问题时说:“虚假、骗局和谎言——网络上到处充斥着这些东西。”她还接着说:“谎言如此泛滥,网络正变成一个危险的地方。”(《60分钟》1997年3月2日脚本)在这期节目播出不到两周后,塞林格在巴黎的一个新闻发布会上再次重申了他的推断,这次他公布了一个69页的报告以及雷达影像来支持自己。FBI 副局长詹姆斯·卡斯特姆（James Kalstrom）很快对此嘲笑道："这是胡扯。没有一点事实。这些东西不可靠，全是基于网上的流言蜚语，根本没法推断和分析。"（引自 Rashbaum，1997）不久之后，《电脑生活》（*Computer Life*）总编玛吉·坎农（Maggie Canon）声称，她以及其他几位记者都收到了塞林格用来证实自己的"导弹论"的所谓"军方文件"，但他们都决定不予理睬。她说："网络的属性会让人们更愿意相信流言蜚语。网络总是被使用者视为一个信息未经过滤的一手信源，不会向传统新闻媒介那样不可信。人们会马上接受互联网上的信息。"她接着又说：事实上，"网络中传播的谎言、谣传以及骗局比任何地方都要多"（引自《新闻在线》*PRNewswire*，1997 年 3 月 18 日）。尽管如此，互联网的价值却被福特·费森登（Ford Fessenden）所重视。他是《华盛顿新闻报》的记者，因报道此次坠机事件获普利策新闻奖。他评论道："新闻报道大大受益于计算机技术的辅助。"他描述了他的工作方法，解释说："在互联网上时不时查询信息，查看每日的安全记录等都是记者的常规行为……在计算机协助下的报道能让公众对于飞行安全的理解有所转型。"像费森登这样的记者尽管仍然是少数，但他们在改变人们对于互联网以及未来潜力的看法上做出了推动。

及时性，深度，互动

诸如"新媒介"以及"计算机辅助报道"等概念开始占据了新闻学词典中的一部分。每一个新闻记者都深知新技术带来的可能性，尽管有一部分功能在实践中还需要有所限制。1996 年 11 月，《华盛顿邮报》记者霍华德·库尔茨（Howard Kurtz）在 CNN 的一个节目中说：

> ……我们不能不看到，很多人还只是将网络作为一种玩具。这些人在网上闲逛，四处看看。还没有人靠网络赚过钱。但是所有的大新闻机构，包括我自己所在的新闻机构，都在调

查网络的走向。因为我们有种感觉，在3年、4年或5年之内，当你可以在网络上视频，当网络变得更快、更稳定时，网络将变成强有力的新闻竞争者。

（CNN《可靠的信源》，1996年11月脚本）

1997年3月，网络有了新的进展，但是对于一些支持网络新闻的记者来说速度还不够快。乔恩·卡茨（Jon Katz，1997a）在这个月《有线新闻》(*Wired News*）的一个专栏中评论道："除了《圣何塞信使报》(*San Jose Mercury News*）和《华尔街日报》这两个报纸之外，700家报纸在网络上放置那些死气沉沉、迂腐无味的内容，报纸对于新媒介的利用是无味的、昂贵的且收效甚微。"他认为传统媒介必须拥抱新媒介带来的变化，新媒介能让记者在第一时间报道突发新闻。他写道："报纸已经无论如何都不能假装还能保持自己长期以来在报道突发事件方面的霸主地位了，大多数的突发新闻都是以早于报纸头条新闻的方式通过电视现场直播或者网站及时更新的方式来报道。"为了挽救报纸这种衰落的状况，一个又一个的评论员都在坚决主张，报纸不得不承认网络在报道速度上的优势。MSNBC的首席主编梅里尔·布朗（Merrill Brown）非常赞同这个观点，认为微软和NBC合资的关键目的是要在网络上经常更新报道突发事件（引自Parenthoesn，1997）。

这个月的晚些时候，一件令人震惊的事故发生，这绝对性地巩固了互联网在报道突发新闻事件中的卓越地位。那就是发生在加利福尼亚圣迭哥附近的"天门教"(Heaven's Gate)① 教徒大规模自杀事件。一个曾经的"天门教"信徒接到了教派其他成员寄来的录音带，报告了警察。当警察在1997年3月26日到达现场时，该教派的教主连同另外38位教徒用伏特加酒搭配含有苯巴比妥成分的

① 译者注：天门教（Heaven's Gate）正式名称为"全世界高级计算机宗教组织"，1975年由美国人马歇尔·阿普尔怀特在美国俄勒冈创立。它鼓吹外星人飞行体UFO是确实存在的，并鼓励教徒抛弃肉身，进入天堂，而接他们升天的工具则是外星人的飞行体。该组织在1997年的集体自杀事件被定为邪教自杀事件。

苹果派完成了他们最后的晚餐。很显然，他们狂热的信仰让他们相信，他们可以乘坐从海尔·波普彗星来的飞碟，到“天国”里过高于人类的生活。这次斯杀的新闻也引发了媒介的高度关注。《华盛顿邮报》的网站是最早进行网络报道的新闻网站。《华盛顿邮报》网站主编贾森·赛肯回忆道：“那天早上八点事情一出现，我们就迅速在网站上进行了报道。只要一有更新，我们就放上去（美国公立广播，1997年4月3日脚本）。

在赛肯看来，即时性是新闻网站战胜电视的三条优势之一。互联网新闻报道的第二大优势是它能进行大规模的深度报道。“你在网上能放的东西真的是无限的。当我们在《华盛顿邮报》上发布新闻的时候，我们需要考虑篇幅问题。而我们在WASHINGTON-POST.COM上发布信息的时候我们相当于发表了4万页的内容。”在“天门教”事件的报道中，当天门教教会自己的网站被流量堵塞时，赛肯使《华盛顿邮报》网站的用户可以通过“美国在线”的服务器观看网站上的内容（包括他们写的相关的书还有一些录音带）。这种做法让网络用户一方面可以通过教徒自己的言论知道教徒们是怎么想的，另一方面可以看到新闻记者给出的诠释。赛肯还制作了一个时间轴，教徒们自己所说的话相对应的宗教狂热分子的历史在这里有所描述。《华盛顿邮报》记者之前的报道也能在网站上阅读，以便帮助读者了解事件的背景。赛肯说互联网的第三大优势就是它的互动性。他评论说：“我们找到世界上最权威的UFO专家，邀请他在网络上解答读者们提出的问题。”这种做法在今天看来已经非常普遍，可是在当时却非常稀奇。当他被问到是否能够预测一下未来在报道突发事件方面，网络新闻何时可以胜过传统媒介时，他回答说：“随着网络与人们生活联系的日益密切，这种情况很自然就会发生。”

公众对于“天门教”自杀事件如此关注，以至于该事件很长一段时间都没有平息。在关于此事的重要性的讨论中，有些人认为我们需要理解互联网在人们公共生活中逐渐产生的影响。在对此次事件的报道中，提到了“天门教”组织的开销主要是靠那些做网络设计的成员们支持。卡茨（Katz）再次提出了他的洞见：

> 不管那些人死后是去到哪里，他们留给我们第一个网络悲剧。这是第一次，死去的就是我们，而不是他们。他们的生命、事业、信仰和过往都融入到网络文化当中，已经成为我们的历史和记忆。这不是某个宗教狂热团体躲在丛林深处自我了断。他们的消息、指纹、声音以及写下的文字都可以在网上得到，很容易、很快捷地，我们双击下鼠标就可以通过浏览器获得。从探路者、雅虎、有线新闻，这些网站架起了链接，挖掘发帖，这些网站和网页可以分分钟就被复制。一个媒介又一个媒介，自己报道着故事。
>
> （Katz，1997b）

与上述立场完全对立的是，另有一些评论家倾向于将互联网看作是对社会的一种固有危害。很多人将天门教徒与网络的关系作为证明自己这种批评的依据。他们认为，网络是宗教狂热分子的招募阵地。尤其是年轻人很容易就被他们的观点“洗脑”，控制他们的信息在互联网上传播与流通。还有很多批评者以反对网络色情作为回应，将这看作是对部分人眼中道德的持续威胁。

不管以上这些争论如何，互联网在新闻报道中的角色是提供资源，让新闻报道融入背景之中，从而带来纸质媒介和电视媒介无法提供的光明的向度。不过，新闻界对于新媒介的可信性质疑仍然层出不穷。互联网的首要角色是作为一种补充性的媒介，也就是主要为那些与之竞争的媒介提供新闻背景资料吗？或者，它是为了提供不同的新闻阐释的方式？

提高可信性

对于这一类问题的讨论，不仅仅局限于互联网传播信息的质量。后来发生了一个令人震惊的新闻，让这个问题的思考变得十分纠结。威尔士王妃戴安娜在一场车祸中死于巴黎。她的爱人多迪·法耶兹和司机（他们的保镖受重伤）也在事故中身亡。这个报道在1997年8月31日早些时候爆发，网络新闻记者迅速将他们能搜集到的一切信息都报道出来。马特·德鲁奇（Matt Drudge）的新闻网站“德鲁奇报告”(Drudge Report）后来被证实是第一家向美国观众报道这个新闻的媒介机构（根据1998年6月2日《全国新闻俱乐部午宴》的脚本)。BBC新闻网、《纽约时报》网站、ABCN新闻网、CNN新闻网和雅虎的即时新闻都在电视报道了初步的细节之后迅速发布新闻报道。甚至在官方在巴黎召开戴安娜死亡的新闻发布会之前，网络新闻已经将这条消息传遍整个世界。

电视新闻长久以来都被认为在报道美国总统肯尼迪被暗杀及其葬礼时奠定了它的合法地位，有人认为戴安娜王妃死亡的报道也奠定了网络新闻的地位。对于那些搜寻最新消息和最新发展，还希望了解背景资料的人来说，电视新闻的滚动播出让人焦躁，网络再一次成为了他们的首选（CNN. com在星期日当天吸引了430万人点击网页，这在当时是让人叹为观止的，见Macavinta，1997)。一些新闻网站提供了音频和视频的链接，同时还提供了相关网站的链接，比如戴安娜生前参与过的慈善机构的网站。

时间表、新闻档案以及公告栏被广泛使用。布鲁斯·辛普森(Bruce Simpson）发现：“可能网络作为新闻传播机器最大的好处就是，在其他媒介的受众被一勺一勺喂着编辑们认为合适的新闻时，互联网受众们可以自己搜索新闻，并在短时间内细细浏览大量的信息。”互联网可以让受众遵循自己的道路获取信息，当其他媒体尤其是一些电视网无一例外在数小时内播放官方批准的戴安娜王妃之死的细节时，这种能力受到了人们的重视。《纽约时报》的电视评论员说：“大多数电视新闻都采用了一种崇敬的、恭敬的语调，主播就像‘首席治丧员’一样。”

与之对应的是，网络上的一些声音提出了难以应对的问题，导致了一些复杂议题的出现。《沙龙》(*Salon*）杂志的执行总编安德鲁·罗斯（Andrew Ross）评论道：“我欢迎这个媒介所提供的更快捷、更诚实的新闻报道的机会。传统媒介觉得自己应该更官方、更正式，对于传统思想鹦鹉学舌。”(引自Macavinta，1997）一星期之后《泰晤士报周日版》(*Sunday Times*）发现，互联网上的用户在网上发表观点，获得集体回应，“就像一种前所未有的悲伤的电子输出”。饱含真情的悼念网页的出现，让哀悼者表达他们的敬意、分享他们的回忆、表达他们的悼念，同样的情绪在数百个网络聊天室和论坛中进行。与此同时，一些话题也引发了大量的讨论，包括王室未来地位会受到什么影响，是否应该组织起来联合抵制小报，在这个高速撞车事件中狗仔队的所做所为等。以《新闻周刊》互动版“看我线上发言”栏目为例，某天该网站栏目设置的话题是“戴安娜王妃与媒介：戴安娜王妃的车祸很显然是因为她要躲避摄影记者造成的。是媒介杀死了她吗？是我们读者杀死了她吗？”（引自 Peterson，1997）同时，一些阴谋论的支持者也在不同的新闻组中发表了他们“待回答的问题”（比如 alt. conspiracy. princess-diana），怀疑戴安娜王妃之死是一出肮脏的把戏。

有意思的是，在网络报道的一开始，很多评论员都预测，事故发生现场的照片会在网络上找到。巴黎警方迅速出动，试图没收狗仔队拍摄的短片（据称，其中一个记者在现场被愤怒的目击者打了一顿），很多报纸都声明他们将拒绝购买描绘遇难者的照片。但这依然没能阻止这样的重大故事在互联网上出现新闻照片。网络专家 J. C. 赫茨（J. C. Herz）当时评论道：“网上总充斥着最爆炸、最愤慨、最可疑的信息，让你忍不住想闯入。互联网上没有压制信息的机制，这是这种媒介的美丽所在，同时也是它的缺点。”（引自 McNamara，1997）这篇评论发表不到一周，一张自称记录戴安娜在奔驰车上的车祸照片出现在了网络上。这张照片出现在一家提供“令人不安的画面档案”的网站上，这个网站是由一个叫做 Rotten Doc Com 的“反新闻审查”群体运营。这个群体位于加利福尼亚，它声称是从秘密来源的邮件（照片下没有署名）获得这张照片的。这张照片展示了一场严重交通事故发生后的场景，但我们不能判断那个满身鲜血、卡在扭曲的钢铁之中的金色女郎是不是戴安娜王妃。这个群体的立场开始也很含糊，他们既不确认也不否认这张照片的可信性。在这张照片置放的首页上有一个声明，说是“为了政治原因，让人们思考，让人们难过”。如果这就是这个群体的目的，那么他们达到了。很多人都浏览了这个网站，多数人用电子邮件表达了他们的愤怒，这造成网站的带宽不够，从而迫使这个群体将照片删除以便网站能正常运作。

法新社报道了这则新闻，标题是“某组织的照片展示了临死的王妃”。意大利的一家通讯社 ANSA 和其他几家报纸，包括《法国晚报》(*France-Soir*) 也刊登了未经证实的照片。很多网站很快提供了 Rotten. com 的链接，尽管一会儿爆满的 ISP 就导致了该群体将照片删除，而它也很快引发了关于是否合适使用照片的道德争论。24 小时之内，很多新闻报道都援引了法国当局的声明，照片是假的。照片的很多漏洞被指出，包括救援人员不是穿着法国急救制服，他们设备上的紧急电话的号码也不是法国当地的正确号码(999 是英国急救电话)。很多新闻记者都觉得非常尴尬，毫无疑问，他们都将矛头指向了互联网的骗局。《法国晚报》(*France-Soir*) 的主编克劳德·兰伯特（Claude Lambert）这样告诉《纽约时报》(*New York Times*)：

> 可能我们的做法不太精明，我们放上去以吸引网民的注意……周五在办公室对这个决定进行了激烈讨论，并不是编辑部所有人都认为这样做是合适的。可能标题我们应该做成：‘戴安娜，假互联网图片’，但我们还是会继续把这照片给发了。
>
> (引自 Harmon，1997)

如果用这个事故来检验互联网作为新闻信源的可信性，那么在很多人眼里它不及格。新闻史上虚假照片比比皆是，但是互联网用户传播这些误导性材料的速度如此之快，确实让一些批评家深感不安。对新闻记者艾米·哈蒙（Amy Harmon）来说，围绕戴安娜照片的争论“强调了公众的热情使得互联网这个电子媒介不被怀疑，或者说人们容忍互联网上传递那些耸人听闻的素材”。换句话说，公众能像对待主流媒体那样对互联网作出回应。

结论

在结束本章内容的时候，我呼吁我们对网络新闻的早期做更多的历史挖掘。这么多事件需要梳理、细致的审视和分析。我已经承认，网络新闻再现了很多独特的战略——这些战略可能在不同的新闻网站上完全不同，而我感觉它们正在走向趋同而不是不同。在我看来，这种状况不仅存在于它们的表面，而且更麻烦的是，在于它们如何定义在网络上什么是新闻和如何报道新闻。

我在书中引用大卫·布林克利的话，是因为他的话引起我很大程度的共鸣。我相信网络新闻会渐渐与他所说“包装得吸引人”的电视新闻一样。而正如我想说明的那样，要更好地理解这场不可避免的竞争、这种不平等的发展，历史的视角是无价之宝。毕竟，这种必然性会在不同程度上限制我们的能力，阻碍我们设想提高网络新闻质量的新路径。

参考文献

Adams, J. (1996) A World Wide Web of Conspiracy, *Sunday Times*, 22 September.

Agrawal, R. (1995) Getting the Word Out, *The Quill*, 83(6): 32.

Andrews, P. (1995) Net Falters in Coverage of Bomb Aftermath, *The Seattle Times*, 30 April.

Brinkley, D. (2003) On Being an Anchorman, *New York Times*, 14 June.

Campbell, D. (1997) Untapped Sources, *Guardian*, 10 July.

Chester, R. and Shotnicki, T. (1996) Top US Crime-Busters Enter Cyberspace to Net Terrorists, *Courier Mail*, 6 August.

Copilevitz, T. (1995) Internet is Hardly a Hotbed of Terrorism, *The Dallas Morning News*, 7 May.

Duggan, D. (1996) Oh What a Tangled Net the Plot Nuts can Weave, *Newsday*, 24 November.

Haberman, L. (2003) David Brinkley Dies, *E! Online News*, 12 June.

Hanson, C. (1997) The Dark Side of Online Scoops, *Columbia Journalism Review*, May/June.

Haring, B. (1995) Oklahoma Bombing Echoes through Cyberspace, *USA Today*, 21 April.

Harmon, A. (1997) Phony Diana Photo Reignites Debate on Internet Postings, *New York Times*, 22 September.

Harris, M. (1996) Truth a Casualty Once Again? *Toronto Sun*, 12 November.

Husseini, S. (1997) Media Bombed on TWA Crash, *Chicago Tribune*, 2 January.

Katz, J. (1997a) Scoop Story, *Wired News*, 4 March.

Katz, J. (1997b) Deaths in the Family, *Hotwired*, 31 March.

Kenworthy, T. (1997) Report of Admission Throws Oklahoma Bomb Case into Turmoil, *Washington Post*, 1 March.

Macavinta, C. (1997) Net Mourns Di, Debates Media Role, *CNET News.com*, 2 September.

McNamara, P. (1997) A Crying Shame; Princess Di's Death Brings Out the Worst of the Web, *Network World*, 8 September.

Oakes, C. (1995) Shock Waves: Communication about Oklahoma City Bombing on the Internet, *Los Angeles Magazine*, 40(6): 112.

Parenthoen, I. (1997) Electronic Journalism Speeds onto the Internet, *Agence France-Presse*, 5 March.

Pelline, J. (1997) Alleged Diana Photo Appears Online, *CNET News.com*, 18 September.

Peterson, C. (1997) Newsy Web Pays Homage, *Modesto Bee*, 9 September.

Rashbaum, W. K. (1997) "Salinger-I have more TWA Evidence," *Daily News*, 14 March.

Rosenberg, S. (1995) Digital Culture, *The San Francisco Examiner*, 30 April.

Schwartz, J. (1995) Advocates of Internet Fear Drive to Restrict Extremists' Access, *Washington Post*, 28 April.

Simpson, B. (1997) Media frenzy over Diana's death spreads to Web, *Aardvark News*, 1 September.

Waite, C. H. (2003) David Brinkley, *The Museum of Broadcast Communications*, www.museum.tv/archives.

Weise, E. (1997) Newspaper scoops self to get the word out on bombing story, Associated Press, 1 March.

第二部分　新闻与民主

第六章　美国与英国的新闻事业存在民主缺陷吗？

罗伯特·A. 哈克特

- 美国与英国的新闻事业是否能够完全满足民主政治传播体系的需要？
- 其他的政治视角对此问题如何回答？
- 如果存在着民主缺陷，我们应该做些什么？

通过对舆论的构建和引导，新闻界在现代政治生活中扮演着重大角色，它对形成被告知的公民和负责任的政府至关重要。然而，一些批评认为，即使是在像英国与美国这样民主建构比较完善的国家里，新闻界也还未达到民主原则所期待的那种理想程度。

本章主要讨论的是，新闻界是否以及为何存在着这样一种“民主缺陷”。关于这些问题的立场是有差异的，主要源于两个原因。首先，媒介行为的界定标准通常模糊不清。对新闻选择的影响、新闻内容的形式，以及它们对于政治生活的影响，都是新闻工作者、政治家、媒介研究者以及公众经常争论的话题。

然而，更为根本的是，对于媒体民主表现的评价，主要依赖于我们所使用的“分级”标准。而本章主要提供了一种不同的视角看待民主的要求，以及新闻界对于民主政府所应发挥的作用。民主概念的辩争不仅对那些“政治学究们”有意义，而且是在社会与文化政策方面带来分野的根本性“武器”。例如，一些民营经济和富裕的中产阶级就倾向于自由市场的私有化政策、市场调节（通常称为放松管制）、自由贸易以及福利国家的瓦解。与此不同的是，工会、进步的社会运动以及其他相关组织则鼓吹公共部门应当在保护环境、劳工待遇、公共服务以及社会公平上发挥积极的作用。而学术团体、政党、政策机构以及其他利益集团在这些争论中也提出了极为不同的民主模式，从而带来对新闻业不同的规范期待。下面，我们就来看一看这些不同的视角。

保守的批判：市场自由主义者与精英民主党人

从20世纪80年代开始，民主的“自由市场”观点就已经获得了政治与文化上的霸权。它具有不同的形式，比如市场自由主义、新自由主义以及新保守主义。这种意识形态认为“政府管得越少越好”——当然用于维持社会秩序的军事、警察以及监狱除外。民主并不以自身为目的，而是为了获得最好的体制安排，以维持政治稳定和一种自由的政治文化（这种文化以个体的权利与选择，特别是个体的经济所有权、契约以及交易为特征）。

约瑟夫·顺彼得（Joseph Schumpeter）对这种“自由市场”观点做了经典的阐释（1976；引自 Baker，2002）。他认为，虽然这种“自由市场”观点往往采用民粹主义和反精英主义的立场，但事实上，它与一种民主的精英主义观点配合得非常默契（1976；引自 Baker，2002）。他的“竞争精英主义统治论”（Held，1987：164-185）与强调私人消费而非公共美德的市场自由主义非常匹配。考虑到现代政治议题的复杂性、大众面对非理性和情绪化诉求的脆弱能力以及竞争诉求下政治体系的超负荷风险，顺彼得认为，不断持续的公众参与既没必要也不值得。决策精英应当独立于大众；可以通过定期的选举、个人政治权利（集会、言论）的保护以及言论自由使他们足以信赖。这种观点认为，民主是一个选择领导人的过程，而公民的参与主要是几年一次的选举——公民实质上在政治市场中扮演消费者的角色。

在这一模式下，新闻界扮演着这样几种角色。它应当通过对腐败和滥用职权的揭露对政府（它被认为是对个人自由最主要的威胁）进行监督。它“不需要为提高人们的政治参与或反思能力而作出努力”，因为“对社会力量与结构性问题进行意义的理解超出了民众的能力”（Baker，2002：133）。同时，它也不需要对国家政策或社会秩序提出任何根本性的问题。而新闻界，尤其是“有品质”的媒体，能有效地报道精英之间的辩论，传播有利于精英自身的“客观”信息。早在20世纪20年代，美国传奇政治专栏作者沃尔特·李普曼（Walter Lippmann，1963）就已经明确地指出了这种精英操纵新闻界的现象。

如果说自由市场保守主义者能够看到当代新闻界的民主缺陷的话，他们往往只是集中于被察觉的两个问题中的一个。那就是国家对新闻界的影响。国家要么通过政府官员操控记者的非正规的方式影响媒介，要么通过正式的法律和规章（比如对媒体集中限制，还有对媒体内容“公共服务”要求的限定）来影响媒体。需要征收牌照费或税款的公共服务广播机构，如BBC，经常受到市场自由主义者的攻击。他们认为，这种媒体机构在政治出资的压力下非常脆弱，它们的“监督”功能正在逐渐地丧失。市场自由主义者认为私人拥有的商业媒介更加民主一些。因为这种媒体是由读者、观众和听众的喜好所塑造出来的。所以，商业媒体系统能够为受众提供他们所需要的东西：消费者是“国王”。

保守主义者，尤其是美国的保守主义者，则看到了与新闻媒体有关的另外一个被察觉的问题——由记者的“左派自由主义”政治偏见所造成的，对美国主流或中层权威人物或价值观的普遍敌视。一些评论家把新闻工作者描述为官僚“新阶层”，或者与美国的商业成就目标和扩大国家调控的价值体系相左的知识分子（见Lichter and Rothman，1986；Hackett and Zhao，1998：258）。在美国，保守主义者电台脱口秀和畅销书中（如Goldberg，2001）持续阐释这种左派自由主义偏见，以至于成为了一种传统观念（不过这种现象在英国很少看到）。保守主义者对记者最新的一个批评版本就是，认为记者持有的是“后物质主义”价值观，比如女性主义和环境保护主义等，而不是普遍民主的价值观（Miljan and Cooper，2003：56-59）。

社会保守主义者（与市场自由主义者相区别）会对新闻界违

反道德或社会秩序的行径——比如对性和暴力的极度渲染、对轰动效应的过分追求以及对隐私权的侵犯——感到愤怒。尽管这些政治上的担忧是必要的，但它们超越了政治谱系，不那么容易与民主模式相关，所以我在这里就不涉及了。

保守主义者（市场自由主义者）担心，这种左派自由主义和国家管制的新闻界可能会威胁到公众对于商业以及支撑自由与繁荣（在他们看来）的经济与军事政策的支持。从他们的分析中，我们又可以得出什么解决办法呢？那就是，放开对私有媒体的管制，收回对公共服务广播的资金支持。雇用更多保守主义的新闻工作者或记者主体，而不是更多的编辑人员和管理者。

所有这些市场自由主义批判所依赖的假设基础都是值得争议的。作为对新闻输出的一种解释，左派自由主义的观点十分片面且具误导性。它所坚持的东西并不是基于真正的价值之上，而是建立在几十年来为消除20世纪60年代的抗议运动的影响，为颠覆福利国家的进展而进行的合作和“意识形态”动员之上（Dreier，1982；Hackett and Zhao，1998：138）。这种观点将新闻工作者看作个体，轻视他们的机构性惯例和压力（特别是来自商业和政府的压力），尽管在大多数媒介社会学家看来，这种体制惯例和压力在很大程度上决定着新闻的构建（Shoemaker and Reese，1996）。保守主义的批评家认为，记者的自由主义态度能系统地影响实际的新闻内容，但他们却拿不出任何相关的证据。保守主义者不仅夸大了媒介攻击权威的范围和激进程度，而且忽略了媒体对于政府而非私营企业有选择的关注焦点，对于证实而非反对新自由主义假设的各种罪行的关注与揭露。通常，政府的官僚习气或税收的不合理开销比起商业腐败或者剥削更具有新闻价值（Hackett and Zhao，1998：138-141）。

第二种市场自由主义批判认为，媒介管制与消费者主权的民主原则相抵触，它首先认定媒体受众是消费者而非公民。从民主的立场来看，这两个概念有着根本的不同。“公民”意味着对于公民事务的积极参与；而“消费者”则意味着在物质消费上更私人与被动的角色。在一个民主国家里，原则上，所有公民都一律平等；而在市场经济中，消费者则是不平等的，因为他们消费商品的能力有赖于他们的购买力。

另外，“消费者主权”这一主张本身就存在问题。它传达了这样一种形象，统一联合的消费者不断地向媒介公司嘶叫抱怨，接着这些媒介公司便按照消费者的意愿去制作节目（Curran，2000：129-133；Hackett and Zhao，1998：185-188）。但事实上，下面所讨论的许多结构性因素都会扭曲或者破坏消费者对于商业媒介内容喜好的表达。而且即使媒介会对消费者的喜好做出尽可能积极的反应，它们也未必会为培养知情公民而为社会提供公共论坛和优质的新闻。人们不仅仅通过消费来表达价值观，也通过选举与纳税来表达自己的价值观；并且那些有价值的公共商品，比如公共健康以及定位于公民的新闻，就不能轻易地通过市场机制来提供。只有当其目标是为了参与式民主而非精英式民主时，消费者主权才有重大意义。

“公共领域”自由主义

民主的精英统治模式因为诸多原因而为人所诟病。它对于“公民参与”的消极观点被视为过于悲观。其实，公民在对重大议题（如英联邦成员资格，1988 年加拿大—美国自由贸易区）的公投与选举过程中均呈现出优秀的智识和公民参与能力。相反，一些丑闻，如 2003 年伊拉克战争之前，布什与布莱尔政府对于情报信息的明显操纵，表明精英主义模式过高估计了当公众参与缺失时，政策制定者的能力与可信度。

与此类似的是，市场自由主义观点忽略了在政策制定过程中财富集中的巨大力量。它忽略了不断拉大的贫富差距对政治平等和更有意义的个人自由所构成的威胁。它还忽视了贪婪的个人主义文化对构成民主治理基础的社区意识的销蚀。

这些思考强化了另一种观点，即接受精英民主人士对于个人权利以及独立的“监督政府”的媒体的支持，但同时更加注重通过既定政治渠道的公众参与。而公众参与可被认为是制定更多合理公平的政策，并使公众的民主能力得到发展的一种途径。

自由参与式民主把媒介促进甚至构建公共领域的角色放在首位。这个领域是“一种可以通过对有关公共问题的信息与观点的交流而形成舆论的社会生活领域”（Dahlgren，1995：7）。正如哈贝马斯理论中提到的，公共领域没有必要是一个物理存在，它是一个不同立场与群体都能参与的概念空间，它的特点是具有不受任何控制的讨论、平等的参与以及诉诸一般原则的理性，而不是纯粹的自我利益。在参与式民主模式里，政府的政策可以反映市民社会集体讨论的决定，并由这种讨论决定其未来。媒介将为公众的讨论提供舞台，并通过舆论的形式重新把公民个体组构成为一个公共整体（Curran，1996：82-83）。

在参与式民主中，建构在公共领域之中的新闻界被期待扮演什么角色呢？贝克（Baker，2002：129-153）提倡两种互相抵消的新闻媒介：首先，每一个部分（媒介）体系为每个重要的文化和政治团体提供一个论坛以明确地表达它们自身的利益；其次，新闻机构通过具有普遍可接近性的、广泛的（市民的、客观的、平衡的和全面的话语）以及深思熟虑而非就事论事的话语推动人们寻求全社会范围政治舆论的一致。

诺里斯（Norris，2000：25-35）为新闻界提供了一份“公共领域”的任务清单。如果新闻媒体打算提供一个公民论坛以帮助维系多元化的政治竞争，那么它们是否提供了广阔的政治报道，包括为多样的政治人物提供平台？媒介是否为政治人物提供了“水平”的沟通渠道，同时为政府及其辖民提供“垂直”的沟通渠道？常规的政治新闻是否具有多个信源，是否具有有效的政府信息传播？是否有多种渠道带来公众讨论，降低公众被政治告知的成本？对不同党派的报道比例是否平等？最后，作为鼓励公众参与的中介机构，新闻界是否促进了普遍利益，是否在政治过程中刺激了公众的政治认知和公民参与？

除了公共领域自由主义者，不少新闻工作者，尤其是美国的新闻工作者自己都会对这些问题给予否定的回答（如 Fallows，1996）。媒介有负于它们（维系）民主的责任，这一观点，也是一种“媒介焦虑”观，几乎已经成为了正统。就像诺里斯（Norris，2000：4-12）所总结的，这种观点把自20世纪70年代以来所觉察到的许多消极态势都归罪于新闻界。选民的投票率显示，政治参与与公民参与正日渐消弭。公民已经开始对政治更加不满，对政府更加不信任；而相反地，政治领导人已经失去了可信性，并且官方的政治议程也和普通民众所关注的问题越来越不一致。公共政治对话变得“沉默寡言”，而公众对于政治的了解也受到了腐蚀，因为丑闻和对于名人生活琐事的无聊报道取代了关于政治议题的大量报道。单一议题的利益群体也已经取代政党，成为破坏全社会范围公民以及市民对话的调解力量。

这种假定的民主不安迹象背后隐藏着什么呢？持这种民主不安观点的理论家们在政治环境中找到了其中一些原因：在环境、经济和其他分化的新议题中社会舆论分裂；选民对政党的忠诚减弱；政治运动走向专业化、“市场化”和形象定位化（Blumler，and Gurevitch，1995：206）。但是新闻界自身的实践，以及它的结构（在一定程度上）同样遭到指责。经济压力正怂恿着政治新闻朝向小报化、娱乐化等趋向市场的方向转变。20世纪70年代电视网成为美国的主导新闻媒介，接着到了80年代美国就解除了对私营广播电视的调控。而在英国，政府攻击着公共服务广播的独立性和新闻资源。频道提升分割了媒介的受众，从而破坏了公共领域的凝聚力，促进了政治的分裂。记者努力从政治家们的“舆论导向”中争取自治，这导致他们对政府采取半敌视的态度（这与市场自由主义者的批评有些重叠），从而集中攻击政治家们的策略而非政策的实质。

对“公众传播危机”（Blumler and Gurevitch，1995）的察觉导致了新闻实践而非结构的适度改革。其中一个例子就是美国的公共新闻运动，它让报纸尝试对公共议题进行社区讨论，而非简单地报道官方（新闻）来源（Baker，2002：158-163）。然而，近年来，一些公共领域自由主义者已经开始对这种“衰落的叙事”（McNair，2000：197）发起了三管齐下的反击。

首先，他们认为，对新闻媒介的转型结构和政治影响的悲观解读是片面的或缺乏证据支持的。麦克奈尔（McNair，2000：202，208）认为，市场的力量不仅带来报纸中传统政治新闻的低级庸俗和衰落，它同样也能创造出生产高品质新闻的动力，并且还可以帮助扩展广播电视和网络政治新闻的形式与类型。诺里斯（Norris，2000：318）发现，在新闻媒介中“揭露”与信任并参与现行政治体系可以是互相促进的，它们非但不会造成人们的不满、漠然以及脱离，反而能够构建出一个“道德的圈子”。

其次，另一种“乐观”的推理承认悲观主义者所指出的一些趋势，但不同的是，它重估了这些趋势，认为它们对民主是无害的，甚至是有利于民主的。小报新闻并不是新闻品质的简单退化，在某种意义上，它是对政治文化的普及，将新闻议程民主化，甚至通过揭发特权的滥用或权力阶层曾一度隐瞒的弱点，构筑“大众抵抗权威秩序的阵地”（Sparks，2000；McNair，2000；Connell，1992）。把政治当作游戏的新闻生产很好地适应了政治舆论导向专家的操纵控制，并使政治程序变得更加透明；这些媒介专家灵活运用内幕消息，把政治家和传统记者挤到一边去，他们应该得到应有的名流地位（McNair，2000）。这种乐观的重估强调我们调整对记者的期望；诺里斯（Norris，2002：208，211，227）因此认为，选民不需要广博的公共知识，只要有足够具体的背景信息就足以使他们对自己的政治选择作出评价。

再次，尽管“乐观主义者”否认美国或英国存在普遍的民主危机，但他们依然承认美国或英国的民主的确面临着重大的挑战，如较低的选民投票率或高额数目的金钱对美国大选的影响。但他们认为，不应该把源于其他权力关系和社会结构的缺陷归咎于新闻界（Norris，2000：319）。这一思考带来了媒介批评的第三种传统。

激进民主主义与政治经济批判

由于自身存在着一定的局限性，所以公共领域自由主义者的批判在一定程度上很容易遭到反驳；它寻求对于新闻实践的改革，但对以市场为导向的媒体企业结构却提不出任何根本性的问题，甚至对社会政治秩序只字不提。相反，激进民主主义者则针对媒介行为提出了一套更加健全的衡量标准。如果说市场自由主义者强调个体的自由和对政府权力的限制，公共领域自由主义者强调政策的公共审议，那么激进民主主义者则在此基础上增加了第三个维度，不是将民主看作一套程序规则，而是将其看成一种孕育发展权的社会环境，即每个人平等的权力，“充分发展和使用”他们的能力（Macpherson，1977：114；Downing 等，2001：43-44）。

这样一种立场在一些方面超越了公共领域自由主义者。第一，激进民主主义者不仅仅要求振兴现存的代议制民主体系，而且试图超越它，把它推向生活世界，使得公民能够直接参与到与邻域、工厂、家庭以及性别关系相关的决策中去。

第二，他们优先把平等作为民主的一项核心原则。自 20 世纪 80 年代以来，平等便不断地遭到美英新自由主义政府的破坏。公民之间不仅需要拥有平等的法律和政治权利，而且在财富与权力方面也应当保持大致的平等。

第三，激进民主主义者认为，不平等社会结构中的权利关系是对抗性的；甚至在繁荣的资本主义民主社会里，政治经济精英们也可能与其他的民众存在着相互冲突的利益。

第四，激进民主主义者利用传统的政治经济批判方法去分析权力对抗。民主的公共领域是不能够与深植于国家、经济、性别以及种族的权力阶层隔离开来的；只要它们存在，它们就往往会破坏存在于公共领域之中的平等呼声。

第五，基于这些以及其他的假设，激进民主主义者经常对不规范的企业资本主义以及它对政治、社会和环境所带来的影响进行尖锐的批判。

鉴于民主的这一观点，新闻媒介将会发挥什么样的政治作用呢？激进民主主义者赞同其他模式所津津乐道的媒介的监督和公共领域功能，但除了这些，他们认为还应该加上以下几条标准：

- 能够实现亚群体之间的横向交流，包括呼吁重建民主的各种社会运动（Angus，2001）。通过向公民社会传达公众的声音，媒介能够使反对社会不公所必需的社会变革、权力重置以及民众动员变得相对容易。

● 通过报道那些重要但处于精英议程之外（甚至是反精英议程）的事件与意见，扩大公众意识和政治选择的范围。这些议题包括环境的可持续发展以及其他构成一个正义和人道的社会整体所必需的超市场价值观念。

● 对存在于其他社会秩序领域内的权力失衡进行抵制。正如麦克切斯尼（McChesney，1999：288）所指出的："它们往往会加深社会的不平等，除非传播的工具和信息都是平等的。"

在给出这些标准之后，激进民主主义者发现还有许多东西需要批判。因此公共领域自由主义者担心公众对于政府的不信任，而激进民主主义者，比如赫尔曼和乔姆斯基（Herman and Chomsky，1998）则担心，整个媒介一起卓有成效地为不公正的国家与企业政策"制造同意"，从而忽略了政治讨论中的反对者与普通的民众。媒介行业系统的许多方面都与民主平等和公民的知情权相矛盾。很多因素都会导致新闻界偏向政治权力，包括媒体所有者与其他商界精英之间具有联系（通过社会互动以及董事间的互相合作）；企业资助的游说团体既可以是记者的信息源，又可能给编辑部带来压力，从而形成比例不公的政治权力；大的媒体所有者（比如鲁珀特·默多克）的政治偏见和利益。大部分媒介市场高昂的进入资本与供过于求的市场情况（只存在着少数竞争者）；报纸广播电视行业所有权的日益集中；曾经独立的媒介产业之间的技术与所有权的融合；报业链之间采访资源的合理化；大型媒介集团的品牌识别、规模经济、发行网络渠道以及跨媒体宣传策略，所有这一切都潜在地威胁着主控媒介中新闻视角有意义的多样性（Hackett，2001）。

新闻机构日益集中于跨国并购公司的手上，它们拥有一系列不同的媒体和产业。股东们和大笔并购带来的资本债务常常驱使着这些企业集团在短期内获得最大的利润。而这给在并购企业中收入颇微的新闻界带来的后果是非常严峻的。经济动力不会孕育“严肃”的新闻界，而是满足了信息娱乐的胃口，以最廉价、最安全的方式吸引受众注意力。利益冲突吞噬着新闻判断，因为记者们颇感压力，要鼓吹或者压制有关集团帝国的新闻报道。公司集团会把其他的观点与产品统统推到一边，以不同的方式和渠道不断地重复使用昂贵的已有品牌。而当新闻工作者们获邀成为集团的成员时，编辑室里那种公共服务的气氛也随之发生了改变。《洛杉矶时报》(the *Los Angeles Times*) 对斯坦普斯中心这个体育场馆进行推广性报道就颇受争议，因为它的母公司对其拥有金融投资。这也是刚才我们所说的问题的典型案例。

理论上，政府的法规（例如反托拉斯法和广播电视章程）以及像美国联邦通讯委员会（the US Federal Communications）这样特别针对于广播电视的调节机构都被认为是保护公众利益的。然而有批评家指出，国家与大的媒介公司之间是相互协作的，事实上几乎是在舞弊（McChesney，1999）。很自然地，政治家希望得到公众的支持，而媒介公司则希望得到监管和立法的支持。

对于新闻界而言，广告所暗含的反民主因素也值得特别的关注。因为商业媒介手中的面包主要是依靠那些付钱以获取受众注意力的广告主而不是依靠受众来为其涂抹黄油的。贝克（Baker，1994：69-70）证实了有关新闻界的四种可预见的后果。首先，广告会阻止媒介对“广告产品的不足或危险的说明、广告主不道德的行为的揭露以及广告主所信赖的世俗观点的批判”。其次，对于那些具有争议的问题，广告往往倾向于采取比较温和的政治立场。因为广告主想要赢得最大范围内的受众，而不愿得罪潜在的购买者。再次，为了激发受众的购买欲望，广告对于那些与消费主义相抵触的社会问题（或价值观，比如环保主义）较多地采用“比较轻松的观点”而非批判性的观点或关注。最后，因为广告主特别希望人们能够并且愿意购买他们的产品，所以，媒体往往会“接受这些观点想法，并尽可能地满足人们相对广泛的信息娱乐需求”。

上述最后一点对于民主平等有着特殊的意义。消费者在对于哪些媒介频道和内容能够获得经济上的成功，而哪些媒体频道和内容却不能这一问题上发挥着不同程度的作用（Hackett，2001）。这种不平等的偏见是不可能通过市场的力量得到改正的。即使重要的政治经济学家是对的，但市场更多的是带来问题而非解决问题。当然，我们也不能指望受到大肆吹捧的网络为我们提供一个更加平等的交流平台。尽管网络具有民主和互动的潜力，但在美国和英国目前的方针政策下，它却日益被那些同样控制着传统信息媒介的商业巨头（也包括电信与电脑公司）所垄断（McChesney，1999，第3章；Hackett and Zhao，1998：190-200）。

应该如何对新闻内容的这些结构特征进行分析呢？针对这一问题，有一种非常有用的解决方法。那就是思考一下，有哪些新闻没有被报道。在美国，每年被审查掉的新闻都会列出许多重要且看起来很具有新闻价值的新闻素材。但它们差不多都被媒体给忽略了。2003 年的前几大新闻包括潜藏于美国攻打伊拉克背后的议事日程、国家安全措施对公民自由所构成的威胁、一项关于向恐怖分子挑衅以给予其反击的五角大楼计划、布什政府为了削弱工会和工人保障协会的权力而进行的隐秘活动以及网络的日益被垄断（菲利普斯和项目检查，2004）。这些新闻素材不但表明了美国新闻界调查性报道的缺乏，也表明了其在面对公司与国家权力时的软弱无能。在 2003 年 3 月美国准备入侵伊拉克的关键时刻，美国的媒体，特别是由鲁珀特·默多克的福克斯电视网充当先锋的电视媒体，并没有质疑战争，而是在一片争论声中为战争敲响了战鼓。它们大肆报道布什政府有关萨达姆·侯赛因的各种声明（非常值得怀疑）。而这些声明指出萨达姆拥有大量的杀伤性武器，并特别强调了 20 世纪 80 年代其对库尔德人实施的暴行，并且在那个时候，萨达姆对于美国（和英国）对其政权的支持视而不见（Rampton and Stauber，2003）。

一项有关调查表明，20 世纪 90 年代，加拿大的新闻界也存在着同样的盲点，包括贫困与不平等、全球军国主义的涉入、宗教和传统社会价值观念、公共关系行业的权力、破坏性罢工以外的有关劳工的大量新闻、媒介公司自身的既得权利以及白领和企业犯罪

（Hackett and Gruneau et al.，2000，第6章和第7章）。

为了媒介的民主？

以上的分析显示，英美新闻界存在着一种与平等和监督功能相对立的民主缺陷。可以肯定的是，由于受到都市报业垄断集团和商业广播公司（曾主要被用于公共服务事业）的支配，美国新闻界的这种民主缺陷显得更加突出；而在英国，广播电视依然保持着浓厚的公共服务传统，报业也具有一定的多样性（通过保守的观点衡量）。然而，公共领域和激进民主主义批评家们指出，这两个国家都需要培育一个更加有效的媒介民主系统。“修理”这一民主缺陷不仅需要强调新闻实践与新闻道德，同时也需要强调新闻实践范畴内的体制结构。

这种媒介改革的对象应该是什么呢？没有哪种新闻机构或新闻模式能够满足所有的民主目标。媒介系统需要结构的多元化，从而能够使不同的媒介类型和部分弥补相互之间的不足。柯伦（Curren，2000）在公共服务媒介的基础上提出了一种由五个部分组成的媒介系统。它不仅能够形成一个公共领域，还可以消除掉由广告所带来的结构偏差。但它同样也包含着商业媒介（它在为受众提供娱乐方面相当地有效）和社区/宣传媒介（它能够使公民群体为自己说话）。

这样的多元化状态需要各种管理和立法措施，比如媒介补贴和所有权的最高限度。这是因为，如果对其放任自流的话，商业的压力将会普遍地加深而不是减轻我们在本章中所讨论的非民主的方面。但是，由于害怕引起媒介集团的不满，并且在政治上常常和他们存在着“私情”，所以，政府根本不可能毫无压力地通过来自于有组织的民间社会联盟的媒介民主改革。激进民主主义者则有可能站在改革联盟的最前列，因为他们对媒介持有最坚定的批判态度。他们的斗争也将会是最艰难的，因为他们不仅仅对具体的新闻实践提出了挑战，同时也对公司的权力以及更广泛意义上的市场逻辑提出了挑战。

然而，他们的设想，包括与持其他两种传统观念的组织的结盟，有可能会面临一个良好的环境。最明显的是，激进民主主义者与公共领域自由主义者在保卫公共服务广播方面具有共同之处。虽然他们常常各执一词，但“诚信”市场自由主义者有可能与这些激进的改革论者共同研究与竞争、消费选择与媒介监督以及公司媒介控制实质的假设有关的问题。这些可能性不仅仅只是假设。2003年，右翼团体与激进改革论者共同参加了一场空前绝后的媒介运动，反对美国提升媒介集中并购的上限。像美国自由新闻（Free Press）和英国报纸广播自由运动（the Campaign for Press and Broadcasting Freedom）这样的组织将会为创建一个面向21世纪的民主公共领域而作出不懈的努力和斗争。

参考文献

Angus, I. (2001) *Emergent Publics: An Essay on Social Movements and Democracy*. Winnipeg, Arbeiter Ring.

Baker, E. C. (1994) *Advertising and a Democratic Press*. Princeton, NJ: Princeton University Press.

Baker, E. C. (2002) *Media, Markets and Democracy*. Cambridge: Cambridge University Press.

Blumler, J. G. and Gurevitch, M. (1995) *The Crisis of Public Communication*. London: Routledge.

Connell, I. (1992) Personalities in the Popular Media, in P. Dahlgren and C. Sparks (eds) *Journalism and Popular Culture*. London: Sage, pp. 64-83.

Curran, J. (1996) Mass Media and Democracy Revisited, in J. Curran and M. Gurevitch (eds) *Mass Media and Society*, 3rd edition. London: Arnold, pp. 81-119.

Curran, J. (2000) Rethinking Media and Democracy, in J. Curran and M. Gurevitch (eds) *Mass Media and Society*, 3rd edition. London: Arnold, pp. 120-155.

Dreier, P. (1982) Capitalists vs the Media: An Analysis of an Ideological Mobilization among Business Leaders, *Media, Culture and Society*, 4: 111-132.

Dahlgren, P. (1995) *Television and the Public Sphere: Citizenship, Democracy and the Media*. London: Sage.

Downing, J. D. H. with T. V. Ford, G. Gil and L. Stein (2001) *Radical Media: Rebellious Communication and Social Movements*. Thousand Oaks: Sage.

Fallows, J. (1996) *Breaking the News: How the Media Undermine American Democracy*. New York: Pantheon.

Goldberg, B. (2001) *Bias*. Washington, DC: Regnery.

Hackett, R. A. (2001) News Media and Civic Equality: Watch Dogs, Mad Dogs, or Lap Dogs? In Edward Broadbent (ed.), *Democratic Equality: What Went Wrong*? University of Toronto Press, pp. 197-212.

Hackett, R. A. and Gruneau, R., with D. Gutstein, T. A. Gibson and NewsWatch Canada (2000) *The Missing News: Filters and Blind Spots in Canada's Press*. Toronto and Ottawa: Garamond/Centre for Policy Alternatives.

Hackett, R. A. and Zhao, Y. (1998) *Sustaining Democracy? Journalism and the Politics of Objectivity*. Toronto: Garamond.

Held, D. (1987) *Models of Democracy*. Stanford, CA: Stanford University Press.

Herman, E. and Chomsky, N. (1988) *Manufacturing Consent: The Political Economy of the Mass Media*. New York: Pantheon.

Lichter, R. S., Lichter, L. S. and Rothman, S. (1986) *The Media Elite: America's New Powerbrokers*. New York: Hastings House.

Lippman, W. (1963) *The Essential Lippmann: A Political Philosophy for Liberal Democracy*. C. Rossiter and J. Lare (eds) New York: Random House.

Macpherson, C. B. (1977) *The Life and Times of Liberal Democracy*. Oxford: Oxford University Press.

McChesney, R. W. (1999) *Rich Media, Poor Democracy: Communication Politics in Dubious Times.* Urbana and Chicago: University of Illinois Press.

McNair, B. (2000) Journalism and Democracy: A Millennial Audit, *Journalism Studies*, 1(2): 197-211.

Miljan, L. and Cooper, B. (2003) *Hidden Agendas: How Journalists Infiuence the News.* Vancouver and Toronto: UBC Press.

Norris, P. (2000) *A Virtuous Circle: Political Communications in Post-industrial Societies.* Cambridge: Cambridge University Press.

Phillips, P. and Project Censored (2004) *Censored 2004: The Top 25 Censored Stories.* New York: Seven Stories Press.

Rampton, S. and Stauber, J. (2003) *Weapons of Mass Deception: The Uses of Propaganda in Bush's War on Iraq.* New York: Jeremy P. Tarcher/Penguin.

Schumpeter, J. (1976) *Capitalism, Socialism and Democracy.* New York: Harper & Row.

Shoemaker, P. and Reese, S. (1996) *Mediating the Message: Theories of Influences on Mass Media Content.* 2nd edition. White Plains, NY: Longman.

Sparks, C. (2000) Introduction: The Panic over Tabloid News, in C. Sparks and J. Tulloch (eds) *Tabloid Tales: Global Debates over Media Standards.* Lanham: Rowman & Littlefield, pp. 1-40.

第七章　新闻与舆论：积极的公民还是沙发土豆？

贾斯汀·刘易斯　卡琳·沃尔·乔根森

- 什么是舆论？它在民主社会中发挥着什么样的作用？
- 什么是民意调查？新闻工作者在使用这些民意调查时存在着何种问题？
- 新闻媒介是如何描述舆论的？
- 新闻描述舆论的方式将会带来什么样的结果？

民主政府通过反映人民的意志来赢取自身的合法性。他们通常通过定期的选举来寻求被统治者（Splichal，1999）对其政策及决议的拥护和支持。不过，尽管获胜的党派或候选人获得了胜利，但选举依然是获取公民认可的一种较为无力且断续的形式。因为仅仅通过几年一次的选举，统治者与被统治者之间的互动是非常有限的，公民根本就没有机会越过代表他们利益的政治家去表达他们自己的意见。所以，许多民主主义理论家，比如麦克奈尔（McNair，2000）强调更加积极、参与性更强的公民的重要性："民主社会中的公众应当不仅仅能够作为受众读到、看到或听到相关的政治辩论，同时也能够直接参与其中。"（McNair，2000：105）

尽管民主社会往往达不到这种理想的民主状态，但平心而论，舆论确实在民主国家中发挥着重要的作用。首先，政策制定者通过它，了解他们的决策是否获得了认可。对于与政府决议有关的问题，无论是发动战争、增加退休津贴还是提高税收，公众意见的展示不仅可以矫正政治家们所持有的观点，同时也可以为公众参与其中提供机会。此外，更为重要的是，舆论不仅是公众参与政治的一种主要形式，同时也是一种共鸣器。人们通过那些已经公开的意见和观点来权衡自己所持有的意见和观点（参见 McLeod，Pan and Rucinski，1995：56）。

舆论的概念——尤其是民意，或者“公心”（a public mind）——往往把人们均质化为一种集体的大众（从而消除了他们之间的差异和矛盾）。而这样一来，雷蒙德·威廉姆斯所说的“不存在公众，只存在着把人们视为公众的方法”（Williams，1963）也就不难理解了。然而，舆论也同样赋予了个体一种社会身份，并十分强调集体而非个体表达的重要性。

如何表达公众的意见——从而帮助公民参与政治并对政府的决议表示赞同或异议——是一个复杂的问题。当我们开始千方百计地捕捉公众的意见以说明它到底是什么，以及应该如何衡量它时，大量的问题也随之呈现了出来（Noelle-Neumann，1995：36-37；Price，1994）。比如，我们是否应该把舆论视作所有个体意见表达的总和，抑或在由争论所达成的共识中去发现舆论？我们是否能够将某个人的意见视作更加广泛的公众意见的代表呢？会不会存在多于一种的公众意见呢？对于这些问题，并没有“确切”的答案：我们只需要知道，能够与那些可评估的公众意见（无论是民意测验、媒体所做的，还是政治家们所做的）形成对照的绝对或真实的舆论是不存在的。事实上，我们只有通过限制性的方式去阐释和规定舆论，才能够测量它。比如民意调查，它记录了人们如何对陌生人提出的问题作出回答。尽管它和舆论相关，但它并不能一劳永逸地代表所有人的观点。

古希腊哲学家说，民主只有在人口少于 10 000 人的国家中才能够实施。任何超过这个数目的国家都将是难以统治的。因为在这样的国家，所有公民都参与到政治讨论中从而形成切实可行的舆论是不可能的（Peters，1999）。然而像古希腊人这样依靠全民直接参与政治讨论的民主在当代社会是行不通的。相反，在我们生活的大众社会里，大部分公民都无法直接涉足政治，而政治家们也只能够满足他们所代表的那一小部分人的需求。大众媒介——尤其是新闻媒介——是公民与政治家交流的主要渠道。结果新闻界便成为了民主社会成功运行的关键所在。其中，新闻工作者致力于为政治家和公众营造一种对话的空间。而这样一来，新闻工作者的主要职责就是阐述并代表公众的意见。

自诞生以来，报纸一直被很明确地界定为一种重要的社会机构。因为它们为公民（虽然有时只是一个相对有限的人群）提供了一个论坛。他们可以于此讨论那些关于他们自身的议题，并形成一种公众（而不是个人）的意见，从而对政府的行动予以监督（参见 Habermas，1989：42）。因为对于新闻工作者来说，了解和报道公众的意见是非常必要的，所以新闻工作者会利用各种各样的方法去获取那难以捉摸的“人民的意志”。而其中的关键是对民意调查的使用。

新闻与民意调查的使用

就民意调查而言，新闻工作者与政治家之间存在着一定程度的矛盾。一方面，人们普遍认为民意调查是表达民意的一种相对科学和客观的方法。而且像盖洛普和 MORI 这样的调查机构也被认为具有很强的独立性和专业性。然而，很少有记者花费大量时间去检验民意调查数据指出的舆论的本质是什么，而且总有一种质疑的声音反复怀疑调查的精确性以及它在政治过程中的重要性。事实上，“民调驱动的政治家”（这样的人总是存在）经常被认为是不具有民主精神、软弱而又谄媚的人，办事通常缺乏原则性。

这一矛盾也反映在有关民意调查的理论文献中。有些民意调查研究学者强调调查方法的精确性，而有些学者从根本上就反对这种研究，质疑调查数据的使用与意义。例如，民意调查是对公众意见的一种取代，而不是呈现（Blumer，1948）。它创造出这样一种幻像，认为公众具有明确而又坚定的观点和意见，而事实上并非如此（Bourdieu，1979）。它赋予了民调专家——由他们书写整个访谈——大量的权力，而公民却几乎没有任何权力，他们只能对既定的议题表示赞同或拒绝（Salmon and Glasser，1995）。总而言之，这些理论批评往往集中于民意调查所采用的方法，这种方法利用精确的科学术语和数据掩盖了民意调查自身所具有的社会建构性质。

然而，也不能认为对新闻的怀疑态度根源于这种社会学批判。新闻工作者倾向于依赖民调的科学方面，并在此基础上进行报道和评估。例如，民调专家往往被媒体请来预测选举的结果，媒体不对这种对候选人及政党（在选举运动中尤为显著）受欢迎程度“赛马式”民调的局限性提出质疑（Lewis，2001）。

当然，新闻媒介对于民意调查的使用已经成为政治报道的一个常规部分，尤其是在选举期间。1976 年到 1988 年的一项调查发现，美国主要媒介组织对于民意调查的使用从平均每年 4 次上升到了 32 次（Ladd and Benson，1992）。同时也发现，《时代》、《新闻周刊》以及《美国新闻与世界报道》三分之一的采访报道都使用了民意测验或调查（Asher，1998）。事实上，在大部分发达国家，报纸和广播电视出版他们自己的民意调查研究已经是很平常的事了（Brule and Giacometti，1990）。

具备专业知识的学者们也经常注意到新闻从业人员对于调查研究的特征及局限的认识的匮乏。现实中存在着许多新闻工作者曲解民调数据（Asher，1998），或者利用民调数据提出毫无理由的结论（Krosnick，1989）。布雷迪和阿瑞恩（Brady and Orren）认为，这是由于新闻从业者所强调的及时性与故事性的内在功能所致（Brady and Qrren，1992）。他们认为这与调查研究者所强调的方法和精确性形成了鲜明的对比。而更严重的是，对于新闻工作者而言，或许民意调查的主要作用并不在于它所提供的信息或对于舆论的理解，而在于它所具有的新闻价值。

反过来，也就是说关于民调的新闻报道与一系列的新闻惯例有着密切的关系。而最普遍的惯例或者应该是政治新闻“自上而下”的特性（Tuchman，1978；Gans，1980；Glasgow Media Group，1982；Paletz and Entman，1981；Edelman，1988，1995；Zaller，1992；Croteau，1998）。拜尔和艾英嘎（Behr and Iyengar，1985）在分析媒体和舆论的关系时发现，尽管公众常常对媒介议程作出反应，但媒介却很少对公众表达的关注与优先考虑的事情给予回应

(Behr and Iyengar，1985)。对于大多数新闻工作者来说，报道政治就意味着报道政治家。这意味着，任何有争议的议题和主要政治党派之间的争论都是具有新闻价值的，即使该议题与大部分公民无关。而相反的是，有关公民的议题，如果与主流的政党政治没有什么共鸣的话，就会遭到忽视和拒绝。

因此，舆论推动媒介议程的作用微乎其微。政治家与精英们在设置着这一议程。就这一点而论，新闻中的政治报道通常只用关注政治家们的所作所为就可以了，而没有必要去关注那些人们想要政治家所做的事情。比如，在 2001 年的英国大选中，舆论常常被引用的是关于英国在欧盟的未来以及普通汇率的议题（Brookes，Lewis and Wahl-Jorgensen，2004）。与此同时的议题调查表明，大部分人都把有关欧洲的议题放在一个相对不重要的位置上。然而，保守党却把有关欧洲的议题作为竞选的基本议题。而部分英国报纸又是强烈反欧的，如此一来，与这个议题相关的舆论便与政治辩论“联系”了起来。

另一个限制民调使用的新闻惯例是政治报道中的“平衡”概念。对于因为受制于法律法规（例如英国新闻广播必须保持政治上的不偏不倚）或风俗习惯而采取一种中立论调的新闻机构而言，在某观点上明显获大部分人支持的民调数据是难以接受的。就某个问题，在报道了主要党派的不同立场之后，接着表示大部分公众支持其中的某一党派，这种报道是危险的，因为有可能使媒体显得有党派倾向。例如，当某个党派想要对教育或者其他领域投入更多的财力时，一个记者就会发现如果指出对于前者（教育）的投入赢得大多数公众对其的支持，这种做法可能会危及自身客观中立的形象。因此，新闻记者往往倾向于不去报道那些民调数据显示有压倒性多数支持的政策或议题。

对候选人的“赛马式”民调也是这样，特别是那些展现绝对领先的政党或候选人的民调，已经成为政治新闻报道的一个常规特性（不过，由于担心公布这种民调所带来的影响，法国等一些国家禁止在竞选前夕刊发这些民调）。这些民调的作用和代表人民意愿的期望是毫无关联的，毕竟，竞赛民调非常地不确定，它们不能被用来预示人们的某种明确的政治偏好。然而，这种“赛马式”民调却是“叙事建构”的一种方法。它们为选举运动自身，而不是选民的政治期待提供了一种注解——谁领先，谁正在迎头赶上以及谁落在了后面，等等。

总之，我们可以说，如今，虽然民意调查在政治新闻报道中扮演着一个常规的角色，但对于它们的使用依然要受到新闻价值和新闻惯例的限制和约束。新闻价值和新闻惯例决定了哪些民调和新闻报道有关，哪些无关。因此，我们所构想出的舆论画面是不全面的。而具有讽刺意义的是，公众成员可能会因此很难去理解关于不同议题民调数据到底说了些什么，或者对舆论的细节或情境有一个清晰的感知。

舆论的表达

新闻工作者并不仅仅是依靠民意调查来显示公民的意见，还有许多方法可以用来呈现公众的意见。事实上，电视和报纸上的新闻报道经常关注公民的声音和观点。我们对于美国和英国 5 600 多篇电视新闻报道的研究表明，平均每个星期都会有占该周新闻总数 30% 到 40% 的报道涉及公民或者公众，尽管它们往往显得十分含糊和不准确（Lewis，Wahl-Jorgensen and Inthorn，2004）。对于许多不同类型的新闻报道来说，无论是关于燃料税，还是教育质量，抑或是体育明星的行为，报道中都会包括或涉及对“常人”反应的判断。

然而，尽管我们的研究表明公民的观点经常被呈现于媒体之中，但绝大多数公民或公众的意见都没有指涉任何类型的投票或民意调查。相反，最常见的舆论表达形式是推断——也就是说，不以民调数据或其他系统证据为参考的，对公众意见一般意义上的推断。在美国和英国，这样的推断在所有的舆论表达形式中占到了 40% 还要多。BBC 记者关于非法移民的报道便是一个对舆论进行推断的典型例子：

> （不让火车司机上法庭的决定）……将不会让东南部选区的很多人好过，他们已经感觉到非法移民正变得越来越容易进入该地……并且也不会和卡车司机很好地相处……
>
> （BBC 晚间 6 点新闻，2002 年 2 月 4 日）

这些报道是建立在记者对于舆论的主观印象之上的，它们可能准确，也可能不准确。这里存在一种假设，那些认为拥有某种特殊资格和职权以传达民众意愿的新闻工作者显然能够获取普遍的舆论。因此，人们在电视新闻中最经常听到的有关舆论的内容都是由新闻工作者（83% 有关舆论的参考都来源于他们）所提供的。

媒体常常会例行公事般地通过街头民意访问传达公民的声音。这是继推断之后，第二种最为常见的表达公民心声的方法。有大约 40% 涉及或代表公民的声音来自于街头民意访问。这种民意的参考带给人们关于舆论的一种印象，但是它们很少使用能够表明被采访者的观点到底有多么普遍的调查数据。事实上，BBC 的指导方针特别指出，街头民意访问不足以反映公众的意见。然而，这一告诫在新闻报道中并没有产生多大的影响，街头民意访问依旧创造着有关舆论的种种印象（Brookes，Lewis and Wahl-Jorgensen，2004）。下面就是一个例子，街头的民意访问被用来传递一个印象，即公众对于恶劣天气感到困扰：

> 在南方，风雪铺天盖地，冰层异常坚厚。从亚拉巴马州的海湾到卡罗莱纳州和弗吉尼亚州都是如此。雷利的雪目前已达到了 8 英寸厚，而里士满则有 10 英寸厚。
>
> 一位未透露姓名的女士说：“里士满的这场雪简直令我发疯。”
>
> （NBC 晚间新闻，2002 年 1 月 3 日）

这个例子很明显地展示了对舆论随意的再现如何置于新闻的叙事之中，以符合新闻的议程。

相比之下，意见调查虽然存在着某些局限，但它是唯一可以获得系统证据的方式，在美国和英国的新闻报道中只占到所有与舆论有关的参考的2%（Lewis，Wahl-Jorgensen and Inthorn，2004）。尽管这个数字会在选举期间有所上升（Lewis，Wahl-Jorgensen and Inthorn，2004），但对于大堆大堆的调查数据，记者真正使用的惊人地少。

因此，记者依赖对“公众情绪”的主观臆测，或对路人的采访，这样不成系统的证据带给人的麻烦是，没有任何理由相信这种民意的呈现是准确的。苏珊·赫布斯特（Susan Herbst），一位美国政治学者，曾对政治进程的参与者对舆论的看法进行过广泛的研究。她认为，“尽管舆论被认为很有价值……但是它被极糟糕地概念化，重要的因素没有得到很好的测定，有时还会被完全地忽略”（Herbst，1998：2）。所以，新闻工作者越是对投票数据的“科学”独立性持有敬意，就越有可能回归到他们自身非常主观的印象中去。正如她所解释的，“‘舆论’被看作是我们这些市民思考和意识形态的具体体现，当它与我们自身的生活和目标发生交叠时，我们便会形成对它的概念”（Herbst，1998：150）。也就是说，即便是对于那些依赖舆论知识的新闻工作者和政治家来说，他们对舆论的理解也并非来自于科学和方法。相反，他们认识的舆论更多地是从个人自身的利益、感知与环境中过滤出来的。

尽管记者使用一系列策略去获得与舆论相关的信息，他们仍然不能对信息的准确性和代表性作出保证。事实上，大部分研究表明新闻工作者与公民之间根本就没有任何直接的交流互动。在对美国的新闻杂志与电视新闻节目的编辑室文化所作的一项经典研究中，赫伯特·甘斯（Herbert Gans，1980：230）发现，编辑往往会照例拒绝来自于受众的反馈。无论是以民意调查或者市场调研方式进行反馈，还是以信件或者电话的方式反馈，对于新闻工作者们来说都无所谓，因为他们根本就不相信这些反馈所提供的数据和观点。而在对于受众观点的研究中，他们发现受众的观点更多地依赖于他们所“熟知”的群体，比如家庭成员、朋友或者居住在他们社区的其他人。

同样，森普特（Sumpter，2000）对得克萨斯州一家日报社的员工所作的民族志研究表明，新闻工作者是通过对于受众的反应和意见的想象来建构“当地的读者”。而且这些读者的兴趣与人口统计特征“常常类似于那些在编辑室里工作的人员的兴趣与人口统计特征”(Sumpter，2000：338)。而沃尔·乔根森（Wahl-Jorgensen）关于新闻工作者是如何谈论那些写信给编辑的人们的研究则更令人担忧。他的研究显示，新闻工作者经常拿公众成员来取笑，所以编辑室里常常会呈现出一种蔑视公众的文化氛围。而那些想要通过写信来表达个人观点的公众并不被认为是民主公共领域的积极参与者，而被认为是一些愚蠢而又不正常的人。

这告诉我们，我们不能只看到新闻工作者对舆论的推断的表面价值，而应该把它看作是一种文化建构，建立在无力的证据之上。这种记者对舆论的印象可能和系统的证据形式相一致，也有可能与调查所表明的公民的真实想法背道而驰。金和舒德森（King and Schudson，1995）的研究显示，尽管新闻工作者们始终如一地鼓吹里根总统大受欢迎，但事实上民调显示，在上任的头两年，里根总统是战后最不受欢迎的总统之一。他们于是总结道：

> 证据显示，罗纳德·里根之所以被媒介描述为一位伟大的传播者，并不是因为他有与美国民众进行直接交流的特殊才能，而是因为他与重要的精英人士，也包括媒介，具有重要的沟通技巧。
>
> （King and Schudson，1995：148-149）

换句话说，新闻工作者之间形成的有关公众态度的常规智识与大多数人的意见毫不相干。

此外，即使公民被允许在新闻的公共辩论中发表自己的意见，那也只是局限于对非政治议题的讨论，或者围绕着政治事件作出一些富有情感的、利于自己的反应而已。比如，在对“恐怖主义战争”的报道中，公民只是在谈论他们所害怕和担心的事情：飞散物，收到一封有炭疽病毒的信，或者花时间待在大厦里等。他们几乎没有机会去谈论政治，或者那些超出他们个人经历或担忧以外的话题（Lewis，Wahl-Jorgensen and Inthorn，2004）。

当新闻呈现出公民正在表达政治观点的画面时，极有可能是在支持或者反对某些政治领导人的政策或行动。换句话说，当我们能够在媒体上表达政治观点的时候，我们往往是在追随而不是在提出观点。媒体涉及公民或舆论时近11%的情况都是如此，还有在“赛马式”民调、支持率，以及对政治家的风格和在某议题上为人处事方式的支持中出现。只有大致5%对舆论的反映涉及公民对政府、企业以及其他公民应该如何去做的直接建议。总而言之，新闻中的公民大部分在公共审议中都被排除在积极的参与之外。

新闻中公民角色的现状与未来

在本章中我们曾试图阐明舆论和新闻这两者之间的关系。在古希腊，公民可以聚在一起并直接与他们的政治代表进行论战，而现代，新闻媒介则是人们进行辩论的舞台。因此，新闻界的任务便是代表舆论，为公众说话。然而，这样一来，新闻工作者面对更多的是来自深入的新闻实践的要求，而不是满足民主社会的需要。

传统上，新闻工作者通过不同的新闻来源去了解和报道舆论。尽管舆论调查存在着诸多问题，但它是可供新闻工作者使用的最系统且以实证数据为基础的资料形式。但如今，当民意调查成为新闻报道的一个常规部分时，对于它们的使用却被限制在一个有限的范围内。只有当它们本身具有新闻价值，或它们与由精英所驱动的政治辩论相关时，它们才会被使用。事实上，新闻工作者更倾向于使用各种令人印象深刻的方式去呈现舆论。而由此带来的后果则是，他们对于舆论的了解和认识不再依赖于任何系统数据。相反，他们往往使用类似于轶事的证据（常常建立在与其相似的人谈话的基础之上）去传达对于舆论的主观印象。而这种舆论的表达告诉我们更多的是新闻工作者们的世界观，而不是公民真正想要表达的观点。

而且，媒介对于舆论的报道往往把公民描绘为消极看待世界的观察者。他们拥有恐惧、感想以及期待，但对于应该如何去处理那些与保健、教育、环境、犯罪、经济政策、税收、战争与和平以及其他公共领域议题相关的问题，他们几乎没有发言权。从这个意义上讲，他们根本就没有对政治发表任何意见的机会。尽管公民经常出现在新闻当中，但他们大部分都显得对政治漠不关心。他们只被允许谈论那些影响到他们自身的议题，无论是运动、时尚、购物、皇室，还是公共交通的质量。新闻议程是由政治家和其他的精英们设置的。公民很难把自己的观点嵌入其中。他们所能做的，最多是对已存在的议程作出反抗而已。

当新闻工作者的报道真实地反映了公民对于政治的意见时，便是在为民主服务。而当他们将公民描述成对政治无动于衷和漠不关心时，那便是对民主最大的亵渎。新闻工作者们往往给予我们的是一连串暧昧的、民主的姿态，而不是人们与他们的政治代表之间的对话。在这种模式下，我们可以说舆论整体来说只是一种反应力，而不是一种创造力。

然而，一些迹象表明，一种新的新闻参与方式出现了。电子邮件和短信息已经进入到某些新闻节目，特别是公共广播频道中，比如 BBC 广播 5 台的直播。在伊拉克战争期间，对于伊拉克人民捣毁萨达姆·侯赛因的雕像（以及美军胜利进驻巴格达）这一事件，大部分广播电视媒体都给予了正面报道，并暗示这一小群欢呼庆祝的伊拉克人中包括伊拉克舆论界的代表（Lewis and Brookes, 2004）。来自于5台的一位听众用简短的几分钟表达了自己的异议。他认为，对于天堂广场事件集中报道是在进行宣传。尽管这档节目的制作人表示这种担心是不必要的（又是更多地依靠传统的智识而非确凿的证据作出推断），但至少那些持有明确政见的公民拥有了表达的机会，从而扩大了听众们的视野：

> 快速浏览几封电子邮件……又一位质疑者，理查德认为，在一个拥有六千万人口的城市里，两百个左右的年轻人向我吼叫不是……“并不是夸大和推进布莱尔的宣传吗”。所以一些人并没有被我们所见的说服。我要说的是，毫无疑问，在那个中心所发生的情景是非常适合上电视镜头的，但是从我们所听

来的消息可以得知，有很多人确实在那种情绪之中，很高兴看到美军的进入。这不只是我们从画面中所看到的那几百个人。

（Peter Allen，直播 5 台，2003 年 4 月 9 日）

至于这种新闻报道的前景如何，还有待观察。然而，毫无疑问的是，公共服务广播，如 BBC，对于公民（特别是年轻人）的政治活动越来越不关注，而且传统的舆论表达也不支持那些积极的公民。所以，是时候采用那些更具有创造力和丰富内容的新闻模式了。我们将会看到，其中的公民不再仅仅是冷眼旁观威斯敏斯特或华盛顿所发生的一切，而是以一种更加审慎的姿态融入到他们的民主社会中去，发挥更大的作用（而且他们中的许多也确实在这么做）。而这也意味着，无论是通过网络还是电台谈话节目，只要人们愿意，他们完全有可能为自己创造出尽可能多的表达空间。所以，我们有必要慎重对待舆论，并对由上至下进行政治报道的基本新闻传统进行反思。

参考文献

Asher, H.（1998）*Polling and the Public.* Washington：Congressional Quarterly Press.

Behr, R. and Iyengar, S.（1985）Television News, Real World Cues, and Changes in the Public Agenda, *Public Opinion Quarterly*, 46：38-57.

Blumer, H.（1948）Public Opinion and Public Opinion Polling, *American Sociological Review* 13：542-547.

Bourdieu, P.（1979）Public Opinion Does Not Exist, in A. Mattelart and S. Siegelaub（eds）*Communication and Class Struggle.* New York：International General.

Brady, H. E. and Orren, G. R.（1992）Polling Pitfalls：Sources of Error in Public Opinion Surveys, in T. E. Mann and G. R. Orren（eds）*Media Polls in American Politics.* Washington, DC：Brookings Institution.

Brookes, R., Lewis, J. and Wahl-Jorgensen, K. (2004) The Media Representation of Public Opinion: British Television News Coverage of the 2001 General Election, *Media, Culture and Society* 26(1), 63-80.

Brule, M. and Giacometti, P. (1990) Opinion Polling in France at the End of the 80s, *Public Perspective*, March-April.

Croteau, D. (1998) *Examining the Liberal Media Claim.* Virginia Commonwealth University, Department of Sociology and Anthropology.

Edelman, M. (1988) *Constructing the Political Spectacle.* Chicago: University of Chicago Press.

Edelman, M. (1995) The Influence of Rationality Claims on Public Opinion and Policy, in C. Salmon and T. Glasser (eds) *Public Opinion and the Communication of Consent.* New York: Guilford Press.

Gallup, G. (1966) Polls and the Political Process—Past, Present and Future, *Public Opinion Quarterly*, 29, 544-549.

Gans, H. J. (1980) *Deciding What's News.* London: Constable.

Glasgow Media Group (1982) *Really Bad News.* London: Writers and Readers.

Habermas, J. (1989) *The Structural Transformation of the Public Sphere.* Cambridge, MA: MIT Press.

Herbst, S. (1998) *Reading Public Opinion: How Political Actors View the Democratic Process.* Chicago: University of Chicago Press.

King, E. and Schudson, M. (1995) The Press and the Illusion of Public Opinion, in C. Salmon, and T. Glasser, (eds) *Public Opinion and the Communication of Consent.* New York: Guilford Press, pp. 132-155.

Krosnik, J. (1989) Question Wording and Reports of Survey Results: The Case of Louis Harris and Associates and Aetna Life and Casualty, *Public Opinion Quarterly.* 53(Spring): 107-113.

Ladd, E. C. and Benson, J. (1992) The Growth of News Polls in

American Politics, in T. E. Mann and G. R. Orren (eds), *Media Polls in American Politics.* Washington, DC: Brookings Institution.

Lewis, J. (2001) *Constructing Public Opinion.* New York: Columbia University Press.

Lewis, J. and Brookes, R. (2004) How British Television News Represented the Case for the War In Iraq, in S. Allan and B. Zelizer (eds) *Reporting War.* London: Routledge.

Lewis, J., Wahl-Jorgensen, K. and Inthorn, S. (2004) Images of Citizenship on Television News: Constructing a Passive Public, *Journalism Studies* 4(2).

McLeod, J., Pan, Z. and Rucinski, D. (1995) Levels of Analysis in Public Opinion Research, in C. Salmon and T. Glasser (eds) *Public Opinion and the Communication of Consent.* New York: Guilford Press, pp. 55-88.

McNair, B. (2000) *Journalism and Democracy: an Evaluation of the Political Public Sphere.* London: Routledge.

Noelle-Neumann, E. (1995) "Public Opinion and Rationality", in C. Salmon and T. Glasser (eds) *Public Opinion and the Communication of Consent.* New York: Guilford Press, pp. 33-54.

Paletz, D. and Entman, R. (1981) *Media Power Politics.* New York: Free Press.

Price, V. (1994) *Public Opinion.* Thousand Oak, CA: Sage.

Peters, J. D. (1999) Public Journalism and Democratic Theory: Four Challenges, in T. Glasser (ed.) *The Idea of Public Journalism.* New York: Guilford, pp. 99-117.

Salmon, C. and Glasser, T. (1995) The Politics of Polling and the Limits of Consent, in C. Salmon and T. Glasser (eds) *Public Opinion and the Communication of Consent.* New York: Guilford Press.

Splichal, S. (1999) *Public Opinion: Developments and Controversies in the Twentieth Century.* Lanham, MD: Rowman & Littlefield.

Sumpter, R. S. (2000) Daily Newspaper Editors' Audience Construction Routines: a Case Study, *Critical Studies in Media Communication*, 17(3), 334-336.

Tuchman, G. (1978) *Making News*. New York: Free Press.

Wahl-Jorgensen, K. (2002) "The Construction of the Public in Letters to the Editor: Deliberative Democracy and the Idiom of Insanity", *Journalism*, 3(2), 183-204.

Williams, R. (1963) *Culture and Society*. New York, Columbia University.

Zaller, J. R. (1992) *The Nature and Origins of Mass Opinion*. Cambridge: Cambridge University Press.

第八章 保卫“深度”新闻：电视新闻如何能够对我们有益

西蒙·科特尔

● 一项“理想实验”：新闻应如何介入社会生活以深化民主？

● 关于媒体如何复制权势者的声音以及强化占统治地位的社会结构，媒体批判理论家说了很多。但是，关于新闻再现如何能够或应该促进一个公民和民主社会的形成，他们则说得相对很少。现在，在我们评价媒体表现和潜能时，我们是否需要形成更锐利的“可能性”和“问题”意识？

● 当代新闻的一些形式是否已经提供了再现的模式，维护和加强了民主？

● 如果能，这些民主化的新闻形式具体是什么？它们贡献的什么是值得承认、保卫以及扩展的？

著名人类学家克利福德·格尔茨（Clifford Geertz）曾使用短语“深层描写”（thick description）来描述民族志学者对文化意义的追寻如何帮助我们解释和理解他者有意义的世界（Geertz，1973：10）。专业的实践和新闻的公共再现“搁置在意义之网（以及权力结构）中”。在深度报道中，新闻也展开了“一项深层描写的复杂冒险”（Geertz，1973：6）。对此，我相应地使用“深度新闻”一词。它广泛地指涉新闻报道，尤其是电视新闻中那些追求超出“浅层”的新闻报道、标题和新闻价值，通过揭示深层结构、争鸣的观点和活生生的经验来推动故事发展或者赋予故事意义的新闻。

这些新闻为新闻的参与者、涉及的主人公们，以及在家里观看的我们这些受众都揭示了意义。① 电视是一种强大的媒介，可以提高公众对新闻报道中冲突与喧嚣的各种观点与价值的理解。“深度新闻”代表性地提供了深层的“认知方式”。它具有一系列操作技巧：观察及第一手证据；调查、记录、揭发；对相互冲突的利益和身份的呈现；特定的节目形式和技术。这些节目形式和技术能够传播和/或审议很有影响力的影像和有争议的议题。② 需要说的是，“深度新闻”并不是任何特定的电视类型，无论是新闻、时事节目或纪录片，虽然这些类型之间的区别近几年已经变得越来越模糊了。“深度新闻”并不是专注于“大写字母为 P”的政治或“大写字母为 A”的政事。正如我们下面所看到的那样，当前在媒介调解作用下的公共领域和私人领域常常相互渗透、相互制约。

不幸的是今天的电视新闻的复杂性很少得到承认（Cottle and Rai，2006）。研究人员很快就指出，今天的媒体“市场”竞争日益激烈、管制放松且以消费为导向，而且这些趋势还削弱了电视新闻的品质以及时事节目和纪录片节目的数量和质量。“真实电视”、民粹主义的新闻议程和以信息娱乐为基础并以个性为主导的时事杂志崛起，伴随着的是纪录片的衰落或苟延残喘。这些在英国（Cottle，1993；Bromley，2001；O'Malley，2001；Tumber，2001）、美国（PEJ，1998；Nahra，2001）和澳大利亚（Turner，2001；Cottle and Rai，2006）都展现无遗。③

① 本文作者和玛格蒂哈·雷（Mugdha Rai）一起在对澳大利亚、英国、美国、印度、南非和新加坡的电视新闻进行研究时，提出了这个研究问题。这个研究受到了澳大利亚研究委员会的资助，研究课题名称为《电视新闻与商议式民主：传播建构与民主深化的国际比较研究》（DP0449505）。

② 一些新闻类型，比如“和平新闻”（McGoldrick and Lynch，2000；Galtung，2004）、“发展新闻”（Thussu，1996）和“市民/公民新闻”（Glasser，1999）都比我所描绘的“深度新闻”描述性更强。第一手的和经验式的报道当然也有超越新闻组织的历史（Carey，1998）。

③ 不过例外的可参见 Corner（1995）对电视形式的研究，Holland（2001）对电视中时事新闻的研究，以及 Nichols（1991）对纪录片模式的研究。

这些发展都是非常真实的，但有些电视新闻形式的确努力为社会民主生活贡献有价值的东西。尽管存在商业力量和消费主义势力的侵蚀，但电视新闻有时候能够生产“例外的”节目。说它们例外，是因为它们颠覆了目前的节目趋势，也因为它们有杰出的品质。这些新闻的特殊形式为互为话语的、并吞的社会空间“公共领域”令人不满的民主程度作出了重要的贡献。因此，它们值得认真思考和分析。

本章将展示这些“例外的”电视形式如何为作为市民和“公众成员”的受众参与民主政治，提供丰富的、有时引人注目的资源。我将用10个例子来呈现电视如何参与政治，以及在对“他者”的描述中去人性化。你可以称之为10个论点，它捍卫“深度新闻”的“电视表现”，并列出了10个理由，解释为什么这种类型的实践在未来要被认真对待和推崇。

在标题背后，超越新闻议程

电视新闻有时能够生产出一些节目，这些节目探究标题背后的故事，在地理和社会领域超越新闻议程，从而实现公开曝光。尽管新闻机构削减了外派的记者和外驻新闻分社，但这些节目依然实现了这点。看看下面这个案例。

关于伍默拉的四个困境

抗议者们在楼顶上挥动横幅“我们难民有诉求——澳大利亚人请帮助”

黛比·惠特蒙（记者）：去年2月在伍默拉拘留中心，警卫拍摄了这些画面。它们展示的是在澳大利亚拘留中心，儿童、成人和职员每天目睹的场景。对伍默拉来说，这是寻常的一天。有3个院子有示威活动，这里，一个19岁的阿富汗男子已经爬进了铁丝网……那些在伍默拉挨饿或是自残的人并不占少数。最终，大部分人被发现是真的难民，并被给予暂时签证……有人看见摄像机，把这当作一次向他从未见过的普通的澳大利亚人，伍默拉以外的人发言的机会……他试图解释被拘留者除了身体，没有其他任何东西可以用来申诉他们的绝望。

一个男人：我们哭泣，我们尖叫。我们都在说“怎么办”？我们什么也没有。这是你想要的吗？这是澳大利亚对我们说的吗？请帮助我们并倾听我们在里面的遭遇。我们并不想撒野。我们不想做任何这样的事情（抽泣）。我们都来自恶劣的环境。我们想要帮助。

（ABC 电视新闻，《关于伍默拉的四个困境》，2003 年 5 月 19 日）

这个关于难民和寻求庇护者被监禁在澳大利亚臭名昭著的拘留中心“伍默拉”的节目（伍默拉位于南澳大利亚沙漠中），是对澳大利亚政府反庇护政策的强有力的控诉，而且有助于把以前从未播出过的论点和观点引入公共领域。这个节目试图走到新闻标题中“暴动”一词的幕后，探究为了让公众对此事认知并行动，这些绝望的企图背后的动机和种种不公平。在这个案例中，深入的新闻自身能够使新闻标题反映被揭露的真相和戏剧性的场面。这样的节目有时在全社会（或社会的各个部分）产生强烈的震荡，甚至有助于形成一股日益增大的公众焦虑、抗议和变化的浪潮。

调查与揭露

在自由民主理论以及理想化的新闻专业主义视角下，新闻的调查与揭露功能在传统上被认同为第四权力（De Burgh，2000）。尽管记者不认为他们常常发挥这个功能，但这种作用在当前电视新闻中是明显的。揭露到目前为止隐藏于公众视线之外的行动和事件，这样的节目也有助于形成约翰·汤普森（John Thompson）所称的“可视性转型”（Thompson，1995），即权力的运转和有权者在媒体的聚光灯下变得客气了，日益服从于公众的监督和批评审看。

日间：透视瑙鲁——太平洋的绝望

在瑙鲁，记者是不受欢迎的。律师、人权倡导者，甚或是有关公民也是如此。这个偏僻的太平洋国家接纳了两个拘留中心，澳大利亚政府和瑙鲁政府宁愿你没有看到它们。18个月前，在名为“坦帕”的船上，寻求庇护者在去澳大利亚的途中被拦截。他们被转移到瑙鲁。霍华德所谓的“太平洋解决方案”诞生了。这是一项在澳大利亚以外扣留和处理寻求庇护者的计划。在看不见的地方，远离澳大利亚法庭，无法上诉。我作为一名去斐济的过境旅客抵达瑙鲁。我有三天的时间停留。我调查了那些已经在澳大利亚流传的谣言——在两个拘留中心中，较小的那个存在重大危机。

（SBS，《日间：透视瑙鲁——太平洋的绝望》，2003年1月29日）

这个节目在影像中捕捉到澳大利亚政府企图使恶劣条件和拘留中心的污秽避开公众视线。这个拘留中心位于远离海岸的偏僻的太平洋岛屿瑙鲁上。《透视瑙鲁》在澳大利亚主流媒体中播出，毫无疑问，由政府相关单位负责。这个节目针对政府政策对寻求庇护者和难民所造成的人为后果发表洞见，引起了大量的公众辩论。

流通的公共话语、理性与辩论

电视新闻的一些形式也充当公众的对话者，向政策制定者和当局寻求答案：这样做，有助于生产“协商民主”（Dryzek，2000；Benhabib，2002）所必需的言辞和解释。例如，下面是一名新闻节目主持人和澳大利亚移民局局长的交流，在那时，这位部长负责澳大利亚政府有关难民和寻求庇护者具有争议性的政策。

夜间：被拘留的儿童

托尼·琼斯（记者）：移民局局长菲利普·拉多克为拘留儿童辩解说：“没有其他现实可行的方法处理寻求庇护者。拉多克先生声称孩子和父母分离会比拘留他们导致更多的心理伤害。”

托尼·琼斯：你将会怎样回绝这个几乎一致的医学观点？

为什么你是正确的，而所有这些医生和心理学家是错误的？

菲利普·拉多克：嗯，我认为我从来没有那样断言过，托尼。我所声称的是，对未经批准的移民的拘留作为有关公共政策的一个问题，除了妥善地拘留他们，处理他们，而且如果他们没有合法依据来到这里那么就得让他们迁走，没有其他的现实可行的方法能够处理那些到来的人，无论他们是否与家人一起或是以其他的方式。

（ABC，《夜间：被拘留的儿童》，2002年3月19日）

这里，我们看到新闻节目主持人的质问如何促使受访者生产理由和言辞、要求和反要求。他竭力对针对他的批评呈现出理性且合理的辩护。正因为他那样做，所以才为我们这些受众提供了资源——命题的、争论的、言辞的和表演性的——用以评估争论中的问题和受访者的信誉。

被调解的“现场感”与社会控诉

与提前写好和编辑好的谈话相比，现场谈话能够产生揭露的，有时是戏剧性的交流和即席发言。例如，一个现场电视采访有一个不可分割的整体和动态，能够产生紧张并促进言语表达的技艺。当让主要参与者相互争论时，它可以抓住问题的核心，并/或产生明显的遁词（Cottle，2002，2003）。例如，看看在前一部分讨论过的同一现场新闻采访接下来的部分。

夜间：被拘留的儿童

托尼·琼斯（记者）：局长，我能回到关于他们的心理健康的问题上吗？因为在这里，它是一个利害攸关的问题。你能回答这个问题吗？

菲利普·拉多克：它不是唯一的问题。

托尼·琼斯：但它是我们今晚讨论的问题。

菲利普·拉多克：不，那是你想让我回答的问题，不，托尼，那是你想让我来处理的问题。

托尼·琼斯：局长，恕我直言，这是我们邀请你来处理的问题。你能说出一个医疗机构支持你的观点：冒着失去正常心理状态的危险，儿童和他们的家人应该继续被拘留吗？

菲利普·拉多克：我还没有看到来自任何组织的观点，认为为了避免面对管理过程中的一些困难，我们不应该对我们的边界进行有效的控制。我还没有看到那样的观点。那不是他们争论的。我要对专业机构和其他机构说的是——如果你们认为对孩子的危险是如此之大以至于孩子们应该从这种环境中脱离，与他们的父母分离，而且这是对他们最有益的——我将会接受那样的建议，但是那不是我收到的建议。

托尼·琼斯：这是来自我们所谈到的人们的建议。这是医疗机构的建议，包括整个医疗委员会，让我引用我们刚刚听到的 Dr. Raman 所说的内容，他是悉尼西部地区健康服务机构的资深儿科医师。他说："幼小的婴幼儿没有健康地成长，他们不会说话，他们不参与，他们缺乏好奇心。"另一位儿科医生写信给皇家内科学院"在伍默拉的儿童正长期生活在一个贫苦的环境中，这影响着他们的心理发展"。这是否令你担忧？

菲利普·拉多克：当然会令我担忧。应该令他们的父母担忧。应该令那些未经合法授权就把孩子带到澳大利亚的人担忧。

托尼·琼斯：局长，恕我直言，他们现在正在澳大利亚。你是他们的监管人，他们的合法监护人。那些孩子……

菲利普·拉多克：不，托尼。我只是那些无人陪伴的孩子们的监护人。

（ABC，《夜间：被拘留的儿童》，2002 年 3 月 19 日）

正如我们所看到的那样，在电视实况转播的交锋中，往往具有不可预知的特性和巨大的潜力。而且在对争论观点的公开阐述中，包含着风险和机会。在这里新闻记者顽强地追寻一连串的质问，针对一个议题，针对一个受访者。同样通过坚决的议程转化，使这个议题变得更安全，在政治上危害较少。在整个言语的扭转和交替中，观众被处在，也许是被迫，来考虑对于在拘留中心面临苦难的孩子以及他们的家人，道德责任（或过失）应该被放在哪里。

公共表现、情感与影响

如果使用中的意见和呼声是协商民主过程的原材料，正如以上所示，那么情感和感觉也往往是根深蒂固的信念和利益基础。电视交锋往往揭露一些与公众姿态和公共政策有关的私人的创伤和痛苦。历史和“她的故事”不是在所谓的理性辩论的电视“集会”中传播，而是在被拍摄的家庭内部环境中传播。同样能够展示出今天的公共世界和私人世界是怎样经常相互冲突的。这里，移民局局长的女儿展示了个人的困境，这个困境是由她与父亲的关系和她强烈反对父亲公开的政治承诺造成的。正如前面的例子，这个节目在播出以后，产生了很多头条新闻。

澳大利亚故事：把关人

柯丝蒂·拉多克：我认为使我气愤的是他没能采取一种更仁慈的方式处理一些问题。我明白在这些问题背后是困难的经济，很显然他们担心的是稍微打开国门后会带来的后果以及类似的事情，但是那并没有给你借口不善待人们，不把他们当作人来看待。

菲利普·拉多克：我的意思是我同情每个人，但我不能帮助每个人。

柯丝蒂·拉多克：我认为他不会给目前在收容所里的人们任何特赦，但是我想要看到他那样做。很显然，你知道，我爱我爸爸，但是有时你会感到失望，你不能改变他的观点，你也不能使他明白，不管怎样他的错误也是我的错误。我已经决定作为一名自愿者在海外生活一段时间……

（ABC，《澳大利亚故事：把关人》，2002 年 9 月 16 日）

私人世界中的家庭关系、情感和感觉，不需要被认为是琐碎的或外在于政治的“重要事情”。一些节目，例如广受欢迎的《澳大利亚故事》系列，它关注的是个人和个人生活，而且能够展现公共领域里的政策、事件和决定对人们造成的后果。

无声者的声音，形象的身份

电视新闻代表谁被看，谁发言，什么样的“观点”被听到。新闻议程和新闻再现也能够影响群体和个人如何被描绘：个人和群体能被呈现为异常者、局外人和“他者”，被认为是“无声的”，或在刻板的、宏大的新闻可视化过程中，剥夺了他们的身份。然而，“深度新闻”有可能纠正这种失衡和不公正，它能扩展未被看见的群体接近媒介的渠道，承认不同程度的编辑自主，减退控制这些群体的程度，以及采取不同的叙事策略和作者立场。从公正和超然的到忠诚和参与的，从模仿的到讽刺和戏拟的，这种新闻形式范围覆盖面极广。今天，“承认的政治”（Taylor，1995）和“再分配的政治”都要求在电视新闻、时事和纪录片中呈现出来。① 在下面这个例子里，记者帮助我们看到了在美国“反恐战争”中政治上被禁声并“被失踪”的“恐怖主义嫌疑犯”的人的面孔。

全景：关塔那摩内探

薇薇安·怀特（记者）：来自关塔那摩湾的祈祷声。大约有600人正在关塔那摩，作为美国反恐战争的一部分。我们一直在调查关塔那摩的司法公正……

怀特：当阿利夫·汗在关塔那摩被打上基地组织嫌疑人的烙印时，他的商业对手抢夺了他的资产，包括这些属于他的商店。自从他被释放以来，他在竭力取回他的财产……

阿利夫·汗：……我不是塔利班，不是恐怖分子，不是基地组织成员。人们把我交出去，因为有人受到美元的影响，或

① 译者注：“承认的政治”和“再分配的政治”都是政治学术语。

由于私人纠纷。

怀特：但是阿利夫·汗从阿富汗被转移到关塔那摩。这是他的证词。

汗：他们用手铐和带子绑住我的手，蒙住我的眼睛和耳朵，塞住我的嘴。他们用链子绑住我的腿和肚子。他们给我注射。我失去了意识。我不知道他们如何转移我。当我抵达古巴，他们把我从飞机上带下来，他们又给我注射，我恢复了意识。我不知道我飞了多长时间。可能是一两天。他们把我放到汽车基座上。我知道将要发生的事。他们把我绑起来，把我从飞机上带进了汽车里。我们去了一个大监狱，那里有很多牢笼。他们把它建得像是动物园。

（BBC1，《全景：关塔那摩内探》，2003 年 10 月 5 日）

这个在英国以及其他国家播出的 BBC《全景》节目，第一次试图认真地给予迄今为止不被看见的“恐怖主义嫌疑犯”人的面孔和身份。这些嫌疑犯被美国军队转移到古巴，并且未经审判就被关押在关塔那摩湾。

挑战社会的元叙事

一些电视节目进一步深入地披露权力，挑战被接受的社会信仰和媒体上广泛传播的观点。下面这个节目通过解读反对的观点来建构它的叙事——但是它所支持的观点和它最后的判断是毋庸置疑的。

派珀的电影：《寻求庇护》

马尔科姆·弗雷泽（前首相）：人们一直被妖魔化。在国际方面，他们并不违法，他们是寻求避难所的庇护寻求者。我们被告知他们是插队者，但是已经没有队可插了。

谢里夫：伍默拉的条件非常糟糕。伍默拉拘留中心与古巴监狱没什么区别。

马尔科姆·弗雷泽：我打算停止使用“拘留中心”这个词，因为它们事实上是监狱。

菲利普·拉多克（移民及多元文化事务局局长）：对我们而言，拘留是人道的，我们不会惩罚人们。它的目的不是惩罚。

那瑟姆：处理这些人并不是那么困难，但是不幸地是许多人没有任何理由地被滞留两三年。

阿利夫：如果他们长时间呆在拘留中心，的确，他们会疯掉。

谢里夫：我曾经到过伍默拉，在那里我看到许多儿童，他们没有未来。不要破坏孩子的未来。

菲利普·拉多克：政府认为你必须能够管理边境。政府认为主权是重要的。

大标题：“每个人都有权利寻求和享受其他国家的庇护以免遭受迫害。”(《联合国人权宣言》14.1)

阿利夫：我的父亲在阿富汗是一名律师。他被塔利班所杀害。现在，我怎样向澳大利亚政府证明我失去了我的父亲？

马尔科姆·弗雷泽：澳大利亚从来没有受到威胁。真会有人相信四万、五万，甚或六万名难民会给澳大利亚主权带来威胁？

（SBS与“派珀的电影”联合制作（制片人，导演：麦克·派珀)，《寻求庇护》，2002年8月）

我们可以看到，这个节目通过挑战广泛持有的难民会对澳大利亚主权和安全形成“威胁”的观点，让观众得到了另一个结论。前首相被用来挑战现任政府，节目还有效地运用了难民的证词，以及难民的画面，从而与移民局局长所说的形成对比。节目最后以《联合国人权宣言》的条款结束，有效地将强大的观点、富有挑战性的假设以及各种公众的协商与辩论联系到了一起。

认同、差异性与文化移民

过去的暴力、创伤和不公正的记忆影响现在的斗争，产生了对历史和现在的伤痛更广泛承认的要求。公众日益认识到，承认由过去行为造成的伤害，这种象征性姿态对过去发生过冲突的群体之间“和解”，以及现在他们成功地共同生活是必需的。尽管约翰·霍华德的澳大利亚政府认为不能因为白人定居者的种族灭绝、土地盗窃而对澳大利亚土著社区说“对不起”，但电视新闻一直在寻求机会，期望在种族和解的进程中发挥更积极的作用。

澳大利亚故事：迈奥河上的桥

1938 年 6 月 10 日，一群畜牧业者带领一帮人涉过迈奥河，残忍地杀害了手无寸铁的妇女、儿童和老人。

苏·布莱克：我们没有忘记他们，但我们知道他们仍在这里。他们依然在我们的记忆里。他们在我们的心里。他们将会一直被记住。它只是我们非常情绪化的一刻。我们只是想要记住他们，让他们处在平静之中。

博拉：这是一个非常令人满意的经验。我们已经承诺坚持这一权利，记住我们的历史——原住民的历史和我们的历史，因为它也是我们的历史。因此它是非常令人羞辱的，它是一种特权。

雷夫·布朗：我们建了一座美丽的纪念碑，它现在仍然是一座美丽的纪念碑。但实际上，使那些进行屠杀的人的后裔和那些被杀的人的后裔，以一种个人和解行为聚在一起，作为致力于这一纪念过程的一部分，是不可思议的。我认为对澳大利亚人来说这是一件伟大的礼物。

德斯：在这里我要说我是如此抱歉，代表我的家族，以及那些希望我说我很抱歉的人，我们是多么地抱歉。当我们说这些话语以及做祷告时，我的感受是在我的生活中我已经做了一些对那些人有意义的事情。一整天都在那儿，我的确感到……

那可能是我做过的最好的事情……仍然有很多人不知道，但是我认为它将会从这里扩展开，正如在澳大利亚各地发生的那样。

（ABC，《澳大利亚故事：迈奥河上的桥》，2001年7月26日）

正如我们所看到的那样，通过分享家族知识和集体记忆，那些澳大利亚白人对土著人所犯下的杀人行为，这个节目体现了当地社区承认过去不公正的努力。通过在公共领域再现这些事件，这个节目把范围扩大到更广泛的澳大利亚，对于和解的进程至少有象征性的贡献。

媒体自反性

今天的媒体偶尔会监督和评论自身的表现和实践，有时这是制度化的，它们在节目中计划做这些。例如澳大利亚的《媒体观察》或是英国的《答辩权》节目；有时它们通过或发生在现存节目中。鉴于今天的政治家以及其他权力掮客在争取人心（和投票）的战斗中，广泛地利用媒体，这种媒体的自反性对于解构“转动媒介的权力”、理解符号以及修辞的权力形式是至关重要的。它对于分析媒体与强大利益集团表面上的合谋也是至关重要的。下面是一名战地摄影师反思他自己的实践。通过这个节目，我们听到了他的人道主义声音，并对更具批判性的参与式媒体和公众充满希望。

克里斯蒂安·弗雷：战地摄影师

为什么拍摄战争？是否有可能通过拍摄的方式结束人类在历史上一直存在着的一种行为？那样的想法似乎可笑至极。然而正是这个想法激发了我。对我来说，摄影的力量在于它能够唤起人道主义精神。如果战争是企图否定人类，那么摄影能被认为是战争的反面。如果能够很好地利用它，它能够成为战争解毒剂的强大成分。在某种程度上，如果一个人为了传播正在发生的事，承担着把自己置身于战争中的风险，那么他会试图通过谈判来实现和平。也许这就是为什么那些负责使战争延续的人不喜欢战地摄影师的原因。但并不是每个人都能到那儿，所以这就是战地摄影师去那里的原因。创造出足够有力的照片来克服大众传媒的欺骗效果，并且动摇它们，使它们走出冷漠。抵抗并凭借抵抗的力量使其他人抵抗。

作为一个摄影师最糟糕的事情是想到我受益于别人的悲剧。这种想法萦绕在我心中；它是我每天都必须思考的事，因为我知道如果我让我的野心超过了真诚的怜悯，那么我将会出卖我的灵魂。我能够证明我的角色的唯一的方法是尊重别人的困境。我那样做的程度也就是我被别人接受的程度。而且也是我能够接受自己的程度。

（ABC，《克里斯蒂安·弗雷：战地摄影师》，2004 年 2 月 15 日）

像这样的自反性节目，虽然数量很少，但鼓励了对媒体日常报道的批判，揭露了新闻制作、时事节目和纪录片背后的困境和伦理困难。充满电视屏幕的节目以及应用在节目中的策略要求一种更加自反性的立场。

在全球化世界里的见证人

我们这个日益全球化和相互联系的——但不平等的——世界，迫使我们知道，我们应该响应人类的需要和他人的困境。如果我们要克服种族、民族和其他分裂势力，并能面对全球变化所带来的道德挑战，承诺和团结是必需的。尽管电视新闻的能力是轻视和渲染人类苦难的景观（Tester，1994，2001），它也有可能促使良知并加深对全球贫困和社会不公正动态情况的公众认识。它也有助于拆除“他者”在历史上的具有时代错误的图像（Ignatieff，1998）。例如，英国广播公司记者迈克尔·布尔克（Michal Buerk）促使公众注意到埃塞俄比亚“圣经故事式”的毁灭性饥荒，这在当时激起了公众的同情心和慈善捐款。20 年后，他重返埃塞俄比亚。

英国广播公司埃塞俄比亚：与迈克尔·布尔克的一次旅行

迈克尔·布尔克（记者）：这是在失去的土地上，一个被遗忘的人的故事。故事是关于成千上万的人在充满食物的星球上怎样被饿死、被施以暴行以及被忽视的。然而，它也是一个关于300万铁器时代的家庭怎样被电视的力量所拯救，被我们的耻辱感所拯救的故事。它使我们感到他们的痛苦，在某种程度上，这以前没有发生过，从今以后也不会发生。它是一个有关背叛的故事……

（《英国广播公司埃塞俄比亚：与迈克尔·布尔克的一次旅行》，2004年1月11日）

该节目在不同的国家播出。应用个性化的技术——一种个人见证的叙述——和播出后再现讨论方式，记者能够在语境中研究和分析埃塞俄比亚令人绝望的情况。这不只是作为“受害者”、“情感的污水池”、“他者”的第三世界。不断变化的意识和政治理解制约着我们与今天全球化的世界互动的能力，认为这些节目对此毫无作用的想法是苍白与空虚的。如下所述，电视的“见证”能力必须不惜一切代价被保护起来，记者必须能够进一步地提供参与式理解和建设道德公民所必需的“深度描写”。

结　论

本章列出10个例子，展示出现有的电视新闻如何为深化人们对公共事件的理解，以及塑造人们对公众事件的反应提供宝贵的资源。虽然在当代电视节目中这些例子是例外，但是这种“深度新闻”的例子仍然存在，时不时超出它们在电视节目表中边缘地位的影响。我所呈现的只是一小部分，说明这些形式的新闻能做什么，以及能带来什么样的改变。每个例子都用来说明媒体如何能够挑战关于“他者”的普遍观点和形象。每个例子自身，甚至是所有这些例子的集合，都不大可能转变政治议程或扩大文化视野。然而，它们已经把重要的、必需的大量信息、图像和思想散布在变化的潮流中。

我所谓的“深度新闻”有助于促进更广泛的社会自反进程，无论是否根据“民主深化”、民主的民主化（Giddens，1994）、亚政治的公开表达（Beck，1997）所构想的，或是根据身份再现和不平等，这些新老概念都描述了当今全球化“社会网络”所具有的特征（Castells，1997）。“深度新闻”的规范准则存在于市民社会的话语中，围绕着“社会利益”（Habermas，1996）观点的争论，以及全球风险或“社会公害”（Beck，1992）越来越多的流通中。在大多数情况下，世界的不平等和不公正存在论地先于它们在媒体中的再现，只要这些不平等和不公正产生集体反对形式，就将在主流媒体中获得更广泛的承认。然而，对于生产“深度新闻”，商业主义和消费主义的力量是强大的制约因素：这些节目在多大程度上能够继续在广播电视节目表中找到立足点，是极其令人关切的。如果记者想要到达“标题背后”并“超越新闻议程”，追求“调查与揭露”，他们需要正直、独立，还要有资源和组织的支持，以及可供他们阐述分析的节目时间。同样地，“流通的公共话语、理性与辩论”需要合适的电视形式，还需要接近处在争论中的有权者和被剥夺权利者。更具创造性地使用“直播媒体”，要求新闻和记者克服他们对“大开的”调解空间的专业“恐惧症”（Cottle，2002）。允许对话和争论，不需要总是按照既定的脚本和自定义议程。展示“公共表现、情感与影响”，这进一步要求记者不要总是选择和遵从论证和辩论的理性模型。然而，为了情感的效果而唤起和展示私人的故事、心情和感受，需要抵制诱惑。如果记者给予“无声者声音”、“形象身份”，他们必须共同努力识别、接近和支持那些在社会中处于边缘或是被剥夺权利的人，并力求更深入地了解他们的生活。“挑战社会的元叙事”要求记者挑战传统思维，超出国家的界限和规范模式。当报道和呈现“认同、差异性与文化移民”的艰难过程时，灵通的文化敏感性也是需要的。“媒体的自反性”挑战了电视新闻通常未被说出的认识论，它总是声称能够“知道”、“报道”、“呈现”，但是这样做，需要道德的警惕和对“政治再现”更深层次的认识。最后，“在一个全球化的世界里做见证人”要求记者在报道因全球化而陷入危机的那些人的命运和生活机会时，具有组织能力和道义上的承诺。

我所称的“深度新闻”在目前的实施中面临巨大的障碍，更不用说进一步的发展了。然而这些民主化的媒体形式仍然值得争取。它们属于更广泛的社会自反进程，它们能够深化民主进程，帮助建立一个更公平、更文明的社会。正如我在本章所使用的实例所表明的那样，这种新闻往往是引人注目的。通过介入社会生活和动态变化，“深度新闻”对我们是有利的，有时候对“他者”也挺好。

参考文献

Beck, U. (1992) *Risk Society*. London: Sage.

Beck, U. (1997) *The Reinvention of Politics*. Cambridge: Polity Press.

Benhabib, S. (2002) *The Claims of Culture*. New Jersey: Princeton University Press.

Bromley, M. (ed.) (2001) *No News is Bad News*. Harlow: Pearson Education.

Carey, P. (1998) *The Faber Book of Reportage*. London: Faber & Faber.

Castells, M. (1997) *The Information Age* (three volumes) Cambridge: Blackwell.

Corner, J. (1995) *Television Form and Public Address*. London: Edward Arnold.

Cottle, S. (1993) *TV News, Urban Conflict and the Inner City*. Leicester: Leicester University Press.

Cottle, S. (2001) Television news and citizenship: Packaging the public sphere, in M. Bromely (ed.) *No News is Bad News*. Harlow: Pearson Education.

Cottle, S. (2002) Television agora and agoraphobia post September 11, in Barbie Zelizer and Stuart Allan (eds) *Journalism After September 11*. London: Routledge.

Cottle, S. (2003) Television and deliberative democracy: Mediating communicative action, in S. Cottle (ed.) *News, Public Relations and Power*. London: Sage.

Cottle, S. and Rai, M. (2006) Between Display and Deliberation: Analyzing Television's Communicative Architecture, *Media, Culture and Society*, 28(1).

De Burgh, H. (ed.) (2000) *Investigative Journalism*. London: Routledge.

Dryzek, J. (2000) *Deliberative Democracy and Beyond*. Oxford: Oxford University Press.

Galtung, J. (2004) Media: Peace Journalism, https://www.nicr.ca/programs/PeaceJournalism.htm.

Geertz, C. (1973) *The Interpretation of Cultures*. New York: Basic Books.

Giddens, A. (1994) *Beyond Left and Right*. Cambridge: Polity Press.

Glasser, T. (ed.) (1999) *The Idea of Public Journalism*. New York: Guildford Press.

Habermas, J. (1996) *Beyond Facts and Norms*. Cambridge: Polity.

Holand, P. (2001) Authority and authenticity: redefining television current affairs, in M. Bromely (ed.) *No News is Bad News*. Harlow: Pearson Education.

Ignatieff, M. (1998) *The Warriors Honour: Ethnic War and the Modern Conscience*. London: Chatto & Windus.

McGoldrick, A. and Lynch, J. (2000) Peace Journalism: How to Do It, http://www.transcend.org/pjmanual.htm.

Nahra, C. (2001) British and American television documentaries, in M. Bromely (ed.) *No News is Bad News*. Harlow: Pearson Education.

Nicols, B. (1991) *Representing Reality: Issues and Concepts in Documentary*. Bloom-ington: Indiana University Press.

O'Malley, T. (2001) "The decline of public service broadcasting in the UK 1979-2000" in M. Bromely (ed.) *No News is Bad News*. Harlow: Pearson Education.

Project for Excellence in Journalism (1998) *Changing Definitions of News*, Washington DC, www. journalism. org.

Sontag, S. (2003) *Regarding the Pain of Others*. New York: Farrar, Straus & Giroux.

Taylor, C. (1995) *Multiculturalism and the Politics of Recognition*. Princeton: Princeton University Press.

Thussu, D. (1996) Development News, Module 7, Unit 38b, MA Distance Learning. Leicester: Leicester University.

Tester, K. (1994) *Media, Culture and Morality*. London: Routledge.

Tester, K. (2001) *Compassion, Morality and the Media*. Buckingham: Open University Press.

Thompson, J. (1995) *The Media and Modernity*. Cambridge: Polity.

Tumber, H. (2001) 10pm and All That: The Battle over TV News, in M. Bromely (ed.) *No News is Bad News*. Harlow: Pearson Education.

Turner, G. (2001) Sold out: Recent shifts in television news and current affairs in Australia, in M. Bromely (ed.) *No News is Bad News*. Harlow: Pearson Education.

第九章　第四权力还是粉丝俱乐部？体育新闻引领潮流

大卫·罗

● 记者主要应对谁负责——他们的雇主还是公众？

● 体育记者应该代表观众的利益还是应该与观众区别开来？

● 记者应当在多大程度上依赖特定的消息来源？

● 记者是否应该对自己的“圈子”进行批评性报道，即使这意味着他们的关键消息来源以后不会再向他们提供信息？

● 对流行领域的一些记者，比如体育圈子的记者来说，可不可以将“硬新闻”，调查性、批评性的新闻报道，留给像政治、法律或经济等更“严肃”的圈子？

介绍：质疑流行

自从新闻作为现代传播的主要模式以来（Hartley，1996），记者已经面对了实践中的不少困难问题。这些困难和所有记者都相关，涉及商业的影响、新闻的独立，它们与那些报道流行文化、名流以及娱乐等急速发展的记者关系更大（Turner et al.，2000）。报纸过去总是既报道“轻松的娱乐”，同时也报道“硬新闻”。但是现在，在来自许多其他新闻或娱乐的消息来源的压力之下，报纸内容的平衡发生了可见的变化，朝向更轻松、更“读者友好型”话题转变（Bennett，2003）。

体育作为新闻报道的一个重要主题，已经极好地确定了自己的位置。既不是履行建立在即时性基础上的新闻角色，也不是扮演建立在名流基础上的娱乐功能（Turner，2004）。同时它还为探讨当代社会大众文化提供了大量机会。因此，在信息、娱乐和评论之间采取一种合理的平衡，这是体育新闻面对的主要尴尬境地。比如说，体育记者在他们的专业实践中，既要将体育作为新闻“客观地”进行报道，又要作为某球队的支持者鼓吹（或批评）某些运动员或运动队。这样的紧张状态不仅体育记者会面对，也不只是纸质媒体记者要面对，但是特别适用于体育界（Lindsey，2001）。

本章谈及大众文化形式，如体育的新闻报道，询问了一些体育记者对他们行为的反思，通过对与之相关的关键问题的探讨，本章试图对流行新闻提出批判的议题。但是在用案例分析对体育新闻进行探讨之前，有必要简单地追溯新闻结构与实践中更广泛的发展。

大众化还是毁灭？

报纸新闻目前已经普遍遭遇了一系列艰巨的挑战，这些挑战所呈现的不仅是报纸如何繁荣发展的问题，并且还有关于它们是否能生存的担忧。当代报纸的弊病已经被记录得很多，包括日益受到更为迅捷的电子媒体的挑战，特别是电视和互联网；大众的时间压力越来越大，没那么多时间挤压出来进行阅读，对一天中重大的事件进行反思；还有代际间购买和阅读日报的习惯在衰落，尤其是年轻女性，属于很难送达和维持的群体（Greenslade，2003）。报纸发行量和销售额的下滑带来了一系列战略反应。报纸大小变得更易携带，风格变成摘要式小报版式（实际上，2003 年英国的大报《独立报》和《泰晤士报》同时开始印刷小报版式，并在 2004 年全面转向小报版式）。《卫报》和《纽约时报》等在报头下提示，有在线文本作为报纸内容的补充。

大报习惯上被描述为“高品质”和“严肃的”报刊，它们现在都在不断修正自己，向更明亮、生动以及不那么拘谨的风格转变，在新闻价值上更加民粹化。他们所普遍采用的新闻实践过去都是那些跟他们竞争的小报所使用的，如使用大图片、大标题，在内容上报道新闻更加直接、简洁，更“急速轻快”（Dahlgren and Sparks，1992）。报纸在历史上总是在新闻价值与娱乐价值之间存在紧张的矛盾（Allan，1999），而当代的趋势已经拓宽了新闻内容，并在大部分报纸上重塑了新闻优先权。很多人批评了这一趋势，认为它令人遗憾地代表着大报走向“软”的、“消费者主义的”、“生活化”的新闻。或者更加糟糕的是，报纸在大小、版式和编辑原则上整体“小报化”（Franklin，1997）。当然，也有人持相反意见，将这个变化解释为一种对精英的、家长作风的新闻规范的挑战（Lumby，1999）。

这些观点正在激烈的争论中，但仍在某些地方达成了一致。也有证据显示，不管好还是不好，新闻对大众文化的报道在报纸上更为显著（Sparks and Tulloch，2000）。有一个领域，不管在自己已有部分还是整个报纸上，都大幅扩张，那就是体育。事实上，体育在报纸上无处不在，从头版通栏标题到商业版的严肃分析，连什么构成体育新闻现在都已经变得不确定了。报纸和其他媒体与体育的牵连如此密切，体育与这些媒体的关系也一样，好像在说明这些过去分开的机构正在进行融合（Rowe，2004）。结果，体育新闻好像摇摆不定，时而对其重要的体育消息来源（比如俱乐部和队员）吹捧阿谀，时而又通过揭露体育丑闻对相同的机构和个人尖声丑化。

本章试图分析当代报纸（以及一些广播电视）记者和编辑常态化参与体育的一些方式：或吹捧或批评。这些问题直指新闻作为一种职业的核心——记者被训练为勤勉工作以服务于更高价值的个体。简言之，新闻媒体扮演“第四权力”的角色，对于权力的使用和滥用进行批判式检验（Carran and Seaton，2003）。正如我之前所说，虽然这个议题可以在每个圈子分析，不管是政治、经济、旅游还是娱乐的报道圈子，但是，体育圈特定的社会文化活力使之成为分析当代新闻实践时最有检验力的领域。

做体育新闻

职业体育包含着一种精英的物质文化形式，它从本质上说是专横而无用的，但是全球观众对此投入了大量的热情和精力（Tomlinson，1999）。因此，体育人可以被看作是移动的大画布，他们的粉丝在这张画布上涂画着他们的渴望、幻想和身份认同。于是，体育报道记者们面对着这样一些人：他们特别擅于在赛场上展现自己的才能，但却在其他方面非常普通（Andrew and Jackson，2001，Whannel，2001）。体育记者用大量的细节报道这些体坛人物在场上的表现，但同时又被要求将运动员的场上表现和场下性格和行为联系起来描写，还要把运动员的场外行为像一个富有的、高调的娱乐明星一样呈现，以此把这些运动员当作主体“生动刻画”。当记者们尝试完成这些任务时，他们的眼前会遭遇一些困难。比方说，如果报道对象是一个不那么鼓舞人且单调乏味的体育明星该怎么办？又或者反过来说，如果这位体育明星的非体育行为价值超过了他的体育明星地位时该怎么办？

为了完成上述体育新闻使命的理论探究，我们很有必要考察一个受到高度关注的案例。该案例体现了体育、荣耀与娱乐的交叠。安娜·库尔尼科娃是世界上最著名且最富有的体坛人物之一。尽管她还从没赢过任何重大网球赛事，并且由于长期的背部伤痛，她在22岁就已从职业网球比赛中退役，但她依然是个超级体育明星。她的形象通过其经纪人（Octagon）以及新闻、体育和娱乐媒体，被有意地性感化了。在这里，媒体和体育明星之间的协定就是，库娃在场上的比赛表现将会不断地被议论、拍摄，并通过模特化、商业签名和商品化等手段将注意力变成资本。库娃的身体形象无疑吸引了公众的眼球（Harris and Clayton，2002），但体育记者在售卖库娃上是相互勾结的。那么，这些记者应该向库娃提出作为“第四权力”的核心，那些职业责任所要提出的难堪问题吗？

2002年6月，库尔尼科娃在英国温布尔登网球公开赛的首轮就被淘汰——那是她在那一年之中第十次在首轮就出局。当她被一名BBC体育记者问道，她是否应该屈尊降到较低档次的网球比赛中去，以便继续从事她的网球事业时，库尔尼科娃走离摄像机，并要求重新开始采访。后来还是在陪同的女子网球联合会（WTA）一位官员的劝说下重新开始采访。随后采访的播放引发了媒体的巨大兴趣，还有一些报纸在头版刊出了报道。这不仅因为这条新闻是关于一个体育名人的，还因为它的内容在那些传统的陈词滥调，赛后体育新闻交易所生产的东西里早就看不到了。女子网球联合会（WTA）对此提出了官方抗议，对此，BBC 予以了回拒，认为自己只是在制作一个“好的新闻”。

在这种时刻，体育产业和媒体之间通常舒适的共生关系被暴露无遗。上述事件有新闻价值，正是因为普遍成功的体育明星的媒介管理被打破。但是这不是体育新闻发展的分水岭，商业化的、被媒体培养出的体坛人物，照常提供给体育记者们可预测的“画外音”。正如记者保罗·凯尔索（Paul Kelso，2002）指出的那样：

> 上星期发生的风暴很可能只是成为一个小插曲——库尔尼科娃对于网坛的价值不可能被夸大。打开最新一版的《优势分》网球杂志，就可以发现开头两整页都贡献给了库尔尼科娃的广告，一个是为欧米加手表代言，另一个则是为贝勒公司所作的运动文胸的广告，在接下来的二十二页中，又出现了五张她的照片，其中只有一张是她拿着球拍，其他四张都是生活照。
>
> 她还推动了报纸销量，像一个匿名的网球作者所认为的那样：她是那种超越了体育的人。对网球一无所知的人也知道库尔尼科娃的名字。她是这个星球上最著名的人之一，这也对网球运动十分有益。让我们面对这个现实，我们都在一个“秀场”中。

这意味着体育和“秀场”已经合并，并且可以想象的是体育新闻现在已经成为“秀场”的一部分。上面引用的那位体育记者还抱怨说，由于那次采访的结果不可预测，“最有趣的”女子网球选手已经受到了局限。所以，让体育记者通过他们的代表或者组织看透公共关系掩盖之下的体育明星，是极为困难的一件事。但是如果体育要配得上这个名称，这正是它需要做的事情。然而，尽管拥有系统化的媒介管理，体育的世界还是常常爆出丑闻和争议，用一句英语的记者行话来说："按住葫芦压不住瓢（all goes pear-shaped）"。

记者与体育丑闻

从形式上看，多数体育新闻报道中所发生的事情都是可高度预测的。赛季过后就是周而复始的老路线，比如招募新队员、队员的体能测试、对策和战术学习、伤病、退役。这种有条理的一套程序可能会被与之相关的体育丑闻破坏，比如服用能提高场上状态的药物、性骚扰的指控或是经济问题（Rowe，1997）。然而，体育新闻记者在揭露体育丑闻的报道中却鲜有明显作为。原因有二。其一，许多体育记者似乎担心，这会连累他们认出的顶尖运动员与运动机构和自己的关系；其二，有证据显示，体育新闻记者们没有得到良好的培训，以应付复杂的调查性报道。许多体育记者仅仅只是在体育部工作，而这个是存在个体和国家差异的（比如，美国的体育编辑和记者的教育水平比英国的同行要高）。体育记者在运动的"小王国"中工作，和其他抓突发新闻的记者相比，职业经验更为有限（Rowe，2004）。

这样一来，主要的体育丑闻，像国际体育组织如国际奥委会（IOC）的腐败就是由体育圈之外的记者曝光的。作为"持不同异议"的记者，安德鲁·詹宁斯（Andrew Jennings，1996）极具说服力地说道：

> 奥运会对那些关心它的记者来说是很难面对的报道对象……国际奥委会的总部远在瑞士的一个小镇，而其成员分布于世界各地。好在奥委会对外有数千份新闻发布，肯定自己的成就。这样我就找到了自己需要的材料。
>
> 其他分析来自欧洲记者们在一些大报上的报道，以及一些新闻通讯社记者提供的材料，其中一些与他们的报道对象有很紧密的关系，用起来很顺手。

根据詹宁斯（Jennings，1996：14）所披露的，"内部的"体育记者接受了由国际奥委会提供的免费旅行，给公共关系的“自由撰稿记者”出版费用的资助，只有那些在这个圈子之外的人才会进行揭发报道：

一次偶然机会在这个圈子之外的记者曝光了奥委会内部的劣迹。引起了极大的骚动！紧接着报纸的标题上都是否认和借口，令人不悦的真相被最小化甚至忽略。奥委会说世界上仅有15名记者能够报道这个新闻。这对剩下的我们，是多大的解脱和赞美啊！

当重大体育丑闻被曝光后，比如奥委会成员的受贿行为（像盐湖城2002年冬奥会竞选丑闻那种），体育记者倾向于在事件“公布于众”之前不要扮演核心角色。例如，2002年澳大利亚Bulldogs橄榄球队的经济丑闻，那个牵涉此获奖球队的调查正是被两名来自《悉尼先驱早报》的非体育记者完成的。我曾经采访过的一位体育记者将这看作是劳动力的合理分配：

我认为多数时候，体育记者关注的是他们所在的体育领域，将那些队内队外运动员的信息提供给公众，给公众他们喜爱的运动员的各种娱乐和有趣的信息等。当你在关注重大赛事时，你很难找到时间进行特定的调查。而此时其他领域的记者就能进来做这些事……我觉得没啥，因为一般记者可以花费调查新闻所必须的大量时间来报道这类事。我认为，如果体育记者继续做自己的主要工作，那么这也不失为一种不错的报道方式……我并不觉得这是体育新闻的负面。我更多地把它看作是技术和培训的分配。

（托尼——所有的被访者名字均为化名）

近来世界各地都出现了体育丑闻，包括足球、网球、田径、自行车和其他体育项目中兴奋剂测试阳性，美国篮球和橄榄球、英国足球超级联赛以及澳大利亚橄榄球、足球中的强奸和性暴力指控。

一些体育记者在报道这些丑闻中起了积极的作用，但是另一些却明显地采用了另一种立场。用詹宁斯的话来说，这些记者试图避免“令人不悦的内部真相（或者至少是一种指控）”，并且尽力使用所在领域的权力，捍卫“体育圈”不被来自其他领域的社会评论家和记者“侵犯”。不过，应当承认的是，每个体育记者的职业信仰不同，而且他们对于批评性和调查性的体育报道的态度也有个别差异。比方说，汉宁汉姆（Henningham，1995）对澳大利亚体育记者的研究显示，由塞尔文和加里森（Salwen and Garrison，1998）对美国体育编辑和记者的抽样调查发现，对于批评调查新闻实践的担忧要少得多。此外，在每个国家体育媒介结构中，体育记者和体育协会之间的工作关系也各有差异，而这会影响他们如何处理这些丑闻，以及它们的常规体育报道主题是谁。比如在有些运动中，体育记者有可能比其他人与运动员更加亲密。在采访一名体育记者时，他认为：

> ……在一些运动项目中，体育记者群体或多或少被看作是粉丝。比方游泳，这个项目的“记者”都有点感觉这更像是一个粉丝俱乐部。都是积极的正面报道，没有必要提及负面的报道。就是这个家伙是最强的，这个家伙是最强的，这个家伙是最强的。如果有一丁点负面报道的痕迹，那么没人真的愿意去追踪它。
>
> （特里）

还有些记者对曝光体坛人物私生活存在顾虑。我采访了一名专门从事板球运动报道的记者，他报道了沙恩·沃恩（Shane Warne）的案件。这个澳大利亚的顶尖投手卷入了多种不同的体育丑闻和指控中，包括与出版商签订协议、通过移动电话进行性交易，婚姻不忠以及服用违禁物品等。这名记者迫于编辑和读者的压力，报道了沙恩·沃恩（Shane Warne）在“卧室”的行为：

> 我不是沙恩·沃恩的朋友，多年来我作为一名板球记者和

他有很紧密的联系。（但是）像这样报道他的私人生活，他有家庭和年幼的孩子，我认为对他个人来说是不公平的。现在人们会说，他是个公众人物，应付这个是很合理的。可是，沙恩·沃恩从没有要求自己成为公众人物，他的出现和消失都应该是在板球场上的事，所有议题应该和这个相关。如果他的错误行为，从更广泛的意义来说，对自己或他的球队或澳大利亚板球运动造成普遍伤害，那么曝光就足够公平了，并且应该为自己犯下的不端行为受到惩罚。但是我认为，从个人的层面来看，当你把这种情况放在你所做的事情中考虑一番，就会发现他确实是一名不错的板球运动员，（而且）窥探到他卧室的领域，这是越界了。然而不幸的是，我的编辑和其他人不这么认为，得到某个人好色和品性的八卦，尤其此人是沙恩·沃恩这种有名的人，似乎是值得一试的。

（迈克尔）

在这里，迈克尔表达了他想要将体育新闻限于与体育相关的领域之中的欲望。但是，体育和名流文化的融合事实上已经使两者的独立发展不可能维持。2004 年 4 月，英国媒体投入了大量精力关注大卫·贝克汉姆的婚姻不忠，及其对他和“辣妹”维多利亚这段婚姻的影响，关于这事的新闻不可遏制地贯穿报纸，从体育版一直滑到头版。这就是体育新闻现状的案例。而现在，维多利亚和贝克汉姆已经是全球媒介文化的一笔“财富”（Cashmore，2002）。不过我们应该记住，世界体育和地方体育的视角还是有很大不同的。

体育新闻的地方性与党派性

体育记者每天的工作状态都是不尽相同的。政治文化中心的记者每天进行多项体育报道，他们有更多的潜在资源，于是就不那么依赖于那几个关键的知情人。在新闻界里有许多方法用来报道贝克汉姆现象，许多记者手头也在做这样的工作。然而，大多数体育记者仅仅只报道一个或者是有限范围内的几个体育项目，他们的报道对象在很大程度上仅限于知名度很高的几个地方队伍。在更小的城镇里，记者不仅极大地依赖有限的消息来源，而且地方那些组织严密的粉丝团体还都认识他，这些粉丝总是希望记者能支持他们的队伍。体育记者越以地方为基础报道体育新闻，越会感受到成为一名粉丝的压力，也越有可能为当地的知名体育实体辩护（Lowes，2004）。

比方说，在澳大利亚纽卡斯尔市中心，橄榄球联赛是冬季的主要运动项目，而纽卡斯尔骑士队占据了大多数报纸和广播的报道，同时还占据体育方面最大的赞助、市场和广告（Rowe and McGuirk，1999）。新闻媒体《纽卡斯尔先驱报》赞助骑士队，并常规性地在头版对它进行报道。自1998年改版为小报以来，该报采用了多种小报的形式。它常常在头版对骑士队进行文字和图片报道，关于骑士的故事越来越多地散布于整张报纸的新闻、八卦和特写之中，还有社论和读者来信。位于报纸最末的体育版的版面也适时地扩充了。周六版刊登一个上周报纸中提到的“新闻人物”名单，在橄榄球联赛赛季，橄榄球队员和他们的教练总是占据那个名单的前十名（赛季之外也常常如此）。例如在2004年4月的一周，体育报道在当周1 028条新闻中占据了265篇（占26%），其中骑士队两名队员和他们的教练是前11位最常在新闻中提及的个人。

该报主要的足球记者常常报道与俱乐部相关的常规文章，但很少批评它们，而且还常常开设“球迷论坛”和“足球之页”来获得读者反馈。然而，因为球队队长安德鲁·约翰斯（Andrew Johns）（广泛认为是世界上最好的得分大前锋）的伤病，报纸发表了认为俱乐部不能在2003年继续获胜的评论后，一位读者抱怨道：

> “作为一个狂热的俱乐部成员，我很难相信你，这个经常报道球队而且明显是球队支持者的记者，在看完昨晚对阵勇士队的比赛后，能写出如此消极的评论。”奥黛丽（Audrey）写道。
>
> “难道你没有意识到，现在球队和球迷需要的是积极的反馈，以度过余下的赛季吗？”

“我们最不需要的就是我们当地的体育记者给我们添堵。我们已经从悉尼的媒体中受够了这些！”

（Phythian，引自 Keeble，2003：123）

在这里，竞赛的压力将地方体育记者逼入一条狭窄的道路。他要对那些球队给予“积极的反馈”，这是他为球队作出的贡献。这是因为他通常的评论都是青睐本地球队的（与本地球迷相似），和那些带着大都市偏见，看不起小地方俱乐部的“悉尼媒体”不同。这种将记者建构成球迷的做法使得记者很难作出批评和反思的评论。这就会造成批评性反思意见的沉默。地方体育记者对骑士队输赢机会的评估得到了大多数媒体评论员和大多数体育赛事结果预测专家的肯定，在适当的时候得到了辩护。在此，新闻的理性与现代性的理性都和球迷话语中主观主义的体育群体主义相冲突。这一点在全球体育中都越来越明显。比如 2004 年 3 月，3 名莱斯特球队球员在西班牙被指控“性侵犯”，在他们获释前 2 个月，球迷们就在标语中宣告他们是“无罪的”了。

讽刺的是，上面提到的“悉尼媒体”与《纽卡斯尔先驱报》都来自一家公司（John Fairfax），而且都是默多克所有。值得注意的是，当纽卡斯尔最知名的体坛人物和他妻子离婚时，是悉尼的媒体曝光了此事。《纽卡斯尔先驱报》声称这种个人问题不适合报道，这显然与他们之前积极报道球员场外故事的立场不一致。正因如此，在处理不同严肃程度的体育丑闻时，地方体育记者——事实上所有的体育记者——都倾向于在此保持低调，让其他记者同事们（而且可能让来自于俱乐部或个人关系没那么紧密的其他新闻机构）来负责报道。在我的访问中，一个记者解释道，实际上地方媒体自动地为其主要的体育“客户”说话：

我认为在一个有一支球队的镇上，而且该球队的水平是省级的，在某种程度上你如果不“上路”，那么你将很难操作新闻。你会没法接近球队。我可能会惹怒一些记者，他们在省级水平上工作得不错……他们引用教练和球员的话就可以做好了，但是如果有一个议题出来……那总是地方球队的反应最为重要。记者在这种情况下工作是有困难的，因为他们报道的是自己的家乡队，报道着家乡的反应。（但是）记者是不称职的，因为更广阔的议题是记者的家乡球队没能担负好自己的责任，这就是议题所在。记者在这种情况下，躲在后面引用别人的话是非常容易的。结果，你看不到自己写的是有偏见的报道，你总是援引官员的话突出他们的观点，让他们的信息传达出去。而不是用自己的明确的观点，对自己说“嗯，等一下，在我看来这是对的，那是错的，我们要这么处理它”。因此，他们已经做错了。

（迈克尔）

可以发现，体育记者由于他们的职业信仰、机构所在地、接近性、对信源的依赖程度等不同而各有区别。尤其对于地方媒体的记者来说，最尴尬的就是是否发出不受本地读者欢迎的批评意见，或者是否应该像一个流行的体育迷那样进行报道，破坏他们声称要塑造的有名誉的新闻界。

结论

正如加里·哈金森（Garrie Hutchinson，2002：3300-3301）在对体育新闻写作的调查中所提出的：

当今体育记者所发挥的作用，不仅仅是提供措辞巧妙的描述性语句，还应该有调查报道。电视记者和印刷媒介记者的报道已经变得不协调。所有电视网的经营所有者深深地陷入了体育产品的控制和市场营销过程中……这种现象给印刷媒体的记者造成了明显的问题……对记者来说，今天媒体中的体育报道给他们提供了大量令人兴奋的机会和可以写作的事件。它同时也将他们指向一个个伦理与专业方面的尖锐问题。

体育记者每天所面临的问题日益恶化。哈金森认为，这是由于利益的结合越来越多，也有学者认为是由于媒介与体育产业的共同所有者越来越多（Rowe，2004）。在不同时间和不同的人看来（有时是相同的人在不同的时间看来），人们期待体育记者成为不加批判的运动迷或苛刻的体育批评员。他们见证了近几十年来他们所选择从事的报道对象，随着它的分割和成长，变成其他记者的领地，以填充日益扩展的媒介空间。

为了对付这种情况，一些体育记者拙劣地创造了他们自己的"后现代"体育新闻名流新闻报道。例如 2002 年《体育画报》中有篇文章是关于一个叫波波娃的年轻迷人的东欧网球选手的。在 WTA 收到许多媒体采访的要求后才发现，这个长得非常像库尔尼科娃的波波娃是媒体创造出来的人物。WTA 把此事看作是对女子网球运动的不尊敬，但这也可以看作是体育新闻记者对自己职业实践的一种无意识表白，体育记者们急切地想要培养出下一个"性感的"体育名人（尤其是 2004 年该杂志的泳装照卖得超好之后）。像这样的讽刺之事说明新闻把体育延伸为一种无边界、多功能的大众文化形式，这既是一种成功，也是一种失败。

参考文献

Allan, S. (1999) *News Culture*. Buckingham: Open University Press.

Andrews, D. L. and Jackson, S. J. (eds) (2001) *Sport Stars: The Cultural Politics of Sporting Celebrity*. London and New York: Routledge.

Bennett, W. L. (2003) *News: The Politics of Illusion*, fifth edition. New York: Longman.

Cashmore, E. (2002) *Beckham*. Cambridge: Polity.

Curran, J. and Seaton, J. (2003) *Power Without Responsibility*, sixth edition. London: Routledge.

Davis, L. R. (2004) The Basic Content: "Ideally Beautiful and Sexy Women for Men", in D. Rowe (ed.) *Critical Readings: Sport, Culture and the Media*. Maidenhead: Open University Press, pp.

246-260.

Dahlgren, P. and Sparks, C. (eds) (1992) *Journalism and Popular Culture*. London: Sage.

Franklin, B. (1997) *Newszak and News Media*. London: Arnold.

Greenslade, R. (2003) *Press Gang: How Newspapers Make Profits from Propaganda*. Basingstoke: Macmillan.

Harris, J. and Clayton, B. (2002) Femininity, Masculinity, Physicality and the English Tabloid Press: The Case of Anna Kournikova, *International Review for the Sociology of Sport*, 37 (3/4): 397-413.

Hartley, J. (1996) *Popular Reality: Journalism, Modernity, Popular Culture*. London: Arnold.

Henningham, J. (1995) A Profile of Australian Sports Journalists, *The ACHPER Healthy Lifestyles Journal*, 42(3): 13-17.

Hutchinson, G. (2002) In Our Own Style: Sports Writing in Australia 1803-1997, in G. Hutchinson (ed.) *The Best Australian Sports Writing 2002*. Melbourne: Black Inc: 312-331.

Jennings, A. (1996) *The New Lords of the Rings: Olympic Corruption and How to Buy Gold Medals*. London: Simon & Schuster.

Keeble, B. (2003) Ardent Fan Bristles at Negative Forecast, *Newcastle Herald*, 23 July: 123.

Kelso, P. (2002) Fame, Set and Match, *Guardian Unlimited*, 1 July: n. p.

Lindsey, E. (2001) Notes from the Sports Desk: Reflections on Race, Class and Gender in British Sports Journalism, in B. Carrington and I. McDonald (eds) '*Race*', *Sport and British Society*. London and New York: Routledge, pp. 188-198.

Lowes, M. D. (2004) Sports Page: A Case Study in the Manufacture of Sports News for the Daily Press, in D. Rowe (ed.) *Critical Readings: Sport Culture and the Media*. Maidenhead: Open University Press, pp. 129-145.

Lumby, C. (1999) *Gotcha: Life in a Tabloid World.* Sydney: Allen & Unwin.

Rowe, D. (1997) Apollo Undone: The Sports Scandal, in J. Lull and S. Hinerman (eds) *Media Scandals: Morality and Desire in the Popular Culture Marketplace.* New York: Columbia University Press, pp. 203-221.

Rowe, D. (2004) *Sport, Culture and the Media: The Unruly Trinity*, second edition. Maidenhead, UK and Philadelphia, PA: Open University Press.

Rowe, D. and McGuirk, P. (1999) '[D]runk for Three Weeks': Sporting Success and City Image, *International Review for the Sociology of Sport*, 34(2): 125-141.

Salwen, M. and Garrison, B. (1998) Finding their Place in Journalism: Newspaper Sports Journalists' "professional problems", *Journal of Sport and Social Issues*, 22(1): 88-102.

Sparks, C. and Tulloch, J. (eds) (2000) *Tabloid Tales: Global Perspectives on the Popular Media.* Boulder, CO: Rowman & Littlefield.

Tomlinson, A. (1999) *The Game's Up: Essays in the Cultural Analysis of Sport, Leisure and Popular Culture.* Aldershot: Ashgate.

Turner, G. (2004) *Understanding Celebrity.* London: Sage.

Turner, G., Bonner, F. and Marshall, P. D. (2000) *Fame Games: The Production of Celebrity in Australia.* Melbourne: Cambridge University Press.

Whannel, G. (2001) *Media Sport Stars: Masculinities and Moralities.* London: Routledge.

第十章　新闻界的麦当劳化
——地方新闻与麦当劳化理论

鲍勃·富兰克林

- 新闻界的麦当劳化是否引起了地方报纸的“低能化”？
- 在新闻界，效率和品质新闻能否兼容？
- 有品质的地方新闻已经被安德鲁·马尔（Andrew Marr）描述的“一口大小的鸡块新闻”取代了吗？
- 当新闻工作者和读者的数量在减少时，地方报纸为何可以繁荣发展？

英国地方报纸在1995年经历了一场翻天覆地的急剧变化，当时大部分的地方报纸都改版为小报的样式。到1997年，七十二家地方晚报中仅有十家仍采取大幅双面印刷的样式出版发行（Griffith，1997：12）：两年后，《约克郡晚间邮报》成为最后一批改版的报纸中的一家（Reeves，1999：18）向小报样式改版，报纸在编辑内容、排版和大小尺寸等几个方面都产生了变化。更多的内容着重强调娱乐和消费者议题，报道转向有人情味的，故事的篇幅更短小、内容更肤浅，而且都是使用醒目的大标题、更多图片以及更多色彩讲述故事（Franklin，1997：113）。由于受到媒介市场竞争和兼并的驱使，这种重新改版后的地方报纸携带了小报新闻的特征。在这一过程中，地方新闻成为所谓的“新闻低能化争论”的焦点，这场论战的双方分别是为传统新闻的衰落感到痛惜的人，和那些为更大众的文化形式出现而欢呼的人。

在本章中，我对在新闻报道中出现的这种明显改变做出不同的诠释。我认为这一趋势如果放在马克斯·韦伯（1974）所提出的合理化和官僚化的广阔社会历史进程中，更能有效地理解。近来，乔治·雷兹特（George Ritzer，1993，1998，2002）用“快餐厅”的比喻来描述作为现代性特征的合理化进程的特征，那就是它以高效、可靠、可预测和控制作为基本原则。雷兹特创造出一个新词汇“麦当劳化”来表达这一趋势。社会生活的很多方面都已经越来越麦当劳化了，并且我试图证明高标准化的、打包好的新闻的出现，也可能是麦当劳化进一步的表现形式。曾经给读者提供美味佳肴的高品质地方新闻，已经被安德鲁·马尔（Andrew Marr）公然抨击的“一口大小的鸡块新闻”所取代（引自 Franklin，1997：5）。这大概可以更好地描述为“新闻的麦当劳化”。① 我首先勾勒出雷兹特有关麦当劳化的思考，并为英国的地方媒体描绘出一个大概图景，接着我将对地方新闻麦当劳化提出一个解释性评价。

雷兹特，麦当劳化与合理的效率

根据马克斯·韦伯的观点，现代资本主义社会是以不断要求提高在新的社会生活区域理性决策的需求为特征的。雷兹特（1993，1998）运用了一个新的术语“麦当劳化”，概括这种高度受支配、官僚化和去人性化的当代社会尤其是美国社会生活的本质。对雷兹特来说，这个词所联系的意味在于它指出了这样一种进程，“快餐店的工作原则正越来越多地支配着美国社会，以及世界其他地方的方方面面”（Rizter，1993：1；Schlosser，2002）。快餐店的工作原则是高效、可靠、可预测和控制，在这里质量与标准化代替品质与差异，成为价值的衡量指数。高效是这个比喻的核心。社会生活中越来越多的领域变成了麦当劳化，甚至包括背包旅行（Rizter，1998：134-150）和大学（Rizter，1998：151-163），还有商店和连锁酒店（Rizter，1993：88）。它们使当代都市风景变得如此惊人地

① 我引用“新闻的麦当劳化”描述在麦当劳化条件下新闻界的实践活动及其产品。

一致，仅凭建筑环境很难把班戈、伯明翰或巴恩斯利区分开来。日益同质化的地方小报也不可避免地加入到这一行列中，它们带来了来自资本主义中心的明显的企业风格。

雷兹特的分析还利用布雷弗曼（Braverman，1974）对劳动过程的分析，探讨了工作中的组织和经验的问题。他认为工作通过官僚政治、社会管理（泰勒主义）和生产线（福特主义）日益成为合理化的产物。最终，麦当劳化导致更多“麦当劳化工作”的产生。这种“麦当劳化工作”是高度常规化的，思考被降低到最少，而更高水平的技术、创造力、批判以及真实的个人联系和互动等，都被有效地铲除在外：在服务产业中，生产者和消费者都被系统化地夺权了（Rizter，1998：59-70）。当代新闻界正日益走到这一步。

麦当劳化有四个重要的维度。第一，效率。它意味着最适宜的工作方式的终结（Rizter，1993：35）。雷兹特指出效率有两个方面。他认为一个是商品和服务传递给消费者的效率，根据这一推论，相比在家里用原材料烹饪食物，快餐店以更有效的方式提供给人们食物。麦当劳为“使我们从饥到饱”提供了最好的方式（Rizter，1993：9）。在“得来速”这种地方，消费者不用离开自己的车就能吃到汉堡。此外，雷兹特还注意到组织中货物生产和服务的效率问题。最终，市场的力量和关系会让这种生产方式在全球蔓延。

第二，可靠性。可靠性强调事物可以被计量和量化。工作目标所要求的时间是经过仔细计算的，数量而不是质量成为衡量价值的标准（Rizter，1993：62-82）。麦当劳化带给我们“巨无霸”而不是“美味汉堡”；大块的炸肉，而不是好吃的炸肉；“双层甚至是三层汉堡霸”而不是“健康有益的汉堡”。

第三，可预测性。它反映了对标准化的强调。在麦当劳的世界中，环境、食物、员工的行为是同一的（Rizter，1993：83-99）。食物和“快”都是绝对标准的和可预测的。全英国每个角落品尝到的麦当劳是不差毫厘的。

第四，控制。根据雷兹特的意思，控制指的是对员工和消费者越来越紧密的、越来越多的控制，尤其是通过引进新的技术。人们被标准的行为方式（员工和消费者都有）去技巧化了。技术的使用使员工成为"监工"或生产过程的"监督者"，而不需要能动地参与到食物生产过程中：由油炸机器决定鸡块何时炸好了，由饮料机的开关决定标准的一杯奶昔的含量。员工就这样被去技术化了(Smart，1996：6)。

雷兹特承认麦当劳化的过程也有积极的结果，所以这一现象在全球范围内蔓延，就像麦当劳餐厅一样（Rizter，1998：81-94）。但是这种"合理的系统通常会产生大量的不合理"并且会引发无效率、不可靠、不可计算和失控，这就是它的"消极的一面"(Rizter，1998：121)。韦伯称之为"非意愿的结果"。雷兹特称为"合理中的不合理"。在地方媒体中，不断减少的发行量与利润的不断增长共存，这种矛盾的现象就说明了"合理中的不合理"。

地方新闻的悖论：读者越少，利润越多

英国的地方新闻依照其发行量大小、定期出版和从广告而不是销售量中获得的总收入比例来进行分类。有研究显示，地方报纸在财政和采用新闻资源方面有明显的区分。这项研究揭示，新闻资源暗示了这些地方报纸依赖非新闻机构，比如地方政府和企业的公共关系提供资助的程度：有些小型周报极大程度上依赖新闻发布会，根本没有独立的、调查性的或者批评性的报道（Franklin，2004：106-111)。

2004年，英国有1 300家地方性报纸，其中包括25家早报(19家是付费的，6家是免费的)，75家晚报，21家周末报（11家是付费的，10家是免费的)，529家付费周报和650家免费周报。这个统计数字表明，自1990年以来（当时英国出版的报纸有1 333家)，英国报纸在数量上基本没什么下降，但是"本地媒体的构成"发生了巨大的变化。在1990年，英国有17家早报，73家晚报，7家周末报，434家付费周报和802家免费周报（Franklin and Murphy，1998：10-13；Press Gazette，2004年3月：12-13)。

从1989年达到顶点开始，读报人数越来越少，发行量持续下

滑，这部分地反映了地方电台的扩张，新闻用纸成本的不断提高，以及互联网用户的不断增加。发行审查局（ABC）的数据也测量到了发行量的变化（从2003年7月到12月）。它的图表显示，除了价格高的付费周报以外，其他部分都持续下滑，51%的周报有那么一点增长。75家晚报中仅有7家晚报显示没有任何下滑，20家发行量最大的报纸也有一定下滑。有些报纸在大量流失读者，如《伯明翰晚间邮报》在监测的6个月里销售量减少了6.1%，《考文垂晚间电信报》和《利物浦回声报》也差不多，分别是5.9%和5.3%（Press Gazette，2004年3月5日）。日报的趋势也很明显，仅有3家报纸的发行量不受这一下降趋势的影响，《北部回声报》发行量下降了6.7%，显示出一种急剧下降趋势。只有《周日哨兵》扭转了周日版报纸的颓势。就发行量而言，10家周日版报纸销量减少，其中6家报纸发行量下降了5%以上。只有由美联社出版发行的新都市报纸和在大城市中心免费发放的报纸代表了一种乐观的前景，所有冠以都市报头衔的报纸都有上升趋势：《伦敦都市报》的销售量提高了13.2%，达到449 616份，但是这类报纸的地位是不确定的。报纸信息部分是地区的，部分是全国的，美联社将这类报纸形容成“娱乐”报纸：一种对城镇公民免费的全国报。

尽管发行量下降，但是广告仍然保持增长。2002年，地方媒体的广告收入达到了28.7亿英镑，占所有媒体广告收入的21%：仅次于居于榜首的电视媒体（26%），高于全国性报纸（14%）、杂志（13%）、广播（4%）、电影（1%）和互联网（1%）。在年增长率方面，2002年地方媒体比一般广告市场的表现要好，并且是过去10年来唯一持续增加广告开销的媒体：从1992年的16亿英镑到1997年的23亿英镑再到2002年的28.7亿英镑。

广告收入的增长趋势给地方媒体的高利润提供了部分的解释。举例来说，2001年英国地方新闻第四大发行商Johnston新闻每年有900万的运营利润和301万英镑的年营业额，年利润30%，这是非常可观的。2003年，英国最大的媒介集团镜报集团将可观的123.9万英镑还给它的地方报纸分支，地方报纸当年的营业额是525万英镑，利润是24%（Pondsford，2003：4）。

还有两个理由解释了利润的问题。首先，记者们的薪水很低。一项记者培训论坛的调查发现，18%的记者收入低于1.8万英镑，51%的记者收入低于2.5万英镑。所以，ITN电视台的Nicholas Owen在出席报纸论坛的会议时，把地方记者的薪水形容成“极为糟糕”就不足为奇了（Harcup，2003：19）。

其次，由于所有权集中于少量集团的掌控之下，地方报业集团因此面对着规模经济。吞并与兼并随处可见。以1996年为例，三分之一的地方性报业公司所有权易手（Franklin and Murphy，1998：19）。自1995年以来，超过65亿英镑用于兼并。2002年12月，新闻探索集团（Newsquest）用21 600万英镑收购了《格拉斯哥先驱报》(*Glasgow Herald*）和《格拉斯哥晚间时报》(*Glasgow Evening Times*）和《周日先驱报》（*Sunday Herald*）。在这之前，该公司在2000年5月以44 400万英镑收购了Newscom集团，使旗下报刊发行量达到了499 550份。2002年3月，Johnston新闻购买了地方独立媒体（RIM）的53份报刊，所有报刊发行量达到惊人的1 602 522份。这种兼并活动最明显的结果便是1992年减少到200家出版公司，1998年下降到137家，2003年变成96家。其中47家出版公司只拥有单独的报纸，而最大的20家集团拥有85%的地方报刊，控制着96%的周报发行量：5家集团有76%的报纸发行量（http：//www. newspapersoc. org. uk/factsandfigures. html)。

总之，英国地方新闻的特点是：出版的报纸数量、出版商、读者和发行量在持续下降，但是矛盾的是，这种衰落与强劲且昂贵的广告收入和利润共存。

新闻麦当劳化的发展?

雷兹特注意到，麦当劳的符号意义在美国变得如此重要，以至于一些组织在反映麦当劳快餐的理念时，起了一系列冠以前缀“麦当劳（Mc)”的名字。比如美国的大众报纸《今日美国》起的外号叫“麦当劳报纸”，简洁有力地表明了它以发行“鸡块新闻”闻名。但是，麦当劳化中的效率、可靠性、可预测性和控制是否可以用来描述英国地方媒体的发展？并以此看作是新闻的麦当劳化的标志？

效　率

麦当劳化关注货物和服务对消费者的有效传递，结果，麦当劳化要求报纸为读者提供立等可取的新闻。在英国，地方报纸为提高读者对新闻的可接近性，设计编辑和排版技术，其中许多都是符合小报的版式。简单地扫一眼就会发现大字号（渲染的）标题、黑白标题、风趣幽默（一语双关）标题、更具轰动性的标题，伴随更简短、更少的文字和报道，更大幅、更具色彩的图片。报纸日益更多地给读者提供“一瞥新闻”或“简要新闻”，这种新闻在报纸版面的左边或者右边，以竖直栏的形式提供给“繁忙的人们”一天的新闻概述。比如说《地铁报》，它里面的“巴黎文摘”概括了全国的新闻，“地铁世界新闻”对国际新闻进行简要回顾，而“60秒快访”则让读者有机会在一分钟之内了解一位名人。

地方新闻越来越多地按照“效率”的要求进行组织，新闻界将之解码为媒体按照市场的原则组织新闻。追求效率的关键特征就是在过去十年中新闻企业的所有权日益集中。正如上面所谈及的，最大的20家出版集团拥有85%的地方报纸，其发行量占到地方报纸发行量的96%；5家集团——镜报集团、新闻探索集团、北岩报业、Johnston出版集团以及Archant集团占有整个发行量的76%。我们可以从下表很明显地看出它们对地方媒介市场的支配地位。

地域性的所有权集中引发了人们对这一产业组织形式的担忧，它们是否会服务于公共利益呢？英国竞争委员会审查了2002年5月Johnston出版集团向镜报集团出售8家英国东部地区报纸的行为，结果表明这一交易是有损公共利益和广告商利益的。委员会担心“集群出版”可能会在垄断地区滋长出一种“和平共存”的哲学。新闻探索集团拥有北部的兰开夏郡，镜报集团拥有英格兰中部和北威尔士，Johnston出版集团则拥有苏格兰南部和英格兰东

20家最大出版集团的所有权与发行量数字

	总数		日报（付费与免费）		周日（付费与免费）		周报（付费）		周报（免费）	
	所有权数量	周发行量	所有权数量	周发行量	所有权数量	周发行量	所有权数量	周发行量	所有权数量	周发行量
前20位地方新闻出版商	1 110	65 484 882	96	35 168 757	20	2 074 467	398	5 421 630	596	22 820 028
其他地方新闻出版商(76)	190	2 691 115	4	418 275	1	120 395	131	876 686	54	1 275 759
总的地方新闻出版商(96)	1 300	68 175 997	100	355 870 322	21	2 194 862	529	6 298 316	650	24 095 787

资料来源：报业协会，http：//www.newspapersoc.org.uk

北部。各新闻集团之间不必为了争夺读者和广告商而相互竞争，它们通过分割全国市场，允许彼此自由地管理自己的"辖地"。所谓"集群出版"对于有品质的新闻无疑是有害的。用委员会的话来说，"不同出版商之间短兵相接的竞争能带来一种推动力，它会促使这一地区的报纸比由垄断的出版商生产的新闻具有更高的品质"（Reeves，2002：17）。这种所有权的"效率"模式对新闻编辑的完整性和同质化的影响是很明显的。一个报业集团的编辑方针现在可以影响超过240家当地报纸的内容。

更进一步讲，被集团拥有的地方报纸必须以最低的成本向集团提供最大的利润。最终，工会（根据古典经济学判断市场缺陷）

自20世纪90年代中期以来不断不被承认，媒介集团中削减新闻工作者、雇用临时工、低工资和低福利的情况越来越严重（Leapman，2001：17）。

与此同时，新技术的引进强化了这种新闻工作者编制的趋势（Gall，1998）。有些保证效率的方法看上去简直奇怪。比如，有些地方报业集团在集团中心雇用一个助理编辑队伍，处理遥远的各地方报纸的事务，而不是为每家报纸雇用当地的助理编辑。那些集团中心的助理编辑对当地知识知之甚少。这种方法的处理效率很高，但是与地方社区脱节，而“像有品质、准确、正直这种小事都不会出现在平衡的页面中”。某集团的编辑声称“到60英里外”找助理编辑处理地方的媒介报道，简直就像在“另外一个国家”工作一样（Lockwood，1999：5）。

但是这不仅仅是日益“集中化”新闻的“处理方法”问题。为了效率削减雇用记者数量，这意味着报纸越来越依赖地方新闻通讯社和公共关系部门：新闻会采用难懂的商业修辞术语，新闻“在信息源头之外”生产。视角、观点和信息的多样性和多元性被减少，总是由范围狭小的几个有影响力的来源提供（Franklin，2004：109）。通讯社在当地为相类似的事件提供相同的图片新闻，这导致地方新闻的呈现显得单调乏味、整齐划一。

另一个效率显示为“自家人”新闻培训的衰落。过去的受训者不仅仅是从原来的同事那里学习实际操作技巧，而且还要学习记者与公共服务的职业文化。但是那些年纪较大的同事已经被裁员或者因追求效率而提前退休。几个职业世纪的价值与知识的传送带已经中断。培训失去资源。即将成为记者的人必须自己资助自己的培训，培训已经日益由大学提供了。

可计算性

对雷兹特来说可靠性意味着对什么能被量化的强调。是数量而不是质量成为价值的衡量标准。媒体欣喜的便是它们工作的每一个特定任务的产品和投入时间都被量化了。关于产品的量化，报纸已经被发行量占领：这是成功的关键指标。发行量当然是至关重要的，它是报道投入和广告收入之间的关系问题。但是发行量已经代替了任何对于品质的判断。编辑认为，如果发行量持续上升或甚至保持稳定，那么“我们肯定做对了”。当发行量平平时，报业集团就采取向学生“特价销售”报纸、在公交巴士和火车站免费发放等方法提高发行量。偶尔，这些报纸会给新闻发行量审查局造成迷惑的假象。

自 20 世纪 90 年代中期以来，报纸的页数也扩充了，这反映了地方报纸在新闻报道和广告之间比例的演变。20 世纪 90 年代中期，地方和地区的新闻机构独一无二地保持着广告收入的逐年增长（见上文）。结果，地方报纸的页数增加，报纸越来越大：2003 年《Croydon Borough 邮报》每期有 150 页，而《Bromley 新闻购物者》的平均页数为 111 页（报纸协会，2004）。英国的报纸就像巨无霸一样，用一句广告标语来说：“比以前更大，新闻更多。”然而这里面却很少有人提到质量问题。

在新闻生产的管理中，可靠性原则很生猛。著有《美国新闻回顾》的 Geneva Overholster 描述了拥有新闻探索集团的甘乃特集团使用 FTE 系统监测报纸中的新闻生产①。FTE 系统规定了特定范畴的新闻生产所需的精确的总时间、空间和资源量。它推荐一条“人工智能范畴的新闻应当有 6 英寸或少于 6 英寸的大小，并且记者应当利用一个新闻发布会或者一到两个配合的新闻来源，花 0.9 小时做出这条新闻，并且应该每个星期有 40 条这样的新闻产出”。这些工作条约是根据市场机制制定的，Overholster 对此评论道：“这些公司里的投资者要求一分钱一分钱地提高利润，当地方经济不能促进或允许增长时，利润就必须通过成本削减压榨出来。这样的做法就使新闻业削弱了。”（Reeves and Blyth，1999：15）新闻探索集团已经考虑使用类似的手法，给记者们引入新闻报道计算指南，并为助理编辑引入页数指南。

① 译者注：FTE 是指全时工作当量。它是将统计范围内所有人员的总工时数按照每份全时工作岗位的年平均工时数进行折合。

可预测性

地方新闻运用相似的编辑内容和版式给读者提供了一个麦当劳式的标准食物。地方新闻现在实际上已经成为小报新闻。当然在特定内容上，地方报纸也需要出版本地新闻，并且最终在不同地方的细节有所不同。但是在报道类型上，地方媒体中人情味新闻占据主导地位。一些地方编辑谈到他们的报纸在1997年关于大选的报道少于1992年的原因，提到他们当时倾向于在大选的过程中进行人情味新闻报道。“我们有发行量的巨大压力，”一名编辑解释说。

> 我们将会一天天明显地爱上阅读这种人情味新闻，因为我们担心自己会开始厌倦公共事务。读者在他们将购买的东西面前总是精明的。报道教育、会议这类事情，在过去记者可能就那么报道它们，而现在记者必须寻找好的故事，能卖出的好的故事都是小报故事。所以这几年来我们都有报道小报故事的巨大压力。
>
> （引自 Franklin and Parry，1998：225）

事实上两年前，这份报纸被 Johnston 出版集团接管，就已经向标准化与可预测性发出了信号。而标准化与可预测性也正是集团所有者能提供的。《纽卡斯尔晚报》（*Newcastle Evening Chronicle*）把他们的编辑风格描述成“有硬皮边的人情味新闻”，而“法庭和会议的报道则被去掉”。在报道健康、教育、家庭以及消费者议题时，“家庭论题”在编辑部和报道中扮演中心角色（Pilling，1998：187）。

集团所有权所引发的另一个结果就是新闻排版标准化。刚才已经提到了出于经济原因的助理编辑中心化。它的结果就是，一个助理编辑如果几乎不了解当地的情况，就可能会对同一集团不同地方报纸的本土新闻感觉是一样的。更糟糕的是，相同的报道甚至相同的读者来信都可能在同一新闻集团的不同报纸中相互转载。一项对地方媒体 2001 年大选报道的研究显示，读者来信 3 周后会出现在同一新闻集团公司旗下的姊妹报中（Franklin and Richardson，2002）。

更重要的是，迫切需要资源的地方报业如同它们在全国范围内的竞争对手一样，正日益依赖来自当地政府和其他资源的媒体通告。有研究探讨了郡议会如何将新闻成功放置到地方新闻中，研究发现，一篇相同的媒体通告在诺森伯兰郡（Northumberland）的 11 份地方报纸获得了报道。44 个政府新闻通告中，有 19 个在当地报纸产生了 3 篇或更多的报道（Franklin，2004：110）。而政府的新闻管理（地方性的或全国性的）在随后的发展中迅猛地促进了新闻的进一步标准化。比如，记者彼得·奥本（Peter Oborne）声称，阿拉斯泰尔·坎贝尔（Alastair Campbell）① 以托尼·布莱尔名义发布的一条新闻通告，在 100 家不同的地方报纸中逐字印出，仅有的改动就是报纸所在城镇的名字。

需要更进一步指出的是在麦当劳化趋势下作为工作流程一部分的去人性化常规报道惯例。雷兹特谈到，麦当劳快餐制作汉堡包的方式可以用作一个暗喻，比喻记者日益依赖来自非新闻组织的通讯稿，让一些当代地方新闻呈现出低技能的、反复的甚至轻率的本质。雷兹特说，“食物（运到到麦当劳餐厅之前）是初制过的、分割好、切片好并准备好的……然后他们（麦当劳员工）所需要做的就是在必要时制作，其实往往就是加热，然后将食物送到顾客面前”(引自 Smart，1999：6)。上面所说的在诺森伯兰郡的调查就指出，记者好像以一种被动的方法操作新闻，只是读别人的东西，然后印刷出来，如果有一点点不同，也就是在郡议会分发给他们的新闻通告这种“预制好的”材料上，编辑和增加一点信息。这种方式就像麦当劳制作快餐一样，记者的职业实践就是把东西“传送到顾客的面前”。

---

① 译者注：阿拉斯泰尔·坎贝尔是英国前首相布莱尔的首席传媒与策略总监。

控 制

新技术的引进、裁员的原因和后果，这些都导致了记者和生产者失去了对其工作场所生产的控制。1983 年埃迪·夏（Eddie Shah）首先在《沃林顿信报》(*Warrington Messenger*) 引进了新的印刷技术，当时工会的反应很强烈（Goodhart and Wintour, 1986）。但是，其实是默多克对《太阳报》、《世界新闻报》、《泰晤士报》以及《泰晤士报周日版》转型的那次瓦平之战①才标志着报纸中权力和控制的转移。默多克解雇了 5 000 名印刷工人，大大削减了产品的成本，迫使其竞争者采用相同的技术手段，而且无法与之进行竞争。默多克以单方面的行动巧妙说服报纸生产工人转入新的管理职位。

如此一来，整个产业都采用了新的印刷技术，并产生了两个后果。第一，新技术使得一些产品融合、一些产品消失。助理编辑和页面设计者的工作受到了来自新软件的挑战，这些软件提供给记者设计好的模版，记者只需要在上面打上文字："QuarkXPress 系统让每个记者都成了编辑"(Bourke, 2003: 15)。第二，新的技术促进了"多技术"记者（Pilling, 1998）。数字融合要求记者将新闻收集与报道和其他任务联系起来。一个典型的例子就是鼓励记者带数码相机去采访（Pilling, 1998: 191）。另外，笔记本电脑、调制解调器、手机和数码相机的使用意味着事件中的照片和报道能够而且必须在短时间内编辑成档。这一技术明显的好处就在于效率和速度，它允许 1 000 字的报道在几秒钟之内上传而不需要经过版面编辑（这个对于报纸的经营者来说是好事，但对于版面编辑来说就不是了）。但是新的技术也孤立了记者，使他们单独化而不再集体合作，使他们离开了合作的编辑部文化，推动了自由撰稿人的工

① 译者注：瓦平之战是英国工会运动中的一个重要转折点。1986 年，默多克决定在瓦平建设新的报纸印刷和分发系统，以新技术取代传统方式。新闻集团 6 000 名员工为此罢工，工会与默多克进行了斗争，但以失败告终。

作，减少了记者“达成协议的”能力，鼓励了多种技术的操作，使管理者更容易控制记者和其他生产工人：近年来，工作零散化的情况随处可见，地方媒体中编辑部的员工越来越少了。

结　论

我试图通过雷兹特有关快餐和麦当劳化的比喻来说明近年来地方新闻的发展趋势。这种新的新闻风格可以被叫做新闻界的麦当劳化。它反映了在地方媒体中，受技术驱动对效率、可靠性、可预测性和控制的追求。这一明显的矛盾是“合理中的不合理”，它实际上是强调麦当劳化的四个因素。而20世纪90年代以来，读者、发行量、媒体数量、发行人、员工还有签了合同的全职记者经历了持续下降，而广告、页数、利润和周转资金却都在增长。

联合报业的《地铁报》系列可以看作是麦当劳化现象的最好例证。六个区的“FUN”（free urban newspapers，免费城镇报纸）的总编坚持认为，为通勤者免费发放的地铁小报带来了完全不同的新闻和记者。他声称独特性是可以被量化的：大小是最重要的！“全国第六大日报，世界上最大的免费报纸”只有“在伦敦的六名新闻记者和在曼彻斯特的四名地区编辑人员”。该报编辑总结经验认为：

> 我们所做的是小段新闻。我们要给读者非常紧凑的新闻报道。我们不需要现场记者。我们的记者会阅读互联网信息，并能在网上大量收集整理资料。我们重新创造了新闻记者的定义。
>
> （Morgan，2001：14）

新闻的麦当劳化传递了一种可预测和标准化的报纸理念。虽然市场理论家声称多样性和品质是竞争的要素，现实情况就是新闻麦当劳化和报纸麦当劳化，相似的报道甚至图片反映出对于通讯社报道越来越大的依赖。记者数量的减少，当地广告商的影响，来自地方政府和其他组织的信息补贴的增加，伴随着活跃的公共关系员工，这一切意味着新闻界的麦当劳化在整个英国传递了相同的、无味的土豆泥。

新闻界麦当劳化的出现带来了以下两种后果。第一，我们看到将新闻用“汤勺喂养”给读者的情况不仅在地方新闻的呈现中日益明显，并且也在全国性报纸中出现。第二，新闻以同一模式呈现，带给读者新闻阅读品位的“同一性”和“可预测性”，从而产生了越来越多对读者“强迫喂养”的迹象。这又带来了另一组“合理中的不合理”矛盾。在本地报纸的市场化策略中，价格战、特殊服务、报纸的重新开办和免费赠刊等都已经成为经常手段，但是它们不能阻止长期的读者下滑。也许毫不奇怪的是，新闻麦当劳化最关键的“不合理”结果就是，顾客不想再进入餐厅。快餐店里有很多空座位，特色套餐也不能诱惑顾客再次回来尝试新的食物。更根本的口味改变是必需的。

参考文献

Bourke, D. (2003) The Charge of the Frees, *Press Gazette*, 28 February, p. 16.

Braverman, H. (1974) *Labour and Monopoly Capital: The degradation of work/the 20th Century*. New York: Monthly Review Press.

Franklin, B. (1997) *Newszak and News Media*. London: Arnold.

Franklin, B. (2004) *Packaging Politics: Political Communication in Britain's Media Democracy*, second edition. London: Arnold.

Franklin, B. and Murphy, D. (1998) *Making the Local News; Local Journalism in Context*. London: Routledge.

Franklin, B. and Parry, J. (1998) Old Habits Die Hard: Journalisms' Changing Professional Commitments and Local Newspaper Reporting of the 1997 General Election, in B. Franklin and D. Murphy (eds) *Making The Local News: Local Journalism in Context*. London: Routledge, pp. 209-227.

Franklin, B. and Pilling, R. (1998) Taming the Tabloids: Markets,

Moguls and Media Regulation, in M. Kieran (ed.) *Media Ethics*. London: Routledge, pp. 111-123.

Franklin, B. and Richardson, J. (2002) A Journalist's Duty? Continuity and Change in Local Newspapers. Coverage of Recent UK General Elections, *Journalism Studies* 3(1): 35-52.

Gall, G. (1998) Industrial Relations and the Local Press: The Continuing Employ-ers' Offensive, in B. Franklin and D. Murphy (eds) *Making The Local News: Local Journalism in Context*. London: Routledge, pp. 91-104.

Goodhart, D. and Wintour, P. (1986) *Eddie Shah and the Newspaper Revolution*. London: Coronet.

Griffiths, D. (1997) The Irresistible Rise of the Tabloid, *Press Gazette*, 1 August, p.12.

Harcup, T. (2003) "Priced Out of A Job", *Press Gazette*. 27 June, p. 19.

Langer, J. (1998) *Tabloid Television: Popular Journalism and the "Other News"*. London: Routledge.

Leapman, J. (2001) Iceberg Dead Ahead! *Press Gazette*, 9 February, p. 17.

Lockwood, D. (1999) A Substandard Service, *Press Gazette*, 16 July, p. 15.

Morgan, J. (2001) Welcome to Metroland, *Press Gazette*, 12 January, pp. 14-15.

Newspaper Society (2004) http://www.newspapersoc.org.uk, accessed 15 March 2004.

Oborne, P. (1999) *Alastair Campbell, New Labour and the Rise of the Media Class*. London: Aurum Press.

Pilling, R. (1998) The Changing Role of the Local Journalist: From Faithful Chronicler of the Parish Pump to Multi-skilled Compiler of an Electronic Database, in B. Franklin and D. Murphy (eds) *Making The Local News: Local Journalism in Context*. London:

Routledge, pp. 183-195.

Pondsford, D. (2004) 'Record Results for Johnston Press', *Press Gazette*, 19 March, p. 3.

Reeves, I. (1999) The Last To Go, *Press Gazette*, 24 September, p. 18.

Reeves, I. (2002) Share and Share Alike, *Press Gazette*, 17 May, p. 17.

Reeves, I. and Blyth, J. (1999) Back Over Here, *Press Gazette*, 2 July, p. 15.

Ritzer, G. (1993) *The McDonaldization of Society*. London: Pine Forge/Sage.

Ritzer, G. (1998) *The McDonaldization Thesis*. London: Sage.

Ritzer, G. (2002) *McDonaldization: The Reader*. London: Pine Forge/Sage.

Schlosser, E. (2002) *Fast Food Nation: What the All American Meal is Doing to the World*. London: Penguin.

Smart, B. (1999) *Resisting McDonaldization*. London: Sage.

Weber, M. (1974) trans Parsons, T. *The Protestant Ethic and the Spirit of Capitalism*. London: Unwin University Books.

第十一章　全球新闻文化紊乱出现

布赖恩·麦克奈尔

● 新信息和传播技术对全球新闻文化有什么影响?

● 在21世纪新条件下，唯物主义社会学还适用吗?

● 现代新闻媒体是精英控制的代言人，还是代表着正在蔓延的文化混乱?

● 在反恐战争时代，冷战时期发展的理论和概念还对新闻研究有效吗?

我们生活的21世纪，媒体频道越来越多，各种信息充斥着我们的生活，导致文化紊乱①现象出现，而这种文化紊乱现象又夹杂在这些信息当中，两者相互作用。由于流通信息在量上的快速增加

① 在使用诸如“文化紊乱”这样的术语时，本文作者意识到人文社会科学从自然科学领域借用术语的危险性。社会“科学家”一直认为他们与物理学家或天文学家研究的对象在本质上是不同的。后者可以在真空实验室或离子加速器里再现和模拟现象。他们运用社会学家难以匹敌的精确的量化研究方法对研究对象进行分离、观察和实验，并对有可能在不同时空都适用的假设进行验证，揭示规律并作出预测。由于不同时期人类情感表现的不同，知觉的相对性、主观性和文化的特殊性因素的作用，人类社会发展过程中出现的社会现象表现出随机性和偶然性，而社会科学的研究对象就是这些随机和偶然出现的社会现象。从新兴的混乱科学——研究对象是包括自然或人类起源的所有非线性系统，对初始环境、不确定性和连通性的敏感是其主要特征——引进的模式和隐喻也许可以帮助社会科学家以新的视角研究以下问题：新闻机构的演进，恐慌和恐惧的蔓延和政策制定背后的推动力量。关于混沌科学（science of chaos）更详细的介绍，见格莱克（Gleick，1996）。

以及其他趋势（见下文），个体与社会和信息联系的方式发生了改变。我认为我们需要一种我曾概括的“新”新闻社会学（McNair，1998，2003）。它与英国媒体研究传统，特别是新闻研究传统的形成条件不同。在这篇文章中，用“新”字并不意味着完全否定旧的理论。它是一种研究视角。长期以来，唯物主义学者认为媒体是统治精英进行社会控制的工具，而我的观点是将媒体看作拥有自治权并且越来越难以掌控，由于经济、技术、政治、意识形态和文化力量等因素的作用，精英，甚至包括大媒体资本的所有者，对媒体的干涉也是有限的。

从相对自治到相对控制

自治的概念在唯物主义学者分析媒体的意识形态角色时占有中心位置。遵循这一传统的理论家们使用相对自治的概念来解释媒体这种意识形态机器如何与系统预设好的走向背离。作为文化领域一部分的媒介组织与机构被看作是一种意识形态机器，就精英群体而言享有一定的独立性，但最终由经济资本决定。更广义地说，它也是资本主义生产模式下的商品复制。在一个本质上剥削的体系内，意识形态再生产的条件总是为了维持自身的运转，在媒体方面具有深刻的结构性保守主义性质。像伍德沃德（Woodward）和伯恩斯坦（Bernstein）对水门丑闻的报道是统治者控制媒体失败的一个案例，这种控制的失败与唯物主义学者对发达资本主义中权力运作的假设相符。英国学者拉尔夫·米利班德（Ralph Miliband）认为“媒体所谓的公平和客观都是很虚伪的”，媒体是“按照预设的政治框架运作的，这些框架预设了基础的、隐蔽的舆论”（Miliband，1972：200）。美国学者将媒体描述为“合法争议”的“场域”或“领域”，在这里，不同意见被管理和抑制（Hallin，1986；Schudson，1995）。为了努力揭示和解释资本主义社会意识形态控制机制的运作，媒介和新闻学研究理论不断发展，它们常常被冠以“激进的”或“批判的”理论。我将之称为“控制范式”。它是这些学者看待此类问题的世界观。

控制范式的力量是不难解释的。媒介社会学基础文本所具有的学术氛围可以被概括为严格的意识形态二分法（表达为左与右、共产主义与资本主义、东方与西方之分）。只有很少的媒体频道传播新闻、分析和评论给被动的公众（虽然他们消费新闻，但是不能生产新闻或者像今天的网民那样通过互联网与媒体交流）。这是全球化到来之前的世界（或者可以说是文化帝国主义之前的世界）；这是环境保护议题提上政治议程之前的世界；是女权主义（粉碎了传统的左右二分法）和同性恋权利运动主流化之前的世界；是柏林墙倒塌之前的世界；是1991年8月莫斯科政变之前的世界；是互联网出现之前的世界。

有人会说，这是个更简单的世界，被激进的或批判的理论家用马克思和恩格斯在《共产党宣言》里的剖析，将之称为资本主义。马克思和恩格斯的著作是唯物主义政治哲学的基础，是20世纪西方媒体研究的中心。大规模的工会领导的斗争，如1984年至1985年的矿工罢工，仍然经常性地发生在发达资本主义国家。战争和国内冲突依然根植于超级大国之间的冲突并由其决定，是共产主义和资本主义之间大规模斗争的插曲和小冲突。虽然前苏联政治经济体制的改革揭开了从过去到现在的苏联实力，但西方资本主义仍然面临着一种系统的竞争对手，这些竞争对手宣称有切实可行的替代方案代替剥削的和不公平的自由市场体系。在《华沙条约》国家所在的东欧和中欧、亚洲和非洲的一部分、南美和古巴等地践行着马克思列宁主义，虽然有一些不足，但它在本质上是出于善意的并且是有利于社会进步的尝试，为人类提供了除资本主义之外的另一种选择。

唯物主义理论家认为，这是一个好像永久拥有政治结构和区分的世界，被各种控制机器控制着。在名义上的社会主义世界，完美的统治工具是暴力镇压机构——监狱、精神病医院、对所有异见者的极权监视、粗劣的宣传和对所有媒体的严格审查（Lenin, 1977）。在发达资本主义国家，物质更加丰富且以消费者为导向，但仍然充斥着不平等和非正义，人们认为在这里控制机制主要表现为文化方面——媒体、教育、家庭和教会。这就是阿尔都塞所说的意识形态国家机器，它对于他所描述的“正确地再生产作为剥削者的统治阶级意识形态的能力”至关重要（Althusser，1978：132）。媒体负责每天向每一个公民传播民族主义、沙文主义、自由主义、伦理道德等内容，传播图像以隐瞒真实的（剥削的和压迫的）社会关系。受葛兰西的影响，斯图亚特·霍尔的研究探讨了媒介在让人们通过对统治精英的“优势阅读”而对统治予以认同时扮演的角色。通过“优势阅读”，人们在“占统治地位的意识形态框架内解码”(Hall，1980：344)。

这是我和同时代的其他媒介社会学家成长的知识环境。我们可以在20世纪70年代格拉斯哥媒介小组（Glasgow University Media Group）出版的著作或者伯明翰当代文化研究中心（Birmingham Centre for Contemporary Cultural Studies）关于新闻、种族、性别和青少年研究上看到它的影响。这些研究里没有赤裸裸的媒介偏见。相反，这些研究认为，意识形态偏见产生于结构或者文化主义因素，包括组织规则、职业道德以及媒介从业人员对精英主导或事件主流化处理的偏好。

从控制到紊乱

在21世纪发达的资本主义社会里，控制范式还适用吗？控制范式的拥护者会给以肯定回答。他们认为，虽然社会环境发生了变化，但现在的媒体仍然具有意识形态功能，这与几十年前几乎没有什么不同。批判的媒介社会学认为在自由民主的社会环境下，新闻仍然是由统治者任意支配的工具，向人们灌输虚假的意识或洗脑信息（由于它所指向的专制寓意，这样的词被避免使用）。此类信息在复杂的，被批评家认为是负面的社会现象中扮演了重要的角色。无论是在处于统治地位的成熟的意识形态理论中，还是在乔姆斯基（Chomsky）和赫尔曼（Herman）认为的更具阴谋性的“宣传”理论中，有组织的精英像在冷战时一样把自上而下的控制模式运用于后冷战时代的媒体上。例如，有位作家认为“跨国电视新闻组织制造的文化产品是为维持那些敌视发展中国家的西方霸权服务的”

(Paterson, 1998: 95)。其他学者批评目前流行于全球的商业传播模式是“资本主义的传教士”(Herman and McChesney, 1997)。有关英国国内新闻的一份最新研究认为,“对有关王室的新闻报道采取保守主义取向是英国报业的特点”(Blain and O' Donnell, 2003: 3),隶属于王室的媒体“显而易见”是“分散公众注意力和强化意识形态的工具”(Blain and O' Donnell, 2003: 59)。这份报告发表不久,查尔斯王子(HRH Prince Charles)所谓的性丑闻被曝光,成为全球媒体连续数天报道的对象。同年,《镜报》(*Mirror*)的一位记者成功地潜入了居住在白金汉宫的英国王室家庭,这位记者的报道随之成为了很长一段时期内对王室不那么尊敬的报道的基础。认为此类报道“分散公众的注意力”有一定的道理,但说它是为了“强化意识形态”就说不通了,除非人们愿意相信,英国资本主义的生存需要靠把现任国家首脑描绘成一个取笑的对象,或者把未来的国王描绘成一个性变态者来实现。自从 1981 年查尔斯王子和戴安娜王妃结婚以来,英国大多数的纸媒和广播媒体,特别是右翼的小报(尤其是大资本家默多克的报纸)对王室的报道,一直在破坏英国王室在几乎整个 20 世纪里所享有的尊重和服从。

在外交事务方面,媒体对 9·11 事件之后的反恐战争、巴以冲突、2003 年联军入侵伊拉克的报道,就像这本书所讨论的那样,都因其亲西方、亲美、亲英,甚至亲以色列①的取向而受到指责。

在 20 世纪晚期冷战达到高潮时,罗纳德·里根和玛格丽特·撒切尔在任时期,以上的分析是引人注意的。在《人权的政治经济学》(*The Political Economy of Human Rights*)一文中,乔姆斯基和赫尔曼揭示了美国在报道苏联持不同政见者和中美洲行刑队时采取的双重标准,借此例说明在与共产主义的全球性冲突中,媒介组织是否充当了国家安全体制的宣传机器。但是在后冷战、后 9·11 的社会环境下,媒体的内容更加复杂。迈克尔·舒德森(Michael

---

① 见例子 G. 菲洛(G. Philo). 来自伊拉克的负面新闻:媒体对伊拉克—巴勒斯坦冲突的报道(*Bad News from Israel: Media Coverage of the Israeli/Palestinian Conflict*)(www.gla.ac.uk/departments/sociology/Israel.pdf).

Schudson）（1995：4）认为宣传模式（propaganda model）“是误导的和有害的”。阿伯坎比等人（Abercombie et al.，1990：250）质疑了主流意识形态理论，认为“后现代文化（学者们定义为在消费主义和全球市场影响下，现代文化的碎片化和多元化）的存在意味着不可能存在一种单一的、占统治地位的或统一的意识形态”。这些著作的要义在于：虽然精英仍然存在，但他们很难作为一个统一的集团行动，或者对媒体施加有效的影响。即使他们施加了这样的影响，媒体对受众的影响已没有那么直接有效了。

质疑控制范式更根本的原因在于它认为媒体是意识形态控制的工具，是用以支持等级结构和精英统治，无视普遍存在的不平等和剥削现象，或者说至少是无视公众要求替代或清除统治精英的意见。如果说这种不平等的存在是19世纪历史唯物主义形成的关键性推动力量，并且仍然是许多发展中的资本主义国家不安定的因素，那么它在发达资本主义国家中就不那么明显了。因为自“二战”以来，发达资本主义国家中的绝大多数人的生活水平得到稳步提高。在这样的环境下是不需要控制的，人们一致自由地赋予统治阶级权力（如果没有抱怨存在的话）。因此，媒介更自由地实践着它的社会角色而不是被意识形态控制。

不考虑理论上的反驳，现代媒介生产的内容对控制范式提出了更进一步的挑战。9·11之后，掀起了一波媒介爱国主义浪潮，此后，布什、布莱尔及各自政府的主流化新闻报道受到了严厉的批评。对2002年突袭杰宁（这是一次导致500人死亡的大屠杀，被BBC和其他具有相当知名度的媒体所报道）的报道，和对2004年4月美军宣布从加沙地带撤军计划的报道，与报道以色列对巴基斯坦的政策采用的方法没有什么区别。批评政府成了惯例，使控制国内和全球对联军的言论变得越来越困难。负面报道（以联军的角度）包括：谴责谋杀、严刑逼供和虐待阿布格莱布监狱的犯人，这些都有照片为证；报道战争起因和控制；揭示布什家族与沙特阿拉伯统治者的关系；暗示“卷毛狗”托尼·布莱尔欺骗国会、践踏国际法和粗暴地对待民众的反对呼声。

批评性报道往往是媒体的头条。从 2001 年 9 月 11 日开始，尤其当以美国和英国为首的联军计划并实施对伊拉克的战争时，两国的主流政治新闻就开始揭露联军政府的欺骗行径、谎言、背叛、言而无信和无耻。作为 21 世纪的中心问题，大西洋两岸的统治者在控制媒体对伊拉克战争起因的报道上面的努力，在围绕此类问题设定关注点从而破坏大众的言论指向方面，在制定政权更替的原则方面，或者在把萨达姆·侯赛因驱逐出官府之后联军的表现方面，所有这些努力，都异乎寻常地没有效果；而他们自己却经常成为报道的焦点，比如 2003 年的赫顿调查。

控制范式认为，媒体不断批评政府，甚至在战争期间和全球危机的状况下仍然不中断对政府的批评，这些并不像所表现出来的那样对政府的利益造成了很大的伤害——不能显示媒体在国家安全体制方面是如何起作用的。本章所指的紊乱范式（chaos paradigm）从整体上关照媒体，尤其是主流媒体，认为它们越来越趋向于颠覆与权力的关系，不管是否故意，媒体都作为新闻、分析和现场解说的传播者在起作用，并且包含、连接着国内外和全球的公共话语领域，伴随着大量的、不可预知的和不可控制的结果。学者认为，在现代社会条件下，与发达资本主义国家的权力相比，媒体的独立和自治仍然是缺失的。统治者对媒体成功的控制越来越呈现出对传统控制手段的背离，也就是通过运用公共关系技巧（杜撰）、直接审查和批评的方式实行相对控制。控制仍然存在，BBC 的老板很清楚必须处理好与新闻官阿利斯泰尔·坎贝尔（Alistair Campbell）和唐宁街的关系，否则永远不会有成功的保证。

紊乱的根源

有一种观点认为，统治精英能够对媒介和文化实施直接有效的控制，如上文所述，从阿尔都塞到乔姆斯基等学者（即便与唯物主义不能完全协调统一）均认同这种观点。但是，长期的 4 个维度的发展，带来了一个本质上不同于以前的文化环境，一种更为紊乱的文化背景。

1. 政治：民主与接近性文化

近几十年，自由民主在全球持续蔓延，广泛的选举权成为民主政治的基本原则。因此世界各地的统治者对公众的意见和情绪变得十分灵敏。很久以前人们就认识到这个现象，甚至连对资本主义批评最严厉的批评家也承认此种现象。举一个明显的例子，布什和布莱尔政府非常明白，反恐战争和占领伊拉克都必须考虑大选的结果，而西班牙政府在 2004 年 3 月就为此付出了代价。

随着民主制度的健全，发达资本主义社会通过采用作者称之为“协调的接近（mediated access）”，改进了与精英公开辩论的政治文化。电台热线节目、脱口秀和辩论节目采取非精英参与的形式，比如 BBC 的电视节目《问题时间》（“Question Time”），或者托尼·布莱尔在现场直播的电视节目中露面，回答愤怒的公众提出的尖锐问题。在这些方式中，制度民主和新形式的协调解释相结合，这既不是要求民众自己解决民主合法性问题和困扰英国和其他发达资本主义国家的低选举率问题，也不是要他们对近期的政策制定施加可估计的影响。他们只是创造了较之以前的政府所面临的更加具有不确定性、多样性的政治环境。人们对精英可接近性的期望发生了改变（如克林顿总统下流的和不道德行为的败露），不同国家的政治机构以不同的方式对此作出了反应，而不会忽视这种现象。

2. 技术

唯物主义者和结构主义者对资本主义社会权力的运行方式作出假设，社会发展本身就证明了对这些假设进行修正是必要的。从 20 世纪 80 年代早期 CNN 的创建到今天博客空间的增多，新信息和传播技术的出现扩大了这些社会发展的影响。到 2003 年末，英国接入互联网的家庭的比例首次超过 50%，使它真正成为了一个大众媒体。同年，中国的互联网使用人数达到了 3 亿，预计到 2008 年将有超过 5 亿的常规用户。在发达资本主义世界的每一个角落，在许多发展中国家，呈指数倍增长的新闻通过有线电视网、电脑和卫星传播。

信息传播的速度、内容的即时性和不可预知性及其对人们认知方式的影响（有赖于个人对新闻真实性和可靠性的理解）是文化紊乱产生的根本原因，可以在以下事件中看出端倪：9·11 恐怖袭击、克林顿—莱温斯基性丑闻、2002 年 12 月发生在英国的“切丽门”事件、占领伊拉克。就像从自来水管流出的水流不同于雨水汇入的汹涌的河流一样，这样一个拥挤的、充满压力的媒介环境与几十年前相比，更加具有不可预知性、更难以把握。从半岛电视台和阿拉伯电视台（Al Arabiya）到 BBC、Sky 和 CNN，通过卫星实时转播新闻在全球范围内的可运用性，加上散乱广泛分布的在线媒体，意味着民主社会的政治精英必须对事件作出快速反应，否则就与民众心目中称职的政府形象不相符。在 9·11 袭击发生之前，格雷格·麦克劳克林（Greg McLaughlin）在谈到诸如半岛电视台这样的新闻频道时，问道：“如果电视台不报道有关政策制定的烦琐细节，直接报道公众支持干涉的舆论，而政策制定者又无法控制这些言论，或者说不愿意考虑这些言论时，会发生什么？”（McLaughlin，2002：192）而事实上发生了什么呢？①

最近有一个文化“紊乱”的例子。数天前有人披露了美军滥用严刑和虐待犯人的照片，这激起了人们对美军的批评。为此，布什总统在 2004 年 5 月初出现在阿拉伯卫星新闻频道，试图平息此事。如果没有数码相机，如果没有新媒体技术使照片在全球范围内快速传播，如果没有卫星频道报道美国政府的反宣传活动，事情也不会以那样的方式演进。梅莱村（My Lai）大屠杀的真相经过数年才浮出水面，然后才激起公愤。美军在伊拉克虐待犯人的丑闻曾是全球关注的焦点，由总统出面平息此事，不能不令人吃惊。

3. 经济

早年媒体数量不多，信息传递范围有限，全球化程度不高，统

---

① 皮尔斯·罗宾逊（Piers Robinson）（2002）对“CNN 效果”的研究以及苏姗·默勒（Susan Moeller）(1999）的《同情疲劳》(*Compassion Fatigue*）从不同的角度解释了实时新闻对公众意见和政府政策制定的影响。

治者对这样的事件报道进行控制是很容易的事情（也不用担心失败）。但是，现在在全球范围内有如此多的新闻媒介，竞争激烈的现实决定了负面新闻的产生。在21世纪的全球新闻市场，有品质的新闻（quality journalism）并不是媒介所有者一时兴起而施与的奢侈品，而是市场的需要。品质新闻意味着它要提供可视的可靠、客观、权威、独立和多样的新闻。许多媒体达不到这样的标准，但是多数严肃的新闻从业者不会考虑媒介所有者的个人偏好，别无选择，只有这样做。半岛电视台之所以能够把自己采编的新闻传递给数百万的阿拉伯观众，是因为来自西方媒体的新闻并不能满足极端爱国主义宣传的需要，就算媒体的所有者希望它们能满足这种需要。对于渴求利润、聚集商业、追求全球目标的新闻媒介来说，时效性和独家新闻是非常重要的。品质报道有其独特的魅力，即使是美国的报纸和卫星频道，也要向全世界报道美军虐待伊拉克犯人的事件。

4. 意识形态

随着冷战的结束，意识形态的分界线变模糊了，这更进一步加剧了文化紊乱。美国和英国政府声称萨达姆·侯赛因对这个世界造成了威胁，尤其是说萨达姆拥有大规模杀伤性武器，可以在45分钟内摧毁他的敌人。很明显，这样的说法是别有用心的，这些臭名昭著的言论可以被解读为危机再度出现，后共产主义正在萌芽。就像20年前渲染苏联威胁论一样，它们使用了相同的修辞手法和描述手段（McNair，1988）。这种解读暗示着对后9·11事件运用了控制范式。和往常一样，它代表着美英帝国主义的利益，媒体运用预设系统宣传方式维护着美英帝国主义的利益。如果敌人仍坚持自己的立场的话，美英帝国主义就会不断升级对敌人的威胁，有选择性地起用名声不太好的知识分子为己所用，暗示对方即将发生大灾难，所有这些手段在罗纳德·里根和玛格丽特·撒切尔的时代被运用，目的是为他们发展和使用新式武器比如巡航导弹和三叉戟潜水艇寻找正当理由。20世纪80年代苏联军队列队通过红场接受检阅，两年后，类似的场面又在巴格达上演，萨达姆的军队列队行进展示他的（虚假的）军事力量。

但是这两个时期是不相同的。在罗纳德·里根的时代，主流媒体对所谓的苏联威胁论很少质疑。如今，就像作者所指出的那样，从美英联军意欲入侵伊拉克开始，伊拉克威胁论就受到媒体的质疑。媒体一致认为，伊拉克“威胁论”缺乏可靠的事实根据，并不仅仅因为现在的新闻媒体对此事紧追不舍、穷根究底，也有现在的公共辩论不再有左右派别之分的原因。冷战，敌对双方在社会经济结构模式上的冲突，彼此都宣称己方模式在道德和经济上具有优越性，在西方国家，这些意识形态竞争反映为左与右、劳动党与保守党、共和党与民主党之分。从另一方面说，呈现在全球公众面前的反恐战争，对萨达姆·侯赛因（Saddam Hussein）的战争，这些属于进步与反动之间的矛盾，超越了20世纪的意识形态区分并模糊了左与右的界限。在布什（被批评行动没有效果）之前，克林顿轰炸了阿富汗。作为保守党的领袖，约翰·梅杰在1991年入侵伊拉克时，得到了苏联和大部分阿拉伯国家的支持。2003年的伊拉克战争缺少国际社会的广泛支持，但好像并没有消除冷战时期的左与右的划分形式。在这样的状况下，区分合法的言论和不合法的言论的界限已经变得模糊和具有渗透性。在英国，左翼记者如大卫·阿罗诺维奇（David Aaronovitch）、约翰·劳埃德（John Lloyd）和安东尼·安德鲁斯（Anthony Andrews）发现他们自己的工作领域竟然和令人讨厌的布什政府的“新骗局”和“新帝国主义”大部分是重合的。①

结　语

意识形态重新组合，全球性的新闻市场和对媒介素养越来越高的要求以及受众民主意识的提高（这些都加剧了媒介竞争），新技术隐含的传播潜力，这些引导我们进入一个消解的时代——时间、空间、意识形态、文化和社会这些构造资本主义几个世纪的因素的

---

①　见例子A. 安钧斯（A. Andrens，2004）.《撒切尔的遗产：没有我们和他们》（*Thatcher's Legacy*：*No More Us and Them*）.《卫报》（*Guardian*），5 May.

界限的消解，导致范式的改变，在缺乏社会学的想象力的情况下，社会从控制走向紊乱。对媒介及其内容进行主导和控制仍然是现任政府和未来政府的工作核心，但有必要更加关注媒介的日常操作对已有权威和权力的影响，以及对广泛的社会和政治进程的影响。从互联网出现到发展为现在的饱和状态，在此之前，麦肯基·沃克（McKenzie Wark，1994）谈到文化全球化时，认为它是“不可预知的信息运动”，“信息的即时性会制造危机”。保罗·维里奥（Paul Virilio，1998）曾描述过这种“全世界的城市突然出现的令人费解的喧嚣，全球和地区的不适时的混乱”。皮尔斯·罗宾逊（Piers Robinson）和其他人曾致力于研究“CNN 效应”（Robinson，2002 ；Gowing，1994 ；Bennett and Pletz，1994 ；Natsios，1996 ；Hamelink，1998 ；Nacos et. al.，2000 ；Robinson，2002 ；Volkmer，2002）。泽利泽（Zelizer）和艾伦（Allan）（2002）编著的论文集《9·11 之后的新闻》（*Journalism After September*，11）中有几篇论文与批判传统相背离。西蒙·科特（Simon Cottle）提出一种“传播范式”，“传播重点转向更加代表政治利益的意见和通过传播手段不能很好解决或可预测的内容”。

包括作者在内的一些学者对本章所描述的趋势以及该趋势对自由民主和全球范围内集权社会的消解的暗示意义都持乐观态度（Atkins，2002；Kalathil and Boas，2003；El-Nawawy and Iskandar，2002）。其他学者对文化紊乱持消极态度，比如，托德·吉特林（Todd Gitlin ）抱怨由“不受限制的媒介”带来的对人类存在的荒谬的模仿，并以此作为他 2002 年研究的主题。① 比如齐格蒙·鲍曼（Zygmunt Bauman）认为世界“处于被围困状态”（Bauman，2002）。让·鲍德里亚（Jean Baudrillard ）在谈到全球文化时，形象地把它比喻为“正在变为一个最小的分母”，“所有的差异都消

① 参见一家美国电台关于他的著作对他进行的采访：《不受限制的媒体：图像和声音如何淹没我们的生活》（*Media Unlimited*：*How the Torrent of Images and Sounds Overwhelms Our Lives*）（2002）。

失了"。①

批判地审视精英权力仍是媒介社会学的一个重要任务，但是在这个世界上，现有资本主义权力的可替代选择只有国家社会主义式的极权主义和中古式的宗教，批评——更多地运用唯物主义政治哲学——必须超越充斥于20世纪的拒绝主义和文化悲观，要考虑到重大的社会进步也许是新世纪之初资本主义变革的结果。文化紊乱以及有助于认识文化紊乱的新闻社会学的发展也是资本主义变革过程的一部分。

参考文献

Abercrombie, N., Hill, S. and Turner, B. (eds) (1990) *Dominant Ideologies*. London: Unwin Hyman.

Althusser, L. (1978) *Lenin and Philosophy and Other Essays*. London: Verso.

Atkins, W. (2002) *The Politics of Southeast Asia's New Media*. London: RoutledgeCurzon.

Bauman, Z. (2002) *Society Under Siege*. Cambridge: Polity.

Bennett, W. L. and Pletz, D. L. (eds) (1994) *Taken by Storm: the Media, Public Opinion and US Foreign Policy in the Gulf War*. Chicago: University of Chicago Press.

Blain, N. and O'Donnell, H. (2003) *Media, Monarchy and Power*. Bristol: Intellect.

Boyd-Barrett, O. and Rantanen, T. (eds) (1998) *The Globalization of News*. London: Sage.

Chcmsky, N. and Herman E. (1979) *The Political Economy of Human Rights*. Boston: South End Press.

Cottle, S. (ed.) (2003) *News, Public Relations and Power*. London: Sage.

① 参见对让·鲍德里亚（Jean Baudrillard）的采访：《欧洲社会理论学报》(*European Journal of Social Theory*), 5 (4): 521-530.

Girardet, E. R. (1996) Reporting humanitarianism: are the new electronic media making a difference? in R. I. Rotberg and T. G. Weiss (eds) *From Massacres to Genocide: the Media, Public Policy and Humanitarian Crises.* Washington, DC: The Broo-kings Institution.

Gitlin, T. (2002) *Media Unlimited: How the Torrent of Sounds and Images Overwhelms our Lives.* New York: Henry Holt & Company.

Gleick, J. (1996) *Chaos: the Amazing Science of the Unpredictable.* London: Minerva.

Gowing, N. (1994) *Real-time Television Coverage of Armed Conflicts and Diplomatic Crises.* Cambridge, MA: Harvard University Press.

Hall, S. (1980) Encoding/decoding, in S. Hall, D. Hobson, A. Lowe and P. Willis (eds) *Culture, Media, Language.* London: Hutchinson.

Hallin, D. (1986) The "*Uncensored War*": *the Media and Vietnam.* New York: Oxford University Press.

Hamelink, C. J. (1998) World communication: conflicting aspirations for the twenty-first century, in K. Brant *et al.* (*eds*) *The Media in Question.* London: Sage.

Herman, E. and McChesney, R. (1997) *The Global Media: the New Missionaries of Global Capi-talism.* London: Cassell.

Kalathil, S. and Boas, T. C. (2003) *Open Networks, Closed Regimes: the Impact of the Internet on Authoritarian Rule.* Washington, D. C.: Carnegie Endowment for International Peace.

Lenin, V. U. (1977) *State and Revolution.* Moscow: Progress Publishers.

Marx, K. and Engels, F. (1998) *The Communist Manifesto.* London: Verso.

Moeller, S. (1999) *Compassion Fatigue: How the Media Sell Disease, Famine, War and Death.* London: Routledge.

Miliband, R. (1972) *The State In Capitalist Society.* London: Quartet.

McLaughlin, G. (2002) *The War Correspondent.* London: Pluto.

McNair, B. (1988) *Images of the Enemy*. London: Routledge.

McNair, B. (1998) *The Sociology of Journalism*. London: Arnold.

McNair, B. (2000) *Journalism and Democracy*. London: Routledge.

McNair, B. (2003) From Control to Chaos: Towards a New Sociology of Journalism, *Media, Culture and Society*, 25(4): 547-555.

McNair, B., Hibberd, M. and Schlesinger, P. (2003) *Mediated Access*. Luton: University of Luton Press.

Nacos, B. L., Shapiro, R. Y. and Isemia, P. (eds) (2000) *Decisionmaking in a Glass House: Mass Media, Public Opinion and American and European Foreign Policy in the Twenty-flirst Century*. Lanham: Rowman & Littlefield.

El-Nawawy, M. and Iskandar, A. (2002) *Al-Jazeera: how the free Arab news network scooped the world and changed the Middle East*. Washington: Westview Press.

Natsios, A. (1996) Illusions of Infiuence: the CNN Effect in Complex Emergencies, in R. I. Rotberg and T. G. Weiss (eds) *From Massacres to Genocide: the Media, Public Policy and Humanitarian Crises*. Washington, D. C.: The Brookings Institution, pp. 149-168.

Paterson, C. (1998) Global battlefields, in O. Boyd-Barratt and T. Rantanen (eds) *The Globalization of News*. London: Sage, pp. 79-103.

Robinson, P. (2002) *The CNN Effect: the Myth of News, Foreign Policy and Intervention*. London and New York: Routledge.

Rotberg, R. I. and Weiss, T. G. (eds) (1996) *From Massacres to Genocide: the Media, Public Policy and Humanitarian Crises*. Washington, D. C.: The Brookings Institution.

Schudson, M. (1995) *The Power of News*. Cambridge, MA: Harvard University Press.

Virilio, P. (1998) *Open Sky*. London: Verso.

Volkmer, I. (2002) Journalism and Political Crises in the Global Network Society, in B. Zelizer and S. Allan (eds) *Journalism After*

September 11. London and New York: Routledge.

Wark, M. (1994) *Virtual Geography*. Bloomington: Indiana University Press.

Zelizer, B. and Allan, S. (eds) (2002) *Journalism After September* 11. London and New York: Routledge.

第三部分　新闻现实

第十二章　摄像机镜头下的新闻

巴比·泽利泽

- 新闻以摄像机的镜头传达会呈现什么样子?
- 我们如何通过摄像机的镜头来评价新闻?
- 当新闻通过摄像机的镜头表现时会出现什么问题?
- 新闻的作品与权威更宽泛的意义是什么?

尚未有人能明确地指出是谁创造了这个理念：一幅图画抵得上1 000个字。但是不管谁创造了这个理念，也不管它是在什么情景下被创造出来的，它在新闻中的潜在运用肯定不是这个理念原来要表述的意义。新闻学如果早就开始思考其与图像的关系，那一切可能和现在都大不相同。相反，在新闻学的演进中，从来没有充分考虑过这个问题，而且全世界新闻的历史、演变和实践中都可以看到一长串彼此冲突的想法，思考图像应该如何在新闻中运用。当代新闻中充斥着图像——静止的照片、图表、电视以及有线电视中的录像，还有网上互动的视频片段。然而那些图像到底能抵得上多少文字，仍然是对图像在新闻中运用的当代思考中无法确定的议题。因此，当思考新闻如何运作时，通过摄像机如何说明新闻成为了一个关键性话题。

通过摄像机，新闻是什么样子?

我们中的大部分人生活在一个媒介时代，眼见为实。公共领域中信任、可信性和可靠性的理念依赖于呈现那些主张，使其证据可见的能力，这一点应用在新闻方面是最适宜的。一系列制作图像的技术已经在世界上任何地方的、区域的，以及全球的新闻组织中占据位置，包括图片的、平版印刷的、电视和有线的，以及在线互动的信息传播中。然而，在所有形成图像的机会中，摄影最大限度地改变着新闻的关系。照片用独一无二的果断方式和记者的文字一同发挥作用。根据定义，它们依赖西方文明未表达出来的以视觉为中心的倾向而被充分领会，这种倾向使它们充满感情，有强烈的情绪，并能使观众产生强大的心理体验。图像作为一种新闻的表达方式，比细节化、常规化、简单化的新闻作品更具复杂性，也更概略。此外，照片与其他图像技术不同：它们以与其他移动图像不同的方式凝固动作；它们的物质属性使得受众能够悠闲地、详尽地去观看；而且一直用来激发观众的情绪，并将情绪转化为强有力的、值得纪念的工具。因此，照片作为传播新闻的一种选择，在新闻赢得观众的工具箱里占据着第一排的位置。

当新闻通过摄像机的镜头表现时，它具有许多形式。就像文字一样，图像帮助记者呈现完全不可预知的情境，其中充斥着紧张和紧迫的判断。当记者决定将图片作为新闻的一部分时，它所涉及的就不仅仅是一张照片那么简单了。选图、插入的位置、重要性以及尺寸等问题的协商，牵涉的不仅仅有拍片的摄影记者以及排版的图片编辑。什么值得描绘，如何描绘以及为什么描绘的问题总是有很多解决途径，被不同的个体来衡量。

因此，通过摄像机表现的新闻拥有很多形态。照片能够分散地聚焦个体、保留背景，或充分地囊括辽阔无垠的风景，以及宽广无边的自然景色。拍摄照片选取的角度、光线、焦距对于表达得有力还是无力、不可接近或倍感亲近，甚至信任感或不信任感都是关键因素，这正取决于摄像机如何使用以及在哪里使用。图像始终不会以它们最初拍摄的形式展现，摄影记者可以选取黑白色或者彩色拍摄他或她的图像。他们能技巧性地使用不聚焦、柔和的、模糊的光圈来达到表现的目的，或者直接呈现从摄像机镜头看到的冷峻生硬的映像。图像有不同的尺寸和形状，而且能以不同方式拍摄、修剪、成型，这些方式受到拍摄环境的选择以及摄影记者自身的价值观和喜好的影响。

图片也有多种呈现方式。如果是单一的图片，就意味着一种重要性，即使它们占据中心地位的原因并不是不言自明的。单一呈现的图片补充所在页面的新闻内容，有时会看到在一般主题和内容旁边有一组图片。图片可以出现在报纸的头版，或者是新闻杂志的封面，看上去极为醒目和突出，标志着一天或一个星期的要闻；或者它们可以是一组大型图片新闻的重要部分，占据双页开或者三页开的篇幅，或者充当插页或者补充的活页，又或者是特定的图片报道的一部分。摄影图片也进入到其他媒介之中。它们出现在网络图片库里，或者成为了广播电视和有线电视视觉体系的一部分。

依照照片选择和表现方式的不同，它们和新闻报道有着不同的关系。另一种表现实践在此占据中心位置：它是否可信，如何以及用什么形式去加上标题或说明文字，在页面上的哪个地方添上照片，用其他什么样的照片在旁边补充。有时候图像能清晰地呈现新闻报道的故事，如运动员穿过终点线的胜利，或者因多年战争而分离的两个亲人再聚时的拥抱。在其他时候它们能标志一种更广泛的环境或存在的状态，如春天带来的快乐，或经过了一场自然灾害后松下一口气来。然而在不同的时候，它们与其他图像协同传达信息，表现了一系列连续的活动，它们的表达范围很宽广，可以是交战地带使用的医疗程序，正在执行的某种任务，或者是拆除自杀性炸弹。

新闻通过摄像机的镜头表现时，比没有图片的新闻显得更生动，更容易接近，更引人注目，更能轻易地、潜移默化地被大多数人理解。然而相反地，借助图像轻而易举地获得新闻，掩盖了新闻照片是选择和建构的这个基本事实。如此一来，接触它们的观众需要经常对它们审视。图片可以使一个新闻报道不重要的地方也很生动，也能完全不反映新闻的读者最终需要了解的新闻。因此，图像非常具有诱惑力，因为它们看起来使新闻触手可及，但是它们也很危险，因为让公众所获得的可能超出了摄像机镜头表现的东西。

通过摄像机，我们如何评价新闻？

当我们评价通过摄像机记载的新闻时，我们的评价与我们对图像如何起作用的理解和看法有关。因为新闻界很大的目标是通过信息传播关注公众利益，因此图片对公众的影响直接带来我们对新闻照片普遍的和专业的评价。对很多新闻图片来说，它们都是一种证据。因而，它们能在何种程度上塑造公众舆论，是我们思考新闻图片如何发挥作用的关键。

关于这个方面，图像在不知不觉中一直持续影响着我们对更为广大世界的讨论。它们对无数公共事件承担责任，包括记实摄影记者努力塑造我们对下列事件的理解：美国的大萧条（Goldberg，1991），战争的发动（Moeller，1989），公众对纳粹屠杀犹太人暴行的怀疑（Zelizer，1998），对1963年美国总统约翰·F. 肯尼迪被刺杀的讨论（Zelizer，1992），美国公众对越南战争的支持度减弱（Hallin，1986），20世纪90年代早期公众对关于美国在索马里持续驻扎看法的动摇（Perlmutter，1998）以及公众对福克兰群岛战争〈马岛战争〉的反应（Taylor，1991）。人们认为图像都具有一定作用，它们能影响公众的态度和情绪，也能让公共政策遵循它们的方向。很多年前，一个知名的社会心理学家阿尔伯特·班杜拉（Albert Bandura）把黄功吾①拍的著名照片的展览与禁止在战场拍摄死亡和毁灭的图像的军事禁令联系在一起。在黄功吾最著名的图片中，在越南的一个村子里，一个女孩在她的衣服被凝固汽油烧着后，赤裸着从大火中狂奔出来（Bandura，1999）。最近，在阿富汗战争开始阶段，据说CNN总裁沃尔特·埃萨克森指示他的工作人员避免过多表现战争的可怕（Kurtz，2001：C1）。简而言之，人们

① 译者注：黄功吾是越南裔战地摄影记者。1972年，他拍摄的越南战场照片刊登在美国《纽约时报》的头版上，激发了美国民众对越南战争的反感。有人说，是他拍摄的著名照片促使越战提前半年结束。1973年，黄功吾以其拍摄的越南战场照片获美国普利策奖，当时他只有22岁。

广泛认为图像在某些领域是有权威性的。在上述的每个例子中，人们多假设图像因能反映世界而重要。人们不会把它们看作是建构出来的，是摄影记者个体、他们的图片编辑，以及参与其中的更大的机构组织一系列行动所建构的。人们只是将图像看作是反映事件的镜子。一个相关的假设是，如果新闻在重要性上增加，那么图像首当其冲地发挥作用。正如一个观察员所说的美国新闻，"这是一个传统……如果一个事件或者历史被较大程度地提升其重要性时，我们会用图片去反映这种重要性"(Bill Marinow，引自 Nesbitt，2001：23)。最后，有一种假设很盛行，认为有关于暴行、自然灾害，以及一些困难和伤心断肠的状况的照片更能引起某种行为，或对行为产生一定的影响。

关于图像的价值和伴随而来的影响力，有三组类型对这些假设进行了明确表述：

- 公众把图像看作是新闻吸引人的一种方式。当今时代，眼见为实是一种重要的提供证据的途径。在我们的文化中，这种对视觉中心主义倾向的看法有先例。人们普遍认为眼见为实，理解才能形成观点。这让我们相信，图片在一定程度上可以帮助我们以更容易处理的、更真实的、更可靠的方式抓住这个世界。而且，图片提供给人一种更容易理解的方式，使得公众在某种程度上理解超出他们理解能力的世界。除此之外，某些公众成员对图像还持有特殊的价值观。据说亚伯拉罕·林肯把他选举的成功归功于摄影师马修·布雷迪(Mathew Brady)，他在照片中缩短了林肯的脖子，让他显得更年轻一些(Goldberg，1991)。然而，公众却对什么应该，什么不应该在新闻图片中展现有明确的设定。2003 年 3 月，57% 的美国民众认为美国媒体不应该展示在伊拉克被俘的美国大兵的图片(《时代》/CNN 的民意调查，2003)。
- 记者评价图像时，欣赏"眼见为实"的权威消息。他们赏识自己"曾到过那里"，认为新闻图像的价值在于它暗示了"我们在这里"，而"你不在这里"。这被普遍称为与现实主义相结合的摄影逼真。图像能帮助记者证明他们如实记述世界上发生的事件是可信的。在一个摄影师看来，图像是不可否认的："许多人问我'你为什么会拍这些照片?'……'这不是为了上帝的恩赐我去了的问题；而是我确实'在那里'的问题"(McCullin，1987：11)。在这点上，图像能帮助记者更好地做好新闻工作，而且记者也能很轻易地依靠图像证实他们有责任报道的新闻的真实性。

● 图像在报纸的发行人和媒介组织的主要负责人的评价中，被看作用来抓住公众注意力。大危机发生时，图像事实上在新闻纪录中首当其冲。9·11后，《纽约时报》在使用图片方面经历了一场"海量变化"(Philip Gefter 引自 Hirsch，2002)。它刊登图片的版面超过了没有发生危机时期的两倍(Zelizer，2002)。在"挑战者号"爆炸的头几天，《纽约时报》每天出版30幅图片，之后又减少到每天6幅(Zelizer，2002)，然而在"哥伦比亚号"爆炸后，航天飞机碎片的图片一次又一次地出现在报纸、新闻杂志，甚至在电视的定格画面上。伊拉克战争开始的阶段，全世界的有线电视机构都转为摄影图库和互动的视觉展示。那情景用美国新闻主播丹·拉瑟(Dan Rather)的话来讲，就是"从战场上涌来了新闻图片的洪流"(选自 Hilbrand and Shister，2003：A20)。一些电视新闻网甚至制作了某些人的摄影图片的幻灯片，在背景音乐中播放摄影师拍出的图片。不过在这里媒体也回应了这个信念，不刊登伊拉克战争中被俘的士兵。2003年3月《独立报》的发言人说："我们对刊登美国或英国战俘的照片不感冒。"(引自 Lawson，2003：n. d.)。

每一个团体都会坚持眼见为实的假定以及相关的言论。这意味着图片在专业人员与公众的眼里被看作是切实可行的、权威的新闻传播渠道。

然而，图片自动地，至少是可以预料到地转化和推动公共舆论，这种认识与学者们对图片发挥作用的研究并不相符。我们从摄影研究者以及摄影作品中可以看到，图像以各种各样的形式发挥作用。照片的特性赋予了它自身的权力，它具有物质性、可接近性，捕捉瞬息，对世界的表达越过理解力，直接进行情感上的交流。照片被认为具有纠结在一起的外延和内涵的双重力量。图像的外延涉及其如实地描述事物的能力，一般称之为特有性或所指性。图像的外延与逼真性和写实主义有关，易于表现世界是什么样的。而图像也有内涵的力量发挥作用，通过内涵的作用帮助人们认识图像所描绘的细节的意义。内涵与象征主义、广泛性，和通用的意义相关，内涵使图片能将具体的细节情境化，使它们可理解。

这两种力量在新闻中所起的作用不是等同的。外延在重要性上超过内涵，在描绘公共事件时，它带来了可以认定的效果。人们认为图片如实地描绘了世界，呈现出对新闻事件具体而有根据的描绘。在这方面，它们使记者具有见证人的身份，易于证实“他们身处实地”。因此，照片的外延力量对记者证实他所声称的真实性非常重要，它对图片自身也很重要。换句话说，照片的外延力量使记者能做好记者的工作。

这并不是说内涵在拍摄和理解图片时没什么作用。即使照片的这两种作用力重要性不同，记者围绕图片进行创作时，也会清晰不清晰地指向内涵。构图、出现的位置以及为照片加上的标题和说明文字，都与内涵有很大关系。新闻组织一次次地挑选和复制图像形式，就说明它们认可内涵的意义，例如媒介用对坟墓边致哀的年幼的儿子的刻画来反映肯尼迪的被刺，或者不断地展示飞机撞击世贸中心的镜头，让人们不要忘记9·11。反复地展现同一图片不是因为其外延的特质，而是因为图像捕获事件的符号意义的能力，那才是重点所在。同样地，一组由4幅图片构成的标题为“饥饿标志”的图片，与一张以一个营养不良、濒临死亡的人的名字作为标题的照片，在新闻图片的意义上有很大的不同。后者强有力地刻画了他或者她的处境。无论哪一种状况，都是内涵而不是外延使照片产生震撼力。

所有这些都表明，图像就像皇帝的新衣。尽管在普遍的想象中，图像是有力的、权威的，它们仍然只是新闻传播的工具。决定其效用的最相关的实体是记者。当今，在新闻第一次使用图片的160多年以后，新闻的视觉性一直是新闻界疏忽的资源。如何在新闻中使用图片，如何或是否加上图片文字和作者名字，如何将它们与文字贴合到一起，这些都是新闻中使用图片时悬而未决的问题。即使在讨论图片时，图片也不会引起主要的关注。在班杜拉的文章中提到，无论在哪里，他都不能准确找到图片的名称或者拍摄者的姓名，尽管摄像机在战场上发挥了改变战争政策的作用。在谈到公众、记者和发行人对图片力量的长久信仰时，我们必须批判地重识新闻中图像扮演的角色。

通过摄像机，给新闻界带来了什么问题？

不足为奇的是，无论在哪里使用图片，都会随之产生有关新闻图片的权威性问题。缺乏如何使用图片的标准，以及对图片从不怀疑的强烈信仰，这两者奇特地杂糅到一起。当危机、战争、自然灾害以及这些类似的情况发生时，在公众对信息有巨大的需要时，这种杂糅都会带来不协调的声音。在这种时刻，图片在记录事实上发挥着重要作用。然而它们也不一定遵循着它们必须遵守的新闻价值。

除此之外，图片的伪造也渐渐发展起来，这也带来了一些问题，特别是在原版还比不上复制的数字时代。尽管新闻界仰仗真实性价值向世界证实自己的能力，图像遵循的真实性价值是什么仍是没有解决的问题。

报纸、新闻期刊和其他媒体都定期调整每栏的尺寸或播放时间，以定格图像。这加剧了问题的严重性。因此，问题出现了。这些图像是如何有效地发挥作用的？它们提供给公众需要的信息了吗？这可是图片发挥影响的基础。哪怕是在9·11以后，公众也不能总看到整体情况中新方面的最新照片，而是看到重复的、相似的、可以预知的镜头。比如，一本杂志在9·11事件发生后的一期中刊登了18张不同的图片，以显示人们如何从世贸中心逃离。

图片以其他方式侵犯了新闻价值。例如在战争期间，图片倾向于描绘爱国的、与民族国家相联系的、有公民自豪感和英雄主义牺牲精神的事件和主体。进程和情况有所不同的战争，都可以通过类似的图片联系在一起。没有被典型性描绘的是战争的另一些方面，与主流观念抵触的方面，如战争是如何发动的。因此，几乎看不到自己人死亡的画面或者战俘，看不到对对方的损害，看不到失败的军事行动，或者自己这方的军事行动对平民的影响（Zelizer，2004）。我们看到的图像好像循环使用了过去战争中拍摄的图片。在“二战”中的硫磺岛，在9·11后，在阿富汗战争里，美国军队在升国旗。士兵们轻摇敌方受伤的婴儿，这图像出现在对“二战”协约国部队的描绘中，出现在20世纪80年代早期的黎巴嫩国内战争中，也出现在2003年伊拉克战争期间对美军的描绘里。还有图像展示士兵与平民亲眼目睹暴行，这种对战争的描绘出现在“二战”、柬埔寨、波斯尼亚、卢旺达、阿富汗、伊拉克的图片中。这些图片都非常相似地描绘出个体或群体看着战争带给人类创伤的证据：成堆的死尸、骨头以及支离破碎的尸体。

有时，图片几乎不能表现什么。9·11的不少图片都是描绘人们眼睁睁看着双塔燃烧，但在图片里根本看不到烧毁的双塔。2003年伊拉克战争中，半岛电视台播放的图像中，伊拉克士兵们看着死去的尸体和美军俘虏，然而图像上并没有出现美国被俘的大兵。在这些情况下，需要给图片提供文字说明以使观众理解图片的意义。

关于新闻作品与新闻权威总体上说明了什么？

坚决抵制图片的记者早就清楚地表明，图片给新闻从业者带来了一个长久存在的问题。《泰晤士报》的编辑们很看不上图片，并轻蔑地称拍摄图片“在事实叙述的严肃行业里，只能作为靠边站的机械工作，是低人一等的”。（《泰晤士报》编辑，1936：20）。早在1935年，英国记者就宣传摄影记者不是为“新闻界”工作，认为新闻摄影记者加入新闻组织是“毫无理由的”（Grimley，1935：54）。想想现代新闻中到处充斥的图像，这值得我们重新考虑这些观点。图片是否如这些记者所预料的那样使得新闻更杂乱无章？或者新闻界已经不知道该如何清楚地解决它越来越依赖图片作为新闻制作工具这一问题？

新闻图像的权威性一次次表现得像皇帝的新衣。出于说明的需要，它一直作为新闻传播的一种工具发展着，这使其合乎逻辑的一些考虑因素不合时宜、难以负担，最终不被采用。然而，我们所需认识的是，新闻迟迟不思考图片的问题，我们对图片积累日益深刻的权威感，还有在使用和接受图片时产生的不利因素。它阻止公众以更了解情况的方式获取与公共事件相关的视觉信息。它使记者以不假思索的和不平衡的方式使用图片，从而损伤了图片的价值和新闻报道的价值。而且，它还妨碍发行人和媒介管理者充分发挥图片的潜能，不是让图片成为文字的附属品，而是成为新闻的完全搭档。

与此同时，图片成为新闻的一部分发挥作用的方式显示出，新闻界依赖信息传播渠道的机制是有问题的。它不稳定，总会产生模糊与自相矛盾的评论，与新闻的联系不够充分。在这种意义上说，围绕新闻图片产生的问题和议题在于它们对新闻界发挥着渲染的作用。我们现在应该充分考虑一下图片应该如何在新闻中发挥作用，不是为了图片考虑，而是为了新闻本身而思考。

参考文献

Bandura, A. (1999) Moral Disengagement in the Perpetration of Inhumanities, *Personality and Social Psychology Review* 3 (3): 193-209.

Barthes, R. (1981) *Camera Lucida*. London: Hill & Wang.

Barthes, R. (1977) The Rhetoric of the Image, in *Image/Music/Text*. New York: Hill & Wang.

Fisher, I. (2003) Threat Gone, Iraqis Unearth Hussein's Nameless Victims, *New York Times*, 25 April: A1, A10.

Goldberg, V. (1991) *The Power of Photography*. New York: Abbeville Press.

Grimley, E. (1935) Not Journalists, *Journal*, March: 54.

Hall, S. (1974) The Determinations of News Photographs, in S. Cohen and J. Young (eds) *The Manufacture of News*. London: Sage.

Hallin, D. (1986) *The "Uncensored War": The Media and Vietnam*. New York: Oxford University Press.

Hilbrand, D. and Shister, G. (2003) A Flood of Images into Homes, *Philadelphia Inquirer*, 27 March: A1, A20.

Hirsch, M. (2002) The Day Time Stopped, *Chronicle of Higher Education*, 25 January: B11.

Kurtz, H. (2001) CNN Chief Orders "Balance" in War News, *Washington Post*, 31 October: C1.

Lawson, A. (n. d.) Editors Show Restraint with War Images, *Guardian online*, posted at http://media. guardian. co. uk/print/0,3858, 4636103-111303,00. html.

McCullin, D. (1987) Notes By a Photographer, in E. Meijer and J. Swart (eds) *The Photographic Memory: Press Photography-Twelve Insights*. London: Quiller Press and the World Press Photo Foundation, pp. 11-26.

Moeller, S. (1989) *Shooting War*. New York: Basic Books.

Nesbitt, P. (2001) Tragedy in Photos: A New Standard? In American Press Institute, *Crisis Journalism: A Handbook for Media Response*. Reston, VA: American Press Institute, pp. 23-25.

Perlmutter, D. (1998) *Photojournalism and Foreign Policy. Icons of Outrage in International Crises*. Westport, CT: Praeger.

Sekula, A. (1984) On the Invention of Photographic Meaning, in *Photography Against the Grain*. Halifax: Press of the Nova Scotia College of Arts and Design.

September 11, 2001 (2001) *People*, 24 September.

Taylor, J. (1991) *War Photography: Realism in the British Press*. London: Routledge.

Time/CNN Poll. Conducted by Yankelovitch Associates, 28 March 2003.

Time editors (1936) *Four Hours a Year.* New York: Time Inc.

Zelizer, B. (1992) *Covering the Body: The Kennedy Assassination, the Media, and the Shaping of Collective Memory.* Chicago: University of Chicago Press.

Zelizer, B. (1995) Journalism's 'Last' Stand: Wirephoto and the Discourse of Resistance, *Journal of Communication* 45(2): 78-92.

Zelizer, B. (1998) *Remembering to Forget: Holocaust Memory Through the Camera's Eye.* Chicago: University of Chicago Press.

Zelizer, B. (2002) Photography, Journalism, and Trauma, in B. Zelizer and S. Allan (eds) *Journalism After September* 11. London and New York: Routledge, pp. 48-68.

Zelizer, B. (2004) When War is Reduced to a Photograph, in S. Allan and B. Zelizer (eds) *Reporting War: Journalism in Wartime.* London and New York: Routledge, pp. 115-135.

第十三章　强烈的恐惧
——新闻与道德恐慌

查斯·克里彻

- 什么是道德恐慌？
- 新闻对道德恐慌的产生发挥了什么作用？
- 道德恐慌的发展需要哪些条件？
- 为什么英国和美国特别容易产生道德恐慌？

道德恐慌的媒介向心性

有关道德恐慌的描述，被引用得最多的仍旧是斯坦·科恩(Stan Cohen)于1973年出版的《民间恶魔与道德恐慌》的开篇段落：

> 人类社会似乎时常遭受道德恐慌的困扰。(1)某一现象、事件、个人或者群体浮现出来并被阐释为是对社会价值观和社会利益的一种威胁；(2)它的特征将被大众媒介以一种刻板的、程式化的方式呈现出来；(3)而编辑、主教、政治家以及其他思想健全的人们操纵着道德的标准；(4)社会认可的专家们宣告他们的诊断及解决方案；(5)处理方案被制定或者(更多地)被采用；(6)于是，这种(恐慌的)状态或者消失湮灭，或者恶化从而变得更加明显和突出。这种恐慌的对象有时非常地新奇，而在其他的时候，却是一些已经存在了很

> 长时间但突然变得引人注目的事物。这种恐慌有时可能会被忽略和遗忘，只存在于民间传说和人们共同的记忆之中；而在其他时候却拥有更重大和持久的反响，从而能够使得诸如法律和社会政策，甚至于社会自身的构建发生改变。
>
> （Cohen，1973：第9页）

科恩的书中使用了一项持久的个案研究。这是一项对于20世纪60年代英国社会对两个青年亚文化群体——魔德族（Mods）和摇滚乐迷们（Rockers）的反应的研究。在他试图探究社会因这一假定的“威胁”（是由那些年轻人每逢银行休假日便涌向南海岸这一现象所造成的）而产生的大量过度反应的原因时，科恩把新闻媒介摆在了分析的中心位置。

> 从事道德研究的学者必然要给予大众媒介在定义和塑造社会问题的过程中所扮演的角色特别的关注。长久已来，媒介凭借着自身的头衔扮演着道德捍卫者的角色：虽然它们并不是自觉地从事讨伐和揭发丑闻的活动，但它们关于某些事实的报道却足以（使社会）产生不安、焦虑、愤慨或者恐慌。而当这些情绪和特定的价值观需要被保护这一认知相一致时，建立新规则或者定义社会问题的前提就呈现了出来。
>
> （Cohen，1973：16）

自从科恩开创式的研究以来，大量有关道德恐慌的研究涌现出来，尽管并非所有的研究都使用了这一明确的术语。古德与本·耶胡达（Goode and Ben-Yehuda，1994）和汤普森（Thompson，1998）各自研究了美国和英国对街头暴力犯罪、消遣和致瘾药物、艾滋病以及虐待儿童等其他相关主题的研究。并不是所有的这些研究议题都如同科恩那样强调新闻媒介的中心地位。在美国，道德恐慌研究的主流是社会建构主义。该视角集中关注社会问题如何被建构为需要当局采取行动的主要公共议题。它把“主张者”的活动置于分析的中心位置。“主张者”们组织成团体并发起活动，以唤起公众对于他们所察觉到的某一特别严重问题的认同和政治上的行动。他们通过媒介来吸引公众的注意，因为媒介所决定给予他们的关注程度将会影响到他们的目标的实现。而媒介特别关注那些团体，这也将会影响到公众对于他们所提出的问题的看法和态度，并因此给政界造成压力从而迫使其采取行动。但在道德恐慌中，我们却看不到媒介自身作为一种独立的力量而发挥作用。它们只是道德恐慌的渠道，而不是发起者。相比而言，英国的研究却把新闻媒介视作产生道德恐慌的最重要的单个因素。它们较少地依赖于“主张者”们的活动，而更多的是能够并且也愿意试图依靠自己的力量去促成一场道德恐慌，而不考虑是否已经有请愿的团体存在。

我曾说过（Critcher，2003：124），这种侧重点的差异可以部分归因于两个国家不同的媒介与政治体系。英国媒介和政权的集中程度都比美国高，所以两者之间的关系也就更直接和透明。而由于美国地方媒体和政治机构的多重性，从而使得媒介的权力显得比较间接和晦涩。因此，不难发现，英国学者通过观察从而推断出媒介拥有强大而突出的影响力，而美国学者通过观察却得出这样的结论——主张者、媒体和政治机构之间存在着错综复杂的关系。此外，社会科学家之间也存在着不同的智识传统。英国学者更多地对国家的权力和权威持批判态度，而美国学者则对由不同利益集团的竞争所形成的政治进程采取一种更为自由开明的观点。

而所有这些，都使得任何不分国界地对新闻媒介在道德恐慌中所扮演的角色一概而论的尝试显得很冒失和危险。而且，上述两个国家对于新闻媒介意味着什么的具体界定也有差别。比如，在全国性的和地方性的媒体之间、广播和报纸之间、硬新闻和调查性新闻或专题新闻之间就存在着重要的区别。虽然没有必要放弃，但使新闻媒介在道德恐慌中的作用普遍化的意见应当受到限制。

质问媒介角色

我曾在其他地方（Critcher，2003）提到，科恩的模式以及其所包含的六个阶段已经被证实是很有效的。它对在一场不折不扣的道德恐慌中所发生的一切做了非常精细的描述。最近所发生的十分显著的例子是与“恋童癖”有关的一连串的道德恐慌，它涉及美国、英国以及更多国家。在这个案例中，科恩模式的各个阶段，至少是在大致轮廓上，都得到了很好的验证。通常我们能够描述即将发生的事情，即使它为什么发现还不那么显而易见。这归因于新闻媒介发挥的作用。我们能够确定一场道德恐慌的成功需要什么，但我们却不清楚为什么有时这些需要能够得到满足而有时却又不能。

尽管如此，通过科恩以及其他人的研究，我们知道一场道德恐慌需要：

- 发现某个新出现的并且具有危险性的社会问题；
- 对这一问题及其肇事者进行标注、定义和解释；
- 发展出一个关于该问题的议程，包括原因及解决方案；
- 主张者和专家们的意见得到官方的认可；
- 提出要求并保护政治精英们所采取的相关行动。

在现代的民主社会，这些过程只有通过新闻媒介的帮助才能得以实现。它们（媒介）的角色可能会发生改变。它们可能会自己通过全面地传达利益群体的呼声或斡旋于主张者与其对手之间，去设法挑起一场道德恐慌。然而它们的总体作用依然是战略性的；对于一场即将发生的道德恐慌，新闻媒介必须积极参与其中以实现其所需要的条件。针对新闻媒介在道德恐慌中所起到的作用，明确地提出一些基本的问题是完全可行的。而其中，每个问题都对应着形成道德恐慌的某种必要条件。

1. 某些事件为什么以及如何被新闻媒介认为象征着一个更大的社会问题？

2. 新的社会问题是如何被标注、定义和解释的呢？

3. 新闻媒介会发展出什么样的报道议程，而这样的议程又是如何在新闻媒介之间变得很普遍的呢？

4. 在关于该问题的讨论中，新闻媒介是以何种方式利用主张者或专家们的？

5. 新闻媒介的报道议程是如何赢得有影响力的政治精英们的支持，从而足以引发政策改变的呢？

首先我将依次回答上述问题。然后，将主要引用一起案例来说明这一问题。这一案例是有关2003年初在英国发生的，由“枪支文化”的短暂爆发所引发的一场潜在的道德恐慌。最后，我将使用必要的结构框架来阐明这一整体过程。

回答有关媒介的上述提问

1. 某些事件为什么以及如何被新闻媒介认为象征着一个更大的社会问题？

科恩独具见地地详述了“某一现象、事件、个人或者群体”是如何作为“社会价值观和社会利益的一种威胁”而呈现出来。这本质上就是关于道德恐慌是什么时候、如何以及为什么发生的问题。对于这一问题，回答起来并不容易。而离我们最近的答案则是“关键事件”(key event)(Kepplinger and Habermeier, 1995) 这一观点。“关键事件”通常象征着某个更大的威胁。这些“关键事件”呈现出不同的形态。它们可能是：一场死亡悲剧；一起犯罪，而媒介对该犯罪的发生、审判及审后情况或者这三个阶段的全部情况进行了报道；一份官方的调查或报告；一份来自某位政治人物或某个压力集团的声明；一起公开的丑闻或被告密者揭发的事件。（举个例子，所有这些“关键事件”都曾在2004年中期的英国出现过。当时的英国由于移民问题而出现道德恐慌。）根据既定的新闻价值标准，这些事件本身需要被认为是具有报道价值的。不过也有一些新闻价值模式并不认可的东西，那就是一个关键事件可能成为新闻，并不一定是因为它的本质属性，而更多地是因为它的符号意义：它包含着比它本身更多的东西。

2. 新的社会问题是如何被标注、定义和解释的呢？

一个新的问题一旦被确定，用科恩的话说，“它的特征将被大众媒介以一种刻板的、程式化的方式呈现出来”。科恩详细地给出了这一过程的“目录清单”：仿效与模式化，夸大，歪曲，预言与象征，敏化，创造民间恶魔。这是新闻媒介最独立自主地操作的地方：尽管它们会遇到各种情况，但是它们无需支持或者批准去做这些。这里，关键的是为该问题以及对其负有责任的那些人或事命名或者标注，“恋童癖”便是一个很显著的例子。这一词汇在这次新闻报道中被人们以惊人的速度普遍接受，它所具有的更为强烈的内涵都还没被准确地予以定义。定义是不需要给予的，因为可以通过刻板印象来完成：“恋童癖”就是恋童癖者是什么或者恋童癖者做什么。这样一被模式化，该问题就将在流行的过程中被夸大，其性质也将发生歪曲。敏化包括搜寻周围其他能够肯定或符合这一模式类型的事件。我们通过符号化的手段确定事件发生所需要的条件，或者它的行凶者是谁，以及它可能造成的更广泛的威胁。据此，我们可以预测如果没有有效地采取应对这种威胁的行动会发生什么。而这个过程中最核心的就是创造民间恶魔，这是该问题的来源和具体体现。

3. 新闻媒介发展出什么样的报道议程，而这样的议程又是如何在新闻媒介之间变得很普遍的呢？

一个议程既包括对该问题的定义，也包括对该问题提出的解决方法。任何道德恐慌都会呼吁采取行动，而这些行动往往都是对法律或其实施过程进行修订和改进。而此时，新闻媒介会间接或者直接地支持那些积极发起运动者的活动。他们呼吁有关法律改革的政治行动。

在英国，除了广播电视法规明确禁止的内容以外，新闻媒介在运动中扮演的角色似乎是本有的。不过在美国并非如此。事实上，一场道德恐慌需要所有的新闻媒介都采取同样的报道议程。一场道德恐慌可能最先发轫于某家报纸或某个地区，在它获得全国的关注之后，必将成为整个媒介系统讨论的议题。我们有时能够见到这种情况的发生。在美国，地方对于仪式滥用的关注蔓延到了全国（deYoung，1998）。而在英国，一家周日报纸关于性犯罪法改革的报道最终成为了所有新闻媒介的报道议题（Critcher，2002）。在这两个例子中，报道议题的扩散分别是在煽动性报道的辅助下实现的。前者是有明显滥用的案件，后者是一起儿童谋杀案。而媒介之间也存在着一种彼此报道的倾向：广播电视和报纸经常互相监视彼此的新闻报道及活动。而且有些媒介比起其他媒介，拥有更多能力去发起这一过程。在英国，我发现《每日邮报》(*Daily Mail*) 这家全国性的报纸看上去拥有非常突出的影响力。而在美国，周刊似乎有同样的影响力。但是，一个报道议题在整个新闻媒介的蔓延并不总能发生，并且我们还不能完全理解哪些条件会促进它的蔓延，哪些条件会阻碍它的蔓延。

4. 在关于该问题的讨论中，新闻媒介是以何种方式利用主张者或专家们的？

在评价某件新闻事件的意义时，记者需要获得某些线索来表明这一事件背后确实有故事可挖。它是“一个可怕的新闻线索”，或者某种指向不正常的和犯罪的东西。这样的线索可以从消息来源那里得到落实，但往往没有必要。如果一家报纸自身已经介入到该议题之中，那么在自己的版面刊登新闻，并在自己的评论专栏里倡导行动也就足够了。另一种可行的办法或者补充办法就是转向那些已经关注到该问题的人们。无论这个问题多么地新，都有可能存在着某个已经参与到其中的团体，有的是由受害者组成的团体，有的是监督国家道德议题的一般性团体，后者在英国远远没有在美国那样重要。如果受害者属于某一特殊群体，那么他们的福利将托付给特定的组织去管理，比如儿童的福利、青少年的福利以及老年的福利。而记者也知道去哪里寻求意见。

为了特定目的而组织起来的群体还是会经常存在的，尽管并不总是如此。他们会对电视的暴力、药物的滥用以及移民过多等问题所带来的威胁进行公开讨论。如果这些群体的议题和报纸的议题相一致，那么就会发生共生现象：这些群体会非常乐意为报纸提供相关资料、主张以及历史事实，而这也正是报纸想要的东西。在科恩看来，这种吸引公众注意的方法使得由“编辑、主教、政治家以及其他思想健全的人们”所设置的道德标准恢复了知觉，这些人被贝克（Becker，1963）称为“道德生产者”。同时，专家们被邀请来进行评论。专家们不需要什么凭证，只需要被报纸描述为专家就可以了。在对有关医学和科学问题的讨论中，有时可能会出现对这些问题进行专门研究的真正专家。而在媒介中，更为常见的则是那些友好的精神病医师和心理学者，只要出现新情况，他们就会非常乐意告诉大家什么是真相。但是，在新闻实践中，专家牌似乎也不怎么行得通了。不仅人们对专家的信任度在下降，而且媒介对于他们过分简单化的诊断和解决办法也不太买账了。相比较而言，人们更优先相信主张者的观点。媒介认为他们拥有与该问题相关的专门知识，而不管他们属于什么利益集团。而报纸专栏作者或电视权威人士仍习惯于引用众所周知的常识，即专业知识的对立者。

对于道德恐慌来说，同样没有必要邀请专家。而且如果专家无疑是挑战某个恐慌的前提的话，媒介也会尽力地避开他们。然而，对于那些相关知识被权威专家垄断的少数议题，权威专家们可能会去阻止道德恐慌的发生并对该议题进行控制。艾滋病便是一例。我们需要更多地理解新闻媒介如何以及为什么不顾一些专家所属的利益集团而赋予他们专家的身份，同时尽管有些人具有专业资格，新闻媒介却不给予其专家的身份。

5. 新闻媒介的报道议程是如何赢得有影响力的政治精英们的支持，从而足以引发政策改变的呢？

产生有效行动的一个重要前提就是要在精英之间达成一个明确的共识。这一点，可以从古德和本·耶胡达（Goode and Ben-Yehuda，1994）对道德恐慌所定义的五个特征中得出。这里，针对某一道德恐慌，来自于政界、“反主张者”或媒介报道的反对可能会很重要。如果反对的力量足够强大，该道德恐慌可能会被中止。如果想要使政府对某一问题作出反应，就需要媒介对该问题的迫切性形成一致的意见，并取得压力团体机构的支持以及在朝或在野党派的政治家们的认同。

正如科恩所说，当“处理方案被制定或者被采用”时，政府的行动就产生了。政府的回应是一种政治计算：该议题是否将被证实只是一种暂时的现象；它对于全体选民意义是否重大；政府是否能够花费很少的资源就把问题给解决，并赢得良好的社会声誉。大西洋两岸的法律和刑法系统都曾发生过由一些稍纵即逝的事件所引起的比较激进的改革。而道德恐慌所导致的结果往往就是在法律和社会控制机构的程序上进行变革。这时，新闻媒介将会对政府最终采取行动表示祝贺。当然，它们也会为自身曾如此坚决地代表着公众的利益而感到荣耀。如果行动得到了有力的实施，那么就意味着整个恐慌，或者至少是它的一个阶段被有效地终结了，直到一个新的关键事件把它重新唤醒。这种终结是新闻媒介持续关注和新闻报道叙述方式的产物（Critcher，2003）。

在科恩模式的最后一个阶段，这种（恐慌的）状态将“或者消失湮灭，或者恶化从而变得更加明显和突出”。它或者只能成为人类历史的一个注脚，也或者会对社会的法律和政策产生一定的影响。它可能以后还会再出现，并形成一系列的恐慌。它也可能如科恩所说的，甚至会对社会自身的建构产生影响。而对于这些影响，我们将在文章结尾部分加以讨论。

一个实例：英国的枪文化

我曾经很审慎地举过一些实际的例子，因为我想要探究出一种有关媒介作用的理论模式，能大致应用到所有被公认的道德恐慌。我以前曾用科恩的模式分析过大量的例子（Critcher，2003）。而除了“恋童癖”的例子至今仍带来了一系列持久的恐慌外，其他例子都已经过时了。最近的一个例子发生在2003年初的英国。有一起罪行，被新闻媒介诠释为存在于英国内陆城市的“枪支文化”问题（参见基里科斯1996年对在美国较早发生的类似事件的论述）。这一事件并没有形成一场严格意义上的道德恐慌，不过，它证实了许多迄今为止已被确定的新闻媒介的作用。

2002年的平安夜，两名非洲加勒比女子在伯明翰市中心的罗戴尔地区被射杀。在一个枪支犯罪稀少并且枪支被严格控制的国家，任何枪杀都有可能吸引媒介的注意。但是，事件本身的报道价值并不是枪支的使用，或者是枪支所造成的不幸。因为，正如媒介后来的报道所显示的，在英国一些内陆城市，大量由贩毒团伙之间的冲突而导致的枪击事件都给漏报了。伯明翰枪击事件之所以具有报道价值，缘于受害者的身份。在媒介所提供的照片中，两个女孩身着盛装、面带笑颜。而在照片的下面，写着这样的说明：这两名被卷入到这场火拼之中的年轻女子，并没有参与这场冲突，她们是无辜的。

即使在这种情况下，如果这一事件并不能代表什么的话，它也有可能很快消失在媒介的视野之中。但与此相反，它使得一个先前暗藏着的问题变得非常引人注目。按照道德恐慌的发展模式，该问题需要被赋予一个简练的、可重复使用并具有丰富内涵的名称。而这一事件最初的定义，比如“枪支犯罪”，很快地就被抛弃了，取而代之的是新闻媒介所采纳的一个意义更加丰富的术语：“枪支文化”。这一来自美国的术语，有意无意地发挥了许多的作用。而对于该术语的运用，证明了这一事件不仅仅意味着在犯罪过程中使用枪支已经成为一种趋势，而且也表明了枪支已经成为人们整个生活中的一部分。社会允许枪支的使用。这样一来，媒介的后续报道便更多地集中在所谓的由事件所衍生出的“文化”上，而非事件本身。而这种从种族上所作出的定义，暗中将白人罪犯对枪支的使用排除在了“枪支文化”之外。无论是保守派还是自由派的分析家都认为黑人街头文化怂恿了枪支的使用。这种街头文化为那些愤愤不平的黑人青年提供了解决身份认同这一问题的办法。而它所提倡的服饰和音乐，尤其是黑帮说唱，鼓励了这样的信念，即为受辱的兄弟打抱不平以维护面子是至关重要的。再加上为了毒品贸易而发生的地盘之争以及那些毒品贩子出了名的冷酷无情，一幅扎根于黑人社区的相当清晰的“枪支文化”图景便呈现出来了，并且成为黑人社区的问题。“文化”的使用有效地将这个问题去政治化。引起这一问题的原因不是白人社会支配的政治经济结构，而是黑人社区的习惯与生活方式。

尽管出现了这样的文化视角，但它并没有取代传统的法制与秩序叙事。对于该问题的范围与性质、警方的反应效率以及目击者的沉默等这些问题，媒介引用了高级警官们所提出的观点。而有关警方截查嫌疑犯，特别是因为他们害怕被控告种族歧视而不愿意拦截年轻黑人的争论也再次活跃了起来。针对持藏枪械的问题，政府打算制定一项最低年限为五年的判罚条例，而这项举措也引发了社会对其有效性的争论与讨论。因为专门研究叛逆黑人青年以及他们向贩毒团伙靠拢这一趋势的专家少之又少，所以新闻记者会向罗戴尔本地人，包括被认为是黑人社区领袖的人请教。一位基层的政府部长抨击黑帮说唱歌词的无政府主义，结果还遭到了黑人音乐 DJ 怀有敌意的抗议。

然而，几天的报道之后，这个问题逐渐消退了。它并没有发展成为一场公认的道德恐慌。这可能出于好几个原因。其中一个就是，提议额外的立法行动可能会很不容易。英国是欧洲枪支控制最严格的国家：这个最低年限为五年的判罚条例便是其对枪支控制所作出的一个适度而又严厉的反应。枪支犯罪，包括凶杀，在黑人帮会之间依然存在，而这些“黑人对黑人”的犯罪并没有直接地威胁到白人社区，并且也没有其他无辜的受害者出现。以“枪支文化”来定义这个问题，使得该问题被牢牢地界定在了黑人社区。涉入其中的白人也只是在努力地维持黑人社区的治安，以及努力地完成对叛逆黑人青年感化这一社会工程而已。所以，白人是不会主动去呼吁政府采取及时行动的。而令人好奇的是，与道德恐慌的模式不同，分散在文化与生活中的民间恶魔在这里并不存在：持枪在逃的、为了毒品而发狂并对社会构成威胁的黑人青年并没有出现。没有什么新的措施能够被提出。法律上的改革即将来临，而社会政策却依旧含糊不明并一如既往地存在着。

这个例子进一步证实了前面所确定的有关道德恐慌的部分条件。如同所预期的那样，一起引人注目的新闻事件被符号化为更宽泛的问题，这个问题又被警察、重要的权利主张者以及专家们认可。事件引发的讨论让政治家和评论员都加入到对黑人社区的关注中。但是把这一事件威胁的范围仅限于内陆城市的黑人。此外，政府已经采纳了加重对持枪者判刑这一简单化的解决方案。而在这种情况下，媒介的关注虽然强烈，却被证明是短暂的。

新闻、议程与恐惧

当我们熟悉了新闻的运作后，对于道德恐慌如何运作这一问题我们就会知道大致需要了解哪些东西。那些能够使一起事件具有新闻价值的特别报道同样也具有引发一场道德恐慌的潜力。我引用一下高尔图和鲁格（Galtung and Ruge，1981）的经典列表中列举的几个，意外的、消极的、严重的、个性鲜明和明确的事件都可能让人看到异常与正常的不同，从而导致善恶的划分。我们所了解的有关记者对信源使用的情况表明，压力集团和政界人士中的利益团体很可能被当作专家证人，证明威胁的提出是合理的，并呼吁采取行动。然而，我们也应该注意到，这种情况并不总是会发生；要不然英国和美国就将被某一种或者其他的道德恐慌长期困扰。对于道德恐慌的形成，关键的一步是把某个或多个事件看作是一个符号，而这一符号意味着一个更大、更广泛的问题。只有这样，才有必要去给这一道德恐慌命名、定义并提出相应的解决方案。因此，想要解开有关新闻媒介中道德恐慌构成的秘密，关键是理解某些特定的新闻事件为什么以及如何被赋予这些象征意义。

然而，单单是对新闻运作的熟稔，并不能够使我们理解道德恐慌所带来的政治影响或其他基于媒介的社会问题讨论。我们需要一个更为广阔的，能把新闻媒介、政府和公众舆论联系起来的视角。议程设置理论（Dearing and Rogers，1992）便为我们提供了这样一种视角。该理论认为，现实中存在着三种议程，即媒介议程、政府议程和公众议程。某一问题若要获得全国性的关注，那么它就必须同时在这三个议程中都很显著。而一系列的案例研究表明，媒介议程在这三个议程中占据着主导地位。它能够强有力地影响公众舆论从而迫使政府采取行动。如果媒介始终一致地把某议题当作英国或美国最重要的社会问题去报道，那么受众也会将其视为最重要的问题，即使他们不必去同意那些已经被提出的解决方案。如果那些对新闻媒介比较敏感的政治家自己获得了这样的信息，并且相信他们的选民也同样是这么认为，那么他们会很愿意被人们看到，他们以国家道德守护者的形象介入其中。而英国的议会或美国国会听证会的讨论将会进一步证实这一威胁的真实性与所提交的解决方案的适用性。同时，新闻媒介将对此进行报道，而报纸专栏作家和谈话类节目主持人也将就此问题进行进一步的探讨和分析。这样一来，社会对于这一问题的关注和认同就将达到古德和本·耶胡达（Goode and Ben-Yehuda，1994）所认为的那种水平与程度。

但是，我们必须再次强调，这并不总是能够发生。在任何时候，能够受到新闻媒介、政府以及公众关注的议题都只是被提出的议题中的一小部分而已。正如议程设置理论所表明的，任何议程——媒介议程、公众议程和政府议程的容量都是有限的。它只能同时涉及少数几个议题。一个新的议题只能在某个现存的议题被放弃的情况下才能够被提上日程。而存在于这一系统内部的社会问题也在不断地发生着位移。如果我们要问哪一种方法能够或多或少地提升这些议程，那么我们就又要回到象征这一方法上去了。事件似乎需要象征着某个更大的问题，而这一更大的问题自身也要代表着这个国家的某种状态。

在对这种象征力量的诸多解释中，最能够令人信服的观点就是，我们日益生活在一种文化恐惧之中。英国的富里迪（Furedi，1997）和美国的格拉斯纳（Glassner，1999）曾说过，由于一些复杂的原因，导致我们越来越不相信我们的制度、我们的领导人，而最终，是我们彼此。我们似乎居住在一个危险的世界里。这里到处都是危险的陌生人。而媒介对于各种危险的反映会加重我们的不安全感。如果媒介集中报道那些不正常的、具有威胁性的、不可知的以及危险的人或事，我们就有可能忘记我们事实上生活在一个大部分时间都很太平的世界里。我们可能会认为这种安全是靠不住的，它随时都有可能被无法预料的威胁所摧毁。每次当整个西方世界，特别是英国和美国，终日惴惴不安于来自伊斯兰原教旨主义分子恐怖袭击的威胁时，一种恐惧的氛围便呈现了出来。而人们在这种情况下的心理状态和在最近发生的两场道德恐慌（美国数千名儿童被认为遭到了绑架和谋杀；假的庇护寻求者大量涌入英国而不受任何限制）中的心理状态并没有太大的不同。而在最近的这两场恐慌里，新闻媒介始终都站在“危险确实存在”这一呼声的最前方。如果要问新闻界是如何为道德恐慌出力的，我们可能会说新闻采访实践和议程设置是关键的环节。但是，新闻界对于道德恐慌最重要、最持久和最难驾驭的贡献却是培养了恐惧的氛围和创造出了具体的民间恶魔。这就是今天的新闻：害怕吧。

参考文献

Becker, H. (1963) *Outsiders: Studies in the Sociology of Deviance.* New York: Free Press.

Chiricos, T. (1996) Moral Panic as Ideology: Drugs, Violence, Race and Punishment in America, in M. J. Lynch and E. Britt Patterson (eds) *Justice with Prejudice: Race and Criminal Justice in America.* Guilderland, New York: Harrow & Heston.

Cohen, S. (1973) *Folk Devils and Moral Panics.* St. Albans: Paladin.

Critcher, C. (2002) Media, Government and Moral Panic: the Politics of Paedophilia in Britain 2000-2001, *Journalism Studies*, 3(4): 520-534.

Critcher, C. (2003) *Moral Panics and the Media.* Maidenhead and New York: Open University Press.

Dearing, J. W. and Rogers, E. M. (1992) *Communication Concepts 6: Agenda-Setting*. Thousand Oaks: Sage.

deYoung, M. (1998) Another Look at Moral Panics: the Case of Satanic Day Care Centers, *Deviant Behavior*, 19(3): 257-278.

Furedi, F. (1997) *Culture of Fear: Risk-taking and the Morality of Low Expectation.* London: Cassell.

Galtung, J. and Ruge, M. (1981) Structuring and Selecting News, in S. Cohen and J. Young (eds) *The Manufacture of News: Deviance, Social Problems and the Mass Media.* London: Constable.

Glassner, B. (1999) *The Culture of Fear: Why Americans are Afraid of the Wrong Things.* New York: Basic Books.

Goode, E. and Ben-Yehuda, N. (1994) *Moral Panics: the Social Con-*

struction of Deviance. Oxford: Blackwell.

Kepplinger, H. M. and Habermeier, J. H. (1995) The Impact of Key Events Upon the Presentation of Reality, *European Journal of Communication*, 10(3): 371-390.

Reiner, R. (2002) Media Made Criminality: the Representation of Crime in the Mass Media, in M. Maguire, M. Morgan and R. Reiner (eds) *The Oxford Handbook of Criminology*. Oxford: Oxford University Press.

Thompson, K. (1998) *Moral Panics*. London: Routledge.

第十四章　传播还是搅和？
——科技新闻中信源与媒介的关系

艾莉森·安德森　艾伦·彼得森　马修·大卫

- 多元论者、批判及风险理论是如何阐释信源与媒介互动中的权力关系的？
- 新闻可能“正确”或“准确”地描绘科学吗？
- 科学家们最近在尝试着提高他们的媒介报道水平，这是信息公开还是与媒介搅和到一起的表现？

本文主要探讨信源—媒介互动的研究为现代科技新闻作出了哪些贡献，以及能够作出什么贡献。它考察了信源—新闻发展学的相关理论，以及科技新闻制作过程的最近事例，特别参考了在医药遗传学方面出现的一些新闻。我们认为，研究科技新闻如何制作出来的，尤其是科学家和记者如何看待他们各自在新闻制作过程中的作用，对于理解科学的公开报道以及政策的形成是至关重要的。最近，在关于克隆、胚胎干细胞和毫微技术等议题报道的本质和准确性上，人们产生了一些争议，而这些争议也强调新闻记者必须深入理解那些影响其实践的社会进程。

领域概况

自20世纪90年代中期以来，新闻信息来源与新闻媒介的互动关系逐渐成为新闻研究中的一个重要研究领域。随着公共关系产业和“搅和”政治的发展，公众更多地关注各种针锋相对的声音如何通过新闻媒介传递自己的信息。2003—2004 年，英国研究者们尤为关注关于伊拉克有没有大规模杀伤性武器的争议，以强调理解信源与媒介关系的重要性。有观点认为，为了发动对伊拉克的战争，英国政府对情报解读的准确度，或者说媒介对情报报道的准确度都值得质疑。这也是法官赫顿对武器专家大卫·凯利之死原因调查的关键。学者们承认理解新闻生产过程的重要性，因此他们越来越多地关注新闻信息来源的活动，以及他们与新闻媒介之间的关系。已经有相当多的研究关注各种机构如何利用新闻媒介，挑战对一些议题的描述。这些议题包括健康问题（Conrad，1999；Miller and Williams，1993；Nisbet and Lewenstein，2002）、环境问题（Anderson，1997）、司法公正问题（Ericson et al.，1989；Schlesinger and Tumber，1994）和工会问题（Davis，2000）。相互竞争的组织和机构能够在多大程度上发表自己的声音，并成功地接近新闻媒介是新闻社会学中的一个重要议题。此外，在对公民权和民主问题的思考中，新闻媒介的接近权也是个核心议题。

新闻生产与信源策略

不管是自由民主理论还是不同分支的批判理论都存在这两个核心议题：新闻呈现与接近权。谁的声音被显著突出了，谁的声音被压制了或边缘化了，媒介在呈现“舆论”时扮演的角色等，这些都是被激烈争论的话题。从自由民主理论发展而来的权力多元主义模式认为：众多的压力群体和利益群体的存在确保了公众能获得多种观点，因为没有哪个组织机构能够长期占据统治地位。当然，这种模式也受到很多主要限制，比如说过于强调个人自治，同时低估了物质资源的约束力。但是它的确有效地让人们注意了权力的相对流动性，以及组织机构如何动员符号和物质资源（见 Anderson，1997；Manning，2001）。尤为重要的是，多元主义模式注意到了政治与符号资源巧妙的策略性使用，以及社会运动团体之间的竞争和矛盾。20 世纪 70 年代，媒介研究学者们在认识到多元论主义模式的局限所在后，开始将研究焦点转移到媒介的结构性偏见上，即某些观点和声音能在媒介中出现的特权。一些新马克思主义的（如葛兰西的）研究方法就关注媒介—国家互动的宏观结构，这种宏观结构能使有权的一方获益。然而，上述研究低估了社会运动组织在争取获得新闻媒介接近权时的竞争程度与矛盾程度。

霍尔等（Hall, et. al., 1978）在《管制危机：行凶抢劫，国家、法律及秩序》中提出：有权力的"可信任"的信源，比如说政府部门、司法机构、公安部门、与政府关系紧密的利益团体等，享有优先接近媒介的权力。由于他们宣称自己具有专业知识，并在社会中享有权势位置以及象征地位，他们看起来似乎更容易接近媒介。新闻议程大多也是在这些优先信源提供的观点基础上构建而成的。霍尔等认为这些信源被媒介过分接近，以至于成为各类议题的"首要定义人"。

新闻报道的惯例在多大程度上建构为一个系统的有权者过多接触的形式，成为新闻社会学领域的一个重要问题。这几年来，也有不少研究者从不同视角质疑霍尔等人提出的"首要定义人"的存在。菲力普·施莱辛格（Philip Schlesinger）提出的批评是，虽然他支持霍尔等人的基本观点，认为新闻媒介倾向于复制有权者给出的各种定义，但应该对新闻来源进行更细致的、去媒介中心论的研究。他认为，政治上边缘化的信源比霍尔所说的更容易获取进入新闻的机会。施莱辛格指出，认为"首要定义人"必然优先获取接近新闻媒介的权力是有问题的。

> 人们理应将信源看作是一个争夺的场所，在这里为媒介而进行的斗争总在发生。但是这个社会最大的受益者并不一定因为其地位而必然可以成为"首要定义人"。相反，如果他们成为首要定义人，那是因为他们在一个不完善的竞争场所中采取了富有策略性的成功行动。
>
> （Schlesinger, 1990 年：77 个要点）

简而言之，施莱辛格指出了"首要定义人"理论中的五个主要局限：第一，它忽视了从长远的角度来看媒介接近权的转移；第二，它忽视了那些“可信任的”信源自身接近媒介的不平等性；第三，它假定对议题的定义只是单向地从优先信源传达到媒介；第四，信源接近权的模式是由定量的内容分析推论得出的，这掩盖了新闻信息来源背后的活动；第五，它暗示各个政府信源具有一致的意见，而忽略了各机构代表之间的利益冲突。匿名简报也是新闻的一个主要信息来源。

很多经验研究都深入调查了对议程的各个定义在多大程度上相互竞争与协商，还关注了不同政治边缘组织采用的新闻媒介策略。这些研究涉及的范围包括环境主义（Anderson，1997，2003）、健康（Miller and Williams，1993）、税收政策（Deacon and Golding，1994）、志愿者工作（Deacon，2003）、北爱尔兰危机（Miller，1993），以及劳工关系（Manning，1998）等。这类研究表明，在一些特定情况下，我们有可能成功地推翻有权力者界定的定义。最近有研究显示，我们对于非政府信源在构建政治议程中的作用研究得太少了。很少有研究考虑到非政府信源之间具有差异，一般研究都是倾向于将它们笼统地归为一个范畴。事实上，将信源划分为“政府”与“非政府”两类本身就是有问题的，因为这两种信源内部都有许多不同的群体与组织，拥有不同程度的政治资本和文化资本。通过经验性地分析政治边缘群体成功与失败的媒介策略，我们可以极大地了解他们面对的机构性劣势，以及机构性强势信源在传播其声音时拥有的优势（Schlesinger，1990）。

历史条件的改变影响着不同信源的合法性观点，同时也为接近与影响媒介提供了新的机会。后现代社会的特点为“自反性”、风险意识与不确定性，以及对抽象体系与专家知识的依赖性。在一些社会学家看来，媒介如何报道科学和技术，对维系与发展公众信任具有至关重要的作用（Beck，1992；Giddens，1991）。尤其是在报道环境污染和健康效果（如切尔诺贝利核电事故）等“强后果”风险时，这点更是突出。海尔格·诺沃特尼（Helga Nowotny）记录了20世纪70年代那场核电站融芯事故时，大众媒介之前是和这个行业的科学家们一起提供了“认知免疫”。当受到压力之后，科学家们不能提供法律所要求的确定性证据。20世纪70年代的媒介报道与之前的媒介报道的区别不是科学家们提供的知识，而是由科学记者提出的许多问题，以及在科学领域内听到了与核电站安全问题的主流观点相违背的声音。在印刷媒介和广播电视节目中，科学家和新闻记者都向核能专家知识提出挑战，认为他们的观点有的偏颇，有的不可靠。

伴随变化的还有新型社会活动的出现，以及对技术权威信任的下降。乌尔里奇·贝克（Ulrich Beck）将他的分析从德国的核能领域扩展到科学、媒介和社会的总体理论层面。“技术统治”的把关人（记者、科学家、政治家、律师、工程师、保险估算师）更乐意公开地挖掘其他一些技术统治精英之间的差异，这也就是贝克所称的“技术统治的亚政治”。当这些争议的声音与技术统治之外的人产生共鸣时，人们感受到越来越“个体化”和灵活化的生活方式，不再需要信任权威以获得安慰。贝克认为我们这时就进入了“风险社会”。我们必须认识到，科学“专家知识”的争论声越来越大是科学家和新闻记者共同造成的，两者都对权威的地位和权威的生产作出呼应，并使其进入更广阔的社会变化中。不过，尽管贝克所说的“技术统治的亚政治”越来越多元化，但是它主要还是精英团体之间的争论（David and Wilkinson，2002）。

在思考新闻媒介中科学和技术的争议如何呈现时，媒介接近权的不平等是一个很适宜的议题。乌尔里奇·贝克（Ulrich Beck，1992）注意到媒介在将具有竞争意味的理性分析结合到一起时起到的关键作用。这说明我们应当批判地审视某些新闻信源如何被媒体呈现为不证自明的“可信”与“权威”。科技新闻往往被信源驱动，由信源框定报道。新闻媒介报道在很大程度上可以说是挑选出来的信源之间战斗的结果。然而，科技新闻研究总是倾向于关注新闻媒介对科学争论的呈现，却不透过表现考察新闻制作过程。在对遗传学报道进行研究时，康拉德（Conrad，1999：286）认为，很少有研究考察“信源是谁？科技报道如何使用信源？”有少量研究对影响科技报道的新闻信息来源之间的竞争和协商过程进行了深入探讨。民族志案例分析追踪某个特定议题，通过访谈和/或观察研究，抓住新闻信源的主要活动。这样的研究是特别有价值的。一些幕后因素能影响新闻信源在一段时间内进入有利于自己的报道的成败，民族志研究可以对此予以揭示。本章接下来的一个部分以对新的遗传学研究报道为案例，列举牵涉科技新闻信源的策略与权力的一系列关键问题。尤其是本章在这里提出一个重要的问题：新闻信源是如何被认定为“合理”、“可信”和“权威”的？新闻工作的常态在多大程度上限制了其他可替代性意见或者相反意见的声音？

科学报道的新闻信源与媒介框架

目前为止的一些研究都表明，记者在使用信源时会受到很多因素的限制，比如职业的和实用的要求、对某个议题的既有知识、与该领域的接触以及商业压力。记者的部分职业导向就是在这个领域里培育“可信的”、“可依靠的”、“合理的”信源，而不仅仅是捍卫他们报道的完整性。在实践中，记者们从一系列信源中获取材料，这些信源包括新闻发布稿、记者招待会、信息和公共关系官员、专业会议、科技期刊与访谈（Nelkin，1995：105）。然而，记者们一般没有时间、方法或者专业知识对事实进行独立证实（Anderson，2002，2003；Dunwoody，1999；Miller and Riechart，2000），他们有时候过于依赖那些他们没法控制的已经打包好的信息（Goodell，1986；Petersen，2001；Logan，1991；Manning，2001）。在接受访谈时，记者们确认影响媒介报道有许多因素，它们包括对特定议题的理解程度、时间和空间限制、新闻格式要求、社论控制、考不考虑“人情味”这个因素、这个议题缺乏政策行为等（Anderson，2000；Cunningham-Burley et al.，1998；Kitzinger and Reilly，1997；Kitzinger et al.，2003；Nelkin，1995；Steinbrook，2000）。来自商业方面的压力鼓励新闻机构选择那些更容易使读者产生熟悉感和相关感的话题及主题（Allan，2002；Anderson，1997；Conrad，1999；Hansen，1994；Kitzinger，2000；Kitzinger and Reilly，1997）。戏剧性的故事要求和鼓励记者关注那些“爆炸新闻”，而不是报道那些长期议题或者需要技术方面专业知识的议题（Nelkin，1995：105）。在人们心目中存在争议性的议题才是特别具有新闻价值的（Hansen，1994）。这些因素使得新闻以接近读者兴趣的方式形成报道框架，但是在不是记者的人眼里，有时报道看上去是对科学的“曲解”或“误传”。

上面所说的使一些研究者倾向于认为，新闻和科学占据两种不同的文化。“两种文化”的观点意味着科学家和记者生活在泾渭分明的两个世界中，总是不可避免地持有不同的观点和目标。这种观点认为，对于普通的读者/观众来说，科技报道要为普通读者和观众将科学事实翻译成普遍易懂的东西。然而，近来对科技报道的研究指出了一个更为复杂的互动过程（Lewenstein，1995）。首先，科学普及化模型表明“科学”和“普及”之间的分野，这种区别否认将大众看法输入到研究过程中，也否认简化是科技传播的一个本质特点（Hilgartner，1990：523-524）。记者通常也是科学领域的专家，在某些情况下，还是训练有素的科学家。这种模型还忽视了科学家以及其他利益团体在新闻制作的不同阶段试图控制新闻的各种方式，比如他们会管制信息流（通过新闻通稿、记者招待会、新闻“通气会”等），会倡导某些特定的形象和声明（通过选择特定语言和修辞手段）。迈克尔·马尔凯（Michael Mulkay，1997）对1990年通过的人类授精及胚胎学议案的报道就能体现这点。马尔凯（Mulkay）考察了各个利益团体之间的互动，以及他们怎样以肯定或者否定的角度来呈现胚胎学研究。支持胚胎学研究的人们最终在投票表决中成功地胜出，他们联合了一些持有相同观点的派别，拉拢了科学、经济及医药领域的各方人士以及政府官员们。政府官员认为接受胚胎研究最好地表现了公众利益。仅仅简单地观察记者如何“框架”某个议题是远远不够的，我们应当考察新闻制作中的各种社会关系。

作为信源的科学家对新闻制作过程潜在地施加了许多控制。尽管记者可以为一则新闻报道选择并确定主题，科学家还是有机会来界定报道内容选择的范围界限（Dunwoody，1999：63；Friedman et al.，1986；Peters，1995）。很多报道都是由信源塑造出来的，有人估计多达一半以上的报纸新闻报道是这样。所以，科学家能够策略性地为记者包装新闻报道（Nisbet and Lewenstein，2002：362）。

在最近的一些研究中，我们发现有关医药遗传学的新闻报道中时常引用科学家的话，从而帮助塑造了这个议题的正面形象（Conrad，001；Gutteling et al.，2002：118-119；Kitzinger et al.，2003：29；Petersen，2001：1263-1265；Smart，2003）。很多科学家意识到要确保他们连续获得研究基金，必须深深依赖公众支持，而公众的支持可以被媒介对于科技研究的报道所影响。因此，很多科学家都热衷于利用媒介来提升科学研究与科学家的正面形象（Nelkin，1985，1994）。通过控制新闻通告的发布时间，以及通过对特定语言和比喻的选择，科学家就能寻求塑造公众议题，影响政策方向（如Nelkin，1985）。通过有争议性的话题，科学家尤其可以获得机会影响公众对科学的理解（Dunwoody，1999：69）。他们可以将分歧性意见及不确定性作为一种修辞工具，让观众倾向于自己。也就是说，他们可以在一些场合下突出强调他们自己工作的有效性，同时说明与他们不同的其他研究是具有不确定性的（Dunwoody，1999：73）。

在意识到他们永远不可能完全控制媒介按照自己的意愿说话时，很多科学家"抱怨"媒介总是将科学描述得过于简单或者描述错了。一项以访谈为基础的研究对遗传科学家与记者的互动关系进行了研究，发现科学家们时常认为他们被媒介错误地呈现（Wilkinson，2004）。威尔金森（Wilkinson）的研究表明，科学家中有一种重度焦虑，担心记者常常过度放大科学家的专业性。记者们总是引用一些所谓权威人士的话，认为其"具有新闻价值"，但这个"专家"在真正处于这个专业领域里的人看来根本不算什么。这项研究也表明，很多科学家认为媒介对科学的错误描述是普通公众不信任科学的一个重要原因。然而，在一味责备记者采用了带有争议性的证据和言论，使用了误导性的简化说法和简洁语言时，我们往往忽略了科学家在对他们的研究进行普及化报道时也起到了某种"积极"作用。研究发现，科学家们喜欢在诸如《自然》、《科学》这类科技期刊中使用流行的形象和比喻，或者比较随意的语言，而这些科技期刊往往是科技新闻记者发现复杂的专业科学讨论的重要来源（Petersen，1999）。在记者的报道中，对遗传学的简化称法可能就变成了诸如“传递”之类的术语，比如在哈默等人（Hamer et al.）的文章中即是如此。“X染色体上的DNA标志与男性性别取向之间的联系”，接下来就被描述为预示着发现了“同性恋”倾向。如果不是用这种因果关系的话语，那就是采用一种表示相关关系的严谨话语（Miller，1995）。记者们引用的具有特别意味的描述和隐喻（比如“符码”和“地图”）可能就是科学家试图构建如何描述科学的一种方式，因而最大限度地扩大了它应该得到的价值，使其成为一种解释力量和/或者具有疗效的潜在作用（Petersen，2001：1261-1262；David，2005；Mulkay，1997）。换句话说，科学家不仅仅只是科技用语简化说法的受害者，他们自己在研究工作中更是积极参与到生产这些“流行”的概念之中。

结论

最近人们在克隆、胚胎干细胞和毫微技术这些议题的报道上展开了争论，对于这些报道的本质和准确性问题，人们发现在科技新闻研究中理解信源与媒介的关系非常重要。对于媒介时常“夸大”、“错误呈现”或者“歪曲”科技研究，很多科学家已经表示了他们的担忧。他们强调受众因此对科学更加不信任，给那些潜在有用的研究以反面作用。在媒介报道了多利这头克隆羊的出生消息之后，激发了公众对克隆人的担忧。据称，这推动了政治家和公众反对克隆技术的治疗性使用的研究（Petersen，2002）。同样，媒介报道了应用胚胎干细胞来制造“试管婴儿”（例如发生在英国的两起案例）之后，也激起公众反对新出现的干细胞治疗方法，尽管它很有效（David and Kirkhope，2005）。在英国，为了努力克服科技新闻报道中的这些问题，科学家们通过皇家学会，提出了一些指导意见来帮助记者和科学家进行科技与健康事件方面的报道。特别是在关于克隆问题的媒介报道方面，皇家学会列出了一个“为公众准备的建议清单”。这里面包含了能帮助非专业人员评价报道有效性的“10个主要问题”。像这样的一些努力可能会使人们逐渐认同“有品质”的科技新闻报道由什么因素构成，同时促使科学家、记者和公众更好地理解那些影响新闻报道的因素。然而，这也说明可以有“正确”或“准确”的科学报道，这就否认了新闻和科学都是社会产物，以及它们都与关于“真实”的矛盾说法有关。从权力的本质看来，尽管以上关于信源与媒介关系的各种理论有所不同，但是它们都强调了从新闻中能够得到什么以及新闻是怎样被描述的，是各种对真实有不同定义的竞争团体之间抗衡的结果。新闻和媒介研究的学者越来越多地将媒介视为一个场所，在这个场所里呈竞争关系的言论者们试图向公众强加他们对真实的界定，以此来塑造公众政治。在大众媒介化的社会里，要想理解什么才算是有效的、有用的科学，以及公众和政策制定者为什么愿意支持某种特定的科学研究和技术，就必须理解新闻的制作过程。这一点，科学家在他们想要努力控制科技传播及报道的实践活动时就已经认识到了。很显然，如果记者能进一步理解信源与媒介的关系，理解这些关系是如何影响他们的科技报道实践、影响他们为大众科技报道所作的贡献的，那么记者就能够从中大大获益。

参考文献

Allan, S. (2002) *Media, Risk and Science.* Buckingham: Open University Press.

Anderson, A. (1991) Source Strategies and the Communication of Environmental Affairs, *Media, Culture and Society*, 13: 459-476.

Anderson, A. (1993) Source-media Relations: the Production of the Environmental Agenda, in A. Hansen (ed.) *The Mass Media and Environmental Issues.* Leicester: Leicester University Press.

Anderson, A. (1997) *Media, Culture and the Environment.* London: UCL.

Anderson, A. (2000) Environmental Pressure Politics and the Risk Society, in S. Allan, B. Adam and C. Carter (eds) *Environmental Risks and the Media.* London: Routledge.

Anderson, A. (2002) In Search of the Holy Grail: Media Discourse and the New Human Genetics, *New Genetics and Society*, 21(3):

327-337.

Anderson, A. (2003) Environmental Activism and News Media, in S. Cottle (ed.) *News, Public Relations and Power*. London: Sage.

Beck, U. (1992) *Risk Society: Towards a New Modernity*. London: Sage.

Beck, U. (1995) *Ecological Politics in an Age of Risk*. Cambridge: Polity.

Conrad, P. (1999) Use of Expertise: Sources, Quotes, and Voice in the Reporting of Genetics in the News, *Public Understanding of Science*, 8: 285-302.

Conrad, P. (2001) Genetic Optimism: Framing Genes and Mental Illness in the News, *Culture, Medicine and Psychiatry*, 25: 225-247.

Cunningham-Burley, S., Amos, A. and Kerr, A. (1998) *The Social and Cultural Impact of the New Genetics*. Edinburgh: Department of Public Health Sciences, Medical School, University of Edinburgh.

David, M. (2005) *Science in Society*. London: Palgrave.

David, M. and Kirkhope, J. (2005) Cloning, Stem Cells and the Meaning of Life, *Current Sociology*, 52(2): 245-264.

David, M. and Wilkinson, I. (2002) Critical Theory or Self-critical Society, *Critical Horizons*, 3(1): 131-158.

Davis, A. (2000) Public Relations, News Production and Changing Patterns of Source Access in British National Media, *Media, Culture and Society*, 22(1): 39-59.

Deacon, D. (2003) Non-governmental Organizations and the Media, in S. Cottle (ed.) *News, Public Relations and Power*. London: Sage.

Deacon, D. and Golding, P. (1994) *Taxation and Representation: The Media, Political Communication and the Poll Tax*. London: John Libbey.

Dunwoody, S. (1999) Scientists, Journalists, and the Meaning of Uncertainty, in S. Friedman, S. Dunwoody and C. L. Rogers (eds) *Communicating Uncertainty: Media Coverage of New and Controversial Science.* New York: Lawrence Erlbaum.

Ericson, R. V., Baranek, P. M. and Chan, J. B. (1989) *Negotiating Control.* Milton Keynes: Open University Press.

Friedman, S. M., Dunwoody, S. and Rogers, C. L. (1986) *Scientists and Journalists.* Washington DC: AAAS.

Giddens, A. (1991) *Modernity and Self-Identity: Self and Society in the Late Modern Age.* Cambridge: Polity.

Goodell, R. (1986) How to Kill a Controversy: The Case of Recombinant DNA, in S. Friedman, S. Dunwoody and C. Rogers (eds) *Scientists and Journalists: Reporting Science as News.* New York: Free Press.

Gutteling, J. M. et al. (2002) Media Coverage 1973-1996: Trends and Dynamics, in M. W. *Bauer and G. Gaskell (eds) Biotechnology: The Making of a Global Controversy.* Cambridge: Cambridge University Press.

Hall, S., Critcher, C., Jefferson, T., Clarke, J. and Roberts, B. (1978) *Policing the Crisis: Mugging, the State and Law and Order.* London: Macmillan.

Hamer, D. H., Hu, S., Magnuson, V. L., Hu, N. and Pattatucci, A. M. (1993) A Linkage Between DNA Markers on the X Chromosome and Male Sexual Orientation, *Science*, 261 (16 July): 321-327.

Hansen, A. (1994) Journalistic Practices and Science Reporting in the British Press, *Public Understanding of Science*, 3: 111-134.

Hansen, A. (2000) Claims-making and Framing in British Newspaper Coverage of the 'Brent Spar' Controversy, in S. Allan, B. Adam and C. Carter (eds) *Environmental Risks and the Media.* London and New York: Routledge.

Hargreaves, I, Lewis, J. and Spears, T. (2003) *Towards a Better Map: Science, the Public and the Media.* London: ESRC.

Hargreaves, I. and Ferguson, G. (2000) *Who's Misunderstanding Whom? Bridging the Gulf of Understanding between the Public, Media and Science.* London: ESRC/British Academy.

Hilgartner, S. (1990) The Dominant View of Popularisation: Conceptual Problems, Political Uses, *Social Studies of Science*, 20: 519-539.

Kitzinger, J. (2000) Media Templates: Patterns of Association and the (Re) construction of Meaning over Time, *Media, Culture and Society*, 22: 61-84.

Kitzinger, J., Henderson, L., Smart, A. and Eldridge, J. (2003) *Media Coverage of the Ethical and Social Implications of Human Genetic Research.* Final Report for the Wellcome Trust (February 2003) Award no: GR058105MA.

Kitzinger, J. and Reilly, J. (1997) The Rise and Fall of Risk Reporting, *European Journal of Communication*, 12(3): 319-350.

Lewenstein, B. V. (1995) Science and Media, in S. Jasanoff, G. E. Markle, J. C. Petersen and T. Pinch (eds) *Handbook of Science and Technology Studies.* Thousand Oaks: Sage.

Logan, R. A. (1991) Popularization Versus Secularization: Media Coverage of Health, in L. Wilkins and P. Patterson (eds) *Risky Business: Communicating Issues of Science, Risk and Public Policy.* New York: Greenwood.

Manning, P. (1998) *Spinning for Labour: Trade Unions and the New Media Environment.* Aldershot: Ashgate.

Manning, P. (2001) *News and News Sources: A Critical Introduction.* London: Sage.

Miller, D. (1993) "Offcial Sources" and "Primary Deffnition": the Case of Northern Ireland, *Media, Culture and Society*, 15(3): 385-406.

Miller, D. (1995) Introducing the 'Gay Gene': Media and Scientific Representations, *Public Understanding of Science*, 4: 269-284.

Miller, D. and Williams, K. (1993) Negotiating HIV/AIDS Information: Agendas, Media Strategies and the News, in J. Eldridge (ed.) *Getting the Message. News, Truth and Power.* London: Routledge.

Miller, M. M. and Riechert, B. P. (2000) Interest Group Strategies and Journalistic Norms: News Media Framing of Environmental Issues, in S. Allan, B. Adam and C. Carter (eds) *Environmental Risks and the Media.* London: Routledge.

Mulkay, M. (1997) *The Embryo Research Debate: Science and the Politics of Reproduction.* Cambridge: Cambridge University Press.

Nelkin, D. (1985) Managing Biomedical News, *Social Research*, 52 (3): 625-646.

Nelkin, D. (1994) Promotional Metaphors and their Popular Appeal, *Public Understanding of Science*, 3(1): 25-31.

Nelkin, D. (1995) *Selling Science: How the Press Covers Science and Technology*, second edition. New York: W. H. Freeman.

Nisbet, M. C. and Lewenstein, B. V. (2002) Biotechnology and the American Media: the Policy Process and the Elite Press, 1970 to 1999, *Science Communication*, 23(4): 359-391.

Nowotny, H. (1977) Scientific Purity and Nuclear Danger: the Case of Risk Assesment, in E. Mendelsohn, P. Weingart and R. Whitley (eds) *The Social Production of Scientific Knowledge*, *Sociology of the Sciences Yearbook I.* Dordrecht and Boston: Reidel Publishing Company.

Peters, H. P. (1995) The Interaction of Journalists and Scientific Experts: Cooperation and Confict between Two Professional Cultures, Media, *Culture and Society*, 17(1): 31-48.

Petersen, A. (1999) The Portrayal of Research into Genetic-based Differences of Sex and Sexual Orientation: a Study of "Popular"

Science Journals, 1980-1997, *Journal of Communication Inquiry*, 23(2): 163-182.

Petersen, A. (2001) Biofantasies: Genetics and Medicine in the Print News Media, *Social Science and Medicine*, 52: 1255-1268.

Petersen, A. (2002) Replicating our Bodies, Losing our Selves: News Reporting of Human Cloning in the Wake of Dolly, *Body and Society*, 8(4): 71-90.

Reed, R. (2001) (Un-)Professional Discourse: Journalists' and Scientists' Stories about Science in the Media?, *Journalism*, 2(3): 279-298.

Schlesinger, P. (1990) Rethinking the Sociology of Journalism, in M. Ferguson (ed.) *Public Communication*. London: Sage.

Schlesinger, P. and Tumber, H. (1994) *Reporting Crime: The Media Politics of Criminal Justice*. Oxford: Clarendon Press.

Smart, A. (2003) Reporting the Dawn of the Post-genomic Era: Who Wants to Live Forever, *Sociology of Health and Illness*, 25(1): 24-49.

Steinbrook, R. (2000) Medical Journals and Medical Reporting, *The New England Journal of Medicine*, 342(22): 1668-1671.

Wilkinson, C. (2004) unpublished PhD thesis in progress, Multiple Experts: Scientific, Medical, Media and Public Discourses on New Genetics, School of Sociology, Politics and Law, University of Plymouth. Presented for discussion and referred to here with permission from the author.

第十五章 风险报道

——为什么人们从来就不能把它做好呢？

苏珊娜·霍尼格·普里斯特

● 新闻记者应当报道哪些风险？

● 在一场不确定的风险面前，新闻记者是应该忽略它从而避免引起恐慌，还是无论如何都要报道它？

● 如果科学家都不能弄明白那个风险，新闻记者又怎能明白？

几乎所有人都在抱怨媒介对风险的新闻报道。科学家们抱怨风险报道中的科学信息不准确或不完整，或对于风险的情况描述得比真实情况还肯定。政府官员们抱怨风险报道引起了不必要的恐慌，或媒介没有给予人们关于风险的足够提醒。倡议群体抱怨他们关注的特定议题或问题没有得到媒介的充分重视。企业抱怨它们所采用的技术和生产出的产品被媒介报道得太具风险性，而且媒介对它们这方面太过重视了。媒介消费者们抱怨他们弄不清哪些是应当担心的，哪些是不需要担心的，因为媒介对科学依据的阐释时常是一会儿东一会儿西，以至于弄得人们更加迷惑。新闻学者们抱怨媒介报道的观点过于依赖“政府信源”，尤其是在报道科技新闻时，过多地报道科学中的突然“突破”，而忽视了科学的长期趋势与发展。

风险并不仅仅是一个技术概念，它还是一个社会概念。事实上，一些社会学理论家（参见 Beck，1992）就认为可以将后工业社会重新定义成“风险社会”。对很多人而言，在风险社会中，维持日常生活的基本问题都已解决，避免风险才是新的组织原则。风险来自后工业社会特有的很多因素，它来自现代化的技术（在产品生产、能源生产、交通运输这些行业中），来自后工业化社会的相关环境污染，来自机械化、大规模的农业生产，来自人们的饮食习惯和生活方式的改变，对遗传和营养的了解快速增进，却仍然没有完整的知识。它还来自于社会的流动化、城市化相关的暴力犯罪，来自于在曾对年轻人生命构成威胁的很多传染疾病现在大多得到了控制的情况下，老年疾病对生命的威胁，来自全球经济秩序下的战争。那些来自自然灾害的旧风险依然存在，但是诸如防震建筑、防震桥梁和对龙卷风、飓风的早期警报系统等新技术的出现已经部分地减轻了这种风险。

显然，我们生活的四周风险丛生。新闻记者对风险视而不见、不予报道恐怕是不能接受的。但是，对风险应该如何加以报道？能不能不用煽情的方式，而是依然用故事来吸引读者和观众？过多的风险报道是否会导致人们回避威胁信息的“超载”？几乎所有人都认同，当代社会中新闻媒介部分工作职责就是向市民提醒潜在的风险，尽管这该如何完成还没有统一的意见。拉斯韦尔（1948）提出的经典的媒介功能说包括环境监测、社会联系和文化传承。显而易见，风险报道就是媒介工作职责的一部分。

风险报道主要构成了环境监测，即对人们发出有威胁情形的警告和提醒。这也可能以相反的方式起作用。当我打开地方报纸，发现社区外没有什么感兴趣的严肃新闻时，我就在某种程度上得到了心理安慰。因为我知道如果有国家性或全球性的重大灾难来临，那么它肯定会取代我们市议会的会议新闻、高尔夫球场或购物场所的修建新闻、中学聘任新校长的新闻。我可以依据新闻媒介，哪怕只是一份小城镇的地方报纸来得知大多数重大风险的新闻，尽管有可能当地利益或者记者的深入思考会让本地新闻压过国家和全球新闻。高尔夫球场会改变水流方式从而造成排水问题吗？本市会有责任心地放弃划拨土地做垃圾掩埋场，考虑将土地做其他用途，比如垃圾回收吗？新校长会公布我们公共学校里未接种疫苗的学生数量吗？我不太确信这些事情能否如愿报道，但是我确信当前主要的、即将出现的威胁一般都会被提及。

当然，社会联系和文化传承，包括我们理解和阐释风险时携带的价值观，都更为复杂。比如，在新闻报道中，关于政府机构在地震或飓风时的应对是很显著的新闻（Hornig [Priest] et al.，1991）。它能使人们了解社会是如何应对风险的，同时也能间接地告诉人们，一切都在控制之中。在阐释风险信息、评价风险的可接受性时，我们应携的价值观更可能是以一种隐晦而非清晰的方式传递出来。在地方报纸认为高尔夫球场和购物中心是好东西时，它们正在传递某种社会价值观（这种价值观我可以同意也可以不同意）。比如，在未开垦的土地上修建了一个高尔夫球场在美学上是正确的，而且经济发展总归是，也必须是件好事。

风险与人类社会价值观

风险当然跟价值观相关。几年前我在西宾夕法尼亚参加了一个关于农业方面的价值观的会议，会议安排我们参观了当地的阿米什（Amish，美国的一种基督教派）农场。阿米什人在不同程度上反映当地领导者的偏向。他们反对现代科技（如汽车、拖拉机，有的还包括电），但是这些并不妨碍阿米什人成为成功的农民。阿米什人这个特殊群体也反对大多数科学药剂，倾向于选择草药治疗等替代方式。我们会议小组中一个对营养学感兴趣的成员从媒介报道中了解到阿米什人的饮食富含高脂肪，便问他们患心脏疾病的比率，他们回答说他们一般在50多岁的时候死去（大概死于心脏疾病）。他们期望自己在50多岁的时候死去，而且很多时候他们感到上帝希望他们在这个年龄左右离去。抚养和教育下一代的任务就交给了一少部分活着的年纪大些的人。这有什么问题？在阿米什人看来没有任何问题。换句话说，即使是像健康长寿这种看上去基本的人类渴求，也不是普遍接受的价值选择。

哪种风险是我们认为可以接受的，或者哪种风险比其他的更可取一些，这在很大程度上就是价值基础上的选择问题，而不是科学论断。另外，风险分析背后的科学仍然普遍具有极大的不确定性。营养问题就能很好地说明这点。目前这个领域有很多争论。吃低脂食物和低碳水化合物哪个更有利于健康？饮食中的高脂肪和高胆固醇究竟是不是导致心脏疾病的罪魁祸首？美国农业局强调饮食以谷物为主，而不是以蛋白质为主，这个“食物金字塔”的科学（或政治）意义是什么？食品标签政策对于营养健康是否合适？发达国家中新出现的大量肥胖死亡现象背后的原因是什么？在这些情况下，人们应当相信哪种科学真理，以此为基础作出日常生活中的决定？事实上，在风险面前，与科学知识相比（Priest et al.，2003），在某些特定社会机构中的信任模式能够更好地预示人们的心理态度和行为选择。人们感觉这种社会机构能够代表他们自己的世界观和信念，虽然科学知识也在其中起作用（Sturgis and Allum，2004）。在不确定或存在争议的情况下，人们必须作出应该相信谁的决定。我们认为他们将倾向于相信与其持有相同价值观的人们，这种推论是站得住脚的。

另外，按照人类价值观，并不是所有的伤害和死亡的意义都是等同的。与成年人相比，我们对受伤害的儿童持有更多的同情，因为他们以后的路还有很长，对外界情况也没有什么控制能力。儿童遭遇的风险能极大地调动人们的感情。1987 年儿童杰西卡不小心掉进了得克萨斯州一口废弃的井里，在拯救他的那段日子里整个美国似乎都屏住呼吸，焦急地等待着。其他的一些死亡因其发生情形具有象征意味，也能激起人们的情感。比如 1999 年，得克萨斯州 A&M 大学的 12 名学生在搭建大篝火的时候不幸身亡。搭建大篝火是该校每年一次的传统活动，源于 1909 年。这个事情得到了世界范围的媒介报道，也得到了人们的同情和思考。但是，同样是 1999 年，许多得克萨斯中学生在高速公路上因交通事故而死亡的事件，却没有受到当地社区以外的人一丁点儿关注。根据国家交通安全局的统计，在得克萨斯仅 1997 年就有超过 800 个 20 岁或 20 岁以下的驾车者死于车祸（Hall，1999）。

风险与不确定性

风险评估的特征就是普遍存在不确定性。核电站会毁灭我们还是拯救我们？激素替代治疗有益还是有害？这很难给出一个简单的

“正确”的科学答案。社会学家 Bruno Latour（1987 年）认为“新兴的”或者不确定的科学与科学是有区别的。前者关于科学和医药的争论并没有达成共识，而后者已经得以确定并为人们广泛接受。新闻从本质上说，关乎正在“新兴的”科学。编辑部的价值观就证实了这一点，新兴的科学因为是人们想要了解的，因而具有新闻价值。但是在风险报道中，这却是一个问题。在事实发生之后，我们还不好判断下列事情是否具有不合理的风险，比如在苹果树上使用化学杀虫剂、通过空气接触“非典”病毒、与艾滋病毒携带者握手、或者食用英国牛肉等。几个月或者几年过去后，尽管对于“不合理”的定义还有待判断，但是对这些问题或与此相似的问题，科学可能会给出答案，或者至少给出部分的答案。然而新闻记者必须活在当下，不能等到事后或在科学家细致的研究之后再来为人们解除困惑。

从另一方面说，当关于风险的证据还不很确定时，科学家常常不愿意表明态度。这种情形下，一些新闻记者就采取一种在业内比较有名的把戏：他们会问科学家自己是如何面对风险的，迫使科学家在风险不确定的情况下给出主观决定。记者会这样问科学家：你吃这种鱼吗？你会让你的孩子在这个湖里游泳吗？科学家虽然不能肯定科学证据支持什么样的观点，但是通常愿意也能够回答上面的问题。像我们其他人一样，科学家们在不确定性面前，也必须作出自己的决定，而不能总是等待所有证据的出现和评定。事实就是这样，作为科学专家，他们的角色让他们感到自己必须更加谨慎。但是他们不愿意对公众表明立场，也使得新闻记者完成任务更复杂了。

充满矛盾意味的可能性

在很多情况下，个人风险及决策与群体风险及决策并不一样。在分享环境资源的所谓“大众的悲剧”时（Hardin，1968）就是这样。在这个时下有名的案例中，牧民们共享着一片牧场。如果每个牧民放牧的牛保持在一定数量内，那么这片牧场就不会被破坏。但是一些牧民总是抵制不住诱惑，放牧时超过那个本应谨慎呵护的数量。如果只有极少数牧民这么做，那么一些人会受惠于此，而且也不会对每个牧民造成问题。但是如果每个人都认为“又不是我的牛吃多了草”，那么这个牧场就会被毁掉，所有的牧民和牛都会遭殃。在很多时候，环境或自然资源方面受到的威胁对个人带来的风险可能比较小，但是对于整个群体来说却是巨大的。

还有一类情况和上述所说的相似，但又不完全一致。对个体而言较小的风险，聚集到一起就肯定会对某些个人造成伤害。但这种伤害与“悲剧”不同，它不一定会伤害到所有人。比如，如果我今天开车的时候没有系安全带，我可能还是会顺利平安，但是如果世界上的每个人都陡然不系安全带了，相信会有相当多的一部分人因遭遇车祸而死亡或受伤。尽管不是很容易，但是这种行为还是可以被管理的。不系安全带的念头会使人们不自在，但这部分是因为系安全带已经逐渐成为一种社会规范（这是有意识的传播运动的结果），一种合理行为的共同期待，谁违反了这种行为谁就会感到内疚或者受到其他人的抵制。即使是好莱坞电影中的“坏蛋”，在他们为逃脱警察的追捕而快速驾驶之前，都要系好安全带！

一种药物可能会对某个特定的个人带来非常微小的伤害风险，但是如果几千人都服用了这种药物，那么其中的一些人肯定会受到伤害，从而成为一个巨大的风险。那么新闻报道应当建议人们怎么做呢？相反地，一种相对较罕见的疾病或者情形可能会在一段时期内在特定的地方对一小群或“一小簇”人不利，比如最近在纽约长岛发生的妇女患乳腺癌事件。在我们没有确凿的证据表明潜在的、非偶然的原因导致这类事件发生之前，甚至在我们都不能确定原因之前，这样的事情已经发生过多少了？但是这种特定的风险（从统计数据上看来它的确“真实”存在）在主要是中产阶级的倡议组织及其积极鼓动下，是不是被关注过多了？报道多少才是“太多了”？也许这些问题要通过与其他地方的风险案例相比，才能够得到最好的理解。比如涉及其他人群的风险。1991 年，人们发现南得克萨斯州的西班牙裔婴儿中，无脑儿这种致命畸形的比率明显变大。造成这个风险的原因很多，可能是营养不良，或者是当地企业或附近农业的空气污染或水污染、哥兰德河上游的污染、病毒传染、遗传学或者其他可能（最近的报道称，在过去 10 年里，一种玉米真菌产生的有毒物质通过玉米饼被人们摄入，这与无脑儿现象有关——Walberg，2004 年)。新闻记者应该如何讨论这些事件？新闻媒介是应该给出解决办法，还是仅仅报道“事实”而不提供任何意见？不管新闻媒介说什么或者不说什么都会有很大影响。含蓄的解释也会不可避免地与广大的相关者（包括涉嫌污染的企业与生产可疑药品的厂家）和倡议者的政治利益挂上钩。上述两个例子还与刻板印象密切相连：人们很容易认为贫穷的墨西哥妇女对营养一无所知，而富裕的纽约家庭主妇又神经过敏。

就像分析所有社会问题一样，基于社会学理论中的三种主要范式，我们可以用至少三种方式来分析风险议题和风险报道。第一种范式是在确定应当重视哪种风险、不需要重视哪种风险时，个人价值观和社会价值观（不仅仅是科学理解）扮演的角色。第二种范式是在确定何为风险，以及如何处理风险时，社会结构和相关机构及其实践（包括媒介自身的实践）扮演的角色。我将要谈论的第三种范式的重要性在很多时候得到了它理应得到的重视，这种范式是在确认谁将承担风险、社会将会注意并解决哪种风险时，冲突和权力的重要性。每种范式对新闻记者如何应对风险新闻都具有一定意义。

风险感知范式

将人类价值观纳入风险感知，这一观点总体上源自保尔·斯洛维克及其他人的工作（Slovic，2000)。斯洛维克与他的同事们证明了一些心理因素与风险感知有关。从心理学角度看来，一次就造成很多人死亡或严重伤害的“恐惧风险”比那些一次造成几个人死亡或受伤，但总体伤亡人数同样多的风险更让人难以接受。这种关于“恐惧风险”的观念已经成为风险分析专家和风险传播专家的常用词汇。它帮我们认识到一个观点，如果专家和普通公众的观点不一致时，这不一定是因为这两个群体都无法获得有效信息，而是因为这两个群体的人用不同的价值观来解读信息。

但是，斯洛维克最初提出的观点却有一些局限之处。第一个局限是它不能合适地处理“感知的”风险与“实际的”、科学的风险之间的联系，也就是说如何从一种可能发生的、科学的视角来看待假定的风险（Bradbury，1989）。任何风险的定义都不可能做到完全与价值观脱离，所以对“实际的”风险与“感知的”风险进行区分有时候反而更使人迷惑，而不是更清楚。这个“感知”的概念即意味着“曲解”，我们也可以用这两者之间的区别（公平地说，尽管这并不是斯洛维克的经典说法）来降低人们对风险的普遍担心。对风险的担心反映了人们不同的价值选择或价值思考，而人们的这种担心往往与科学的或医药方面的声明并不相符。同时，从另一方面来说，这种心理学研究方法有效地指出：在理解相关科学数据时，公众对风险的感知并不总是简单错误的，相反，它代表了一种“理性”的思考，尽管由这种理性得出的结论并非基于科学事实。

这种心理学方法的第二个局限是，风险事实上并不仅是个人问题，更是一种集体或社会问题。社会动力不可能简化为个人意识或个人行为。价值观不仅仅属于孤立的个体，而且与文化规范、信仰、期望与态度密切相关，所有的这些都是基于社会层面的。事实上，它是定义文化身份、社会或小群体的一套共享的价值观与信仰。风险感知是一种集体感知，从这个意义上来说，风险感知就像舆论一样。如果是分散在沙漠之地，没有人能够拥有一种“公众”意见。公众意见的形成决定于了解其他人的想法，将自己在心理上定位于其他人之中。同样地，风险感知决定于共享的价值观，以及人们如何理解社会机构对风险所采取的行动，包括这些社会机构是否可信赖、风险消息是否合理或不合理地得到分散、责任团体是否采取了合适的行动来降低或消除风险等。

新闻媒介在为公众提醒这类议题以及行动的时候具有非常重要的作用。大部分新闻报道的消息来源都是机构，而不是严格意义上的个人。新闻记者需要辨别这些消息来源为媒介提供信息，并以此来构建事件、塑造社会行为动机时的作用。新闻高度依赖这些信息来源者提供的信息，尤其是在技术领域（Gandy，1982）。这一点不太可能发生变化。机构性信源拥有最新的技术信息，以及最早的风险知识。但是，所有的机构都与风险相关议题有利益牵涉，它们都参与到了风险相关议题之中，新闻记者必须记住这点。

社会结构与风险的扩大

社会机构除了对新闻媒介具有重要影响之外，还在所谓风险的社会扩大方面具有其重要作用（Pidgeon et al.，2003）。依据这个说法，由于诸如倡议群体、政府机构、企业和新闻媒介等不同社会机构的行动，风险可以被扩大，即看起来比真实风险更大，或更弱更小。这个理论与媒介研究中的议程设置理论颇为相似（Lang and Lang，1983）。议程设置理论认为设置政治或公众议程的并不仅仅是媒介，还有许多社会机构来共同设置议程。新闻媒介、政治舞台和公众心目中突出的议题（不管是风险还是其他）均源于多个不同机构参与的复杂社会过程。风险的表现形式与其他政治事件一样。不同社会行为者之间有着复杂的相互作用，其结果决定了风险的显著性。多重机构，包括具有早期社会运动形态特征的非正式机构，共同决定了哪种风险会受到关注。

与心理学范式相同，这种观点倾向于认为，风险的社会扩大过程始于一种“实际风险”，它在机构采取行动之前就存在，然后经由这些机构采取的行动被扩大或削弱。但是，这个假设并没有得到事实的检验。当然，如果没有社会机构的参与，几乎就不会有我们能辨别出的明晰可见的“实际风险”。我们可以假定在我们视野之外的某个地方，也许有假定的真实的风险评估，但是我们能实际接触的所有风险评估都是由社会行为者构建的，他们通常是在一些更大的机构，包括科学研究所完成。所以，即使科学家、企业和倡议群体还没有将自身的复杂特点添加到风险的本质及重要性描述中，科学本身和科学议程仍然不是价值自由的。这并不是说科学是错误的，而是说它总是与价值观有关。新闻记者必须意识到风险的机构构建特征。

扩大化理论的另一个问题是它还没能完整地解释或预测，对某一特定风险，社会体系如何将其扩大或是削弱。如果由于公众讨论，风险看上去变大了，那么风险就是扩大了；如果风险缩回到讨论距离之外，那它就是削弱了。很明显，这个过程并不是由风险程度的科学依据所控制，相反，是这个过程决定了对于哪种风险该以何种方式行动。为此，我们必须考虑社会中权力的分配。在影响事件的公共讨论过程中，社会机构和社会行为者的能力大小并不是相等的。从科学家、医生、工程师或首先定义风险本质的风险分析家，到之后倡导风险应该予以重新定义的利益集体，任何一个风险都涉及多个利益者。

利益者的利益与风险的社会分配

风险的第三种主要社会解释更直接地思考风险的社会分配，以及具有不同利益和权力的利益者之间在如何分配风险和如何界定风险上的冲突。保险公司希望汽车更安全一些；汽车生产厂家无论如何也想要获取利润。不过如果生产更安全的汽车能够帮助它们实现这点，它们可能就会同意生产更安全的汽车。环境和健康议题倡导者希望在农业和生产中使用的化学物质更少、更安全一些；农民和生产者也是想获得利润，但哪怕是出于商业的考虑，也想让自己看着有社会责任感。少数群体想要环境公平，即他们希望环境风险和健康风险均匀地分配，而不是比例不均地施加在低收入的、少数族群的身上。人们倡导消除由特定疾病（如肌肉影响不良）、社会问题（如家庭暴力）、问题行为（酒后驾车）引起的风险，这些议题的倡导者彼此之间为获得媒介、政治家和公众的关注而竞争。公共健康机构希望人们不要再抽烟了；烟草利益者却四处游说应该将抽烟重新定义为个人的一种“权利”。这些竞争利益的出现和倡导者的行为是健康的、多元的民主社会的标志。但是这些不同的利益群体并没有平等的权力去决定社会结果。

全球变暖是风险分配斗争的重要案例，它还体现了如果风险成为现实，对风险成本或潜在后果问题上的斗争。像许多环境议题一样，全球变暖呈现一种“大众悲剧”的维度：我一个人驾车不会导致全球变暖，但是所有人驾车就不能不使全球变暖（我们这时是假设驾车是我们现在需要关注的唯一原因。当然，实际情况更为复杂，工业活动也是造成全球变暖的另一个重要原因）。目前，富裕一些、发达一些国家的人驾车更多一些，但是如果全球变暖发生了，每个人肯定都会受到影响，某些地区的农业生产也肯定会遭受威胁。事实上，在贫穷一些、欠发展一些的国家，当地农业的粮食供给不稳定，粮食储备与分配体系不充足，它们毫无疑问地将会承担更多的风险解决成本。发达国家可能会有更好的机会去改良农业，其食品分配和储备体系也肯定更完善。然而，这个领域却很难达成国际协议。因为，要抑制全球变暖，那么肯定是更发达、更强势的国家要更多地改变他们的行为，同时，也肯定是更发达、更强势的国家会认为他们自己面临的风险要更少一些。

我们可以很容易地想到其他一些风险没有平等分散的案例。有些不平等是自然决定的，而非社会因素导致的。患有乳腺癌的大多是女性，只有男性才会患前列腺癌。但是其他一些风险分散的方式很明显地反映出了社会的阶级结构和种族划分。成为街头犯罪的受害者这一风险总是更多地降临在少数族群和低收入人群身上，这些人不得不生活在高犯罪率的地区。他们生活的这种地区还更可能被倾倒有毒垃圾。那些无法承担或没法获得健康保险的人，包括失业者和工作单位不提供健康保险的员工，死于本可预防疾病的风险比例更高。没有受过教育的人更少地知道健康预防的最佳方式，经济低下的人更没能力去实施健康预防措施。如果你没有足够的经济实力来承受，那么关于应该吃瘦肉、一天吃五次新鲜水果和蔬菜的建议又如何可行？显然，含糖的饮料和重度油炸食品会更便宜一些。后工业化社会的风险就是分配不均。

新闻能提供什么？

新闻记者需要认识到风险的社会特征和政治特征。这就意味着他们必须质疑单纯科学的风险定义，同时思考在某个风险状况中，谁是获益者，谁是受损者，对风险的特定界定如何能改变这种平衡。他们必须意识到自己对风险的处理方式，以及依赖于一些心理和文化因素的公众感知，都将决定哪些风险是要解决的，哪些风险是应忽略的。在这个过程中，有的机构利益者成为赢家，有的成为输家。

只是认为新闻记者应当报道“客观”事实，让人们作出自己的决定是不够的。

我们不是要说科学与风险无关，或者说新闻应该忽略科学事实。风险并不会因为人们不关注它或者不相信它的存在而消失。就像站在迎面开来的火车前面一样，吸烟是任何人不能回避的风险。风险不仅仅与政治有关，风险是真实的人们可能真正地受到伤害的一种可能性，而如果新闻媒介更好地行使了其工作职责，有时候它真的可以预防。相反地，过多地扩大风险，转移社会资源的注意力，有时候会造成不必要的焦虑，甚至是更重大的伤害。但是，认识到风险的科学维度，同时理解到风险的科学维度也是社会构建的，还只是个开始。

什么是我们可以承受的“合理的”风险，什么是不合理的风险？这些问题的答案需要判断，且高度依赖人们的社会价值观和社会优先权。这些议题应该进行公共讨论。新闻记者的职责是告知人们有这样的讨论并且激发人们参与讨论，同时帮助人们确定什么是危险的事情。我们在讨论进行的过程中不能置科学于不顾，而应该使科学也参与进来。同时，我们也不应当将科学视为风险讨论的核心因素而将许多社会文化因素“边缘化”，在很多情况下将社会视为中心因素而将科学视为边际因素可能会更有帮助作用，除了科学这个平台之外，我们可以让其他因素也介入讨论。拉斯韦尔是正确的，他认为媒介的作用不仅仅是环境监测。新闻必须帮助塑造在已确认的威胁面前的社会反应，并且确认人们在决定如何应对风险时采用的社会价值观。

参考文献

Beck, U.（1992）*Risk Society: Towards a New Modernity.* Translated from the German by Mark Ritter. London: Sage.

Bradbury, J. A.（1989）The policy implications of difiering concepts of risk, *Science, Technology, and Human Values*, 14: 380-389.

Gandy, O. H.（1982）*Beyond Agenda-setting: Information Subsidies and Public Policy.* Norwood, NJ: Ablex.

Hall, J. (1999) Remarks before the Second Annual North Texas Transportation Safety Summit, Irvine, 18 August. Accessed on 17 May, 2004, from http://www.ntsb.gov/speeches/former/hall/jhc990818.htm.

Hardin, G. (1968) The Tragedy of the Commons, *Science*, 162 (3859): 1243-1248.

Hornig [Priest], S., Walters, L. and Templin, J. (1991) Voices in the News: Newspaper Coverage of Hurricane Hugo and the Loma Prieta Earthquake, *Newspaper Research Journal*12 (3): 32-45.

Lang, G. E. and Lang, K. (1983) *The Battle for Public Opinion: The President, the Press and the Polls during Watergate.* New York: Columbia University Press.

Lasswell, H. (1948) The Structure and Function of Communication in Society, in L. Bryson (ed.) *The Communication of Ideas.* New York: Institute for Religious and Social Studies. (Reprinted 1964 by Cooper Square Publishers.)

Latour, B. (1987) *Science in Action: How to Follow Scientists and Engineers through Society.* Cambridge, MA.: Harvard University Press.

Pidgeon, N., Kasperson, R. E. and Slovic, P. (eds) (2003) *The Social Amplification of Risk.* New York: Cambridge University Press.

Priest, S. H., Bonfadelli, H. and Rusanen, M. (2003) The "Trust Gap" Hypothesis: Predicting Support for Biotechnology Across National Cultures as a Function of Trust in Actors, *Risk Analysis*, 23 (4): 751-766.

Slovic, P. (2000) *The Perception of Risk.* London: Earthscan Publications.

Sturgis, P. and Allum, N. (2004) Science in Society: Re-evaluating the Deficit Model of Public Attitudes. *Public Understanding of Science*, 13: 55-74.

Wahlberg, D. (2004) Corn Fungus Linked to Fatal Birth Defects, *The Atlanta Journal Constitution*, 4 April.

第十六章　新闻谈话
——广播电视新闻采访中的互动

伊恩·哈奇拜

- 对听众来说，新闻访谈节目有哪些特征？
- 新闻采访者如何保持中立的立场？
- 采访者怎样对公众人物提出挑战？
- 受访者拒绝遵守采访规则会怎样？

记者们工作的一个重要环境就是广播电视新闻。广播电视新闻节目单上经常看到的方式就是说话，有些是独白式的播报，即一位新闻主播通过摄像机镜头（若是电台则通过麦克风）将新闻的标题和导语直接读出来。还有更多的是通过互动进行的，这包括演播室记者与现场记者的实况连线、两个或两个以上的新闻主播的交谈，或者是记者与公众人物包括有新闻价值的演员进行的访谈。广播电视节目中有了越来越多互动的说话形式，逐渐超过了以前那种独白式的标准新闻播报形式，也就是“播音”的形式。主要的设定议题类的新闻节目通常都是由一系列访谈组成，每个访谈前只由一个主播简短地介绍背景，比如 BBC 的广播节目《今日》(*Today*) 和 BBC 的电视节目《新闻之夜》(*Newsnight*)。在美国，长期播放的一些高知名度节目也同样由一系列现场采访组成，比如 ABC 的新闻节目《夜线》(*Nightline*)。事实上即便是标准的新闻播报节目也越来越多地采用“双主播”形式，这样一来新闻播报的任务本身就置于更广阔的互动式交谈的语境中了。

这种现象带来的结果就是新闻讯息更多地在互动交谈的生产过

程中产生。这就促使我们在考察新闻采访时，不仅要分析采访在新闻生产过程中的作用，还要分析采访的结构特点，因为正是语境形成和限制了新闻信息的内容。赫里蒂奇、克莱曼和齐默曼（Heritage，Clayman and Zimmerman）对此这样说：

> 在新闻的呈现过程中，作为一种媒介的社会互动的使用持续增长，这意味着脱离互动来分析新闻信息的结构和内容（这两者恰是在互动中产生的）是不切实际的，虽然媒介不是信息，但是广播电视新闻在互动结构中传递，这必然会对新闻讯息的内容和表现发挥作用。

本章的研究考察广播电视新闻采访中由互动产生的新闻，本研究采用的方法是谈话分析。本章一开始简要概述谈话分析方法的视角（Hutchby and Wooffitt，1998），然后考察新闻怎样在采访过程中建构出来。本章围绕的核心问题是：记者如何在保持恰当中立姿态的同时，代表公众利益向政治家和其他人物提出挑战。为了回答这个问题，我在这里作出了一系列的谈话分析。

谈 话 分 析

谈话分析致力于对人类社会互动建立起一个自然的，以观察为基础的经验科学研究，研究者通过分析自然发生的谈话记录来发现参与者如何在交替说话过程中彼此理解和回应，其主要关注的是谈话次序是怎样产生的。谈话分析的目标是发现社会语言学技能，这些技能在有组织的社会互动秩序中构成了谈话生成与诠释的基础。因此，谈话分析可以成为一种桥梁，连接起语用学领域更正式的语言学分析（Levinson，1983），和人的社会性的社会学调查。

20 世纪 60 年代加利福尼亚大学的哈维·萨克斯（Harvey Sacks）对日常语言使用的结构性组织进行了开拓性研究，这是谈话分析的开始（见 Sacks，1992）。哈罗德·加芬克尔（Harold Garfinkel）对实践推理的日常方法研究被人们称为民族方法学

(Garfinkel, 1967)，它部分地影响了萨克斯（Sacks）的研究。萨克斯（Sacks）同时还受到欧文·戈夫曼（Erving Goffman）关于面对面互动的结构性质研究的影响。在这些影响的基础上，萨克斯（Sacks）发起了一份基础研究项目，通过谈话的每日实践解释社会秩序的等级。

谈话分析的主要信条是：对于社会学家来说，平常的谈话也不是琐碎的、随意的、无组织的，社会学家对它们也感兴趣，认为它们其实是组织结构性强的社会实践。谈话分析的第二个信条是：研究社会秩序最好是通过使用录音录像技术记录的自然发生的谈话，这样获得的数据可以反复查看和记录，从而可以深入分析。萨克斯（Sacks）描述他对录制在磁带中的谈话的研究，他写道：

> 那样的材料有一个优点，我可以反复播放它们。这样我就可以记录它们，进一步对它们进行研究，不管它们有多长。磁带录音材料对发生了什么进行了“足够好”的记录。当然其他事情也发生了，但是录在磁带里的是肯定已经发生的事情。
>
> (Sacks, 1984: 26)

通过对记录的谈话录音进行观察，谈话分析家用一种独特的方法研究了日常语言。这种方法关注萨克斯所说的谈话发生顺序的“机制”。他的意思是：第一，通过这种机制，人们可以把握谈话顺序的常规轮换，同时降低个体造成的距离与交叠：也就是说互动交流是可以协调的。第二，这种机制也是指谈话顺序模式和结构，在谈话中涉及社会行动的管理。从讲笑话和讲故事（Sacks, 1978; Jefferson, 1978）到开始和结束电话交谈（Schegloff, 1979; Schegloff and Sacks, 1973）；从发出邀请（Drew, 1984）到控制意见分歧（Pomerrantz, 1984），大量社会活动都是在互动谈话的交流中完成的。

谈话分析的主要目标是揭示言语交流如何在技术层面展现那些结构化的、组织化的资源，而参与者只有利用这些资源才能在互动交谈中开展和协调活动。谈话被当做社会行动的工具，也是人际互动中共同构筑和维持社会组织的主要手段。因此交谈是社会个体的战略场域，带来他们互动的社会情境可以进行经验性的调查研究。

对社会情境的思考与本章内容有着特殊的关联，虽然谈话分析始于对日常谈话的组织的兴趣，但它也可以用于一种更广阔的框架中，来分析在特定环境中话语轮换和活动组织的独特方法，比如在法庭上（Atkinson and Drew，1979），教室里（Mchoul，1978），广播和电视脱口秀节目中（Hutchby，1996），手术室里（Heath，1992），公共性演说中（Atkinson，1984）和一些其他的场所（Drew and Heritage，1992），包括广播电视新闻访谈（Clayman and Heritage，2002）。

在对这些"机构"环境的研究中，谈话分析选取了一种独特的视角，研究参与者在谈话互动中，如何在创建并复制"特定语境"时发挥核心作用。事实上，这种视角是建立在这样一种观念基础上的：不同形式的谈话可以被认为是一个连续体，从相对不受约束的日常会话的话语轮换（对话的正式程度不同）到正式的场合，不仅是谁说话，按什么顺序说要事先安排，而且说话的内容也是事先准备好的（比如婚礼）（Sacks et al.，1974）。参与者会通过特定方式表现出对与当前互动状态相关的特定组织规范的遵从，比如有选择地隐去某些谈话内容或者是改变那种全景式的谈话方式，即强调某些内容而保留一些其他的内容。因此，在很多组织环境中，包括广播电视新闻访谈，互动的组织化特征首先体现在形式上——最显著的还是体现在话语轮换系统，这些组织环境中的话语轮换方式与谈话中的话语轮换是非常不一样的（Heritage and Greatbatch，1991：95）。

广播电视新闻采访研究关注参与者如何遵守一个严格的话语轮换形式，这种形式主要涉及一系列的一问一答的对话以及采访者与受访者基于话语轮换的角色转换。采访者只是提出问题，相应地受访者给出答案。这和日常对话中的话语轮换是很不一样的，在日常对话中问者和答者的角色不受限制。在一个既定的互动背景下，话语轮换的类型和次序都是可变的。而在采访中规范性的原则禁止任何尝试，以突破那种一问一答的形式。

但是，这种一问一答的预设模式只是新闻采访的话语交换系统中一个最不起眼的特点。阿特金森（Atkinson）和德鲁（Drew）在另外一项以一问一答形式进行的话语交换，即法庭的交叉询问研究中指出，任何行为的发生都有既定的次序，只要它们以问题或答案的形式出现。新闻采访并不死板，不是简单地提出问题、给出答案，而是一个互动的过程。广播电视新闻记者对政客们和其他公众人物发出挑战，这些人则对挑战进行反驳；记者们在若干新闻议题中可能会选择某个议题，而公众人物则可能对另外一个议题感兴趣；总之，双方通过话语轮换争夺论争的胜利，而这种话语轮换在最低程度上是通过提问和回答体现出来的。

在这样宽广的框架内，研究者们对新闻采访行为进行多方面的研究：从实现话语轮换的基本方法（Greatbatch，1988）到受访者改变采访者设置的议题的方法（Greatbatch，1988），从采访者提问时展现其客观立场的方法（Clayman，1988，1992）到在访谈中处理争论和反对意见（Greatbatch，1992）的方法。最近，克莱曼（Clayman）和赫里蒂奇（Heritage）发表了第一个从谈话分析角度完整论述新闻采访的研究，本章余下的内容将呈现在这项研究中选取的一些内容。

新闻采访行为

谈话分析研究者提出的一个关键问题是：采访者作为提问者应避免陈述自己对新闻的观点，采访者的任务是引出受访者的立场、观点以及解释。这与新闻专业精神中的客观性息息相关，它要求记者（包括广播电视记者）为了更广大的社会公众利益从个体那里获取信息。但是从谈话分析的观点来看，这么做还要符合另一个利益，因为广播电视新闻采访的方法是要为收听的受众利益服务的（Heritage，1985）。那么广播电视采访就会阻止某些话语轮换的发生，而这些轮换形式在其他语境的社会互动中是经常出现的。

在日常对话中，各种类型的一问一答呼应对中存在一个第三方位置，即问者确认或评价答语，这在机构式的环境中也存在，比如课堂教学。因此，在标准的寻求信息式的问题中我们会发现“问题—回答—告知收到”这样的发生次序，而在知识检测类的问题（老师提出的问题）中则是“问题—回答—评价”。新闻采访一般没有这种包括告知收到或评价的第三方话语。新闻采访的标准次序是“问题—回答—下一个问题……”（一个可能的例外是下文将讨论到的“问题—回答—表达”次序）。避免出现第三方的确认或评价是连续的一问一答形式的显著特征之一，这种一问一答形式是新闻采访特有的。

通常的情况是新闻采访者尽可能少地使用在日常对话的话语轮换中经常出现的连接语、接收语和标记语（比如“嗯”、“对”、“是的”、“真的吗”等）（Heritage，1985）。这些标识会使采访者成为受访者话语有意的、原始的接收者（Scheg loff，1982）。因此，新闻采访者应避免使用这些标识，从而使得受众，而不是他们自己，成为受访者话语的原始接收者。

就像赫里蒂奇（1985：100）总结的那样，在采访过程中避免加入确认、评价和连接语是十分重要的，主要有两个原因：

第一，加入它们就使得预先的谈话在提问者（他们通常事前大概了解了谈话内容或者被要求表现得了解情况）那里成为新闻，而不是在听众那里成为新闻。第二，这会使提问者将自己作为节目的首要接收者，受众确实地成为从旁收听的听众，节目好像是为提问者制作的，而不是为听众制作的。

这些并不意味着采访者不能有自己的观点，也不意味着他们不能通过改变所提问题来评价受访者的反应或是传达对某事件或者对受访者的评论的立场。为此，克莱曼（Clayman，1992）强调在新闻采访中“中立主义”优于“中立性”。因为“中立性”意味着采访者是中立的导管，通过提问从受访者那里获取重要信息（这种解释受到新闻专业人士的青睐）。而“中立主义”则强调采访者要通过一系列专业的谈话实践做到“站在中立的立场上”（Greatbatch，1998）。

其中一项就是“立场转换”。戈夫曼（Goffman，1981）用立场这个概念描述通过不同的方法说话者能够采取或接近或疏远的态度发表意见。在区分话语生产者（animator）、话语来源（author）以及意见发表者（principal）后，戈夫曼（Goffman）注意到在脱口秀中话语生产者的话语会在不同程度上展现话语来源和意见发表的特性。

克莱曼（Clayman，1992）采用了这个概念去考察广播新闻采访如何通过"立场转换"做到中立，下面的例子可以说明：

(1) 来自于 Clayman (1992：169)

1	采访者：	议员，(0.5) 嗯啊：里根总统在十三个月之前当选
2		真是个巨大的胜利 (0.8)
3→		据说他的提案遇到麻烦了
4		尽管他看起来很受
5		美国人民欢迎 (0.6)
6→		白宫有些人说
7		要想使那些提案通过
8		只能依靠更有效率的领导集体
9		我（认为）这
10	受访者：	呃
11	采访者：	间接也可能与您有关 (0.6)
12		嗯啊，您认为真正的问题是什么
13→		是 (0.2) 国会所称的领导集团的问题
14		还是
15		提案本身的问题

这里采访者以里根大选获胜的一个统计性事实作为开场白（1～2行），此时他同时站在话语生产者、话语来源以及意见发表者三者的立场上说话。但是当他谈到更具挑衅意味的话题（质疑总统的提案以及领导集团的效率）时，他转换了立场，不再是话语来源，意见发表变得含糊（第3行和第6行），也就是说，在他提出的最后一个问题中，他不再是话语来源。我们注意到即使在陈述之后提出问题时，立场转换还在持续："国会所称的领导集团的

问题。”

下一个案例显示采访者如何通过立场转换使得话语来源从一开始发表意见的一方转变为他者。

(2) 来自于 Clayman (1992: 171)

1　采访者: 您如何看待这条信息
2　　这个决定是针对苏联的?
3　受访者: 嗯，就像我一开始说的
4　　这是一个警告
5　　是说你最好遵守武器控制协议
6　　使得武器控制可能会
7　　在将来取得成功
8　　美国单方面遵守协议
9　　是没用的
(省略几行)
10→　采访者: 但这是不是评论家们
11　　保守的政治论调
12　　他们认为这项协议是
13　　单方面遵守的
14　　或者说是美国遵守了

第10行一开始的问题中就暗示采访者既是话语来源也是意见发表者，但随后他进行立场转换，使得评论家成为话语来源。

克莱曼 (Clayman, 1992) 认为立场转换可以让采访者同时完成两项任务: 提出质疑并保持中立。在三种情况下他们会转换立场: 提出带挑衅意味的问题; 对受访者的观点提出异议; 在小组讨论中引起嘉宾们的意见分歧。在以上三种情境中，采访者采取话语生产者、话语来源以及意见发表者的立场都无法保持中立，而立场转换可以避免这一点。

制作一档兼具批判性和挑战性的脱口秀节目的另一秘诀是“重述”受访者的观点，通常是指那些有冲突意义或有新闻价值的观点，这点对于听众也至关重要。赫里蒂奇（Heritage，1985：100）这样表述“明确阐述”：

> 它是指总结、解释或发展受访者话语的要点，尽管这在日常对话中出现较少，但在那些程式化的、面向受众的节目中却很普遍，而这项工作通常由采访者完成。

总结或解释受访者观点就是提炼他们的中心论点，使得听众思路更清晰。赫里蒂奇（Heritage，1985）在研究中发现这种做法既可以用于总结受访者的观点（“合作性回收”），也使得采访者可以对受访者的言论作出评论或批判（“推理性探究”）。下面的案例恰好验证了后一种：

(3) TVN：茶叶

1	受访者：	事实上去年
2		价格上涨十分厉害
3		供应商们利用了这一点
4		他们对零售商提价（0.7）
5		他们不会很快降价
6		即使世界市场价格下降（0.3）
7		这也就意味着
8		商店货品的价格
9		比我们期望的要高得多
10		（0.7）
11→	采访者：	那您是在指责他们的盈利行为吗？
12	受访者：	不是，做生意挣钱是合理的
13		但我们也一直在说
14		缺乏竞争性的贸易我们不喜欢
15		四大茶叶供应商
16		占据了整个市场的85%
17		当然我们也知道他们不是在听音乐会

18　　　　　　但我们还是希望
19　　　　　　市场是竞争性的
20→　采访者：但是您给他们提出了一个严苛的指示
21　　　　　　那就是降价
22　　受访者：我们的意思是可以在
23　　　　　　不减少供应商利润的前提下
24　　　　　　降低价格

这里的受访者是价格委员会主席，他就委员会关于茶叶价格的报告接受采访。看标有箭头的采访者的话（第 11 行和第 20 行），我们会发现双方争论的是“事实上在说”。以第 11 行为例，采访者将第 1 行至第 9 行总结后阐述为“指责供应商的盈利行为”。受访者自已并未使用“盈利”这个词，而是采访者根据受访者的话语推断其隐含的意思。

采访者阐述过后就看受访者是同意还是不同意他的观点，在这个案例中，受访者并不同意采访者的说法（第 12 行），而是提出了另一个观点：缺乏竞争性。在第 20 行，采访者使用语气更强的词评论受访者的观点。受访者再一次以弱势的姿态应对采访者所说的“严苛的指示——降价”。因此“重述”就是要“重新明确指出隐藏在受访者话语背后的观点”（Heritage，1985：110）。

就像之前说的，新闻采访包含了“日常对话交流中常用的、特定的、十分重要的缩小选择范围并使之具体化的方法”（Heritage，1989：34）。这种方法通常由参与采访的双方不间断地配合使用。很明显的是，使用这种方法会背离新闻采访的规则，比如说采访者或者会过分质疑受访对象，或者会偏向受访对象，从而偏离客观的轨道。在美国和英国有一些著名的采访者，他们都被公认为言辞犀利：比如 BBC 的杰里米·帕克斯曼（Jeremy Paxman）和约翰·汉弗莱斯（John Humphrys），CBS 的丹·拉瑟（Dan Rather）。这在广播电视史上不算是新鲜事了，舒德森（Schudson）指出自 19 世纪中叶以来具有启发意义的新闻采访实践中一直追求不同观点的碰撞，记者采取不同方法进行采访，公众人物以不同形式参与访谈。一些采访者将自己的工作看作是“寻求真相”，而不仅仅是“让受访者说出他们的看法”。举个例子，ITV 的罗宾·戴（Robin Day）先生就在 20 世纪 60 年代和 70 年代因善于在现场直播的广播节目中提问而闻名于世，他的问题可以让政客们愤然离场。

对于谈话分析来说，关注这些案例并不是因为它们引起了很大的争论，而是要弄清楚当新闻采访的规则被打破时会出现什么状况。比如说，受访者试图回避某个特定问题（曾发生在杰里米·帕克斯曼（Jeremy Paxman）采访内政大臣迈克尔·霍华德（Michael Howard）的过程中帕克斯曼（Paxman）重复问一个问题超过 20 遍，Howard 一直回避他的问题），或者是受访者反感采访者的追问直接起身走出播音室（曾于 20 世纪 80 年代福克兰群岛战役时发生在帕克斯曼（Paxman）采访掌玺大臣约翰·诺特（John Nott）时以及布赖恩·沃尔登（Brian Walden）采访前首相詹姆斯·卡拉汉（James Callaghan）时）。

考察采访实践中各种类型的中断情况是很重要的，因为它会告诉我们完成一次标准的采访所要遵守的规则。换句话说，通过观察参与者如何破坏规则导致采访中断，我们就能证明哪些规则是采访中首先要遵守的。为了说明这一点，我们来考察一个曾经倍受瞩目的案例——1988 年 CBS 主播丹·拉瑟（Dan Rather）采访副总统乔治·布什（George Bush Snr）。此次采访中断的原因是布什（Bush）试图将采访的话题限制在他竞选总统这件事上，但是拉瑟（Rather）站在公众利益的一边，询问布什（Bush）是否参与最近浮出水面的秘密武器交易（也就是伊朗门事件）。结果整整 9 分钟的采访变成争吵（美媒称之为“激烈的互殴”），中断与各说各话的情况不断出现，以拉瑟（Rather）不客气地打断布什（Bush）的话而告终。

这个案例很有价值并不只是因为它轰动一时，更是因为谈话分析研究者深层次考察了这次采访，并得出了一系列的研究成果（Clayman and Whalen，1988/9；Nofsinger，1988/9；Pomerantz，1988/9；Schegloff，1988/9）。这些值得人们去查阅的研究透露了采访中两个人的“对抗”实际上是因为他们背离了新闻采访规则。分析显示，虽然各说各话的情况在日常交谈中出现是正常的(Sacks et al.，1974)，但在新闻采访中却是不合规范的。

我们看一个例子，它展示了采访者依据采访规则——提问之前先作开场白，从而引出问题，这样做对受访者和听众都有利。但是受访者并不遵守这个规则，他总是试图“回答”那些陈述，而不是等待提问。这就导致整个采访中断和各说各话的状况循环出现：采访者试图提出问题，而受访者急着先发制人给出“回答”。

(4) 拉瑟—布什（Rather-Bush）：94-125（采访者是拉瑟(Rather)，受访者是副总统布什（Bush）

1　受访者：我已经回答了你的每个问题
2　　现在你还有什么问题？
4　采访者：确实有一个问题
5　受访者：请问
6　采访者：您以前说过……
7　受访者：快提问吧
8　采访者：您说假如您事先知道
9　　那些武器是为解救人质的，那么您就会……
10　受访者：是的
11　采访者：反对，您还说过
12→　受访者：确实如此
13　采访者：您是不知道的
14→　受访者：我可以回答
15　　(0.4)
16　受访者：是的
17→　采访者：那不是问题，是陈述
18→　受访者：是的，
19→　　我可以回答，是总统
20→　采访者：请先让我提问

21 受访者：制定了这个方案，它是经过了检测，也对外公布了的
22 他不认为那些武器是为了解救人质的
23 只是到后来是我
24 采访者：是总统，副总统先生
25 受访者：批准的，你知道为什么吗？
26 采访者：我们
27 采访者：因为我
28 采访者：副总统，那不是个问题
29 受访者：听说巴克利先生（Mister Buckley）
30 被折磨死了，后来承认是中情局的长官
31 所以我想办法
32 把那些人质解救出来

需要重申一次，这个案例中我们总结出的两条规则是：

- 采访者应该在问题的框架内作出陈述（比如说开场白）
- 受访者在问题提出后方可说话（将陈述视为问题的前奏）

我们注意到这次采访以受访者提示采访者开场："假如采访者有疑问"，"快提问吧"(第 1、2、7 行)。拉瑟（Rather）的质疑意欲证明布什（Bush）参与了由美国的秘密组织牵头的武器交易，虽然他并不承认。那些武器是要卖给尼加拉瓜的反政府军队，交换条件是释放关押在伊朗的美国人质。第 6 至 11 行，拉瑟（Rather）提问采用了波梅兰茨（Pomerantz，1988/1989）研究广播时提到的一种技巧，即让受访者同意两种互相矛盾的事实，然后让他们解释这样的矛盾，在这个案例中采访者看起来是遵守了之前提到的采访规则的。但是在 14 行受访者违背了采访规则，他打断了采访者的第二个事实陈述（"您还说过您是不知道的……"，第 11～13 行），试图"回答"第一个陈述（"我可以回答"）。值得注意的是，在接下来的对话中双方对于他们违反采访规则表现得心照不宣，而这

些规则是完成一次采访必须遵守的：第 17 行，拉瑟（Rather）说“那不是问题，是陈述”，第 20 行，“请先让我提问”；而受访者布什（Bush）却跳出了问答形式的框架：“是的，我可以回答”（第 18～19 行）。

这个案例让我们了解到这次 9 分钟的广播采访被公认为两个男人的对抗。克莱曼（Clayman）和惠伦（Whalen，1988/1989：242-243）说过，当时媒体的评论关注主人公的性格特点，拉瑟被认为是“好斗的”、“反复无常的”，而布什也是“十分强硬和好斗的，人们认为他已经不是个懦夫了”。但是，通过谈话分析的方法对事件进行剖析，我们可以对“采访”和“对抗”有不同的理解。这就决定了：

> 参与者之间如何针锋相对；将采访应遵守的特定规则抽离出来。交谈的顺利需要依靠每个个体的配合，而不能简单地依赖于预定的政治策略或心理倾向。无论是否存在设定的议程或倾向，真正的交锋应该是唇枪舌剑的交流过程。
>
> （Clayman and Whalen，1988/1989：243）

因此，从谈话分析的角度来说，这样的交锋以及与之类似的情况和那些异常案例一样有意思：在那些案例中参与者违背采访规则，而这些规则对于采访实践中的广播节目采访十分有用。在其他类型的异常案例分析中，考察在没有规则约束的条件下互动如何发生改变能够进一步指出谈话分析研究的要点：维持特定的话语轮换次序是主播们和公众人物完成一次访谈必备的技能，这样广播脱口秀节目的听众才不会不知所云。

参考文献

Atkinson，J. M.（1984）*Our Masters' Voices：The Language and Body Language of Politics*. London：Routledge.

Atkinson，J. M. and Drew，P.（1979）*Order in Court*. London：Macmillan.

Clayman, S. (1988) Displaying Neutrality in Television News Interviews, *Social Problems*, 35: 474-492.

Clayman, S. (1992) Footing in the Achievement of Neutrality: The Case of News Interview Discourse. In P. Drew and J. Heri-tage. (eds), *Talk At Work*. Cambridge: Cambridge University Press.

Clayman, S. and Heritage, J. (2002) *The News Interview*. Cambridge: Cambridge University Press.

Clayman, S. and Whalen, J. (1988/9) When the Medium becomes the Message: The Case of the Rather-Bush Encounter, *Research on Language and Social Inter-action*, 22: 241-272.

Drew, P. (1984) Speakers' Reportings in Invitation Sequences. In J. M. Atkinson and J. Heritage (eds), *Structures of Social Action: Studies in Conversation Analysis*. Cambridge: Cambridge University Press.

Drew, P. and Heritage, J. (eds) (1992) *Talk At Work*. Cambridge: Cambridge University Press.

Garfinkel, H. (1967) *Studies in Ethnomethodology*. Englewood Cliffs: Prentice-Hall.

Goffman, E. (1961) *Encounters*. New York: Bobbs-Merrill.

Goffman, E. (1981) *Forms of Talk*. Oxford: Blackwell.

Greatbatch, D. (1988) A Turn-taking System for British News Interviews. *Language in Society*, 17: 401-430.

Greatbatch, D. (1992) On the Management of Disagreement between News Interviewees. In P. Drew and J. Heritage (eds) *Talk At Work*. Cambridge: Cambridge University Press.

Greatbatch, D. (1998) Conversation Analysis: Neutralism in British News Inter-views, in A. Bell and P. Garrett (eds), *Approaches to Media Discourse*. Oxford: Blackwell.

Heath, C. (1992) The Delivery and Reception of Diagnosis in the General Practice Consultation, in P. Drew and J. Heritage (eds) *Talk At Work*. Cambridge: Cambridge University Press.

Heritage, J. (1985) Analyzing News Interviews: Aspects of the Production of Talk for an Overhearing Audience, in T. van Dijk (ed.) *Handbook of Discourse Analysis*, *Volume* 3: *Discourse and Dialogue*. London: Academic Press.

Heritage, J. (1989) Current Developments in Conversation Analysis, in D. Roger and P. Bull (eds), *Conversation*. Clevedon: Multilingual Matters.

Heritage, J., Clayman, S. and Zimmerman, D. (1988) Discourse and Message Analysis: The Micro-structure of Mass Media Messages. In R. P. Hawkins, J. M. Wiemann and S. Pingree (eds) *Advancing Communication Science*: *Merging Mass and Interpersonal Processes*. London: Sage.

Heritage, J. and Greatbatch, D. (1991) On the Institutional Character of Institutional Talk: The Case of News Interviews. In D. Boden and D. Zimmerman (eds) *Talk and Social Structure*. Cambridge: Polity.

Hutchby, I. (1996) *Confrontation Talk*: *Arguments*, *Asymmetries and Power on Talk Radio*. Mahwah, NJ: Lawrence Erlbaum Associates.

Hutchby, I. and Wooffitt, R. (1998) *Conversation Analysis*. Cambridge: Polity.

Jefferson, G. (1978) Sequential Aspects of Storytelling in Conversation. In J. Schenkein (ed.) *Studies in the Organisation of Conversational Interaction*. New York: Academic Press.

Levinson, S. (1983) *Pragmatics*. Cambridge: Cambridge University Press.

McHoul, A. (1978) The Organisation of Turns at Formal Talk in the Classroom, *Language in Society*, 19: 183-213.

Nofsinger, R. (1988/9) Let's Talk about the Record: Contending over Topic Redirection in the Rather/Bush Interview, *Research on Language and Social Interaction*, 22: 273-292.

Pomerantz, A. (1984) Agreeing and Disagreeing with Assessments: Some Features of Preferred/Dispreferred Turn-shapes. In J. M. Atkinson and J. Heritage (eds) *Structures of Social Action*: *Studies in Conversation Analysis*. Cambridge: Cambridge University Press.

Pomerantz, A. (1988/9) Constructing Skepticism: Four Devices used to Engender the Audience's Skepticism, *Research on Language and Social Interaction*, 22:293-314.

Sacks, H. (1978) Some Technical Considerations of a Dirty Joke. In J. Schenkein (ed.) *Studies in the Organisation of Conversational Interaction*. New York: Academic Press.

Sacks, H. (1984) Notes on Methodology. In J. M. Atkinson and J. Heritage (eds), *Structures of Social Action: Studies in Conversation Analysis*. Cambridge: Cambridge University Press.

Sacks, H. (1992) *Lectures on Conversation*. Oxford: Blackwell.

Sacks, H., Schegloff, E. A. and Jefferson, G. (1974) A Simplest Systematics for the Organisation of Turn-taking for Conversation, *Language*, 50: 696-735.

Schegloff, E. A. (1979) Identification and Recognition in Telephone Conversation Openings, in G. Psathas (ed.) *Everyday Language*. Hillsdale, NJ: Lawrence Erlbaum Associates.

Schegloff, E. A. (1982) Discourse as an Interactional Achievement: Some Uses of "Uh Huh" and Other Things that Come between Sentences, in D. Tannen (ed.) *Analysing Discourse: Text and Talk*. Washington, DC: Georgetown University Press.

Schegloff, E. A. (1988/9) From Interview to Confrontation: Observations on The Bush/Rather Encounter, *Research on Language and Social Interaction*, 22: 215-240.

Schegloff, E. A. and Sacks, H. (1973) Opening Up Closings, *Semiotica*, 7: 289-327.

Schudson, M. (1984) Question Authority: A History of the News Interview in American Journalism, 1860s-1930s, *Media, Culture and Society*, 16: 565-587.

第十七章 “柿子挑软的捏”

——儿童与灾难新闻

辛西娅·卡特　玛丽·梅辛杰·戴维斯

● 关于儿童与灾难新闻的关系，新闻研究者们持什么看法？

● 人们为什么鼓励家长保护孩子远离恐惧的新闻报道？

● 儿童期的特定文化构建如何塑造了新闻研究？我们是怎样看待儿童新闻受众的？

● 在灾难新闻报道中，儿童是怎样被用作象征符号的？

● 儿童对恐惧事件的新闻报道是如何反应的？

几乎没有新闻研究者花费很大心思来研究儿童及青年与新闻的关系，也很少有研究深入探究记者所假设的儿童的天真无知与脆弱作为一种特定的意识形态模式如何塑造了新闻，包括新闻如何呈现年轻人、儿童受众如何理解新闻，或者社会首先为儿童报纸新闻、广播新闻和网络新闻准备了些什么。同时，英国和美国的成人广播新闻与报纸新闻机构认为，在青年大多对竞选类政治活动逐渐失去兴趣的年代，新闻节目要想吸引足够多的年轻受众是非常困难的。这两种形势的发展深深困扰着政治领导者和新闻工作者。如果公民不能享有充分的知晓权，那么又将如何最佳地保障民主政治未来的健康发展？

在力争复兴政治言论和政治参与的一些观点中，很少有记者看重新闻形式在促进青年的归属感、早年与世界的接触与联系方面的作用。大多数新闻学者也认为这个观点不值得加以严谨的学术分析

（除了巴恩赫斯特和沃特那，1991；卡特，2004；戴维斯，2004；莱米斯，1998；莱斯特·洛桑扎米尔和拉曼，1999）。人们想当然地认为，在儿童成年后有了选举权时，像对待魔术一样，他们会突然对政治开始产生兴趣并参与政治活动。有一种流行的观点认为，在18岁之前，孩子们不会对政治产生兴趣，对世界大事也不会有明智看法。尽管英国或美国的市民教育已经成为中学教育结构的一部分，然而到目前为止，在促进儿童与新闻的联系以及由此而来的与重要议题的联系上，我们做得还远远不够。这些重要议题集中在公共领域内对市民和政治的报道层面。

在本章中，我们集中讨论了上述提出的问题和这些问题带给我们的焦虑。为了解决这些问题，我们首先要探讨那些直面儿童对新闻的情感式或畏惧式反应的研究。这种反应是这项研究领域内最为重要的组成部分。在第二部分，我们转向考察儿童期的文化模型，它能巩固儿童对新闻的情感反应的研究。由此，我们思考在灾难新闻中儿童以怎样的方式被用作特殊的象征类型——举例表示即如天真无知、易受伤害、灾难性、软弱性等。在最后一部分，我们评价了一些新闻设想，它们影响并塑造着新闻记者在对儿童新闻受众的兴趣与需要方面的观点。

对儿童与灾难新闻的研究

考察儿童以及儿童与新闻的关系的这项局部研究分析了由恐怖故事（如战争、冲突、儿童拐卖及谋杀）所引起的个人情感反应与恐惧。从方法论上讲，这种研究按照常规对儿童采用了定量调查和采访以便得到儿童在恐惧反应上的数据。按具体研究方法的不同，我们可将它分为两大类。第一类研究大多考察儿童的年龄对于他们对新闻的消极情感反应的影响，或者将儿童的新闻接触量视为其消极情感反应的决定性因素（如果儿童是重度新闻接触者，他们被惊吓到的可能性是大些还是小些）。第二类研究探讨儿童对新闻的情感反应与心智反应，消极的也好积极的也好。它认为由于儿童在教育、社会、经济及文化背景上有所不同，对新闻的这些反应也是不同的。

从概念上来说，第一类研究是基于发展心理学的儿童期模型，它重视恐惧新闻在情感和心理上如何消极影响着，甚至是摧残着儿童。这种重视在鼓励研究者们强调哪个年龄段的儿童最易于受到情感伤害等方面具有决定性的意义。这类研究的中心任务是确认最易受伤害的年龄，以便给这个年龄段的儿童以合理有效的心理保护。

一些研究者认为，幼年儿童最容易因灾难恐惧新闻而受到情绪影响，因为他们太小了，还不能将暴力内容置入社会文本中加以全面分析。也就是说，由于幼年儿童不能理解暴力行为发生的文字或书面的解释原因，与文字或文本相比，他们更易受恐惧形象的影响。

与此相反，其他一些学者认为，年龄稍大一点的儿童经历消极情感反应的情况实际上更为危险，因为他们能够相对较好地理解所报道的新闻事件的后果。仍然还是有一些学者认为儿童的年龄与恐惧程度这两者并不存在联系，他们认为其他一些因素，如性别、社会地位等，在决定情感反应方面的作用可能会更重要一些。

记住了这一点，一些研究学者就试图弄明白性别是否是影响儿童情绪反应的一个显著因素，或者儿童的年龄与性别之间是否存在一定联系。比如，一些研究论证说：年龄小一些的女孩在所有儿童中最易受新闻的负面影响；一些研究集中于研究父母对灾难新闻的反应对他们的孩子所产生的影响；另一些则将研究重心放在儿童接触电视新闻节目的量上面。到目前为止，研究结果还不能赞同或反对那种认为重度新闻接触者更易受灾难新闻负面影响的涵化理论观点，因为它会使重度新闻接触者认为世界充满暴力，然而现实世界却并非如此恐怖。

上述研究有一个共同点，那就是都认同个体儿童的心理发展塑造了他们对新闻的反应。正因为如此，我们需要细致地监测和测量孩子们的反应。研究认为，这些数据给父母、教师、公共健康机构和政策制定者们提供了经验性证据，能使他们知道如何最佳地保护不同年龄段的儿童，以免儿童由于接触恐惧新闻报道而受到情感创伤。来自医药和心理协会、育儿压力团体和政府机构的“专家”

一致推荐认为，为了避免儿童受到可能的心理伤害，大人们应该想办法尽力驱除儿童的畏惧心理。这些办法包括：如果大人觉得合理的话，严格限制儿童接触电视新闻的量。就像它原本的那样，基于儿童发展的认知心理模式，在儿童的生活中，父母、老师或其他重要的成人的“合适”做法是将儿童的反应看作是个人化的反应，因为它能通过个人关怀和咨询，得到私人化、适龄化的解决方法。

从第一种研究中得出的这组观点倾向于认为儿童在很大程度上不能理解新闻报道的内容，因而在情感上无法应对，容易受到伤害。这种观点极具说服性，也很普遍，尤其是在美国。基于儿童的天真无知和易受伤害的意识形态假定（我们将在本文的下一部分中详细分析这个观念的建构），上述观点普遍地被认为是理解儿童对灾难新闻的反应的最合理模式。家长责无旁贷地承担起处理这类反应的责任。家长们总是急切地询问孩子是否对一些事情存在任何疑问（家长的相应回答应该能够为特定年龄的儿童所理解），同时还要安慰孩子们使他们确信个人的安全。也就是说，父母在其中所起的作用不必是完全地解释此类事件，也不必对新闻事件的报道方式加以评析或批判。相反地，父母应当直接看护儿童的情感反应，留心孩子可能遭受到的心理及生理症状（噩梦、哭喊、失眠、易怒等）。最主要的问题就是减轻灾难新闻在心理上及行为上可能对儿童施加的任何负面影响。

在本章前面提及的第二种研究中，研究者们致力于更好地理解儿童对震惊性新闻的情感及心智反应，他们得出了与第一种研究不同的一组结论。儿童期批判模式将儿童视为社会中一名市民的观点对从事第二种研究的研究者具有影响作用。他们认为如果儿童得到了关于灾难新闻的及时的、明晰的解释，那么儿童就能够，也愿意来理解并应对这些灾难新闻。批判新闻研究者强调的不是对灾难事件的报道，也不是在对这类事件如何报道上进行不必要的“消毒式”处理，而是为儿童提供详尽的、更好的解释，以便儿童受众能够更好地理解灾难事件。

然而一些新闻媒体批判者认为最好根本不要将灾难故事告诉儿童，因为这些故事实在是太令人难过。白金汉（Buckinham，

1996）坚持认为，直面事实并获悉真相比可能会受到伤害或打击的风险重要得多。在白金汉看来，这些关于向儿童及青少年报道些什么或者不要予以报道的一系列议题中都刻有深深的政治痕迹。他认为，不能简单地将对灾难新闻的反应与“纯粹情感”联系在一起。相反地，将这样的情感视为儿童对社会世界及政治世界的循序渐进式理解是有道理的。对情感、认知和社会的一般性区分遮掩了所发生事情的真实复杂性。

从概念上来说，发展心理学比较重视儿童对恐惧新闻的消极情感反应，它消解了恐惧事件的政治性。通过剥夺这些反应的政治背景，儿童的反应可被视为个人化，并在父母的干预（限制接触恐惧新闻）下具有可处理性，同时在必需的情形下，还可以有专家的心理咨询。

这项关于儿童对灾难新闻的反应的研究引起了批判新闻方面的研究，这显然是一个重要的理论议题和政治议题。在下一部分中，我们考察了儿童期特定的社会和文化建构或儿童期模式是如何影响学术领域的，同时也考察了那些被认定或推介的具有新闻价值的恐惧新闻事件。接下来的这一部分探讨的也就是最后一点，尤其是在战争和冲突故事中儿童的出现通常具有一定的含义性目的：大多数情况下儿童都被视为天真无知、易受伤害且是受害者。

儿童期的理论构建：中介与受害

在两年多的时间里，我们采访了位于苏格兰格拉斯哥一所小学的孩子们，询问他们对成人新闻和儿童新闻的看法，以及对灾难新闻报道的反应。与向儿童咨询成人的社会—政治事件的其他研究一样，上述研究也是从一个更广阔的理论层面考虑。也就是说，哪怕是非常小的儿童都将自己构成为主体或机构，这种方式使儿童产生了一种自我和自治意识，而这是公民身份不可或缺的一个属性。紧随着阿里斯（Aries，1961）在她的书《童年的记忆》中对儿童期的最基本阐述，当代学术界关于儿童期的一系列研究记录都将重点立足于对儿童期这个概念的社会构成上。

一些修正主义学者将儿童看作是“无知的”、“适宜的”，因而也是“没有能力的”，这是不符合事实的浪漫神话编造。这些观点并不适用于非西方社会的童年，也不适用于前工业化西方社会的儿童，因为这两种情形中社会对儿童寄予了为家庭而工作挣钱的期望。将儿童期视为无知和不成熟的观念同样也与将早熟儿童视为介于孩子和成人之间的“小大人”观念相冲突，与成人消费者对儿童的渴望相冲突。这类看似强大的学术研究在合法地强调诸如非西方社会中儿童的经济地位、儿童能胜任很多成人工作等情况的同时，实际上是忽视了儿童真实的易受伤害性，这是一种很危险的情况。毫无疑问，与成人相比，儿童年龄小、身体弱，在战争情形下尤其易因危险和自身的无抵抗能力而受到伤害。儿童受害者中的痛苦者、残疾者、丧失亲属者以及死者都是真实的，并不是由媒体报道虚构出来的。儿童士兵也不仅仅简单地只是战争的一个组成部分，尽管这样的媒体报道可能还没有考虑政治及意识形态背景这项重要的因素。然而，新闻中将儿童报道为痛苦的受害者并不能成为在政治言论中剥夺其声音的一个正当理由。

在上面的论述中，一些关于儿童的媒介研究（媒介和文化在很大程度上并没有将对儿童期的历史性和社会性修订包括在内）持否定观点，认为儿童和青年不仅是消极的受害者，还是易受骗的消费者、不良行为的极端模仿者，同时他们也对当前事件态度冷漠。与此相反，我们认为儿童对形形色色的新闻报道，尤其是伊拉克战争这类灾难新闻有感知能力并对之有兴趣，儿童对这些事件也是有可能产生坚定意见和强烈感情的。换而言之，我们对儿童新闻受众的构建要求他们成为积极的中介角色，但是这并不是新闻报道——尤其是关于战争和灾难的新闻中报道儿童的方式。

儿童的象征意味

总体而言，在关于灾难事件的新闻报道中媒体对儿童的报道方式至少有两种（当然还是有少部分的反对意见）。第一种方式主要是阐释性的。也就是说，正如霍兰德（Holland，2001）所指出的，儿童期的图示描绘被广泛地用来阐明西方社会对儿童的潜在意识形态。霍兰德的研究工作点明了儿童形象——例如穿着统一制服站成队列的学校儿童，是如何被用来揭示政治秩序的意识形态构建的；或者艺术形象——通常是经由广告“回收再利用的”，可以用于表现无知或者性别化的社会构建。经受痛苦的儿童是战争、饥荒和种族灭绝这类灾难情形中最常见的主体。他们对社会具有双重功效：其一是激起成人的同情心，使战争的残忍变得有人情味；其二是为潜在的成人新闻受众创造更多引人注目的报道（见 Davies，2004，其中对新闻形象中儿童的矛盾心理有更多的讨论）。

2003 年 8 月 8 日《卫报》G2 部分的封面上由埃丝特·阿德利（Esther Addley）撰写的一则新闻报道是一个臭名昭著的例子。照片中受伤的孩子阿里·伊斯梅尔·阿巴斯（Ali Ismaeel Abbas）是一个 11 岁的伊拉克男孩，在 2003 年 3 月 6 日巴格达的轰炸中，他失去了双臂，失去了 14 名亲人。阿德利在新闻报道中描述了阿里是如何打算飞往英国去接受移植手术和 6 个月的物理疗法的……然而迎接小男孩的特别“大团圆结局”却是医生告诉记者：如果小男孩死了的话反而会更好。当它只是简单地被报道为一个有着“大团圆结局”的“故事”时，阿里故事中的政治意味就消解了，阿里的家庭就成为亿万其他也有家人被杀害或受伤的伊拉克家庭当中的一个，只不过其他家庭的故事没有在西方新闻媒体中予以报道。阿里如何被媒体报道的故事表明了他这个受伤害的儿童是怎样成为除他以外的一切的象征——这是英国人民人道主义本能安慰我们的一个例子。英国人为阿里的治疗提供了资金上的帮助，也对西方医疗界奇迹般奏效的高科技有所贡献。他们认为，哪怕再多再糟的战争带来的后果都是能够克服的，人们还是可以有“大团圆结局”的。与阿里由于新闻报道而成为受伤害儿童的一个象征性代表具有相同意味的是阿里声音的缺席，他不能告诉我们他发生了什么。像战争和灾难新闻报道中报道的大多数儿童一样，阿里并没有得到记者的采访，他的话也没有被《卫报》的文章所引用。他的真实故事得不到讲述的机会。

新闻记者们自己能完全意识到他们在对儿童形象的矛盾描述中

所起的作用。例如，利比·布鲁克斯（Libby Brooks，2003）在2003年4月《卫报》的一篇文章中指出，在援救帮助受害儿童时，人们极富情感的控诉能够使自己免除由于看到灾难，并对灾难的形成有所影响而产生的不好情绪。布鲁克斯指出战争报道并未将儿童仅仅视为“完全无罪”。她认为，儿童有时也是战争的犯罪者，正如她所说的那样，AK47突击步枪就几乎是儿童受众的“选择玩具”。

在格拉斯哥进行的研究中，我们与儿童受访者交谈，发现了媒介中儿童形象的二元性。正如一名12岁男孩说的那样，儿童新闻中表现的儿童形象大多是患病儿童或贫穷儿童，我们在科威特救下的那两个严重受伤的伊拉克孩子就是如此。然而，一名12岁的女孩却强烈反对这个观点，她认为成人新闻中的儿童形象是负有责任感的，青少年犯罪和不健康饮食等看法并不正确。另外一名12岁的男孩认为，在成人新闻中，儿童都被描绘成了“小流氓”。

上一段落中那些12岁孩子的话即阐明了儿童在与新闻的关系中的第二个作用。这个观点认为，儿童作为新闻受众，有着发于自身的观念和意见，不过这些时常与成人的观念相分歧。关于将儿童和青年视为新闻受众和将来的投票者的新闻言论几乎就没有报道过发自青年内心的这般直率的观点。而这些新闻言论经常是消极的，并对儿童的渺小无助持轻视态度。例如，史蒂芬·库逊（Stephen Cushion）对新闻媒体报道青年抗议伊拉克战争的分析研究就表现出了这种态度。年轻抗议者对战争的焦虑不安却在诸如“做家庭作业时发生了击打”这样的新闻标题中被轻视，变得日常琐碎。我们在格拉斯哥对儿童进行的研究也支持这个观点，且认为青年并不满意新闻媒体将他们及其同代人描绘成无辜的受害者，比如说什么“小流氓”，或者在他们尝试着积极参与政治活动时视其为“逃学者”。

戴维斯和莫斯戴尔（Davies and Mosdell，2001）在《同意着的儿童》这本书中，探讨了成人电视节目报道儿童的一系列方法。作者考察了新闻中所描绘的儿童形象，认为被动和感性是如今儿童的形象特征。“被动”是指在新闻事件中缺乏儿童参与，所以即使在儿童很突出地参与了事件的情况下，他们也没有得到采访，甚至没有被描述为重要的参与者。相反地，他们在很大程度上被用来描绘情感反应，以便能够引起成人感情的共鸣，并影响成人的观点。

在儿童对灾难新闻的反应的研究中，戴维斯分析了 2003 年 3 月播出的 83 个电视节目中的战争故事，其中有 27 个故事涉及儿童，所占比例为 33%。在这 27 个故事中，仅仅有一例中儿童或青年充当着积极的中介，其角色为战争抗议者。其他所有故事不管从文法角度还是医学角度都将儿童视为“病人”：儿童是病躺着的、被照料的、被别人搀扶着的。儿童没有机会对着摄像镜头说话。对儿童反应的这种报道与他们在采访中的实际反应情况相反，我们在下一部分中将会讨论这个问题。

对儿童受众的新闻设想

青年期望他们对世界的想法能够得到成人的认真看待，但是却痛苦地发觉，成年人似乎对他们想要说的并不感兴趣。其他儿童抱怨成年人总是想要保护他们使其远离灾难新闻，有效地阻止那些成年人认为对儿童不好的消息。Newsround 网站中来自阿利西的 10 岁孩子卡拉・利（Cara-Leigh）的一段话很好地表达了上述观点：“我非常害怕与伊拉克的战争，因为布什总统和托尼・布莱尔不给我们儿童谈论它的机会，担心这样会改变我们的生活”（刊登于 2003 年 3 月 25 日）。民主社会必须使青年感觉到他们与周围发生的事件紧密相连，并且赋予他们表达自己声音的权利。

儿童和青年时常坚持认为他们应该知道世界所发生的事情，即使这样的新闻是不好的消息。此时记者们对于给儿童受众报道什么样的内容是合适的往往意见不一。Newsround 的前任编辑尼克・希斯科特（Nick Heathcote）宣称让节目保持主要由正面新闻构成是很重要的。在他看来，儿童已经处于大量负面新闻的包围之中，这会使儿童感觉不到希望，是很危险的。他又补充道，在向儿童报道灾难新闻时，必须小心谨慎。希斯科特说，儿童有不愉快的权利，但是我们知道儿童对世界的体验是有限的。新鲜的桃子总是容易受到损伤。

Newsround 的前任副主任马歇尔·科温（Marshall Corwin）持相似的观点，他指出，由于节目经由 Newsround 的工作人员那熟悉的、友好的面孔而报道，因而它能够使不好的消息看起来不那么恐怖。科温说，我们很少收到观众认为不应该报道战争的抱怨，相反地我们认为报道战争是我们的责任，儿童是这个世界的一部分，也有权利了解战争。

最近，英国尼基洛迪恩公司的主席尼基·帕金森（Nicky Parkinson）解释说，他们制作的儿童新闻节目《尼克新闻》（在 2003 年停止制作）当年并没有报道 9·11 事件。因为“我们认为，在各个媒体关于 9·11 事件的报道几近饱和时，我们应该为儿童提供一些其他的东西，让孩子们暂缓于战争的残酷”。相反地，Newsround 的执行生产总监罗伊·米拉尼（Roy Milani）坚持认为，报道儿童新闻要尽可能地准确，这是很重要的，因为成人新闻给孩子们带来了太多的伤痛和困惑。根据米拉尼的观点，“正确地报道战争故事，使其能被儿童清楚理解，这就是我们的工作。我们认为我们不应该逃避这些战争事件”。

结　论

我们对儿童和灾难新闻的简要分析激起了新闻记者和新闻研究学者对以下重要问题的思考：新闻媒体是如何对儿童，尤其是受伤害的儿童的报道进行社论决定的？在哪种情形下，儿童形象比其他同类型的形象，如年老者或受伤的士兵要更好一些？在这样的报道中道德伦理是什么？应该采取怎样的步骤来征求受伤害儿童，或他们的父母与监护者的同意？媒体对受伤害儿童形象的使用包含着政治和宣传层面的含义。从这种情感式的报道中得出的一个逻辑性结论就是，应该采访一个反对战争者，他的反应是应该结束战争，原因之一即是儿童在战争中被杀害或变成残废。我们在格拉斯哥采访的一名受访儿童（她是一名 12 岁的女孩）观察出来了这种潜在的宣传：在伊拉克战争时期，儿童经报道被表现为在医院里挣扎于死亡线上，这种情形使我们感到，如果我们在战争中要伤害无辜的儿童，那么我们为什么还要参加战争？对于这个女孩来说，那些描述了受伤害的儿童的信息很自然地会使人们相信战争是错误的。

将儿童期的形象重复地表现为持续受害和缺乏自治，这给新闻记者出了一道难题。如果新闻记者想要继续将儿童表现为战争中的可怜人和惊恐者的象征，想要激起成年人的同情，想要使这类新闻具有人情味，以便吸引观众和读者，那么对儿童期的这种情感式形象表现就可能会与记者的既定期望相矛盾，记者是期望通过这些新闻报道来巩固一批活跃的、见多识广的年轻观众和读者，他们终有一天会观看媒体制作的节目，购买媒体发行的报纸。

如果成年人希望儿童对新闻感兴趣并由此成为见多识广的市民，那么其中一个帮助方法就是鼓励记者在新闻中从更广泛的角度来表现儿童。然而这个时候，媒体并未以这种方式对儿童进行报道。战争时期尤其能够调动青年的政治意识和道德良心——新闻评论员在评论竞选活动的低出席率，或是当今青年所谓的“冷漠”和“享乐主义”时，时常说到这两者的缺失。关于儿童的有效新闻报道不仅揭示了战争的灾难性后果，同时也为进行政治活动提供了有效的方法性洞见。

参考文献

Aries, P. (1961) *Centuries of Childhood*. London: Pimlico Press.

Atwal, K., Millwood-Hargrave, A. and Sancho, J. (2003) *What Children Watch: An Analysis of Children's Programme Provision between 1997-2001, and Children's Views*. London: Broadcasting Standards Commission and the Independent Television Commission.

Barnhurst, K. G. and Wartella, E. (1991) Newspaper and Citizenship: Young Adults' subjective Experience of Newspapers, *Critical Studies in Mass Communication*, 8, 195-209.

Brooks, L. (2003) Guilt and Innocents, *The Guardian*, 26 April.

Buckingham, D. (1996) *Moving Images: Understanding Children's Emotional Responses to Television*. Manchester and New York: Manchester University Press.

Buckingham, D. (2000) *The Making of Citizens: Young People, News and Politics*. London: Routledge.

Cairns, E. (1990) Impact of Television News Exposure on Children's Perceptions of Violence in Northern Ireland, *The Journal of Social Psychology*, 130(4): 447-452.

Cantor, J. (2001) Helping Children Cope: Advice in the Aftermath of the Terrorist Attacks on America, http://www.joannecantor.com/terror_adv.htm (accessed 19 April 2004).

Cantor, J. (2002) The Psychological Effects of Media Violence on Children and Adolescents. Paper presented at the Colloquium on Television and Violence in Society, Centre d'études sur le media, HEC Montréal, Canada, 19 April, http://www.joannecantor.com/montrealpap_fin.htm (accessed 3 March 2004).

Cantor, J., Mares, M. and Oliver, M. B. (1993) Parents' and Children's Emotional Reactions to TV Coverage of the Gulf War, in B. S. Greenberg and W. Gantz (eds) *Desert Storm and the Mass Media*. Cresskill, NJ: Hampton Press, pp. 325-340.

Cantor, J. and Nathanson, A. I. (1996) Children's Fright Reactions to Television News, *Journal of Communication*, 46: 139-152.

Carter, C. (2004) Scary News: Children's Responses to News of War, *Mediactive*, 3: 67-84.

Carter, C. and Allan, S. (2005) Young People's Voices: Citizenship, Media Education and Online News, in A. Williams and C. Thurlow (eds) *Communication in Ado-lescence: Perspectives on Language and Social Interaction in the Teenage Years*. London: Peter Lang.

Cushion, S. (2003) "*Well It Beats Doing Your Homework*"—Representing Protests Against the War in Iraq: Young People, Politics and Apathy. Paper presented to the MeCCSA Conference, Sussex University, 20 December.

Davies, M. M. (2001) "*Dear BBC*": *Children, Television Storytelling and the Public Sphere*. Cambridge: Cambridge University Press.

Davies, M. M. (2004) Innocent Victims: Active Citizens, *Mediactive*, 3: 55-66.

Davies, M. M. and Mosdell, N. (2001) *Consenting Children? The Use of Children in Non-fiction Television Programmes*. London: Broadcasting Standards Commission.

Dodd, V. (1994) John Craven May be Long Gone but *Newsround* is Still Going Strong, *Scotsman*, 16 March.

Grant, L. (1996) How to Handle Horror, *Guardian*, 12 June: T6.

Hirst, C. (2002) Watch out John Craven, here's Jimmy Neutron, *Independent on Sunday*, 1 September: 7.

Hoffner, C. and Haefner, M. J. (1993) Children's Affective Responses to News Coverage of the War, in B. S. Greenberg and W. Gantz (eds) *Desert Storm and the Mass Media*. Cresskill, NJ: Hampton Press, pp. 364-380.

Hoffner, C. and Haefner, M. J. (1994) Children's news interest during the Gulf War: the role of negative affect, *Journal of Broadcast and Electronic Media*, 38(2): 193-204.

Holland, P. (2001) Living for Libido or *Child's Play IV*—the Imagery of Childhood and the Call for Censorship, in M. Barker and J. Petley (eds) *Ill Effects: The Media Violence Debate*, second edition. London: Routledge, pp. 78-86.

Holland, P. (2004) *Picturing Childhood: The Myth of The Child in Popular Imagery*. London: IB Tauris.

James, A. and Prout, A. (1990) *Constructing and Reconstructing Childhood: Contemporary Issues in the Sociological Study of Childhood*. London: Falmer Press.

Kaiser Family Foundation (2003) Children and the news: coping with terrorism, war and everyday violence, http://www.kff.org/entmedia/loader.cfm?url=/commonspot/security/getfile.cfm&PageID=14268 (accessed 6 April 2004).

Lemish, D. (1998) What is News? A Cross-cultural Examination of Kindergarteners' Understanding of News, *Communication: The European Journal of Communication Research*, 23: 491-504.

Lester-Roushanzamir, E. P. and Raman, U. (1999) The Global Village in Atlanta: A Textual Analysis of Olympic News Coverage for Children in the *Atlanta Journal-Constitution*, *Journalism and Mass Communication Quarterly*, 76(4):699-712.

Morrison, D. and MacGregor, B. (1993) Anxiety, War and Children: the Role of Television, in B. S. Greenberg and W. Gantz (eds) *Desert Storm and the Mass Media*, Cresskill, NJ: Hampton Press, pp. 353-363.

National Center for Children Exposed to Violence (2003) Children and terrorism, http://www.nccev.org/violence/children_terrorism.htm (accessed 17 May 2004).

Qvortrup, J. (1990) A Voice for Children in Statistical and Social Accounting: a Plea for Children's Right to be Heard, in A. James and A. Prout (eds) *Constructing and Reconstructing Childhood: Contemporary Issues in the Sociological Study of Childhood.* London: Falmer Press.

Smith, S. L. and Wilson, B. J. (2002) Children's Comprehension of and Fear Reactions to Television News, *Media Psychology*, 4: 1-26.

Van der Molen, J. H. W. (2004) Violence and Suffering in Television News: Toward a Broader Conception of Harmful Television Content for Children, *Pediatrics*, 113(6): 1771-1775.

Van der Molen, J. H. W., Valkenburg, P. M. and Peeters, A. L. (2002) Television News and Fear: a Child Survey, *Communications*, 27: 303-317.

Van der Voort, T. H. A., Van Lil, J. E. and Vooijs, M. W. (1993) Parent and Child Emotional Involvement in the Netherlands, in B. S. Greenberg and W. Gantz (eds) *Desert Storm and the Mass*

Media. Cresskill, NJ: Hampton Press, pp. 341-352.

Wober, M. and Young, B. M. (1993) British Children's Knowledge of, Emotional Reactions to, and Ways of Making Sense of the War, in B. S. Greenberg and W. Gantz (eds) *Desert Storm and the Mass Media*, Cresskill, NJ: Hampton Press, 381-390.

第四部分　新闻与他者化政治

第十八章　谈论战争

——新闻报道怎样对9·11事件作出反应

马丁·蒙哥马利

- 9·11事件之后的论战是从什么时候、怎样开始的？
- 有什么其他可行的描述形式吗？
- 新闻报道是否与公众人物之间失去了批判性的距离？

这一章主要通过调查在“公共领域”(哈贝马斯，1989) 中的口头语言反应，以及对这一言论是怎样转向战争的特别关注，来研究新闻媒介对9·11事件发生后的即时反应。通过这种研究，我们挖掘出了新闻报道和一些重要公众人物例如美国总统、美国总统发言人和国务卿之间的接口。通过总结报纸标题、广播采访、简报和总统演讲的文件，这种研究会对从“恐怖行为”到“战争”，从即时反应到更深层的回应作出详细调查。它同时也会反映出：战争这一被证明具有决断性的术语很早就已出现。但当最开始这一表述成为一种清晰有力地表达公众反应的决策性措辞之前，是被当作一种不恰当的修辞手法来使用的。在改变的过程中，这一术语在极大程度上被模棱两可地使用，新闻报道在这一过程中扮演了决定性的角色。一方面，在不断无序的扩大中，9月11日和12日的报纸标题都强调了这个词；另一方面，在广告遭遇和采访简报中，记者们开始怀疑这个词使用的正确性。一旦“战争”一词被确定下来作为描述中的主要用词，它通过对世贸大厦被摧毁的回应重新组建了无序领域，这一领域可能是清晰而有层次的，并能引领其进入一个重要的方向。即使其他的表达也可以用，比如那些可能已经提供了描述形式的竞争货币，但是战争很快就主宰了公共演说并且最终主宰了整个大事件。

新闻业作为公共领域中意义最为重大的塑造活动，不可避免地会将文字作为原始加工材料。不论是什么在维持或者改变公共领域，各种论述和演说是其交换的基础组成部分。新闻作为一种专业，采取多种方式把文字草稿压缩成为核心概念。扩大信息量，保存真实意义可能是新闻工作者们为达到精准浓缩、经济快捷这个中心承诺的一个简要公式。我们可以把这个看作公共领域中，传播学内在规则的一个特定拐点，这个拐点是由语言哲学家格赖斯首次制定的——值的准则和量的准则（Grice，1975）。这些准则可能是第一次被概括为“不要说你明知道是不真实的话”(保存真实意义)，而后又被概括为“为了当时交流的写作目的，按照最大程度的需要包含更多的信息”(扩大信息量)。

对9·11事件的即时反应：找寻描述大事件的合适词语

正如我们所知，9·11事件发生后立即被传达（并再次传达）给大众。虽然这一事件——两次飞机失事重创世贸中心——通过电视画面就能使广大电视观众看见，但是在口头表述上却存在问题。这其中包括两个维度：第一，选取相似例子的描述；第二，累积足够的信息以决定哪些例子可能与9·11事件相似。

报道一个重大事件包括报道这一事件所造成的大规模破坏，并且对事件的破坏性的描述会用到已经建立起来的表达方式，并会影响后续报道。两个明显的例子包括：第一，人类的错误/偶发的灾难（如切尔诺贝利核电站事件）；第二，自然灾难（如飓风或者地震）。报道的轨迹会随着不同的表述而发生改变。在第一种情况下占主流报道方面的是“哪里错了”，并与“是谁的责任”联系起来。第二种情况下出现较多的是对灾难的衡量、施救者的英雄主义体现和幸存者的恢复情况。在如9·11一类大事件过后的即时反应中，记者必须基于完整而又瞬息变幻的信息来选取范例。

而对于主持人来说，面对爆炸性新闻，他们必须用有限的信息来为大量观众解读这一事件。飞机失事与世贸大厦的第一次撞击被解读为意外灾难性事故是可行的，比方说 CNN 确实在报道中对美国航空飞机 11 的导航系统是否出现问题进行了推测。但是，据斯坎内尔（Scannell，2003）显示，CNN 也非常谨慎，因为可视性的线索对正在发展的事件上的信息支持是有限的。

例 1

我们从画面中可以看到

显然发生了毁灭性的事件

一架飞机与其中一座大楼相撞，但报道并未被证实

随着时间的发展，我们正努力提供这一事件的更多相关信息。

（Scannell，2003）

当第二次飞机失事撞击大楼的时候，这一事件被当作人为事件重新分类；对于事件的描述开始从偶发灾难向故意制造大量伤亡的人为袭击事件转变。通过斯坎内尔（2003）的再次显示，不论此刻面临怎样的压力，CNN 继续坚持它的解释，完全通过事件的画面录像并利用在场目击者的优势进行解读。

例 2

我们可以看到浓烟如巨浪般翻滚升起，现在没法看到另一座大楼。但可以看到火光如瀑布般倾泻而下。

（Scannell，2003）

在数分钟内，可以肯定的是，大楼将发生爆炸，相关评论开始通过画面对这一毁灭性灾难作出推测。

例 3

但是请看

这几乎是你能够看到的最骇人的画面
这同时在两个城市中发生
我们有报道称国务院（State Department）中也有火灾发生，但情况已经得到控制
五角大楼也起火了
通过机密调查，对白宫的袭击被描述为确切的恐怖袭击
我们遭到两次爆炸。两架飞机撞上了纽约的世贸大厦
第二次爆炸的发生
一部分是南大楼，显然已经倒塌了

（Scannell，2003）

CNN在9·11事件发生的早期，使用了醒目的标题："美国遭遇袭击"。但之后，包括其他重大新闻事件发生后，怎样立即给出对这一事件的详细描述、解释发生了什么、怎样选取合适的报道用词成了难题。在具体实施上他们得提供能够符合"质量格言"（Grice，1975）的描述："不要使用你明知道不真实的话语"，对于特例，不要将已被证明是强烈错误的信息强加给公共领域。斯坎内尔（Scannell，2003）和凯里（Carey，2002）认为，除了描述的问题，9·11事件发生后的数个小时之内，美国的各大媒体如ABC以及英国的BBC都作出了一种对事件本身相对综合且广泛的理解，对事件大致轮廓的理解随后则保持不变。但是记者——主持人和新闻机构——则必须费尽心思来保持新闻事件内容本身的正确性。

对未揭露场景的恰当反应与"量的准则"

如果首先对于问题的描述就是"质量"即报道准确性，问题就会马上演变成格赖斯所提出的一个概念——"量"的考虑："为了当时交流的写作目的，按照最大程度的需要包含更多的信息。"（Grice，1975）

这一核心概念也可以被公共领域重新解读为"无规律性扩大准则"：

不要仅仅简单地再度理解为之前所说的：如果观众对那些可能遮盖更主要报道的额外信息更感兴趣，则可以发出更强烈的声音。

新闻报道从定义上来讲必须提供“新”故事；另外，当多家媒体报道同一事件的时候，他们不能仅限于把已报道的内容再次报道，而必须去挖掘那些既新鲜（也可以说是强烈的）又独特的事件报道角度，这样才能使自己的报道从巨大的信息社会中脱颖而出。当然，任何公开对重大事件作出反应的发言人/作家都必须作出假定：在这个事件发生后的几个小时内，公众中几乎没有人能在这场灾难的基础参数中被忽略掉。基于这一点，例如这类说话方式：

例 4

两架客机分别与世贸中心的两幢大楼相撞，第三架客机已撞上五角大楼。

（自编范例）

报道迅速变得不太恰当是因为它只是向公众阐述了一个大家可能已知的事实。任何这类报道方式都必须在新闻事件发生后快速更新，提供最新信息。面对这种情况，有一种策略对新闻报道和公众人物都有用处，即提供更强有力的、视野更宽阔的报道。

描述，特别是在公共领域的描述（在这里，同一事件可能会有很多循环表达），可以被理解为涉及不同等级的表达，自弱到强都有。参考表 18.1 和表 18.2：

表 18.1

	世界贸易大厦
	曼哈顿
	纽约
袭击	美国
	美国人民
	民主
	文明

表 18.2

一次邪恶的行动
一次恶劣的行动
魔鬼行为
野蛮行动
战争的行动

表 18.1 中的一系列用词都只是在当时的环境中进行解读，很快就失去意义：不管选取怎样的表达方式，必须随即觉察到有力的观点并施以压力。由“弱”到“强”的转变可以通过很多方式。可以是从小视野到大视野（“对纽约的袭击”→“对美国的袭击”）；从具体到抽象（“对美国的袭击”→“对自由的袭击”）；从初步评估到有力评估（“毁灭之日”→“充满恶行的一天”）。例如在表 18.1 中，很明显地可以看到用词的转变是由表面文字性的表述到隐喻性的表述（提喻法——以部分指代整体和以整体指代部分）。用世贸大厦指代曼哈顿，进而指代纽约，用城市指代国家，用国家指代整个人类：也就是说，这些普通的表面意义上的文字很快就被有着更深层暗示和更强烈的声音所取代。

这个过程可以被看作是记者和公众人物在工作中想向对方得到评论和意见时的陈述。首先，我们来看看对于 9·11 事件，从美国新闻报道中选取出来的标题。①

修正描述用词：9·11 与 9·12 的报纸标题

如果对于直播的主持人来说问题是质量准则的话——“努力传达更多的信息”（CNN）以及“报道真实正确的信息”，那么报纸面临的问题则不一样。报纸标题，特别是如果要使一个重大事件

① 标题中的文件来自 http://www.september11news.com，包括 9 月 11 日的第 181 页，9 月 12 日的第 163 页，9 月 13 日的第 13 页。

的报道具有特色，就必须用不断变化的方式来增强其重要性。①

其实在9·11事件发生的当天，很多报纸就准备做关于世贸大厦遭受袭击的专栏报道。“袭击”字眼在9·11当天出现在超过40%的报纸的新闻大标题上。单字标题②如“袭击”(Attack)或者“遭到袭击”(Attacked)出现了14次——也有加长版的标题，例如“美国遭到袭击”(America Attacked)(出现了13次)，“美国遇袭”(U.S. Attacked)(出现了13次)，还有“遭到袭击”(Under Attack)(9次)，“美国遭到袭击”(U.S./America Under Attack)(13次)。“袭击”(Attack)一词的使用频率最高。

其次是“恐怖”(Terror)一词。这一词语实际上也是最普遍使用的独立词，被使用了21次。它也与其他词共同使用，如“恐怖式袭击”(Terror Attack(s))(3次)，“恐怖分子行为”(Terrorist Acts/Attacks)(5次)，还有“恐怖之日”(Day of Terror)(6次)。总体上来看，“恐怖”(Terror)一词的使用频率占到了9·11当天所有新闻标题的30%。因此，“袭击”(Attack)和“恐怖”(Terror)这两个概念几乎占了9·11事件发生当天标题使用的近3/4。

剩下1/4的标题则是由其他词语组成，比如“恐怖”(Horror)、“混乱”(Chaos)、“灾难”(Disaster)、“恶行”(Infamy)、“无法想象”(Unthinkable)、“毁坏”(Devastation)、“混蛋”(Bastards)以及这些辞藻的扩生版，例如“恐怖之日”(Day of Horror)。“战争”(War)一词则出现了4次，如“战争行为”(Act(s) of War)或是“战争谣言”(Rumours of War)。

在反应的连续性上，用词的普遍性和重复性十分惊人，即使是允许使用企业联合组织，并可以依赖一些公共资源，同样的标题也

① 文章中的标题都被当成无需传播系统，系统内的规定清晰地控制其结构。详见Montgomery et al.(2000: 333-343)。

② 在处理9·11事件发生后的美联社封面文章时，我区分开来了节点词汇和从属词汇。一些关键词例如“袭击”作为独立表述，出现的频率很高。但是其他表述如“美国”也在描述这一事件中扮演着重要角色，即使这些词不是独立表述的词汇。换句话说，“美国”(作为一个从属词汇)不可能用在新闻标题中，但是“袭击”可以，例如“美国遇袭”。

一直保留，直到成为了“附属概念”。事发当天超过1/3的新闻标题都在“美国遇袭”(Attack on America)中提到了“美国”(America(n) or U. S.)，包括其他标题：“美国遇袭”(Assault on America)、“美国悲剧”(American Tragedy)和“美国战争”(War of America)。

而对“美国”(America / U. S.)这一概念的强调并非是最核心的，但非常普遍，它构建起了一个特别的方式去报道这一袭击性重大事件，尤其是在认定袭击的目标、目的和方位上。这是从全局事件的可能性中采取的一种选择，以下事例可以更充分地证明这一点：

被劫持飞机摧毁世贸大厦(Hijacked Jets Destroy Towers)

世贸大厦遇袭(Attacks Level Trade Center)

恐怖分子袭击世贸大厦与五角大楼(Terrorists Attack World Trade Center, Pentagon)

世贸大厦与五角大楼遭到恐怖袭击(Terror Hits Pentagon, World Trade Center)

纽约与华盛顿遭到恐怖袭击(Terrorists Strike N. Y., Washington)

纽约与华盛顿遭到重创(Terrorists Hit N. Y., D. C.)

恐怖行为重创纽约与华盛顿(Terror Strikes New York, D. C.)

美国遭到恐怖袭击(Terrorists Hit U. S.)

恐怖袭击重创美国(Terror Attacks Strike the U. S.)

恐怖袭击命中美国脉搏(Terror Strikes at Pulse of U. S.)

美国遇袭(Attack on America)

家园遇袭(Struck at Home)

自由遇袭(Freedom Under Fire)

以上列举标题的表达形式从具体到抽象。的确，它们都显现出了无序传播扩大的准则(发出强有力的声音)(make a stronger statement rather than a weaker)。因此，虽然表面事实上是被劫持飞机撞上世贸大厦，但是通过隐喻性的延伸，这些集中的字符实体所反映出的准则开始转向更为抽象的概念——美国和美国的自由本身。而且很显然，越来越多的抽象性结构被广泛地使用和接受。因此，当袭击的目标或者目的在标题中明确地表达出来时，使用概括性的或者抽象的字眼比具象的更普遍。通讯社的情况也与之一致。只有一至两则新闻标题相对具体："被劫持飞机摧毁世贸大厦"（Hijacked Jets Destroy Towers）；"世贸大厦与五角大楼遭遇恐怖袭击"（Terrorists Attack World Trade Centre，Pentagon）。但是更常见的是，如果这一行为是指代一个源头，那么则会被这样抽象地解读，例如："家园遭受恐怖袭击"（Terror Hits home）。

9·11事件后的第二天一早，距离客机撞击世贸大厦已过去几个小时，很多报纸已开始出第二版甚至第三版。但是，随着时间的流逝，引起了9·11当天更广泛复杂的反应。最常见的回应——"恐怖"（Terror）一词被继续使用；但比起之前占到新闻标题30%的比例，只占到了18%。"袭击"（Attack）一词也仍旧在使用，但比例上从40%跌落至12%。标题中开始出现代替之前频繁使用表述的新概念和新词，并且比之前相对近乎千篇一律的反应更加多样化——所以，"罪行"（Evil）（8.5%）和"战争"（War）（11%）一类的词开始出现。第二级或者说从属概念包括"美国"（America/U.S.）（占标题的13%）、"国家"（Nation）（10%）和"……之日"（Day）（9%）。大概有一半的标题都使用了"恐怖"（Terror）、"袭击"（Attack）、"罪行"（Evil）和"战争"（War）这些概念，有的单独写出，有的与其他词语一起使用，或者与一些二级概念如"美国"（America）、"国家"（Nation）和"……之日"（Day）一起使用。例如：

罪行（Evil）

罪行之日（Day of Evil）

战争（War）

战争行为（Act of War）

袭击（Attack）

对美国袭击（Attack on America）

恐怖（Terror）

恐怖之日（Day of Terror）

除此以外的新闻标题的表述则普遍带有恐怖色彩："恶行"（Infamy）（8次）、"恐怖"（Horror）（4次）、"暴行"（Outrage）、"悲剧”(Tragedy)、“国难”(Sate of Shock)、“让我们默哀”(We Mourn)、“无法抑制的愤怒”(Unyielding Anger)。这些表述大多是情感或者道德层面的体现和反应。另外，对死亡数和责任追究的考虑越来越广泛。例如：“开始统计伤亡数”(Death Count Begins) 和“是谁干的”(Who Did This)。

总之，如果事发当天的新闻标题原形是“美国遭受恐怖袭击”(Terror Attack on America)，到了事发第二天则会演变成：“魔鬼式恐怖袭击是对美国战争性的对抗”(Evil Terrorist Attacks Are War Against America)。

回头看来，这些标题似乎是合理的：还能怎样描述一个重大事件呢？但重要的是，我们要认识到，这些属于无序传播，这些表述对事实再次进行文字反应，并且引发了很多重要问题。

首先，虽然有多种方式来描述这一事件的领域，但是在9·11当天仅有两种版本占了绝对报道主流①。新闻媒体反应的连续性可能从多种途径来解释②，但是似乎没有一种充足明确的理由来解释这种描述是怎样产生的。它们并不是有计划地发生，例如，事发的第一时间，美国政府成员中绝大多数都没法进行评论。布什总统从一开始就被禁止与空军一号通讯。在美国东部时间上午9：30离开萨拉索塔的艾玛布克小学之前，他仅仅对事件进行了极其简单的陈述（大概十句话）；同样，他在路易斯安那的巴士德空军基地降落后又做了一次简短的公开讲话。布什的第一次公开讲话是美国东部时间当晚8：30。此外，美国副总统切里已经退休，国务卿鲍威尔在9·11事发过后暂停了他在南美某国家出席的会议，正在返回美国的途中。所以，全美的新闻媒体不可能是根据国家政府发言人作

① 美国媒体报道中虽然有近80个标题（181家报纸），但是有很大一部分都是重复的。使用频率最高的词汇有“恐怖”、“袭击”、“美国”。

② 例如，(a) 记者用词来源有限；(b) 记者收到白宫发言人不断传播同一个信息的影响；(c) 恐怖袭击事件在事件最开始就有着明确的指向性；(d) 记者间分享对这一事件的独立看法但是或多或少同时陷入了对这一事件的同种思考和解释。这些不同理解的问题在于，他们可以在一天之内保持所作出解释的一致性，但是在第二天没法作出不同解释。

出的指令进行反应的。

就对报纸的影响而言，广播媒体确实提供了这一事件的第一手资料。但是随着事件的发生，对于事件早期的描述和措辞在不断变化（直到 CNN 报道“美国遭受袭击”）。所以当 9·11 事件发生，新闻媒体在确定标题用词的时候，他们所拥有的材料仅仅是一些视觉画面和目击者所说的话语。这就造成了这些媒体反应上的一致性，并预测一旦这一悲剧性的消息被发布出来，就会迅速从一开始就具有公开的、普遍性的意义。

当最初使用的标题描述方式被建立起来之后，又出现了多种其他压力。一方面，新闻标题是一种复杂的修辞表达形式。各报纸媒体都希望通过使用新颖独特的标题把自己和其他媒体区分开来，而不是重复其他媒体所用的辞藻。另一方面，报纸有多个不同版面，而这些版面不能仅仅重复使用自己之前使用过的标题（或者正因为如此，使用较为相近的竞争对手的标题）。所以，9·11 事件当天和第二天之间，两家新闻媒体选取了不同的表达形式，虽然他们可能不知不觉地会选择与竞争对手相同的表达。详见表 18.3 中实例。

其次，“战争”(War) 一词虽然与三到四个其他词语一起用于第二天的标题中，但是它的意义和产生的冲击力比其他词语更加显著。例如，当这一表达被用作新闻媒介反应的一个元素并反馈给公众人物作为评论，当我们考虑其他公共媒介例如与阿里·弗莱施(Ari Fleische) 召开新闻发布会，以及广播采访国务卿鲍威尔的时候，这一表达影响更加强烈。

表 18.3

9·11	9·12	9·13
第一天	第二天	第三天
《圣何塞信使报》		
“遇袭”	“战争行为”	
Tusa World		
“美国遭到袭击”	“罪恶之日”	“战争行为”

续表

9·11 第一天	9·12 第二天	9·13 第三天
《安克雷奇每日新闻》		
“令人惊骇”	“恐怖”	“战争行为”
《奥古斯塔纪事报》		
“袭击重创美国”	“战争行为”	
《夏洛特观察者》		
“恐怖”	“美国遇袭”	
《信使邮报》		
“美国遭受袭击”	“战争行为”	
《达拉斯晨报》		
“恐怖之日”	“家园遇袭”	

的确，如果广播和报纸媒体一开始就面对重大灾难性新闻事后报道的措辞问题，那么对于那些在公共领域有着一定社会地位的公众人物来说，他们如何作出反应，就会很快成为一个问题——“我们对发生的事情有什么感受”，以及“应该怎么做”等。面对灾难时官方反应的最大来源就是总统的反应。

布什总统的公开反应

布什在9·11当天发表全国性的电视演说作为公开声明。在演说中他使用了这些字眼：“恐怖行为”、“大规模的屠杀行为”、“恐怖主义袭击”、“这些魔鬼似的袭击”，从以下摘录的例子中我们可以看到：

例5

(a) 早上好。今天，我们的国民，我们的生活方式，我们的自由主义信仰遭受了一系列恐怖主义的致命袭击……在这次卑鄙的、魔鬼似的恐怖行为中，上千生命遭遇不测。

(b) 这次大规模的屠杀行为意在对我国进行威胁并制造混乱，袭击但是他们失败了：我们的国家是坚不可摧的。

(c) 恐怖主义袭击可以摧毁一座大楼，但是无法动摇美利坚的根基。

(d) 我们对这些魔鬼似的袭击的幕后指使者正在调查中。

(e) 非常感谢与我一起强烈声讨这次袭击的国会成员。

(f) 让我们同心协力地赢得这场对抗恐怖主义的战争。

(2001 年 9 月 11 日布什总统向全国发表电视讲话)

从最初使用“行为”(acts)(例 5 (a) 和 (b))，之后变为“袭击”(attacks)(例 5 (c))，直到以“战争”(war) 一词结束整个演说（让我们同心协力地赢得这场对抗恐怖主义的战争）(例 5 (f))，隐藏在隐喻用法之下，类似的表述还有“必须的战争”(war on want)、“贫穷之战”(war on poverty)、“毒品之战”(war on drugs)。

但是在随后两天的时间里，这种清晰的语义被加强。9 月 12 日，也就是 9 · 11 事件的第二天，布什总统在与国家安全小组进行会议时，进行了简短的会前演说，并再次明确地说明这是一次战争行为：

例 6

昨天这次以对抗我们国家为目的的，谋划已久的致命性恐怖主义袭击不仅仅是一次恐怖主义行为，而是战争行为。它需要我们国家联合起坚定的决心与信念。自由和民主正遭到袭击。

(2001 年 9 月 12 日与国家安全小组会议开始时的电视演说)

但是到了 9 月 13 日，也就是 9 · 11 事发的第三天，相关报道从最初强调 9 · 11 行动本身，已经发展到被“针对我们的战争已经开始”的言论所同化。

例 7

针对我们的战争已经开始，他们使用了卑劣的秘密行动、欺骗和残酷的杀戮。我们的国家是和平的，但是被激怒时是强硬猛烈的。这次冲突在预谋好的时间，以针对他人的方式开始，也会以一种方式，在我们选择的时间结束。

（2001 年 9 月 13 日）

即使在这一点上，我们可以发现布什的话语避免了描述出美国将以战争回应这次袭击：匿名者正在策划一场针对美国的战争，但美国的反应并不是以“战争”进行准确的回应。针对美国的战争已经打响，但美国并没有用相应的对称语句来清楚地回应。

这些都是布什演说的稿本评论。9·11 事发之后布什和记者之间并没有立刻直接交流。但是他的言论仍然引起了公共领域的共鸣。

媒体关于布什言论的调解：9·12 的报纸标题

布什言论所产生的影响确实非常深远。在 9 月 12 日 163 则报纸标题中，有近 1/3 都以布什的公开演说内容作为标题。其中一些直接写明这些话出自布什之口。例如：

布什：“今天，我们的国家目睹了残暴”(Bush：“Today，our nation saw evil”)

在另一些例子中使用了引号，但没有写明这些话出自谁之口。虽然对应的表述可以在一次或其他公共演说中找到，例如：

“我们国家目睹了残暴”（Our Nation Saw Evil）（6 次）

“对他们进行正义的审判”（Bring them to justice）

“出离愤怒”（Unyielding Anger ）

“战争行为”（Acts of War）（3 次）

另有其他报纸媒体的副主编间接引用话语进行概括总结，但这些表述的起源仍被认为是布什的讲话。例如：

“布什表示正义终将取胜”(Bush says good will prevail)

“布什誓将报仇”(Bush vows revenge)（2 次）

有时进行准确的引用，如：

“大屠杀行为”(Acts of Mass Murder)

其他时候进行模糊的表述：

“自由遭袭”(Freedom itself was attacked)

综上所述，9 月 12 日的报纸上有很多引用形式的表述以及对两次总统演说内容的暗示：从“暴行”(evil)（13 次）到“自由遇袭”(freedom（being）under attack)（以及将“美国/国家”等词放在从属位置）。但最能引起共鸣的表达是“战争”（war)。这一表达仅在 9 月 12 日一天的各报纸标题中被引用了不少于 15 次。

如我们之前看到的，不是在 9 月 12 日发表演说的内容是：

例 8

昨天这次以对抗我们国家为目的的，谋划已久的致命性恐怖主义袭击不仅仅是一次恐怖主义行为，而是战争行为……但是我们不会让敌人赢得这场战争……

这段经过解读被用在标题里则有了多种表述方式：

“战争行为”(“Acts of War”)（3 次）

战争行为（Acts of War)（2 次）

“一次战争行为”(“An Act of War”)（3 次）

一次战争行为（An Act of War)

战争行为（Act of War)（4 次）

“战争行为”(“Act of War”)

“这是一次战争”(“This is War”)

所以我们可以看到，虽然来自布什两次演说中的大量表述被重复用在了报道标题中，但是被最精准、最重复使用的是关于他对战争的提及。

那么毫无疑问，所有对“战争”一词提及的源头都可以追溯到布什的公开演说内容中，但是这也并不意味着所有关于战争的提及都来源于布什。那些标题中未多经讨论的语义线索才是记者对这一重大事件自主的认知和反应，这种认知具有划时代的启示意义。几乎从袭击发生的那一刻起，9月11日就成为了一个历史性的转折点。一些标题选择事件发生当天：

恐怖一日（A Day of Terror）

恐怖之日（Day of Terror）（7次）

最黑暗的一天（Darkest Day）（2次）

地狱之日（Day of Hell）

毁灭之日（A Day of Devastation）

恶行新开始（A New Day of Infamy）

到了9月12日，这种语音变得更为强烈：

死亡之日（Day of Death）

9·11过后（The Day After）（两次）

最糟糕的一天（Our Worst Day）

最漫长的一天（The Longest Day）

恐怖之日（Day of Terror）（3次）

恶行之日（A Day of Infamy）（2次）

恶行之始（A New Day of Infamy）（2次）

恶行开端（New Day of Infamy）

恶行（INFAMY）（两次）

"恶行"这一表述实际上并非直接取自布什总统的讲话，但是日本偷袭珍珠港之后，罗斯福总统在国会上发表公开讲话时曾说道：

昨天，1941年12月7日——这个恶行昭著的日子——美国遭到了日本帝国海军和空军的这一蓄谋已久的突然袭击。

因此，将9·11事件定为恶行之日这一说法是有历史渊源的，而且在公共领域中强调这一事件有着时代的紧急性和重要性。罗斯福总统在1941年国会公开演说上怎样结束讲话同样值得关注：

> 我要求国会宣布，从周日，也就是12月7日，美国遭受日本毫无征兆的卑劣袭击之时起，美国已与日本帝国处于备战

状态。

1941 年珍珠港遭到偷袭和如今 9·11 事件中世贸大厦和五角大楼遭到袭击有不少类似之处，尤其是在遭受损失的程度上，这两次爆炸性的摧毁都造成了巨大的伤亡，也给美国人心中蒙上了阴影。其次，当相似的历史事件重演时，当年的事件为与之相似的事件提供了一个现成的关于战争的评述。不管美国总统在 9·11 时发表怎样的言论都会被大范围地报道，这点是可以理解的。而在所有美国的纸质媒体中，不是关于“战争”的言论很快在报道标题中得到强调，这也说明新闻媒体受到无序传播和表达的影响，实际上早就准备好了把这一概念挑选出来以引起公众的注意，并且在不断重复这一表述。同时需要强调的是，总统公开发表的电视讲话在这一点上仅仅是对美国所遭受的袭击表述为“战争”(“战争行为指向我们”(an act of war against us))，而不是将“战争”一词作为遇袭后的回应。但这一理解在某些简要的标题中表述得非常模糊，例如：“这就是战争”(This is War)。但是公共领域的其他部分并没有让这些未经审核的表述通过。有两种及时的公共审核：(a) 对资深领导人物进行广播采访；(b) 包括与记者问答部分在内的新闻简报。

国务卿鲍威尔的公开反应

9·11 事件发生的当天早上，美国国务卿鲍威尔正在南美一些国家参加会议。他几乎在第一时间飞回美国，刚刚得到关于恐怖袭击发生（被描述为“一次可怕的行动”、“一次蓄谋已久的重创”）的消息（这时候五角大楼和世贸大厦已经遇袭）的时候，他就在飞机上对这次事件进行了简短的回应。事发第二天，也就是 9 月 12 日，他接受了（美国）全国广播公司（NBC）、美国广播公司（ABC）、美国国家公共电台（NPR）和美国有线电视新闻网（CNN）等多家媒体的访问。在访谈中，“战争”被认为是交流中的一个持续概念。例如在接受 NBC 访问提到的民意调查中显示，

92%的民众将支持进行军事反击，即使这意味着开战，在提出“美国政府将对恐怖主义进行军事打击吗”以及“陆战部队会找到这些恐怖主义者并将他们铲除吗”这些问题之前，ABC提到了以下主题：

例9

但是我们知道我们国家还没有出离愤怒。我这里有一份《每日新闻》和一份《纽约每日新闻报》，它们的标题是：“这是一场战争”(It's a War)。首先，这是如你所看到的一场战争吗？如果9·11是本·拉登干的，我们会怎样与他对抗？

NPR则提出了以下问题：

例10

国务卿鲍威尔，不少纽约报纸的标题都使用了“战争”一词，我在想，用这个词合适吗？我们确实要把这次遇袭等同于战争吗？

有三件事情对于这种提法是惊人的：第一，是提问者首先把“战争”这一表述提出来的，并希望得到鲍威尔的看法。第二，这些媒体是基于公共领域中第一轮发行的民意调查作出的决定。所以，“战争”这一概念在美国遇袭的当天就被建立起来了。第三，提问者明确地要求鲍威尔对“战争”一词的使用和暗示意义作出解释：“‘战争’一词的使用恰当吗?”“你觉得这是战争行为吗?”“我们的陆军作战部队需要出战吗?”这些问题到底是什么意思，对于提问者而言也不是立即清楚的。

到了9月13日，对于用词的审查更加谨慎。以下内容摘自某记者在现场记录简报中对国务卿鲍威尔的一些提问。

例11

当你谈到大楼的倒塌以及北大西洋公约第五条和联合国决

议的时候，你的意思是，“战争”是具有合法性的吗？你准备好了向本·拉登宣战吗？或者向其他人宣战？在这场战争中你希望这些组织参战吗，就像你们在海湾战争时候一样？“战争”这种词汇往往带有指向性色彩，即使不希望战争开始或进行下去，你担心这一点吗？

鲍威尔对这些问题的回答总体来说非常谨慎。首先，他避免了提到“战争”一词。他说：“我们希望作出回应”；“人们不能如此袭击美国而后坐视不管”；总统“会衡量每一个可行的选择然后诉诸武力”；“我们不要妄想一次反攻就会铲除全世界的恐怖分子”；但是他避免了这样表述：“是的，我们处于备战状态。”在接受采访的最后他使用了“战争”一词，但把原因归结为其他。例如鲍威尔说，是“美国人民”理解为“这是一场战争”。随后他又说，这种理解与法律定义并不一致。当鲍威尔面对问题，承认把这一袭击视为战争挑衅时，又立即提出“我们不得不把这次袭击预想成一次战争来对待”。所以鲍威尔在提到“战争”概念的时候把话语原主替换成了其他人。同样，他还把提出“战争行为”的源头替换成了其他人，自己从不是主角，另外，他还扩宽了指向目标视野：“这是一场对抗所有笃信民主的国家的战争。”

的确，在这位白宫关键人物的讲话中，对这次事件所作描述从“一次袭击”(an attack)、“袭击”(attacks)、“一次攻击”(an assault)，最初描述“无辜的人民”(innocent people)、“世贸大厦和五角大楼”(the World Trade Center and Pentagon)，随后语义逐渐扩大，开始转向“对国家的袭击”，例如“一次针对美国的预谋已久的强烈攻击”或者“不能如此袭击美国而后坐视不管”。

但最后，这类言论引起了“反击”之类的表述出现：

例 12

我们不要指望一次反击就能铲除所有类似昨天的恐怖主义行径。这将是一场多层面、多维度的战斗，包括外交、军事、指挥和法律制裁各方面。

以上言论来自社会平台，也就是说，关于对“袭击”的描述已经上升为“战争行为”。正如：

> 例 13
>
> 是的，我们确信这次战争行为是针对美国人民的，而且我们会作出相应的回应。
>
> 这一描述轨道也可以概括如下：
>
> 1. 针对无辜美国人民的疯狂袭击
> 2. 对美国发动的猛烈攻击
> 3. 对美国人民发动的战争

因此，我们可以概括出，鲍威尔的公共演讲仍然倾向于将话语扩大——使其上升到令人反应紧张的局面，并不去诉求降低这一事件的暴虐等级，而是通过接受记者们的多方面提问来与公众的最新反应的反馈情况同步。当这个概念被普遍建立起来之后，很显然，鲍威尔将这一概念提出的源头推向美国总统布什：“总统谈及战争”；“总统确信这是一场针对我们的战争”。

总体来讲，“战争”这一概念在公共领域的传播轨迹开始于9·11当晚8：30，出自于布什总统，随后在次日上午美国东部时间10：30再次被提及。报纸在新闻标题中对这一表述进行了强调，并且变为了媒体采访和简报的审查材料。但布什自己的讲话只是照稿子念，而这些被他的发言人阿里·弗莱舍记录在他的日常发言简报中。

新闻媒体对布什发言的反应：布什总统发言人阿里·弗莱舍（Ari Fleischer）的新闻简报

广播采访，尤其是对政治家的采访，通常是以一种带有敌对情绪的模式进行的（Clayman and Heritage，2002）。白宫新闻简报尤其如此（Smith，1990）。这些带敌对情绪的问题主要集中在9·11事发第二天后新闻报道中所用到的“战争”一词。由于某些核心人物（例如美国总统布什或国务卿）在其他文本中对这一概念的提出而使新闻媒体率先使用。记者曾向弗莱舍（Fleischer）提问：这些用法是怎样起效的？

例 14

问：阿里（Ari），根据布什总统在今早发出的言论“这是一次战争行为”……将袭击事件上升到战争高度，这是对国家元首的一种恐吓吗？

（2001 年 9 月 12 日新闻简报）

例 15

问：但是为什么不在事发当晚的电视演说中就把“战争”一词向全国人民提出来呢？是什么使得一夜之间就把措辞上升到新的高度？

（2001 年 9 月 12 日新闻简报）

还有一些问题指向语言准确性使用的矛头。例如：

例 16

问：阿里（Ari），今天提到总统的言论，之前有没有讨论过“战争宣言”？

（2001 年 9 月 12 日新闻简报）

在这段话中，出版集团至少对关于“战争”的提及有所警觉。在同一份简报中还问到了如下问题：

例 17

问：……当你并不知道是否整个国家都被卷入战争的时候，你怎么能断言这是“对抗全美的战争”？

（2001 年 9 月 12 日新闻简报）

例 18

问：这当然不是针对个人的战争。

（2001 年 9 月 12 日新闻简报）

一次战争行为就会导致宣告开战吗？或者，就像另一名记者所说，在知道恐怖分子之后，总统需要随后就宣战吗？

例 19

问：他觉得他需要在知道恐怖分子之后，随后就宣战吗？

（2001 年 9 月 12 日新闻简报）

例 20

问：阿里（Ari），当总统说“这些是战争行为”的时候它在实际意义上指的是什么？对于这个问题，我能再问一遍吗？他会采取一些什么行动？

（2001 年 9 月 12 日新闻简报）

在这些交流中，各出版集团试图弄清任何有关“战争”一词的实际意义，而这也让各报社提供了一些清晰的话语解释框架，这些框架被赋予了具体的、准确的含义。一种方法是把这一词语放在法律或宪法相关描述中考量，以提供一个具象的、明晰的词义。实际上，一位记者通过提及“战争”一词与法律框架的相关度进行了新的提问，这些进一步的问题让关于这些框架的解释能够继续进行下去。而这个步骤比仅仅将“战争”词义具象化更具深远意义。

关于“战争”一词的使用，弗莱舍（Fleischer）对相关问题进行了三种回应：

- 9·11 事件没有先例。语言的使用很难与现实对应起来，所以用现有的语言很难描述。例如他在评论中说道“这与我们国家之前面对的问题都截然不同……而且这也不是传统意义上的战争，比方说，你所在国家的首都对你进行袭击”。

● 法律/宪法层面上的讨论正在进行中，并且都没有结束，所以这一词语的使用还没有被修订："而且总统在使用何种合适的手段，选取怎样的合适时机进行，这些都在继续与国会进行商定之中……"随后他又表示："这就是我为什么坚持我们会和国会继续商定使用何种合适的手段，选取怎样的合适时机的原因。"之后他再次强调："所有事情总统都会与国会进行商定，不管是合适的语言还是合适的时机。"

● 弗莱舍（Fleischer）的第三条回应引起了总统发言的个人行为。因为总统在使用"平常的语言"而不是"技术性的语言"，他的讲话可以被认为是不专业的："美国遭到袭击。美国的土地遭遇袭击。而且总统会如往常一样，非常直率地把事件描述出来。"这对日常准则是一种暗示。弗莱舍可以被看作是想试图将"战争"一词从专家、学者和军事法律的中心注意力中转向生活世界中的理所当然：总统只是一个平常的人，说着平凡的话语。而对这种回应的流行广泛维度在以下来自弗莱舍的反应中更为明显："我认为美国人民明白美国遭遇袭击，这就是一种战争行为。而且我认为没有其他的表达方式，这种表达方式也是美国人民希望从总统口中听到的，这也是总统清楚直白地谈论这件事情的方式。"①

很明显，还会有其他关于同时试图维护这一立场的问题提出：如果总统的用词只是代表他们的立场，那么为什么把所发生的事件和合适的表达对应起来那么困难呢？为什么还需要与国会一同寻找合适的用词？这些潜在的矛盾并没有阻止弗莱舍（Fleischer）在接下来的交谈中继续把两种回应结合起来。

完全不带战争意义倾向性地去看白宫 9 月 12 日新闻简报发言

① 这跟鲍威尔的解释不同，鲍威尔的解释更聪明，他尝试用新的方法来阐释这个词语，以避开法律概念："我说的是'战争'，而总统在谈论战争的时候是把重心放在美国能源上，并且国际能源组织是反对这种行为的。在某种层面上，'战争'可能是军事行动，但也可以是……"

稿是不可能的。不管有什么难处，这已经作为核心概念在公共反应中清晰地建立起来了。的确，9 月 13 日情况发生了一些改变。在弗莱舍（Fleischer）和报社的白宫新闻简报中，“战争”这一概念被挖掘出了更深远、更具体的法律衍生意义。

例 21

问：阿里（Ari），我可以接着刚才的问题往下问吗？“如果这的确是一场战争”，就像布什总统和其他政府部门领导人所宣称的那样，他确信他不需要“通过国会的同意去发动战争”吗？

例 22

问：阿里（Ari），我想问最后一个问题：“在连确信的国家敌人是谁都不知道的情况下，可能会有战争吗？”

例 23

问：阿里（Ari），“战争”这个词已经被广泛使用在 9·11 事件上，但是这一表述带有了太多的宪法性等其他含义，而且开始与国会对抗。如果对这一表述进行管理，它的使用频率会下降吗？

现在这一问题讨论的关键已经变成了在国会表决上会起草怎样的决议：因为总统具有三军统帅的决定权，所以任何关于军事行动的决定都要由总统来进行；军事行动和战争有区别吗？在这种特殊情况下，武力解决扮演怎样的角色，今后还将起到什么样的作用？但是可以肯定的是，前一天弗莱舍提出的三种回应现在浓缩成了一个：“在语言表述上我们还在与国会商量。”而且“战争”这一表述不管怎样，已经在公共领域深深植入法律和宪法的进程。换句话说，美国将发动战争并已经将“战争”一词的法律和宪法意义上的解释变得合理化。

总 结

所以我们可以看出，在公共领域中，“战争”一词是由于一件骇人听闻的重大事件发生后，无法找到合适的表述而在无序传播中产生的。而后由于被公众人物不断提及和在新闻标题中不断使用，这一表述在公共领域中不断重复出现。显然，这一概念的第一次提出并不是在文字表述上，而明显是通过公众人物：比如在9·11事件后布什第一次面对全美进行公共演说时说：“让我们同心协力地赢得这场对抗恐怖主义的战争。”这一概念一旦被建立起来，它对其他公众人物如鲍威尔或是弗莱舍（Fleischer）在与记者的交谈中便产生了影响。比如说鲍威尔，他甚至试图去使用并不真实的类比进行推论。例如在军事层面上。对于弗莱舍来说，他的言论是必需的，鉴于面对这场历史空前的巨大灾难，如果不是“战争”，白宫方面将会“与国会讨论，选用更合适的语言”。在世贸大厦被袭击的几个小时之内，“战争”这一概念就开始广泛地传播开来，就像西尔伯斯坦（Silberstein，2002）描述的那样：这是一个传播轨道，这个轨道随后将开启阿富汗和伊拉克的悲剧。在所有的这些传播过程中，最重要的是注意到：无序的传播机器控制重大事件的发展，就像对于重大事件，政府部门或权力机构控制事件发展一样。比方说报纸媒体，不仅仅是机械地完全重复总统的话语，而是有选择性地进行表述。双子大楼倒塌之后，在布什总统第一次相对公开的演说中他就用不同的方式对9·11事件发表言论：“卑鄙可耻的魔鬼式恐怖行动”，又如“大规模的谋杀”。在第二天就有30则有关“恐怖主义”的新闻标题出现，有14则新闻标题引用“魔鬼式”一词，但是仅有一家媒体直接引用“谋杀行为”。因此，一些言论框架是通过公共领域搭建起来的，而另一些则未受影响。“战争”、“魔鬼式”、“恐怖行为”和“袭击”这些表述都在新闻标题中反复出现，但“大规模谋杀”则没有。关于“战争”的使用和表述是与鲍威尔以及总统新闻发言人访谈时候的核心问题。而法律问题并没有像“战争”用词问题那样备受关注。

“战争”这一词语的回应方式不仅削弱了其他表述的使用，还是对之前报道表述的挑战。在之前发生的重大暴力事件（非恐怖主义袭击）中，例如意大利极左派恐怖组织红色旅绑架谋杀意前总理事件、迈因霍夫团伙、西班牙巴斯克分裂组织“埃塔”、巴勒斯坦解放组织，都有着清晰的责任界限。尚未定性的组织会把这些行动当作对抗国家或某个系统的战争行动，并会根据政权瓦解的需要组织军事行动，为这些暴力行动寻求合理解释。但是就这些组织而言，不顾国内法律和刑法，拒绝进行任何军政解释。的确，在长期的激烈斗争中，囚犯和恐怖组织试图让这为自己辩护，并向军队索求特权，恐怖组织对国家诉诸暴力，以此来达到政治目的并作为武装斗争的一部分（平等、独立，推翻资本主义）。对于这一情况，国家用诉诸法律的方式进行处理。

但是在 9 · 11 事件中，出现了一些反常的逆转情况。没有任何团体承认是自己的责任，所以事件的动机和源头很隐蔽。这次袭击也没有什么要求，所以只能从细节来进行推断。在这种“语义真空”的情况下，美国只有把责任归咎于这一隐蔽的基地组织——有推断说他们正在进行战争。于是这一行动从犯罪领域被提升到了战争领域。在这种情况下，美国面对恐怖主义行动通常会拒绝承认其战争性，但在没有任何需求提出的情况下，也不得不承认其战争性。

进行了这种选择之后，当然也还有许多事情悬而未决。对于 9 · 11 事件，世界范围内都存在着各种不同的声音。除了主流的表述“战争行为”之外，还有其他诸如“大谋杀”等表述方式。而“大谋杀”只是在犯罪层面上对其进行定义，这种表述多在特定的司法管辖区使用，都服从于一个主权国家的内部运作系统。这是警方所要调查和研究的课题。这一行为必须被定罪并用法律公平解决。个人的责任必须追究，罪行也应该进行判决。而这是在警方侦查领域、刑事司法领域和法律保障方面的处理方式。

在 9 · 11 事件的调查处理和定性方面，确实在法律上有很多难处。虽然肇事者很早就已经确定，但由于这是一次自杀性袭击，袭击者也已经遇难，所以他们不可能被绳之以法。其他或多或少与这次袭击相关的共犯因为身份可疑，再加上行踪的不确定，也很难让他们承担责任；另外，即使可以提供这些信息，他们很可能生活在那些不受美国法律约束的地方。

正如我们所见，关于“战争”的言论提供了一个完全不同的理解方式——从主权国家的军事条款与其他国家的关系（或者其他类似国家的实体）① 出发，进行反应和理解。这样理解的话，那么在袭击一开始，伤亡就是不可避免的，不论是无辜或是军事打击、一般性袭击，或是其他方式。在军队纪律下，责任问题已经弱化，法律裁决被一再拖延。正如桑塔格（Sontag，2004）所观察到的：“那些美国刑法系统之外的超法律的帝国都是未被判决的囚犯……一场无休止的战争显然暗示了无限延期的合理性。”

这一章证明了9·11之后有关战争的言论迅速地扩散到公共领域的各个重要领域。虽然还有其他方式来对9·11事件进行理解和表述，但是没有一种表达方式像关于战争的这种表述传播广泛迅速。虽然时间范围很窄，但是这种表述开始使用的时候就非常困难。因为当时并不清楚“战争”到底意味着什么，记者也在不断地追问使用这一词语的合理性。在没有弄清敌方是谁的情况下就可以使用这一表述吗？你怎么知道这是针对一个国家的战争？你确定这不是针对个人的战争行为吗？总统有没有觉得他在弄清恐怖袭击者之后，还必须解释清楚关于战争的表述？当关于“战争”的概念和探讨建立起来之后，国家敌人就被确定出来了——首先是阿富汗人（或塔利班人），而后是伊拉克人（或者他们的政权）。本·

① 其他人也从细节上深入挖掘恐怖主义应该是一种罪名。例如，Barker（2003：112）所提到的：“对于恐怖主义的战争在恐怖主义的政治性方面打了折扣。如果更好地进行表述，则会激烈地反对把恐怖主义作为一种罪名。”这一点 Chomsky（2003：187-217）也提到过。这一事件在这个关键点上更特殊，更具地域性——回应9·11事件时，除了其他回应方式之外，关于“战争”的解释是怎样不断变化的。

拉登、基地组织至少还和世贸大厦有一些明显的关联，但是伊拉克则跟其毫无关系。

与之前发生的恐怖袭击事件相比，考虑到9·11事件的特殊性，这里还有一些其他评论（例如 Baudrillard，2002 和 Zizek，2002）。但是并不仅仅是这次袭击行动特殊，事件发生后的反应、时间本身和反应之间的联系，而且事件发生的几小时内就有关于“战争”的表述出现，这些都是以前没有出现过的情况。康多利扎·赖斯（Condoleeza Rice）不久前评论说：“那天的袭击意味‘整个国家都处在战争状态’并不是比喻。”这种说法很狡猾。9·11之后“战争”一词的第一次使用就是一种明确的比喻。但是当被用在新闻标题中的时候意义就变了。虽然一些记者使用了这一表达后对这种描述进行过质疑，但是不论是他们自己还是公众人物都不清楚这一表述是什么意思。但是战争的势头已经在建立中，并且造成了巴格达、费卢杰、纳贾夫和阿布格莱布监狱的悲剧。用这种修辞比喻性的表述对一场可怕的灾难进行解释，而正是这种隐喻性的文字表达变成了一场真正战争的铺路石——但是那些与9·11有联系的人仅仅是在语言上轻率地进行公证而没有付诸于实际行动。在这一过程中，新闻传播显得既顽固又盲从。

参考文献

Barker, J. (2003) *Terrorism.* London: New Internationalist Publications.

Baudrillard, J. (2002) *The Spirit of Terrorism.* London: Verso.

Carey, J. (2002) American Journalism On, Before and After September *11*, in B. Zelizer and S. Allan (eds) *Journalism after September 11.* London: Routledge.

Chomsky, N. (2003) *Hegemony or Survival.* London: Hamish Hamilton.

Clayman, S. and Heritage, J. (2002) *The News Interview.* Cambridge: Cambridge University Press.

Cole, P. and Morgan, J. (eds) (1975) *Syntax and Semantics 3*:

Speech Acts. New York: Academic Press.

Grice, H. P. (1975) The Logic of Conversation, in P. Cole and J. Morgan (eds) *Syntax and Semantics 3: Speech Acts*. New York: Academic Press, pp. 41-58.

Habermas, J. (1989) *The Structural Transformation of the Public Sphere*. Cambridge: Polity Press.

Montgomery, M., Durant, A., Fabb, N., Furniss T. and Mills, S. (2000) *Ways of Reading*, second edition. London: Routledge.

Scannell, P. (2003) "Broadcasting 9 · 11" working paper for broadcast task seminar held at Ross Priory, Scotland.

Silberstein, S. (2002) *War of Words*. London: Routledge.

Smith, C. T. (1990) *Presidential Press Conferences: A Critical Approach*. New York: Praeger.

Sontag, S. (2004) What have we done? *Guardian G2*, 24 April, pp. 1-5.

Zelizer, B. and Allan, S. (eds) (2002) *Journalism after September 11*. London: Routledge.

Zizek, S. (2002) *Welcome to the Desert of the Real*. London: Verso.

第十九章　平庸的新闻
——新闻话语中“我们—他们”二分法的中心性

普拉桑·桑沃卡

● 新闻媒介维护谁的利益？

● 为什么记者不能超越关于少数族群问题和事件的零星报道？

● 即使个别的记者意识到他们报道的事件和议题具有局限性，他们的文化/种族背景和新闻编辑室中的社会化过程又是如何影响他们采取相应的补救措施的？

● 新闻报道是否取决于记者对谁受到了影响、谁参与其中，和谁对之感兴趣这些方面的认识？

● 什么在新闻编辑室的话语和新闻内容中，特征如此显著地根植于“我们”与“他们”间的常见术语？

拿起任何一份报纸或收看任何电视公告，你会看到一系列的新闻类栏目，这些被生产出来的东西令人印象深刻，它们有很好的文字内容和令人信服并吸引眼球的图表。当然，关于恐怖主义战争、大卫·贝克汉姆、约翰·凯瑞、房价的上涨等是和新闻相关的，但它们可能并不能使你感到惊喜。报纸和公告中日复一日呈现的事件和议题难逃预期的窠臼。它是一种养成的习惯，几乎成瘾（媒体是否是大众的新鸦片？）过去几天、几个月甚至几年，你已经习惯于特定报纸的风格，以及它所囊括的事件和议题的范围。它依赖你成长——你知道它会给你提供你所期许的东西。事实上，它很少提供超出常规的节目。

然而，在字里行间进行搜寻，一幅迥异的新闻图片出现了。这并不仅是记者再现特定问题、议题和社会阶层方式的一个事例。事实上，在任何社会，新闻对很大一部分人生活状况的呈现存在问题。仔细观察发现，关注新闻媒介并不经常报道的涉及少数人（种族、宗教、性别、等级等）的事件和议题，他们的视野可能有助于揭示社会运行的方式以及新闻业如何推动、培养、灌输主导的价值体系。学习新闻的学生需要把新闻媒介看作社会文化权力几何的一个索引，并研究它如何影响新闻生产的根基和路线。几乎无法进入新闻内容的事件和议题可以被称作是看不见的媒介领域，或者是被塔奇曼（Tuchman，1978）所称的象征符号的消亡。新闻选择性的开展之所以不引人注意，是因为它日复一日按照正常的路线，并基于新闻生产的话语进行。本章以编码这一节点作为深入考察的案例，编码是原始信息成为新闻之前的一个阶段，编码之后的信息会对读者产生影响。

把新闻业理解成浸染了各个层面有意和无意偏见的这样一项事业是非常重要的。这些层面包括挑选、语言、形象、框架、描述和再现。如同民族主义，新闻业是有双重面孔的，它声称坚持现代性的理想，但实际上却每天沉迷于政治上的正确性。当然，记者将首先否认它们主要迎合优势主导社会部门，或者他们的力量总是依赖于官方来源。某种程度上，这种某人听起来是事实，因为罕见任何记者对特定的价值观念和社会阶层公开持有偏见。可新闻是人类的建构仍是事实（Hall，1982：148）；记者难以摆脱他们生存其中的社会和文化环境。新闻话语中的偏见是如此制度化、自然化和规范化，以致它看起来似乎是良性的、枯燥的和平庸的。

紧跟网络事件、紧迫的截稿时间，和固有的一次性的日产量，记者很少意识到，他们经常忽略人类生存的大部分地区或者不管是愿意还是不愿意，他们的努力最终以迎合社会精英阶层而告终。这是主流新闻业更大的“故事”。我像一个从业者一样从学术的视角对此进行大量陈述，成为这一漩涡的一部分已有二十多年。偏见主要是未声明的，但又不总是如此。接任充斥着暴乱的位于印度东北地区的《印度时报》的通讯员之前，这一地区惯常被视为印度公共领域中的他者，一个资深编辑并非全然愤世嫉俗地开玩笑对我说：带着他们应得的蔑视对待他们。

平庸的新闻业

按照比利格（Billig，1995）的陈腐的民族主义观念，我认为在民主社会中作为主流的新闻业绝大部分正在消失，这可以被称为平庸的新闻，揭开新闻业这一商标的一种方式就是使用社会文化中我们—他们的二分法视角，这些术语是非常简单的观念，它们援引自报纸头条的日常对话和数字中。但是它们具体存在于一个根深蒂固且复杂的价值、观念、主体和偏见盛行的结构中，这个结构又处于一个特定的文化社会环境中。9·11 后布什发出了对恐怖主义的战争，他宣称：在针对恐怖主义的战斗中，你要么和我们处于同一战线，要么就是反对我们。在此，我想对这个看似简单的二分法进行探索，看看所有记者是否如同甘斯所言，把他们自觉的个人价值留在了家中。

我认为，主流新闻业或平庸的新闻业是基于"我们—他们的二分法"这个前提，你阅读的报纸、收看的电视公告，发挥着比利格所言的诡秘、鲜明的旗帜作用："陈腐的民族主义的转喻形象并不是自觉地激情挥舞的旗帜，它悬挂在无人注意的公共建筑之上。"（Billig，1995：8）一份报纸可能漫不经心地躺在绘图桌上，一则公告在你处理琐碎家务的时候播出，但是你明白一点，那就是它们经常呈现你和我们感兴趣的东西。

平庸的新闻业每天在新闻栏目和电视内容中挥舞着"我们"的旗帜，我们中的绝大多数人却没有注意到。大量的社会现实很少被视为具有新闻价值，因此难以进出新闻的视野，而已有的新闻中包含着大量的暴力和恐怖行为（Sonwalkar，2004）。

但平庸并不意味着是良性的，它与无害并不同义（Arendt，1963）。平庸的新闻是霸权，它迎合了"我们"并提供一种观点，把它视作整个社会或民族的世界观。9·11 之后，这种无所不在又没有被明言的"我们—他们"观念得到了公开，正如塞得（2001）

观察到的：

> 真实存在一种被媒体和政府制造为集体的“我们”同在的感觉，我们集体行动，具有同样的感情。正如在有美国卷入的所有全球事件中，被旗帜飘扬这种可能不太重要的表面现象和记者对集体的我们的描述所证实的那样。我们轰炸，我们说，我们决定，我们行动，我们觉得，我们相信，如此等等。当然，这仅仅和现实有微弱的关联，它更加地复杂，也远远不能使人得到安慰。
>
> （Said，2001）

二分法告诉我们，西方媒介评论中的许多内容被告知是我们的，以便制造事件是被“他们”引起的感觉（Sreberny，2002）。我相信各种学术配方的新闻和消息价值观都可以被合并为这些在本质上都是关于我们的观念，然而，这听起来像是政治立场不正确。这暗示着一种微妙但却可被认知的对手“他们”的存在。在多元文化的民主社会，这种二分法的存在和影响难以被否认。作为掌控着社会、政治、经济、文化的力量，这几乎不是秘密。

自从来自中产阶级，受过社会教育的记者出现，记者社区就不能不受社会文化二分法的区分功能的影响，尽管他们在工作日程中有专业主义和客观的要求。由《卫报》的前任编辑阿利斯泰尔·赫瑟林顿（Alistair Hetherington，1985：8）可知，多数记者的本能价值观只简单地为：“它能使我感兴趣吗?”

一名记者的自我方位感与更广泛的社会文化环境的对照对理解新闻业激烈的实践活动是至关重要的。与此同时，对于我们—他们知觉的先验认知是很重要的，它是所有多元文化社会生活的事实。这种感知被生产或是被建构，它并不是给定的，这和国家的形成过程相关联。尽管令人印象深刻的法律和行政工具已被诸如英国、美国和印度这样的多元文化社会制定了出来，谁掌管权力，社会的哪个阶层在规定上处于接收的终端也几乎不是什么秘密。正如哈特曼和赫斯本德（Hartman and Husband，1981：274）观察到的那样，“在英国的文化传统中，存在一些贬损非白人的元素”，这就解释了为何有关基督徒、盎格鲁—撒克逊人、白人和中产阶级的报道在英国的新闻报道中处于主导地位。

“我们”象征着通俗意义上的国家主流，主流可能被界定为具有相对通用性的观点和价值，媒介相信这种通用的观点和价值存在于它的目标受众中，它也在它的读者或观众中不断循环地培养这种观点和价值。和主导阶级一起，“我们”自然地被忽略。记者从国家的主流中被选择又回过头迎合社会的这一阶层和它的价值体系，然而，不在这个阶层兴趣范畴的事件和问题是不可能被记者视为具有新闻价值的。更糟糕的是，英语语言具有影响力的印度出版业惯于忽视被动乱折磨的东北地区人民的生活状况。一名中层政府官员（NRK）说：“人类的关系具有三个主要方面：爱我，恨我和忽视我，忽视我是最痛苦的。至少，关注我的存在吧！”（Sonwalkar，2003：175）。

休梅克和里斯（Shoemaker and Reese，1996：64）观察到，新闻生产中个体方面的因素处于影响新闻内容诸多层面中的核心。这些个体方面和其他方面类似，在广泛的社会框架中被架构，从属于盛行的社会文化权利几何。因此，这些活动者，无论是个人、组织还是社会机构，无一能逃脱自身依附于社会系统并靠它谋生的事实（Shoemaker，1991：75）。我怀疑，在一个事件或问题被认为具有新闻价值之前的编码阶段，这些事件和问题必须通过二分法的筛选。诸如客观、正确，符合道德规范和公正的专业价值标准是从属于二分法这一优先的门槛的，它们只能位居其二。尽管如此，我必须对“我们—他们”这一术语进行及时补充，这一术语不应该被视为贬义的、阴谋的和狭隘的；记者可能对此答辩得很好：“但是事情就是这样的！”在此需要尝试采用霍尔（Hall，1982：234）的“深层结构”功能作为新闻进一步生产中的选择工具进行分析，并确认这一结构可能具有的一套属性。

新闻作品中的二分法

有一种决定论隐含在早期的新闻生产研究中，这种决定论暗示着一种机械生产过程，即如果事件符合特定的新闻价值，它们就很有可能成为新闻。这意味着一个简单的输入输出、“原因”(事件)和“效果”（媒体报道）的方程。以这种观点看来，记者是新闻生产车轮上的齿轮，机械地把符合新闻价值的信息转换为新闻内容。这一看法在很大程度上能使人联想起声名败坏的皮下注射理论，只是此时是记者而不是读者被视为没有自身观点，被动接受外界事件刺激的机器人。这种关系在话语中的内涵如图 19. 1 所示：

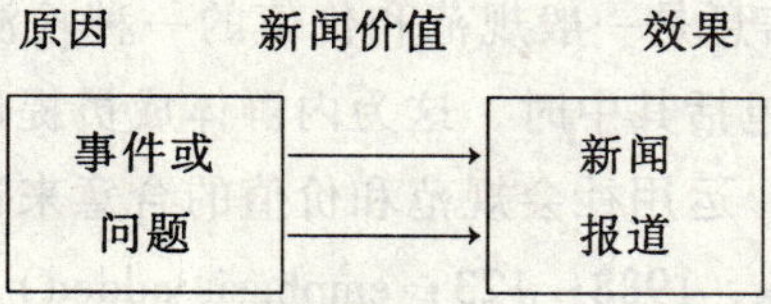

图 19. 1

有的事件和问题不能成为新闻，即使它们可能符合几个新闻价值，没有空间对此进行想象。在这种情况下，我们—他们的二分法在解释媒介中符号的消亡和难以看见的领域是很有帮助的。事实上，这种二分法在早期的新闻生产研究中已经有了一些反响。例如，哈特利（Hartley，1982）这样解释“富有意义”的新闻价值：

富有意义（a）文化接近权：符合新闻采集者文化背景的新闻和其他相比将被视为更有意义，因此更容易被选择。它以两种方式发挥作用。第一，对于西方的记者而言，伊斯兰教的、第三世界的和东方的事件可能被认为不像欧洲的、美国的和俄罗斯的事件那样具有不言自明的意义。第二，在“我们”的文化中，和社会地位低下的人、少数族群、远离新闻组织中心地带的边缘地区，或者和特定劳动阶层相关的事件，和中心的、官方的，具有文学修养的文化相比，被视为缺乏固有的意义。(b）相关性：处于遥远的文化、阶层和地区的事件，如果它们和新闻采集者的“家文化”紧密相关，这些事件仍然是具有新闻价值的——通常是在面临威胁的情况下；和石油输出国组织相关；拥有石油的国家（大多数是阿拉伯国家）的人民的生活方式、习俗和信仰，这些能立刻使西方的记者着迷（Hartley，1982：77；emphasis added）。

艾伦（Allan，2004）最近的陈述很中肯：

文化的特征：那些符合新闻工作者和新闻受众共享的意义地图的信息被选择的概率更大，一种民族优越感的形式使得像我们的人民的新闻获得了优先权，并牺牲掉了那些和我们的生活方式不同的人的新闻（Allan，2004：58；emphasis added）。

范迪克（Van Dijk，1988）观察到“消极性”是最显著的新闻价值，这也暗含着“我们—他们”的二元划分：

（消极的）信息是一般规范和价值的一种检测。尤其是当各种类型的异常现象包括其中时，这为内群体成员提供了关于外群体或者放逐者的信息，运用社会规范和价值的合意来帮助界定和确认自身群体（Van Dijk，1988：123；emphasis added）。

二元制明确地将舒德森（Schudson，2000）的文化范式和新闻生产联系了起来。新闻价值的文化接近性（富有意义）被嵌入到了这一方法中，并且把媒介视为在既定的文化和符号系统中运作的组织，这一组织塑造新闻，并且和履行自身职责的记者相关联。

以葛兰西的霸权概念为基础，这一范式争论说，统治阶级的意识形态不是强加的，而是借助于已经形成的共识而存在。换句话说，霸权通过话语的方式运作，它被嵌入政治和经济权力中（Hall，1982）。这一范式也被称为人文主义范式，因为它视记者和新闻工作者为积极主动的个人，他们被注入了自身的文化、优点和弱点，而不再是一穿上专业的鞋子就丧失自我的身份，变得冷酷，如同机器一般。

媒介被视为在社会共识的领域中运作（Hallin，1989）。对于霍尔来说（Hall，1977，1982），媒介只是单纯地把一些不常见的事件带到“意义的地图”中提供给受众进行理解——它假设存在一张形成受众知识基础的社会文化地图。报纸方面反映这一文化地

图：政治、国家、国际、运动、经济或者商业，如此等等。按照这一安排，一些领域、机构、事件和问题实现了特权。霍尔（Hall, et al，1981）争辩说事件本身的类别、地位和顺序显示了鲜明的喜好和解释。一定的语境被渲染成"有意义的"，然而，正常的和反常的行为也是被建构的，这强化了一种共用的文化。然而，随着所有人的利益被呈现出来，社会的特定图像得以建构；这种合意之外的群体和声音被视为不正常的、反对的或者是疯狂的。正如范迪克（Van Dijk，1988）敏锐观察到的："社会结构、历史和文化的宏观维度在新闻话语和它生产的微观层面被制定、被转化。"

尽管多数记者在他们的职业追求中试图保持客观、公正和公平，他们的努力总是在社会文化的框架中被建构，这决定了他们活动的性质和局限。"我们"的知觉从开始阶段的选择、编码直至传输阶段都在漫布。"我们"是未被声明的、说不清的，但是当记者从事专业活动时，却潜伏在幕后。当未被声明的"我们"被带到表面时，新闻生产（或非生产）的清晰画面出现了。在国外事件和问题的报道中，"我们"是最明显的，正如诺塞克（Nossek，2005）在关于国际政治暴力的讨论中观察到的那样：当对政治暴力进行报道时，记者已经对事件做了诸如"战争、恐怖主义或暴力游行"的事先界定——先于自己的专业界定。然而，对于为报纸报道故事的通讯员来说，专业规范是次于国家认同的。界定需要记者不断决定这是否是关于他们的我们的战争等。以这个界定和直接的立场作为结果，将影响这个事件是否被选为新闻以及它被报道的方式（Nossek，2005；emphasis added）。

当整个国家被作为"我们"，界定"他们"就不成问题，"他们"是指其他国家。但是在一个国家中，位置（当地的、地区的、国家的）和发行范围（普通人、金融人士和专家）也在界定记者可能考虑的我们（目标受众）感兴趣的和具有新闻价值的东西。例如，一个在首都的全国性报纸可能优先对待国家范围内符合"我们"认知的新闻，把其他国家的事件和问题理解为"他们"的新闻。只有当对我们的认知卷入了其他国家或是受到影响，这些新闻才被视为具有新闻价值。（例如，位于伦敦的国家通讯社对在海湾战争中英国侨民被捕的报道，印度出版社关于印度 IT 外派人员在西方所取得的成就的报道，等等。）同样地，在地方报社工作的记者可能有所不同，他们具有更加地方性的“我们—他们”观念。

理论化的“我们”与“他们”

在建构“我们”与“他们”的感知的多种层面中，我们主要看两个层面：个人和国家。对二分法首先要注意的是它并不是严格的，根据区域、重点和视野的不同会发生转换（Sreberny，2002；Elias，1994；Elliott，1986；Shils，1975）。例如，在爱丁堡的苏格兰人可能视他们自己为“我们”而把英国人视为“他们”，而从伦敦的角度来看，情况正好相反；类似地，印度教徒和穆斯林会轮流把彼此视为“我们”与“他们”。但是，二分法的散乱性质并没有质疑它的存在。即使没有写入清晰的条款，它依然存在于大部分社会：“一种‘我们’与‘他们’的感知贯穿于所有的人类社会。”（Elliott，1986：1；emphasis in original）呼吸着同样的社会文化空气，记者难以不受盛行的“我们”与“他们”的感知影响。

新闻编辑室中的谈话总是充斥着诸如“我们”与“他们”这些词汇。但是它们却不应被蔑视，因为这是司空见惯的，正如艾略特（Elliott，1986：6）所指出的，因为“它们有效地描述了个人的集体情感和态度，这些个人认为自己属于国家、附属国、社会阶层、宗教派别或其他能显示他们自己的身份类型”。二分法不仅在新闻编辑室新闻从业者的话语中表现出来，而且也在新闻内容中凸显出来。这种二分法——在其他类别的二分法之中（性别、种族、宗教、阶层、社会地位等）——作为新闻生产过程中固有的选择进入新闻话语。但是明显的例子也很常见。在 9 月 11 日后，一系列关于英国伊斯兰教徒的文章发表，《卫报》上一整页的声明在质疑：“我们对他们了解多少？”报纸并没有指明哪些是它所认为的“我们”与“他们”的群体，但是它显然声称白人、中产阶级、基督徒是多数，并把穆斯林归为英国社会文化中的“他们”。这看起来是在否认把英国的穆斯林视为《卫报》或其他英国主流媒体的读者。9·11之后，西部的出版界有大量的文章公开激起“我们”与“他们”的教区意识（Sreberny，2002）。这在暗示特定群体和社会阶层的身份区别。

记者是个人，并且受到他人身份的同一压力和拉力。身份认同的不确定性常常困扰着人类：我是谁？我属于哪里？我的人民是谁？我能和谁接触？如同斯梅尔瑟（Smelser，1981：281）观察到的那样，“在一些人类社区，我们分配给彼此的基本产品是成员资格”。从属于或者成为社会成员的需求是人类社会的基本特征之一。记者公开他们的国家（或者宗教、种族、性别等）认同并不罕见。例如，在危机时期他们促进爱国主义的热潮；如在2003年伊拉克战争中美国出版业对行动的激进报道，以及1999年海湾冲突中印度出版业高涨的爱国主义几乎引发了印度和巴基斯坦的另一场战争。艾略特（Elliott，1986：11-12）认为：

> （群体）意识或者我们的意识简单地来自于和熟悉的人而不是陌生人的个人认同……社会的本质是“我们”的感觉，但这需要的不是它自身的“总体性”，而是在不同层次、不同强度方面的表达。

每个社会都有一个核心，或者是希尔斯（Shils，1975：3）所称的“一种由价值和信仰组成的王国的现象。它是象征的秩序的中心，是价值和信仰的中心，能够统治社会”。他另外指出，这种中心是“终极的，不可削减的”。在英国，中心往往被认为是白人、英国人、盎格鲁—撒克逊人和基督教阶层，而在印度，它可能构成北印度语的人的事务和印度伊斯兰教徒的大多数。几乎所有的以伦敦为基地的“国家”出版社的记者或者以新德里为基地的印度“国家”出版社的记者都来自于一些特定的阶层，这些阶层在招聘中表现出特定的偏好，并且具有主张和维持社会中特定价值观的欲望，或者他们具有艾略特（Elliott，1986）所说的“我们性”和“他们性”：

> 人们基于对“我们性”获得的感知而仅仅呈现我们的态度，这种“我们性”很大程度上与和他人相联系的“他们性”的感知来决定。(群体) 意识包括超越个人直系亲属和朋友而囊括了未知的个人的社会关系，这些未知的个人可能就单个来说根本不认识彼此，但是，他们通过共享的语言、口音、宗教或国家被设想为属于自己的人。对如此的人们来说，或者对他们生活的国家来说，人们会比单独的个人产生更为紧密的依附关系，一个人几乎不会为了谁的利益而愿意赴死。因此，群体依附使得我们在面对外来者时变得更加衷心和忠诚。人们注意到了我们和他们的联系，以及内群体行为和外群体行为同时盛行。
>
> (Elliott, 1986: 8-9)

通过与熟人和陌生人的社交，以及教育和大众媒介对社会权力关系的反映，“我们”与“他们”的意识得到了进一步的发展。在讨论以利亚的工作时，梅内尔（Mennell, 1992: 121）争论道，给一个群体贴上低劣的标签并使之固定下来，是两个群体相互之间形成的一种特有的定型功能：“这样一个定型物的核心是不平等的，紧张的权利平衡关系……不平等是因为一个群体已经成功地垄断了一些权力。”伊莱亚斯（Elias, 1970）指出，设想一个人从社会文化的环境中分离出来是不可能的，但是，他也认识到，“我们”与“他们”的组成以及定义可能随着时间而改变。

> 对个人身份认同的感知是和一个人所在群体的“我们”与“他们”的关系紧密相连的，并且和他所说的由“我们”与“他们”所组成的单位中他所处的位置相关。但是这一代名词并不总是代表同样的人。他们当前所定型的我们和他们在一生的过程中可能发生变化，如同他们对自己那样。这不仅对单个的所有人来说是这样，对所有的群体和所有社会来说也是这样。他们的成员一般称他们自己为“我们”，称其他人为“他们”；但是随着时间的流逝，他们可能把不同的人说成

"我们"与"他们"。

(Elias, 1970: 128)

这种话语的二分法不仅有助于我们理解社会的权力几何，而且也在建构国家和民族主义的话语，正如史密斯（Smith, 1991: 9）观察到的："祖国成为了历史记忆、组织协会、地点的储存库，在此，我们的先贤们、圣徒们和英雄们生活、工作、祈祷和作战。所有这些使得祖国变得独一无二。"国家意识包括了大多数居民共同分享的集体感觉，如果不是所有人的共同感觉的话，艾略特（Elliott, 1986）指出，这种意识只是群体身份认同几种类型中的一种，"这种意识产生于基本的心理……它关乎个人的身份认同，并且是对"我们"与"他们"的心理感知"。（Elliott, 1986: 113, 114; emphasis in original）。从宏观层面来说，一个国家所有的成员都可能视他们自己为"我们"，而视其他国家的成员为"他们"。但是基于"人们属于群体，群体又属于群体中的群体"这一全球现实（Mennell, 1992: 177），"我们—他们"的二分法使一个国家内部的权力关系变得问题化了。二分法是国家关系建构的中心，如同纳格（Nag, 2001）观察到的：

> 国家常常关心"我们"，对抗"他们"。国家着迷于"自身"，歧视"他者"。国家自身的建构常常是和"他者"相对的。这种架构的基础就是差异。"自身"由具有共同的文化特征的人组成，这种共同性只能通过和那些没有这些特征的人进行对比才能衡量。这种国家的建构是一种自恋行为，而国家建设也全是建设围绕"自身"的围墙，来和"他者"保持距离。
>
> (Nag, 2001)

如果国家总是聚焦于"自身"，并且歧视他者，尽管被现代性的原则告知之后，管理了多年仍然没有使情况发生变化。几乎每个现代国家都以文化的多元化为特征。帕雷克（Parekh , 1994: 199）指出，"这相当于差异和不相容的生活方式以他们自己不同的方式在坚持他们自己”。然而，即使可能不是常常清晰地得以呈现出来，一个国家中不均衡的权力关系也在加强和保持这种社会文化的二分法这一绝大多数国家存在的必要条件。多元文化主义论点的前提是，它坚信少数人的文化在这个被特定社会文化群体支配的社会中没有得到应有的重视。正如比利格（Billig，1995：175）观察到的，“国家的认同根植于强有力的社会结构中，它再生产了不平等的霸权关系”。记者在他们的日常活动中，帮助保持了这种“不平等的霸权关系”。

结　论

在民主、多元文化和民族主义的规范话语之下，存在一个物化于“我们”与“他们”关系中的二分法话语网络。它以物质和心理因素为基础。二分法是探究与辨别群体观念和群体意识的关键工具，它反过来有助于我们理解新闻业，并为为什么社会中的“他者”被报道或者不被报道提供解释。只有当记者认为少数人卷入的事件和问题影响“我们”或者使“我们”感兴趣时，这些事件和问题才被视为具有新闻价值。

通常情况下，少数人的生活状况也可能作为新闻报道的中心事件不定期地得以反映。但这离不开政治、历史和文化的语境。二分法充斥于新闻编辑室中人的内心和专业的话语中。在此，统治阶级的事务按照惯例获得了特权。新德里一家印度主要报纸的特约记者想要前往东北部报道叛乱事件，他被上级告知：“谁受到了困扰？你为什么感到忧虑？”（Sonwalkar，2004：217）。一个事件或问题在被认为具有新闻价值之前，记者默默地问他们自己：“谁受到了影响？它能使我们的读者或观众感兴趣吗？”只有在得到肯定回答的时候，这些事件或问题才会被认为具有报道价值。

重温先前的新闻生产等式（图 19.1），在图 19.2 中给出了一个对二分法新闻进行的更为准确的描述：

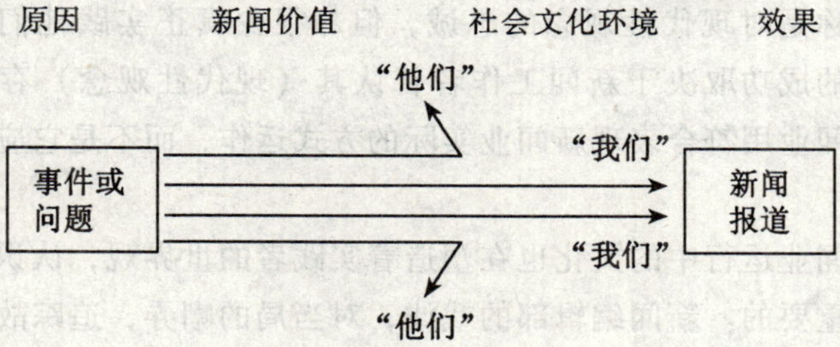

图 19.2 二分法新闻

然而，即使一个事件或问题在理论上满足了新闻价值，当通过新闻生产发生的"社会文化环境"过滤之后，它们可能还不足以成为新闻。除非这些事件和问题被视为牵涉、影响了"我们"或者能使我们感兴趣，否则，它们不可能被视为具有新闻价值。记者职业态度和颇为盛行的社会文化习性之间存在明显的关系。当记者从事他们的日常活动时，这种关系潜伏在背后，充其量在职业规范和他们个人的社会文化背景间的持续冲突中得以显现。

"平庸的新闻业"这一观念对描述新闻话语中可见的和不可见的特征是有用的。以"我们"与"他们"的二分法为基础，有助于理解和解释字里行间存在什么，不存在什么。被视为主流新闻业中的许多——伴随象征意义灭亡的大量空间——是平庸的新闻业，它坚持维持现状并使用霸权的话语。作为权力框架的一个完整部分，新闻媒介反映的是主导权力群体中的少数，并且在此过程中，帮助强化有社会或文化的现行权力关系。被视为主流新闻业的很大一部分存在着象征性意义消亡的几个空间，它们以一种惯常的、自然的和老套的方式得以呈现。

平庸的新闻业通过偏好一些内容，把价值分配到事件和问题中(包括那些涉及暴力和恐怖主义的事件和问题)。它通过忽视其他可供选择的看法，限制了问题和事件的范畴，平庸的新闻业使"我们"的利益变成了常规，同时看似自然地把"他者"边缘化或排除。只有当事件和问题符合平庸的新闻业的主题和习惯，它们才能符合新闻媒体的报道。在许多方面，这是基于真实的"想象的共同体"：记者的理解和想象构成了"我们"和"他们"。这类新闻业声称是对现代性观念的忠诚，但却很少真正实践他们。事实上，它的成功取决于新闻工作者否认其（现代性观念）存在。平庸的新闻业用符合表现新闻业实际的方式运作，而不是它应该怎么运作。

新闻业运行中的文化也在塑造着实践者的世界观，认识到这一点是很重要的。新闻编辑部的戏谑，对当局的嘲弄，追踪故事的顽强，犬儒主义，打破旧习，简短的关注周期，“出版和遗忘”的态度，不断冲向截稿时间等，都有助于形成和保存记者特定的、共同的人格特质。多数记者的社会生活总是局限于同一行业的同事，他们很少打破他们已经建立的社会和职业网络，这一网络包括同事、政客、官僚、公司等。在这些网络中，平庸的二进制深深地制度化，更加难以摆脱记者看到的安逸的推理圆圈。

参考文献

Allan, S. (2004) *News Culture*, Second Edition. Maidenhead: Open University Press.

Arendt, H. (1963) *Eichmann in Jerusalem: A Report on the Banality of Evil*. New York: Viking Press.

Billig, M. (1995) *Banal Nationalism*. London: Sage.

CNN (2001) Bush Says it is Time for Action, 6 November.

Elias, N. (1970) *What is Sociology*? London: Hutchinson.

Elias, N. (1994) *The Established and the Outsiders: A Sociological Enquiry Into Community Problems*. London: Sage.

Elliott, W. A. (1986) *Us and Them: A Study of Group Consciousness*. Aberdeen: Aberdeen University Press.

Gans, H. (1980) *Deciding What's News*. London: Constable.

Hall, S. (1977) Culture, the Media and the Ideological Effect, in J. Curran, M. Gurevitch and J. Wollacott (eds) *Mass Communication and Society*. London: Edward Arnold, 315-348.

Hall, S. (1982) The Rediscovery of Ideology: Return of the Repressed in Media Studies, in M. Gurevitch, T. Bennett, J. Curran and J.

Woollacott (eds) *Culture Society and the Media*. London: Methuen.

Hall, S., Critcher, C., Jefferson, T., Clarke, J. and Roberts, B. (1981) The Social Production of News, in S. Cohen and J. Young (eds) *The Manufacture of News*. Beverly Hills: Sage.

Hallin, D. C. (1989) The "*Uncensored War*": *Media and Vietnam*. London: University of California Press.

Hartley, J. (1982) *Understanding News*. London: Routledge.

Hartman, P. and Husband, C. (1981) The Mass Media and Racial Conflict, in S. Cohen and J. Young (eds) *The Manufacture of News*: *Social Problems*, *Deviance and the Mass Media*. Beverly Hills: Sage.

Hetherington, A. (1985) *News*, *Newspapers and Television*. London: Macmillan.

Mennell, S. (1992) *Norbert Elias*: *An Introduction*. Oxford: Blackwell.

Nag, S. (2001) Nationhood and Displacement in Indian Subcontinent, in *Economic and Political Weekly*, 22 December.

Nossek, H. (2005) Our News and Their News: On the Role of National Identity in the Definition of Political Violence and Terrorism as News, in H. Nossek, P. Sonwalkar and A. Sreberny (eds) *News Media and Political Violence*. Cresskill, NJ: Hampton Press.

Parekh, B. (1994) Cultural Diversity and Liberal Democracy, in D. Beetham (ed.) *Defining and Measuring Democracy*. London: Sage.

Said, E. (2001) Suicidal Ignorance, *Al-Ahram Weekly Online*, Issue 560, 15-21 November; www. ahram. org/weekly/2001/560/op2. htm.

Schudson, M. (2000) The Sociology of News Production Revisited (Again), in J. Curran and M. Gurevitch (eds) *Mass Media and Society*. London: Arnold.

Shils, E. (1975) *Centre and Periphery: Essays in Macrosociology*. Chicago: University of Chicago Press.

Shoemaker, P. J. (1991) *Gatekeeping*. London: Sage.

Shoemaker, P. and Reese, S. D. (1996) *Mediating the Message: Theories of Influence on Mass Media Content*. New York: Longman.

Smelser, N. J. (1981) *Sociology*. Cambridge: Cambridge University Press.

Smith, A. (1991) *National Identity*. London: Sage.

Sonwalkar, P. (2003) Violence as Non-Communication: The News Differential of Kashmir and Northeast Conflicts in the Indian National Press. Unpublished PhD thesis, University of Leicester.

Sonwalkar, P. (2004) Out of Sight, Out of Mind? The Non-Coverage of Small Wars and Insurgencies, in S. Allan and B. Zelizer (eds) *Reporting War: Journalism in Wartime*. London: Routledge.

Sreberny, A. (2002) Trauma Talk: Reconfiguring the Inside and Outside, in B. Zelizer and S. Allan (eds) *Journalism After September 11*. London: Routledge.

Tuchman, G. (1978) The Newspaper as a Social Movement's Resource, in G. Tuchman, J. Bennet and A. K. Daniels (eds) *Hearth and Home: Images of Women in Mass Media*. New York: Oxford University Press.

Van Dijk, T. (1988) *News as Discourse*. Hove: Lawrence Erlbaum Associates.

第二十章 种族化“他者”

——新闻媒体对寻求避难者的报道

奥尔加·盖德斯·贝利　拉马斯瓦米·哈林德拉纳特

- 新闻业的实践如何导致难民和避难者的他者化？
- 像“非法”、“伪造”等字眼对移民管制会产生什么影响？
- 在全球化背景下，记者们在报道寻求避难者时会遇到什么难题？

2001年8月26日，在澳大利亚领海发生了一起事件，对当年的议会选举产生了重大的影响。一艘名为坦帕（Tampa）的挪威船只，从一艘遇难的印度尼西亚渡船上搭救了433名幸存者，其中绝大多数是难民。这些幸存者随后被带往圣诞岛（Christmas Island）。为了能够赢得选民的支持，执政的自由党将坦帕船上救下来的乘客列为船民（乘船离国的难民）和非法移民，并且派遣澳大利亚特种部队上船阻止那些乘客登上圣诞岛，这样他们就陷入请求避难者的处境。然而，我们现在所关心的是媒体在接下来将被提及的坦帕事件中所起的作用。一些通俗报刊的报道再现了官方的话语，就像2001年8月31日《先驱太阳报》头版标题所显示的：“放弃吧：霍华德拒绝联合国提出的收容非法移民的要求”。

这次事件发生后，一些学者曾提到媒体和政府高层的合谋、串通问题。例如，沃德（Ward，2002：22）在《澳大利亚新闻评论》上的文章指出，该事件反映了一种“楔形政治”，政治新闻可以从中吸取教训：“这些事件都是由自由党精心策划的，目的是为了在联邦政府选举到来之前，复兴那日益萧条的选举公债。”尽管他对该事件的背景环境进行了详细的分析，但是他说“如果记者们认识到他们把坦帕船上的乘客描述为非法移民的报道是在协助自由党的事业的话，那么他们可能会对坦帕事件作不同的报道”(2002：23)，这样似乎对新闻业的公正无私给予了太多的信任。他的意思是说，如果记者们能够更敏锐地意识到“楔形政治”的话，他们就可能会从其他角度来进行报道。这种论断显然是很难站得住脚的。

这并不意味着所有的记者都是激进的民族主义者或者都是反对难民入境的。本章想要阐明的是，这种对于避难者的描述不单单是个别的报道，而是形成了一种带有种族主义的报道模式，这种种族主义已经融入了能够得到普遍认同的国家安全和主权的范畴。这种种族主义是隐蔽的，但是却潜藏在对待“陌生人”的态度中，尤其是对待难民，因此就更加难以觉察。我们的论点是，在所谓的“全球化”背景下，这种国家主权的言论凸显了一个矛盾的现实：一方面，为“全球文化”和无障碍国界欢呼雀跃；另一方面，加强边境防卫。例如，如果交通技术的发展使得更多的人能够跨国旅行，更为严密的移民管制就会对特定群体的流动施加更多的限制。这明显是一种“权力几何”的表现（Massey，1994）。我们的基本观点是，应该在这一矛盾现实的背景下来思考把避难者呈现为不受欢迎的外国人的报道。

狗哨新闻业、他者与表达政治

随着边境控制的加强，关于合法移民以及与假冒移民相区别的合法移民的范畴出现了一些问题。由于避难者中的一小部分人试图掌控一切以有利于他们自己，以及一些人提出的请求避难的要求值得怀疑，合法移民与假冒移民的区别变得更为复杂。然而，当媒体将这一小部分假冒的、未经证实的难民的活动强加到所有避难者头上，或者以此来证明实行严厉的移民政策是合理的，那么媒体所起的作用就非常有必要进行彻底的检查。

从对于难民和避难者的报道中，可以吸取两套指导新闻实践的相互联系的经验，即新闻话语及其与权力的关系和在全球化背景下超越狭隘的国家利益来框架构建难民新闻。关于新闻话语方面，广义来讲，新闻报道在文化领域（因而包括政治领域）中非常重要，因为它们不仅仅反映社会现实，而且还主动地构建意义。例如，霍尔（1982）曾说，媒体通过对事件进行主动的筛选、呈现、结构和塑造来赋予事物意义。也就是说，媒体报道赋予事件意义。更为关键的是，就像他最近所提出的，媒体通过标出“他者”的不同来进行报道，无论是性别、种族还是国籍的不同（霍尔，1997）。意思是说，差异是通过语言（以二元对立的形式，例如男人/女人、黑人/白人、合法/非法、英国人/外国人）和“象征性边界”两种途径来构建。霍尔在谈到“象征性边界”时说：“‘差异标识’象征性地引导我们求同存异，捍卫文化并且丑化和驱逐那些被界定为不道德和反常的东西。”（霍尔，1997：237）这种“差异”的象征性标识是那些无可辩驳的，在个别的国家文化中习以为常的假设的本质。正是基于这些假设，使得对“非法”移民和“假冒”难民的严厉责骂变得无可厚非。

因此，“船民”或“避难者”等字眼在使用时会带有一层特别的含义，当与“虚假”、“冒牌”等修饰词一同出现时，这种特殊的含义就会同已经深入人心的种族差异产生共鸣。在这里，有必要指出，这种意义归化的过程为挑战既存的意义构建留下了空间。换句话说，这种对难民的报道并不是“一成不变”的；它们会受到而且正在受到质疑。沃德（2002）所提出的“狗哨新闻业”对我们的研究颇有意义：“表面上以一种看似合乎情理的语句讨论政策问题，但是他们所使用的词语、词组却有预谋地向目标受众传达了不同的信息。”（Ward，2002：28）“目标受众”的问题与本章研究没有直接的联系，但是他所说的“看似合乎情理的语句”注意到了新闻话语和报道的政治信仰等问题。也就是说，在避难者和难民团体的新闻报道和不公平移民政策的合理化之间是否存在着联系？更为重要的是，新闻业的这种看似无目的的策略是如何促成控制的合法化或者归化社会关系？

要分析新闻报道中体现的政治观点，就有必要考察语言的表达方式。就像夏皮罗（Shapiro，1989）所说的：

> 考虑到我们对于冲突、战争或者更广泛地说国际政治领域的理解通常都受到报道方式以及各种文本建构方法（语法、修辞以及叙述）的影响。我们必须秉持一种对文本敏感的政治观来进行研究。
>
> （Shapiro，1989：319）

关于国内和国际政治事务（避难者事件中结合了两者），政策被调控的事实要求我们密切关注语言表达的各个方面以及对语词不加鉴别的使用方式。这种用语方式能够复制和维持已经归化的种族主义形式，以及与此相关的排外政策。反过来，对这类报道的批评也必须掌握报道的策略以及那些质疑和逐渐改变常用表达的言辞。

这本身已经充满了挑战，但是如果我们拓宽讨论的范围，将关于全球化和种族化他者的报道问题也考虑在内，那情况将会更加复杂。“全球化”是一个还不确定、充满争议的术语，但是我们在这里所关注的是它的某一具体方面。与此相联系的是这样一种观点：随着贸易壁垒的消除以及交通和传播技术的发展，世界似乎变小了，同时出现了能够包容、支持各种文化形式和习俗的“全球文化”。不仅这些发展改变了国家和世界的关系，而且民族国家之间的界限也变得更具渗透性。有两点尤其重要，值得我们关注：一方面由于不同国家、不同文化和人们之间的交流日益深入，世界变得更加复杂；另一方面我们也要追问，可渗透的边界使谁成为受益者，谁又成为受限制的一方（前面所指的“权力几何”）。以上两点都同难民和避难者的报道相关。

当前媒体在报道避难者时所面临的主要难题之一是从普遍性的角度来对待个别性的问题。举个现成的例子，当报道在某一特定地区的流放者群体的经历时，要从更为广泛的议题出发来考虑，比如人权问题以及关怀和援助的伦理道德等，并且还要保证这样报道不会导致“他者化”。虽然有关全球化的学术讨论已经突出强调了对于承认、认同多元文化和多重身份十分重要的“认同的政治观”，但是在难民和避难者的媒体报道中体现出来的政治观点却不得不面临当前两大趋势：第一，一以贯之的他者化与民族和文化的等级制。其违背了世界和国家文化多元化的逻辑；第二，国家边界的重现（同时存在于政治和媒体领域），隔离那些无法获得全民共享的必需标识的人们。

就像本文开头提到的坦帕事件所暗示的，国民和他者之间的“差异标识”(以狗哨方式，渐渐地避难者被判为“非法移民”或者被当作“船民”而隔离）组织发起了合意移民与非合意移民的话语。例如，2001年9月3日《先驱太阳报》的标题中写道：“准备走吧：选民支持首相的强硬态度，非法移民将被调离”，从中提到他们自己所做的关于坦帕事件的民意测验以及政府决定派遣海军去撤离坦帕船上的避难者。

二元对立的视角常常会把复杂的问题简单化，无论是在恐怖主义的讨论中（把“他者”视为邪恶的）还是在关于难民的议论中（其倒退回殖民地时期的报道模式，将非西方人口视作是欺诈的，会威胁到西方价值观的）。本章的主要思想是基于这样的观点：新闻业还没有完全地接纳他者。这似乎与当前紧迫的文化全球主义意识不相符。伴随这种文化全球主义，必须意识到地方与世界之间的差异。也就是说，要将地方与世界看作是对待同一现实的两个方面，这样有助于重新定位两者，更好地区别两者间的细微差异。

本章的随后两个部分回顾了一些关于新闻和因种族所导致的他者的重要研究，并对最近BBC关于避难者的新闻报道进行了简要的分析。就如我们所要看到的一样，每当处于需要强化国家边界的时候，对难民和避难者等问题的报道就会援引分离主义的话语，清楚明确地将国内的“我们”同“他们”——外人、外国人、“假冒”难民区别开来。在这里有必要提醒一下：以下分析有选择性地采用了BBC对该问题的报道，目的是为了找出值得深入分析的概念上的问题，而不是表明BBC在该问题中的立场。

新闻业的“他者化”

“他者”的例子就足以说明新闻业还无法完全地应对由跨国的传播和流动形式所带来的挑战。而我们当前世界的特点就是跨国的传播和流动形式。当报道“他者”的新闻时，尤其是关于难民和避难者的新闻时，国界仍然被重点强调。在这些报道中“我们与他们”相互对立。

在这里，最为重要的是，媒体持续不断的“选择性表达”确实为我们周围的世界赋予了意义。新闻报道中对于难民和避难者的描述依然把“我们”与“他们”分开①。可以这么说，“他者”是由西方主要的新闻媒介机构界定的。他们决定了什么是新闻，什么是正常的/普通的/预料中的/意外的——“新闻价值”的运用。正如欣内肯（Ginneken，1998）所说，西方主要国家看似一致的思想体系促成了新闻的选择：

> 新闻的生产和消费也可以看作是一个服务于我们的世界和我们的世界观的24小时运转的思想意识的修复工厂。辨认、控制和“正常化”那些可能发生的异常的事物，以便使这台思想意识的机器保持顺畅地运转。
>
> （Ginneken，1998：32）

影响巨大的高尔图（Galtung）和鲁格（Ruge）的“新闻价

① “他者”是一个包含了种族、文化、民族以及语言等广泛内容的群体概念，包括合法的难民。这里的“他者”是指“我们与他们”二元对立中的“他者”，与“避难者”的歪曲尤为相关。避难者通常是指一个来到另外一个国家申请难民的合法身份的人。要求避难的人不一定符合难民身份要求。涉及新闻报道时，有一点非常重要，即“避难者”成为了一个与“虚假”难民相等同的概念，模糊了真正的难民与假冒难民的区别。

值”模型①提出了事件尤其是海外事件如何成为新闻的问题，强调了在他们关于挪威媒体的个案研究中发现的外国新闻报道的失衡情况。然而他们关于新闻价值的理论设想是在以往的媒介背景下发展起来的，当时世界划分为“中心与边缘”，较之当前的全球化语境，国家主权在界定他者时具有更强大的影响。而且，媒介持有一种排外的世界观，把不同的文化和社会都看作“外国的”。就像沃尔克默（Volkmer，1999）所指出的，“通过使用‘第一世界’或‘第三世界’之类的术语来标示传播结构，现代世界观为世界传播制定了秩序”（Volkmer，1999：104）。在新近的论著中，考虑到2001年的9·11事件及其对全球新闻业的影响，她详细阐述了以下看法：美国遭到袭击后，以“中心—边缘”模式为基础的在西方占统治地位的世界秩序受到了挑战（Volkmer，2002）。沃尔克默（Volkmer）所说的西方认为的世界秩序可能会面临重组的观点与坎克里尼（Canclini，1992）的观察结论不谋而合。他认为世界不能再按照中心—边缘的二元主义所暗示的那种死板的思维方式来理解了。

关于英国媒体中的难民和避难者报道的研究还没有得到太多的关注，其文献资料还不及种族和民族的相关资料。然而，因逃离冲突地带的难民人数的增加而导致的对国家主权和统一的所谓的挑战以及9·11事件又把这一议题带回到了公共议程和学术论坛。大多数对于英国媒体中难民和避难者报道的研究（Tomasi，1993；Brosius and Eps，1995；Coleman，1995；Clark，1998，Ali and Gibb，1999）着重强调这种对于“他者”的媒介框架是“有问题的”或者是“无形”的。例如，凯伊（Kaye，2001）考察了20世纪90

① “国外新闻的结构”是由 Johan Galtung 和 Mari Holmboe Ruge（1981）所进行的一项研究。他们关注重大危机事件（在第三世界外围）在挪威（第一世界外围）是如何被报道的。他们对20世纪60年代早期的 Congo、Cuba 和 Cyprus 的危机事件在挪威首都的报道情况进行了内容分析。新闻价值一览表：事件发生频率、开端、有意义的、协调、意外、连续、组成部分、涉及精英国家、精英人士的、与人有关的以及负面的（Galtung and Ruge，1981：64-91）。

年代英国媒体对于难民和避难者的报道，从中得出了一个非常重要的结论：由于被当作非法和伪造的象征符号来使用，“避难者”这个词本身已经被玷污了。另外一项英国研究（Kundnani，2001）总结道，由于媒体主要以一种猜忌和排斥的态度来框架新闻报道：我们应该相信他们吗？我们该如何把他们挡在外面？与难民相关的种族主义的意识形态又出现了。

大多数关于电视新闻与避难者的研究表明，与印刷媒体一样，电视新闻中也存在着模式化的刻板成见（Hartmann and Husband，1974；Gordon and Rosenberg，1989；Van Dijk，1991，2000）。例如，格拉斯哥大学媒介小组对1995年2月的一组有关移民和种族的新闻报道的样本进行了语言和图像的分析，结果显示“新闻有时候带有恐惧、仇视外国人的语气，这就进一步巩固了我们的认同和他们的相异，并且，也许更为重要，为那种虚假的排外需求提供了理论支持”（Glasgow Media Group，1997：46）。在其他有关难民与媒介报道的研究中也可以发现类似的“反外国人”的议程设置。案例非常多，但是鉴于我们的研究目的，在这里我们选择了两项来自澳大利亚媒体的研究，再结合对英国媒体的考察分析，这些研究提出应当建立一种“超越国家”的种族化的报道制度。在一项针对澳大利亚萨克斯顿（Saxton）媒体对避难者的随意建构的研究中发现，媒体和公众都以一种爱国主义的话语来报道和讨论避难者，围绕着熟悉、安全的主题以及一种对于“我们”和我们的“家园”的共同的情感而展开。这项研究的主要结论之一是“爱国主义的话语界定了接纳和排斥‘他者’的界限，而且使得那些不公正地对待少数群体和边缘化少数群体的举措合法化”（Saxton，2003：122）。

与此类似，克洛克（Klocker）和邓恩（Dunn）考察了2001年和2002年间澳大利亚媒体的报道后指出，尽管在考察期间媒体确实有过同情避难者的时候，但是总的来说媒体是以一种颇为消极的方式来报道避难者。他们也暗示说，媒体有时依赖政府的话语，将避难问题同犯罪、暴力和“差异”相联系，把避难构建成一种与读者利益相关的威胁。

避难者与“移民的麻烦”

最新的一项针对 BBC 和第四频道①新闻栏目中的难民报道的研究②显示新闻的框架作用将“他者”同犯罪、问题等字眼联系起来，把他们视作是“强大的欧洲碉堡”的威胁，赋予了“他者”这个词一种负面的意义。而且，这两个频道极力强调该议题的法律和政治方面，似乎是遵从政府的议程而不是对它提出异议。确切地说，大多数的相关新闻都围绕着政府制定的边界管制和遏制难民进入的政策和法规。

这项研究发现难民新闻常常局限在为数不多的几类事件中：社会问题（住房、就业、福利）；政治意见（政客评论新政策或者建议解决方法）；政府的方针政策（限制难民进入的新法规）；文化差异（大多以反常和犯罪的形式来表现）；公众看法（大体上是基于对避难者和难民的福利救济的误解）以及暴力事件。这张清单证实了范·迪雅克（2000）对英国报纸上的难民报道进行分析后的发现。总的来说，从这些研究中我们可以得出这样的结论：在避难者的新闻报道中存在着一种“可推断的种族主义”③，这可以看作是一种“净化后的”种族话语。

---

① BBC 一套的新闻报道“旨在突出其分析与独家报道的质量。它追求通过广泛的报道、清晰的叙述以及浅显易懂的英语，帮助人们了解世界上正在发生的事”(www. bbc. co/statement of programme policy，2003/4)。值得注意的是，具有公共服务精神的 BBC 和第四频道采取一种“注重媒介内容更为平衡的方针，以及避免道德伦理模式化的实践原则”。

② 该研究旨在分析避难者报道的电视新闻文本，涉及一种“可推断的种族主义”的框架构建。记录在一年的某段时间内（2003 年）出现在 BBC 与第四频道的三大新闻栏目中的避难者新闻（BBC1：1 点新闻（中午），6 点新闻（晚上），10 点新闻（晚上）；BBC2 晚间新闻（晚上 10：30）以及第四频道（7 点整晚间新闻））。该研究采用了话语和主题分析的方法，详细考察了构建“避难者”的语言和新闻策略。

③ “可推断的种族主义”存在于那些“看似平衡但是前提是一系列无可置疑的假设的报道”中（Pilkington，2003：185）。

让我们来看一个电视新闻中言语运用的具体例子，以此来说明难民新闻的框架作用。该新闻选自2003年10月27日BBC一套的《新闻六点整》栏目。这则新闻是关于新颁布的难民法的，考虑到该节目的观众，可能有成百上千万的英国观众收看了这则新闻。

这篇新闻的标题是“避难法”，紧接着是新闻播音员的声音：“按照今天所颁布的新法规，难民抵达英国时将面临非法指控。”

与标题同时显现的是“非欧洲”乘客抵达伦敦希思罗机场的画面，移民办公室通过摄像机时刻监控着这些外来人口。官员们紧盯着屏幕，与照片上的人进行核实对照，仿佛在寻找特定的某人。接着是乘客下飞机时检查护照的画面，然后我们看到一对年轻的黑人夫妇在移民办事处出示他们的护照。可以这么说，通过图像与文字所进行的“他者化”的尝试已经不知不觉地开始了非法化避难者的框架结构。此外，观众很可能会下意识地把英国建构成一个防守森严的城堡：在一个人抵达英国前必须穿过几道“门槛”，暗示着来者不拒的英国难民法即将终结。

我们认为，移民署署长贝弗利·休斯（Beverly Hughes）进一步证实了这种可能产生的理解。采访时，他说，这些举措是“为了降低虚假难民的申请报告”还有其他可能实施的措施，包括对上诉的重新限制以及对那些向难民提供不道德建议的人实施更为严厉的管制。

接着记者以一种明确的军事用语，形成了移民“战争”的隐喻：

> 在希思罗情报机构所属的移民部门的军械库中又多了一种新式武器。现在即时监视器让它们从出入口开始就一直跟踪乘客。很多难民在抵达时递交错误的旅行报告或者干脆把它们处理掉以掩盖他们的跨国身份。

这则新闻接着谈到减少上诉机会的问题，电视采访了一位即将面临14次审讯和两次上诉的寻求避难的黑人，从而明确了一点：政府在处理相关情况时效率低下。

画面最后切换到一个“移民法庭的现场”，记者使用了如“令人头痛的事”等词语，重点强调了在短期内政府所颁布的法案的数量，再次将避难事件呈现为一个问题。“移民问题依然令政治家们感到头痛，如果再颁布一部避难法案，那将是五年内公布的第三部。”

以上分析说明了新闻框架是按照这样的逻辑来建构的：英国正在遭到入侵，“我们”需要拿起“武器”来阻止移民的流入。与对待坦帕船上乘客的“狗哨”方式类似，这种把避难者视作“头疼的”而且需要严厉管制的新闻建构在一定程度上是在为边界保护政策寻找借口。在这则新闻开头，“他者化”同“虚假”这个词一同出现，然而结合在一起却因种族问题而使得一些人成为有罪之人。同时，“武器”、“军械库”唤起了人们保卫国家，防止外国入侵的联想。

这进一步证实了萨克斯顿（Saxton，2003）的观点以及其他关于移民的电视报道的研究发现（Philo and Beattie1999；Van Dijk，2000），他们指出，在最近十年里，媒体在“编造”移民新闻时体现出了令人担忧的相似之处。在这些年里，电视报道频繁地运用相似的新闻架构，比如有关移民的统计资料的使用，“虚假”、“非法”等词语的运用。更要命的是，缺乏对难民以及其他流亡群体的经历感受的报道，也就是说，一直以来都缺乏展现难民真实情况的报道。很少提及更为广阔的社会背景，例如避难的原因，难民们每天在“东道国”所遇到的困难多半被忽略了，结果造成了难民的非人性化（Manning，2003）。就像我们所看到的，在新闻报道中，“避难寻求者”、“非法移民”以及“难民”之间几乎没有区别。人们寻求避难的真正动因被掩盖了，“难民”、“避难者”等词语暗示了这些人是为了避开灾难而寻求保护，“非法”、“虚假”等词语则把他们列为有罪之人，诋毁了他们正当的避难要求（Saxton，2003）。那么新闻媒体似乎对那些真正的避难者以及尚未得到暂住许可的避难者进行了不公平的建构，所有不同类别的移民都遭到了相同的消极对待，包括经济类和高技能移民。

以上的研究成果只是社会现实的浮光掠影，认清这一点很重要。它们没有肯定地反映媒体在报道避难者时的重要地位。换句话说，将避难者作为“他者”的新闻建构产生于多变的政治和社会环境中，意义的协商和变动通常会受到社会不同主体的审查。因此移民新闻的“归化”是一个相互矛盾的过程，并且在不同的时空背景下以多种方式与那些有可能改变新闻报道中避难者的意义生产的东西相抗衡。

毋庸置疑，媒体向人们提供了周围世界的信息，帮助我们理解社会和政治问题。考虑到公众十有八九很少与难民有直接的接触，把难民视作“他者”的公共话语的中间性就显得非常重要，因为它关系到相关报道的语言和视觉建构。与我们通常所认为的一样，这种在新闻中不断“他者化”的过程，其结果是巩固和提倡了“那种维护种族不平等的种族主义的‘常理’”（Gordon and Rosenberg，1989：38）。尽管这并不意味着受众一定会不加批判地接受这样的报道，但是有足够的证据表明占主流地位的报道在影响人们对于少数群体的认知上起着非常重要的作用，尤其是主流的新闻框架促成了对种族关系的关键问题的认知架构（Pilkington，2003：185）。

在这样的背景下，认识媒体在报道实践中已取得的进步是非常有必要的（Ross，1996；Van Dijk，1991）。媒体对少数群体所作的具有建设性意义的报道注重于提供一个更为平衡的有关难民的媒介报道，以突破“我们与他们”的二元对立模式，从而向公众呈现一个较少模式化、归化的移民形象。在这个方面，BBC 很清楚自己作为公共服务广播机构所应承担的责任，即保证公平和平衡地报道少数人群。

结　论

范·迪雅克（Van Dijk，2000）和萨克斯顿（Saxton，2003）的研究表明，不管是地方的还是国际的新闻报道，不管是9·11前还是9·11以后，对难民的描述是惊人地一致。在许多报道中，他们不再是力图避难的人们，相反，他们被看作是一种威胁。这种报道基于对“他者”的恐惧心理，将“他者”视为“我们”的国家安全和生活方式的威胁。这种会造成分裂的框架模式长此以往就会导致带有种族主义的“楔形政治”，并且为那些基于狭隘的“国家利益”而准予或拒斥进入国家的政策提供了正当的理由。再次重申一下，这种报道并不是无可厚非或无法驳斥的。在这一章中，我们试图说明，对于新闻业报道难民以及其他“外国人”的实践活动需要保持敏锐的关注。

正如先前提到的，自20世纪90年代以来，通信卫星与互联网的迅猛发展重构了世界的空间距离，几乎即时的通信传播“缩小”了这个世界的空间，带来了已经被人们大肆宣扬的国界间的渗透。然而，我们看到，报道难民和避难者的新闻却不断地强调国际边界，把这些流亡人群视为对国家主权和安全的威胁。国家与世界之间的联系改变了，新闻实践必须重新定位自己应对这样一个新环境的方法。新闻从业人员的这种新定位，从理想角度来说，必须改变以往那种以国家和地方为中心的指导原则——这种原则为基于“我们”与“他们”二元对立的外国话语提供了依据——而采取全球层面的思维方式。“他者”在世界上具有不同的重要意义。正如沃尔克默（Volkmer）所说：

> 尽管以现代模式来架构的新闻过去也常常出现在国内事务的报道中，然而全球化却朝着相反的、更为复杂的方向发展——在全球“新闻”联合体中国家利益的消失——同时却扩大了国内新闻的外延。
>
> （Volkmer，1999：93）

而正是这种“国家利益的消失”给予了记者们这样的机会——记者们通过从个人以及团体的基本权利出发来报道难民问题，并且遵从这样的原则来报道流亡群体的经历，就能够抓住挑战现有的报道模式的机会。这就需要新闻业超越国家主义的局限，能够严肃认真地对待这类问题的报道，以具有全球普遍意义的人权和价值为主题，而不是将其视为对国家利益的威胁。

参考文献

Ali, Y. and Gibb, P. (1999) Le racisme, le droit d'asile et la press britannique, *Migrations Societe*, 11(62): 123-134.

BBC (1995) *People and Programmes*. London, BBC Publications.

Brosius, H. B. and Eps, P. (1995) Prototyping through Key Events: News Selection in the Case of Violence against Aliens and Asylum Seekers in Germany, *European Journal of Communication*, 10(3): 391-412.

Canclini, G. N. (1992) Cultural Conversion. In G. Yudice, J. Franco and J. Flores (eds) *On Edge: the Crisis of Contemporary Latin American Culture*. Minne-apolis: University of Minnesota Press.

Clark, C. (1998) Counting Backwards: the Roma "Numbers Game" in Central and Eastern Europe, *Radical Statistics*, 69: 35-46.

Coleman, P. (1995) Survey of Asylum Coverage in the National Daily Press, *The Runnymede Bulletin*, 291: 6-7.

Coole, C. (2002) A Warm Welcome? Scottish and UK Media Reporting of Asylum-seekers Murder, *Media, Culture and Society*, 24: 839-852.

Cottle, S. (2000) Media Research and Ethnic Minorities: mapping the field, in S. Cottle (ed.) *Ethnic Minorities and the Media*. Buckingham and Philadelphia: Open University Press.

Entman, R. (1992) Blacks in the News: Television, Modern Racism, and Cultural Change, *Journalism Quarterly*, 69(2): 341-361.

Fabian, J. (1983) *Time and the Other*. New York: Columbia University Press.

Galtung, J. and Ruge, M. (1981) Structuring and Selecting News, in S. Cohen and J. Young (eds) *The Manufacture of News*, revised edition. London: Constable. Gans, H. (1991) *Deciding What Is News*. New York: Pantheon.

Ginneken, J. (1998) *Understanding Global News*. London: Sage.

Glasgow Media Group (1997) *Race, Migration and Media*. Glasgow: GMG.

Gordon, P. and Rosemberg, D. (1989) *Daily Racism: The Press and Black People in Britain*. London: Runneymede Trust.

Hall, S. (1982) The Rediscovery of Ideology: Return of the Repressed in Media Studies, in M. Guervitch, T. Bennett, J. Curran and J. Woollacott (eds) *Culture, Society, and the Media*. London: Routledge.

Hall, S. (1992) The West and Rest: discourse and power, in S. Hall and B. Gieben (eds) *Formations of Modernity*. Cambridge: Polity.

Hall, S. (1997) The Spectacle of the "Other", in S. Hall (ed.) *Representation: Cultural Representations and Signifying Practices*. London: Sage.

Hall, S. (2000) The Multi-cultural Question, in B. Hesse (ed.) *Un/settled Multi-culturalism*. London: Zed.

Hartmann, P. and Husband, C. (1974) *Racism and the Mass Media*. London, Davis-Ponter.

Kaye, R. (1998) UK Media Portrayal of Asylum Seekers, in K. Koser and H. Lutz, (eds) *The New Migration in Europe: Social Constructions and Social Realities*. Basingstoke: Macmillan.

Kaye, R. (2001) Blaming the Victim, in R. King and N. Wood (eds) *Media and Migration*. London: Routledge.

Klocker, N. and Dunn, K. M. (2003) Who's Driving the Asylum Debate? Newspaper and Government Representations of Asylum Seekers, *Media International Australia Incorporating Culture and Policy*, 109 (November): 71-92.

Kundnani, A. (2001) In a Foreign Land: The New Popular Racism, *Race and Class*, 43: 41-60.

Law, I. (2000) *Race in the News*. Basingstoke: Palgrave.

Manning, P. (2003) Arabic and Muslim People in Sydney's Daily Newspapers, Before and After September 11, *Media International*

Australia Incorporating Culture and Policy, 109 (November).

Massey, D. (1994) *Space, Place, and Gender.* Oxford: Oxford University Press.

Pearson, K. A., Parry, B. and Squires, J. (eds.) (1997) *Cultural Readings of Imperialism.* New York, St Martin's Press.

Philo, G. and Beattie, L. (1999) Race, Migration and Media, in G. Philo (ed.) *Message Received.* London: Longman.

Pilkington, A. (2003) *Racial Disadvantage and Ethnic Diversity in Britain.* London: Palgrave.

Ross, K. (1996) *Black and White Media.* Cambridge: Polity.

Rowe, M. (2000) Asylum Seekers in the UK. *Politics Review*, 10(2): 26-27.

Saxton, A. (2003) I Certainly Don't Want People Like That Here: The Discursive Construction of 'Asylum Seekers', *Media International Australia Incorporating Culture and Policy*, 109 (November): 109-120.

Schuster, L. (2002) Asylum and the Lessons of History, *Race and Class*, 44(2):40-56.

Shapiro, M. (1989) Textualising Global Politics, in M. Wetherell, S. Taylor, and S. Yates, (eds) (2001) *Discourse Theory and Practice: A Reader.* London: Sage. Solomos, J. (2003) *Race and Racism in Britain*, third edition. London, Palgrave/Macmillan.

Tomasi, S. (1993) Today's Refugees and the Media, *Migration World*, 20(5): 21-23.

Turner, B. S. (1994) *Orientalism, Postmodernism and Globalism.* London, Routledge.

Van Dijk, T. (1991) *Racism and the Press.* London, Routledge.

Van Dijk, T. (2000) New(s) Racism: a Discourse Analytical Approach, in S. Cottle (ed.) *Ethnic Minorities and the Media.* Buckingham: Open University Press.

Volkmer, I. (1999) *News in the Global Sphere: a Study of CNN and its*

Impact on Global Communication. Bedfordshire: University of Luton Press.

Volkmer, I. (2002) Journalism and Political Crisis in the Network Society, in B. Zelizer and S. Allan, *Journalism After September 11*. London: Routledge.

Ward, I. (2002) The *Tampa*, Wedge Politics, and a Lesson for Political Journalism, *Australian Journalism Review*, 24(1): 454.

第二十一章　男人地带中的女人们

——性别、新闻以及她历史

卡伦·罗斯

● 为什么男人主导了新闻：男人的想法、男人的行为，男人的玩具？

● 女性战地记者为何那么少？

● 为什么梦幻组合（新闻主播）是由年轻且吸引人的女性与年长与吸引力无关的男性组成？

● 为什么《太阳报》在有了女主编后，依然在第三版上满是女人的“胸部”和“臀部”？

● 为什么新闻机构中只有少数处于高级职位的女性？

不管是新闻故事的主题或来源，还是在新闻业中的经历和从业者地位，女性与新闻媒介之间的关系都有问题，这是本章所关注的。作为一个新闻媒介消费者，我常常被一些议题激怒，我想探究这样一些议题，以回答困扰我的重要问题，就是为什么我们得到的是“他们”想给我们的新闻，而不是“我们”想要听到、读到和看到的新闻。我们得到了我们应该得到的新闻了吗？我想没有。那么，我想知道别的什么呢？

作为本章的开始，在思考女性在新闻机构工作的经验之前，我会先探讨新闻媒介通常是如何表现女人的，包括一些新闻媒介组织的自我研究。最后，我会考量女性新闻从业人员试图通过哪些方式来挑战编辑部中的男性霸权。我想要说，新闻业是一种不可避免的与性别有关的职业（与许多其他职业一样）。在这里男人们做决定，女人们承担后果，在自觉的意识中，男性与女性的刻板成见永远存在。重要的是，我认为在新闻媒介中，女性显著地“缺席”着，或至少是明显地被边缘化。在反对入侵伊拉克和塔利班在阿富汗重新掌权的抗议中，女性的声音何在？当她们“作为”新闻兴趣的焦点时，她们有时是混淆人们性别期望的异常女性（例如女杀人犯），更常见的还是被动的受害者，她们一般是男性暴力或性对象或是绣花枕头，这些比喻将女性形象降低到她们不是我们总体中的一部分。一些小报公然地展现性别主义。例如，英国小报《星期日体育》在活页中有近乎裸体的女郎随手拿着一个口号：“膜拜吧”。这为新闻中女人的地位提供了一个适当的评论：她们的存在是为了被拥有。

主体：女人

新闻媒介向观众、听众和读者呈现女人的方式，传递了关于女人地位、女性角色和女性生活的重要信息。媒介，尤其是电视，由于其巨大的受众份额，可被看作是主要的新闻议程 的定义者和塑造者，并在对公共事务的性别构造和它们一直推动的性别讨论中扮演了重要的文化功能。如果新闻媒介没有报道女法官、女议员或女商业领袖的观点，而总是报道针对女性的暴力犯罪，那么毫不奇怪的是，公众也无法意识到女人事实上在社会中占据着意义重大的角色。同样，比起女人，男人更有可能成为严重犯罪的受害者。

自20世纪90年代起，持续的研究试图勾勒与分析出在真实媒介中女人是以何种方式被呈现的，这部“她历史”并不那么值得肯定，一方面它以一种边缘化模式呈现，而另一方面则是刻板成见。1995年，“全球媒介监控项目”(GMMP）对一日内71个国家的新闻媒介进行实时监控，这个项目是为了探索新闻中的性别呈现模式。这项研究发现全球的新闻故事中，有19%的个人特写是女人，最常见的角色是受害者、母亲和妻子(《媒体观察》，1995）。5年后，第二次对差不多数目的国家以及5万多新闻条目的监控得出，女人导向的故事的焦点几乎和过去的研究完全相同，女性在新闻故事中的比例实际上下降了3个百分点（WACC，2000）。再一次，“女性作为受害者”的比喻最受欢迎。在这两次研究中，全国的、地区的和当地的广播、电视和报纸被监控，而它们的新闻版图几乎没有什么差异。1999年，欧洲委员会进行了一次性别和新闻呈现的泛欧洲分析，报告的结论相当令人郁闷，再次说明在各种媒介文本类型中，女人出现的次数很少。报告还指出，女人被过多地呈现为受害者，通常是暴力受害者（见 Carter and Weaver，2003；Kitzinger，2004），而且本质上与性有关①。2003年，一项南部非洲的研究使用了GMMP模式，即性别与媒介基线研究，覆盖了12个国家。该研究指出“在南部非洲的编辑部与编辑内容中，女人被极大地未呈现和错误呈现，还存在着显著的性别歧视主义的报道，将女人看作物品和诱惑物（www. genderlins. org. za）。所有这些研究毫无争议地展示，媒介对女性的报道框架是高度受限的，媒介用高度受限和大多数负面的方式建构女人，并不简单地是某家报纸或电视的特质，而更是一种长期存在的全球现象。我们怎样来解释这点呢？我认为理解这些研究发现的唯一方法，是认为它们展示出作为一种实践的新闻业具有男子本质和厌恶女人的本质。这是一种公平的估价吗？那么，还有别的能解释这些不对称的发现全球的和长期存在的本质吗？

如果我们将注意力转移到谁在新闻媒介中发言，得到的是类似的悲伤故事。过去的十年所作的所有研究都指出相同方向。例如，尼夫斯（Neves，1994）研究比利时电视新闻秀，发现每周只有男人们看新闻，97%关于时事的受访者和80%受邀在电视新闻报道中进行评论的“专家”都是男性。之后的一切电视新闻研究都印证了尼夫斯的结论（例如 Leibler and Smith，1997—US；Cann and Mohr，2001—Australia），他们的成果几乎完全一样。在谈到女性不似男性在新闻话语中扮演重要角色的主要原因时，媒介研究者常

① 要找一份精彩的，也许有些陈旧的关于媒介热衷报道性犯罪的报告，可参看苏西尔（Soothill，1991）和沃尔比（Walby，1991）。http：//www. genderlinks. org. za。

常辩解说因为女人没占领较高的社会地位，如政治家、政府发言人、商业领袖、CEO 等。然而这种说法本身就受到了挑战（见 Ross，2002；Lemish，2004），例如女议员也成功地吸引了媒介的注意，但通常是因为她们衣服裁剪的风格和家务安排，而不是她们的政策立场。在这里，还是听不到“普通”女人的声音。当女性从原则上讲，在例如选举这样的时候应该同男性享有相同的发言机会时，她们仍然比男性更少被问到她们的观点。在我自己 2001 年对广播热线节目《大选电话》(*Election Call*) 的研究中，大约有三分之一打进电话者是女人（Ross，2004），在更大的一次对市民和公众的节目参与研究显示女性对此类节目的参与比例更低（McNair et al.，2003）。当谈到例如战争与恐怖主义这类极端情况的报道时，研究内容显示对男性更为关注，2001 年美国对恐怖主义的新闻报道使一位女记者认为：

> ……当女性对这个对她们影响极深的事件有许多观点要表达时，女性从许多报纸版面和电视屏幕上被扫开了。处理这些危机的人是男人。实施暴力的是男人，组织对其予以回应的也是男人，权力结构在这些时候被暴露出来，象征的女人悄悄隐入背景中。
>
> （Bunting，2001：n. p.）

邦廷（Bunting）所指出的是一种困惑，当“真正严重”的事件需要报道时，女人在新闻领域已经处于一种脆弱的地位。女人与战争复杂的联系和关系被草草地降低为仅仅是受害者关系，拜服在男人的杀戮念头下（Del Zotto，2002）。女性士兵的行为鲜被报道。当例如自杀式炸弹这样的罪行出现，而且自杀袭击者是女性时，记者身上那洋洋自得的态度可能被击破。但这时对于非常规女人的刻板印象又会炮制出来（Naylor，2001；Carter and Weaver，2003）。2004 年 4 月，当阿布格莱布（Abu Ghraib）监狱的伊拉克囚犯被虐待的照片在全球新闻媒介中流传时，抓住媒介注意力的是一位女看守 Lyrndie Englang 的恐怖行径。一个女人怎么会做出这种事来？那些新闻人问道，仿佛他们坚信只有男性才是唯一的施暴者。但快速浏览一下历史你就会发现女战争者们的嗜血本性自古就有。

甚至媒介自身也开始认识到性别呈现是存在问题的，并展开自己的研究，认识与回应批评。例如，荷兰公共广播机构诺斯（Nos，1995）的研究指出，在新闻媒介中，有一些微妙的方式来区别对待男人和女人：女性经常被指名道姓而不称呼她们的头衔；她们更常被以熟悉的术语介绍；男性总在女性之后强化或反对她们阐述的观点；女性更常被问到她们的感情或是私人情况（see also Michielsens，1991）。女记者（Women in Journalism）团体的成员自己做了一项研究指出，"……事实上，当它们面前故事中的女性很独特时，很清晰的是采编室自己会抛出一些陈词滥调和刻板成见"（Christmas，1996：11）。必须承认，这些研究都是十几年前的了，但是没有绝对的理由认为在过去的十年间情况发生了重大改变。但一些国家比起另一些来更重视社会性别这件事。例如，由于2003年"性别与媒介底线研究"（Gender and Media Baseline Study）的发表，南非新闻编辑论坛（SANEF）达成协议，旨在作出不懈努力以改进媒介中的女性呈现。因此在南非一些重要的新闻编辑部还开展了工作坊和讨论组①。然而，一定的怀疑还是允许存在，因为1995年欧洲广播电视传播者也发表过类似的宣言，作为当时的出席者之一，我认为自那以后的变革步伐实在是"极为缓慢"。②

男人地带中的女人：性别与新闻工业

尽管英国性别平等立法已经超过了30年，女性在英国新闻业中占据高层地位仍非常罕见。媒介政策的导向和决定媒介内容的特性和导向的决议仍紧握在男人手中，甚至是在女人成功地从湿滑的

① 见我对朱蒂·桑迪森（Judy Sandison）的个人访谈，SABC，2003年6月8日；与朱蒂·桑迪森的电邮采访，2004年5月10日。

② Eu/EBU会议：《反映多样性：欧洲广播电视中男性与女性的挑战》，1995年6月，伦敦。

杆子攀上职业的领域时，她们都被要求要详细检审自己的道德和行为。当伊芙·波拉德（Eve Pollard）成为第一个中等市场份额的报纸《星期日快讯》的女主编时，她被描述为一个“靓妞杀手”，她知道如何用她的大胸作武器（Dougary，1994：xiii）。2003年，我在南非与女新闻记者的采访中，对于同事们怎样看待女人的内部升职存在着明显的焦虑，因为一个女人的晋升被惯例性地视为其性劳动的成果。

> 你会发现如果一个女人得到工作，有人会说发生了点别的事。他们甚至不会去看你的工作，他们脑中冒出的第一个想法就是，不，一定发生了什么别的事，例如你和某人睡觉了，你通过这样或那样的方式和某人扯上关系，有时你的确这么觉得，那么好吧，我会这么做的（为了升职），可是其他人的感觉会是怎样的呢？他们会认为我之所以得到这些是因为我的工作表现，还是他们开始四处闲话，说些能够说出的最肮脏的话。
>
> (Thandazo)①

大多数的研究都分析了媒介组织中女人的地位（see Michielsens，1991；Neves，1994；Gallagher，1995；Steiner，1998；Byerly，2001；Joseph，2004a；Melin-Higgins，2004），证据表明女性在穿过新闻业中权力的阶梯时遇到的困难。同样地也显示了女人被限制在一定职业和一定领域，那些传统认为是“女人工作”的，例如教育、生活方式、社会和女性栏目。因此，她们不像男人那样常在新闻和时事领域工作，或是担任新闻报道员和记者，她们在技术与产品员工中也只占到一个较小的比例。最近，由美国报纸编辑协会和广电新闻董事联盟所作的研究都显示出作为记者和编辑的女性人数很少。当然，也有例外，一些女性占据着非常高的地位，包

① 我个人电话采访了Thandazo（非真实姓名），一位为大报工作的黑人女记者，2003年6月10日。

括一些主流的英国发行物例如《卫报》的执行主编希拉·菲茨西蒙斯（Sheila Fitzsimmons）、《每日电讯》的副主编科琳娜·何南（Corinna Honan）和执行总编苏·瑞安（Sue Ryan）以及《世界新闻》的主编丽贝卡·韦德（Rebekah Wade），但是这种罕有是非常明显的。①

传统的女性主义分析认为新闻内容总是将焦点集中在男性主流话题上，也就是男性感兴趣和与男性相关的事物上。而女性作为编辑、主持人、新闻播报员和记者人数甚少，实际上是反映了她们在现实世界中的从属地位。即使是在如电子新闻这类发展中领域，女性也没有达到管理的位置。安嫩伯格公共政策中心（Annenberg Public Policy Center）的研究员们发现，在电信和电子商务工业中，女性占了高层执行官的13%，其中9%位列主管。这向我们展现了一幅令人沮丧的图景。正如拉什（Rush，2001）指出的那样，至少在美国，新闻教育中毕业的男性和女性人数是同样的，这就使我们要发问，女人到底怎么了？部分答案是作为新闻实践的常规组成部分，较长的工作时间、烟熏火燎、酒吧文化都与同家人和朋友相聚的生活方式格格不入，所以对许多女性（以及一些男性）来说，工作与生活的平衡变得不可改变地倾向于离开这个行业。

（相关的）女性在政治新闻报道中的缺位也是主流媒介令人失望的特点，这与女性获得拥有决定权的职位数量低相匹配。在《新闻业中的女性》对性别和媒介用工的报告中，他们发现尽管女性现在也常常被指派担任高职位（尽管大多数是低于主编的），“主导写作（社论）与政治写作仍然固执地作为男性的领地”（Christmas，1997：12）。马丁对更广泛的信息部门工作的女性职业作出研究，也得出了相似的结论（S. Martin，2002）。那些少数被允许报道政治的女记者为此付出了代价。乔安娜·科尔斯（Joanna Coles）为《卫报》工作，她是1997年英国大选时工党竞选巴士上的记者之一。她的经历就好似去参加了一次只限男士的聚会，男同事们看着他们笔记本电脑中的色情资料，喝着啤酒，只要有女人碰

① 至少，她们在我撰写本文时还在其职位上，2004年6月。

巧走过巴士他们就窃笑不已（Coles，1997）。这种画面也许到今天都是准确的，除了现在的巴士有了无线技术，所以色情材料随时可得。

然而在某些新闻领域，女性人数比过去几十年有了显著的增长。媒介与传播技术的发展和不断增长的主流媒介的全球特性引发了新闻业实践的革命，促使我们对新闻与性别关系重新考虑。很清楚的是从20世纪90年代到新千年出现了一次文化转型，对于受众以更亲密的模式传递信息，我们眼见英国第五频道（Channel Five）的新闻主播闲雅地斜靠着一个低凳来播报新闻，而不是传统的主播台桌子背后的主播形象，同时我们还看到了一种更小报风格的新闻使得新闻更亲切、更有人情味（Beasley，1993；Holland，1998；Van Zoonen，1998），但也更老套。这种转换一定程度让我们看到了更多台前的女性角色，特别是新闻播报者。但是，更多的女人在编辑室工作是否标志着在性别平等道路上跨出了一步呢？相反，有人会反驳，这种把年轻、有吸引力的女性放在镜头前只是一种世俗的把戏，它由男性经理们推行，以使新闻看起来更令人舒服，并通过女性身体来卖新闻。女性在这里再一次成为了商品。正如阿瑟斯所言，“（电视）产业中有更多的女性是不够的：对于女性从属地位在当下被再生产的方式，必须有更多的女性有政治化的理解，并有改变它的意愿”（Arthurs，1994：100）。我们可以想想，丽贝卡·韦德（Rabekah Wade）成为《太阳报》主编带来了什么变化，就可以理解阿瑟斯观点的逻辑。从内容上、风格上或倾向上没有立刻发生明显的改变，它当然也没有变得更亲女性或者家庭一些，它更没有将恶名昭著的“三版女郎”取消。因此韦德的性别并不保证一种不同的行为、思想、工作模式的产生：我们在玛格丽特·撒切尔身上就痛苦地发现了这点。

女记者们自身也常常在追求女性主义甚至是以女性为焦点的新闻时表现得比较含糊。最近的一次针对英国女记者的小范围研究显示，四分之三的样本强烈反对“我试着以女性主义视角做新闻”这种说法，尽管有一半的样本强烈同意“新闻业中的性别是十分重要的，因为男人与女人在工作中带入了不同的视角”。有近60%

的人十分同意“更多高层的女性会对女记者们的职业前景带来积极的影响”，尽管只有40%的人非常同意“新闻业中越多女人会使新闻产品对女性越友好”（Ross，2001）。所以，非常清楚的是，对于成为女性和在新闻产业中工作之间有不同的视角。有些研究观察女记者们在多大程度上更会找出故事中的女性来源，认为女性媒介从业者“的确”带来了不同（例如 Liebler and Smith，1997；Zoch and VanSlyke Turk，1998；Lavie and Lehman Wilzig，2003）。我自己的研究与阿瑟斯相呼应，认为性别本身并不足以引发编辑室里的文化转型。即使已经存在着来自内部的改变意愿，外部因素例如更糟糕的经济环境会威胁到底线，可能阻挠甚至反转那些试验性的转型（Aldridge，2001）。

编辑室中的性别与文化之一——严重的阶级性

决定新闻媒介内容的本质和方向的权力仍牢牢地掌握在男人手中：男政客制造新闻，男媒介人员进行报道，后者受到了前者的邀请。记者乔安娜·科尔斯（Joanna Coles，1997）指出，一个典型记者招待会的气氛就和一个男孩公立学校相似，只有少数聪明的女孩子们被允许进入第六排。讲台上的男人直接喊着记者们的名字：“是的，西蒙，你有问题要问吗？克里斯？安德鲁？”报业集团中的少数女性们不可能鼓励有这样的亲密感，也更少被邀请发问。这些在新闻媒介中所见所读的故事视角和利益反映了新闻机构自身在新闻产品分配中存在的社会和经济关系。

因此编辑室文化提供了一种强烈的性别化的内容，其中传统的权力来自于经济关系，男人在上层女人则在下层。这种关系以一种令人警惕的保守和性别偏见的方式发挥着作用。这些权力关系在微观层面进一步加强，并在宏观层面上得到巩固（Carter，Branston and Allan，1998；M. Martin，2002；Byerly，2004）。20世纪60年代的10年见证了在人权议题上一系列激动人心的草根政治活动。女权主义运动家唐娜·艾伦（Donna Allen，1968）警告人们要反对媒介垄断的危险。这些警告在今天仍是适用的，可能现在更紧急。随着竞争法的放松，跨媒介所有权的大门在一个前所未有的范围内打开，越来越少的男人控制着全球媒介舞台。

媒介，尤其是电视，在议程设置中发挥着重要的功能，而议程设置能推动意义的不断流动（Miller et al.，1998）。如果理论是要对我们的社会世界提供另一种解释，那么批判的女性主义媒介理论（见 McLaughlin，1993）的目的就是要质疑我们的知识中遗漏了什么，用这种方式去揭示编辑室的道德观，它把实际上不可改变的男性主义伪装为“常规”的新闻实践，而将女性的贡献和经验平庸化。一些研究（例如 Melin-Higgins，2004）指出，女新闻从业人员采取不合作的策略来反抗编辑室里弥漫的男性气质和雄性规章，以阻止编辑室变为“男孩子们的东西”。另一方面，在新闻产业中工作的许多女性决定选择离开主流新闻业，以找到一个更好的空间表达自己，女性主义讽刺杂志《余肋》(*Spare Rib*）和苏格兰女性主义杂志《女妖》（*Harpies and Quines*）就是这类成果中的代表。

编辑室中的性别与文化之二——反击

新闻业中的女性正在日益增长地为改变而谋略。例如，2002年3月下旬，60多位女性主义示威者集聚在华盛顿的联邦传播委员会办公楼前，抗议 FCC 作出的进一步放松对在有线和电视领域媒介合并与兼并的管制决定（Byerly，2004）。这次示威由一个草根联盟组织，其中包括资深的媒介活动家珍妮弗·波兹勒（Jennifer Pozner)，她最近成立了“媒介与新闻中的女性组织”(WIMN)，还有全国女性组织（NOW）副主席、媒介智库和美国复兴组织的成员特利·奥奈尔（Terry O'Nell)。

在英国，1997年成立了“新闻业女性组织”(Women in Journalism)，它来自女性自下而上的要求，要求报纸和杂志在高层次上对女性予以有效的呈现，并自此发展成各层面女性新闻从业者的论坛。自它产生后，定期举办专题研讨会和聚会，为女性提供了与同行讨论职业议题的机会，并提供了网络化合作的途径，从而成为媒介的一件大事。它组织的专题研讨会话题包括：带来变化（文字如何改变生活)；写大作品；记者们的因特网；以及现实生活中的采访艺术。①

在印度，“媒介中的女性网络”(NWMI) 于2004年2月在孟买举办了第二次全国会议（Joseph，2004b)，女性们讨论的议题显示出建立她们之间的联想网的渴望。那次会议提出了一系列行动建议，包括设立NWMI的邮件组推动在全国范围内的传播与交流，以完善现存网站的角色。对于没法接触网络的人，每月印刷新闻通讯也被考虑在内，而且还作出一个把这个想法推广得更好的决定，那就是提供刊载网络讨论的信息的印刷品，它可以由不同地方的群体翻译成不同语言。

以上这些例子让人们看到了女性为进一步参与自己的职业，并掌握自己的职业生涯而进行的谋划，她们通过团结在一起找到力量，为改变而努力。但成功的媒介女性仍不时受到性别歧视报道的暗中伤害。当珍妮特·斯特里特·波特（Janet Street-Porter，1999）在1999年成为（不过是很短暂地成为）《独立报周日版》主编时，面对来自职业同僚的巨大敌意，她以其标志性的风格对自己的新职位进行回应：“伙计们，伙计们，冷静，我能接受一个笑语。但在新闻业工作了30多年后，仍被当作个瞪着眼，露着牙傻笑的无脑恶妇，就觉得挺失望了。”(Street-Porter，1999：2)

当BBC广播四台被索尼广播授予2004年年度电台时，《独立报》对电台管理者海伦·博登（Helen Boaden）进行了一次严肃的访谈。博登的职业里有很多个“第一”，第一位被BBC任命为时事部领导的女性（1998年)，自1978年的莫妮卡·西姆斯（Monica Sims）之后第一位BBC广播四台的女掌门人（2000年)。拥有这样的经历，为什么报纸刊登的访谈标题是“广播的黄金女郎”呢(Burrell，2004)？也许版面编辑只是要找到一种合适的祝贺短语，但是又一次，这也许不是吧……

① www. leisurejobs. net/wij/index. cfm（2004年2月13日浏览）。

参考文献

Aldridge, M. (2001) Lost Expectations? Women Journalists and the Fall-out from the "Toronto Newspaper War", *Media, Culture and Society*, 23(5): 607-624.

Allan, S. (1999) *News Culture*. Buckingham: Open University Press.

Allen, D. (1968) Up Against the Media. *The Liberated Voice* (July) http://www.wifp.org/donnaallenbeforewifp.html (accessed 10 February 2004).

Annenberg Public Policy Center (2002) *No Room at the Top*? Philadelphia, PA: University of Pennsylvania.

Arthurs, J. (1994) Women and Television, in S. Hood (ed.) *Behind the Screens*. London: Lawrence & Wishart.

Beasley, M. H. (1993) Newspapers—Is There a New Majority Defining the News? In P. J. Creedon (ed.) *Women in Communication*, second edition, Newbury Park: Sage.

Burrell, I. (2004) "Radio's Golden Girl", *Independent*, 1 June.

Bunting, M. (2001) Special Report: Terrorism in the US. *Guardian*, 20 September, www.guardian.co.uk/analysis/story/0,3604,554794,00.html (accessed 4 February 2004).

Byerly, C. M. (2001) The Deeper Structures of Storytelling: Women, Media Corporations and the Task of Communication Resear-chers, *Intersections*, 1(2): 63-68.

Byerly, C. M. (2002) Gender and the Political Economy of Newsmaking: a Case Study of Human Rights Coverage, in E. R. Meehan and E. Riordan (eds) *Sex and Money: Feminism and Political Economy in the Media*. Minneapolis, MN: University of Minnesota Press.

Byerly, C. M. (2004) Women and Media Concentration, in R. R. Rush, E. C. Oukrup and P. J. Creedon (eds) *Seeking Equity for Women in Journalism and Mass Communication: a 30-Year Update*,

Mahwah, NJ: Lawrence Erlbaum Associates.

Cann, D. and Mohr, P. B. (2001) Journalist and Source Gender in Australian Television News, *Journal of Broadcasting and Electronic Media*, 45(1): 162-174.

Carter, C., Branston, G. and Allan, S. (eds) (1998) *News, Gender and Power*. London: Routledge.

Carter, C. and Weaver, C. K. (2003) *Violence and the Media*. Basingstoke: Open University Press.

Christmas, L. (1997) *Chaps of Both Sexes? Women Decision-Makers in Newspapers: Do They Make a Difference?* London: Women in Journalism.

Christmas, L. (1996) *Women in the News: Does Sex Change the Way a Newspaper Thinks?* London: Women in Journalism.

Coles, J. (1997) Boy Zone Story, *Guardian*, 28 April.

Del Zotto, A. C. (2002) Weeping Women, Wringing Hands: How the Mainstream Media Stereotyped Women's Experiences in Kosovo, *Journal of Gender Studies*, 11(2): 141-150.

Dougary, G. (1994) *The Executive Tart and Other Myths: Media Women Talk Back*. London: Virago.

European Commission (1999) *Images of Women in the Media*. Brussels: EC.

Gallagher, M. (1988) *Women and Television in Europe*. Brussels: Commission of the European Communities.

Gallagher, M. (1995) *An Unfinished Story: Gender Patterns in Media Employment* (Reports and Papers on Mass Communication 110). Paris: UNESCO Publishing.

Holland, P. (1998) The Politics of the Smile: "Soft News" and the Sexualisation of the Popular Press, in C. Carter, G. Branston and S. Allan (eds) *News, Gender and Power*. London and New York: Routledge.

Joseph, A. (2004a) Working, Watching and Waiting: Women and Issues of Access, Employment and Decision-making in the Media in India, in K. Ross and C. M. Byerly (eds) *Women and Media: International Perspectives.* Oxford: Blackwell Publishing.

Joseph, A. (2004b) NWMI's Second National Meeting, http://www.nwmindia.org/ (accessed 9 February 2004).

Kitzinger, J. (2004) Media Coverage of Sexual Violence Against Women and Children, in K. Ross and C. Byerly (eds) *Women and Media: International Perspectives.* Oxford: Blackwell Publishing.

Lauer, N. C. (2002) Studies Show Women's Role in Media Shrinking. Women's Enews, www.womensenews.org (accessed 11 February 2004).

Lavie, A. and Lehman-Wilzig, S. (2003) Whose News? Does Gender Determine the Editorial Product? *European Journal of Communication*, 18(1): 5-29.

Lemish, D. (2004) Exclusion and Marginality: Portrayals of Women in Israeli Media, in K. Ross and C. Byerly (eds) *Women and Media: International Perspectives.* Oxford: Blackwell.

Liebler, C. and Smith, S. (1997) Tracking Gender Differences: a Comparative Analysis of Network Correspondents and their Sources, *Journal of Broadcasting and Electronic Media*, 41 (winter): 58-68.

McLaughlin, L. (1993) Feminism and the Public Sphere, *Media, Culture and Society*, 15(4): 599-620.

McLaughlin, L. (1998) Gender, Privacy and Publicity in "Media Event Space", in C. Carter, G. Branston and S. Allan (eds) *News, Gender and Power.* London and New York: Routledge.

McNair, B., Hibberd, M. and Schlesinger, P. (2003) *Mediated Access: Broadcasting and Democratic Participation in the Age of Mediated Politics.* Luton: University of Luton Press.

Martin, M. (2002) An Unsuitable Technology for a Woman? Communication as Circulation, in E. R. Meehan and E. Riordan (eds) *Sex and Money: Feminism and Political Economy in the Media*. Minneapolis, MN: University of Minnesota Press.

Martin, S. (2002) The political economy of women's employment in the information sector, in E. R. Meehan and E. Riordan (eds) *Sex and Money: Feminism and Political Economy in the Media*. Minneapolis, MN: University of Minnesota Press.

Media Watch (1995) *Global Media Monitoring Project: Women's Participation in the News*. Ontario: Media Watch.

Melin-Higgins, M. (2004) Coping with Journalism: Gendered Newsroom Culture in Britain, in M. de Bruin and K. Ross (eds) *Gender and Newsroom Cultures: Identities at Work*. Cresskill, NJ: Hampton Press.

Michielsens, M. (1991) *Women in View: How Does BRTN Portray Women?* Brussels: BRTN.

Miller, D., Kitzinger, J., Williams, K. and Beharrell, P. (1998) *The Circuit of Mass Communication: Media Strategies, Representation and Audience Reception in the Aids Crisis*. London: Sage.

Naylor, B. (2001) Reporting Violence in the British Print Media: Gendered Stories, *Howard Journal of Criminal Justice*, 40 (2): 180-194.

Neves, H. (1994) Unpublished plenary address to the Prix Niki conference, March, Lisbon.

Norris, P. (1997) Women Leaders Worldwide: a Splash of Color in the Photo Op., in P. Norris (ed.) *Women, Media and Politics*. Oxford: Oxford University Press.

NOS Gender Portrayal Department (1995) *Interviewtechnieken in acualiteitenpro-gramma's (Interview Techniques on Male and Female Guests in Dutch Current Affairs Features)*. Hilversum: NOS.

Ross, K. (2001) Women at Work: Journalism as En-gendered Practice. *Journalism Studies* 2(4): 531-544.

Ross, K. (2002) *Women, Politics, Media: Uneasy Relations in Comparative Perspective*. Cresskill, NJ: Hampton Press.

Ross, K. (2004) Political Talk Radio and Democratic Participation: Caller Perspec-tives on *Election Call*. *Media, Culture and Society*, 26(6): 785-801.

Rush, R. R. (2001) Three decades of women and mass communications research: the ratio of recurrent and reinforced residuum hypothesis (r^3) revisited. Paper presented at Donna Allen Memorial Symposium, Freedom Forum, Roslyn, VA.

Soothill, K. and Walby, W. (1991) *Sex Crime in the News*. London: Routledge.

Steiner, L. (1998) Newsroom Accounts of Power at Work, in C. Carter, G. Branston and S. Allan (eds) *News, Gender and Power*. London: Routledge.

Street-Porter, J. (1999) Editorial. *Independent on Sunday*, 11 July.

Van Zoonen, L. (1998) One of the Girls? The Changing Gender of Journalism, in C. Carter, G. Branston and S. Allan (eds) *News, Gender and Power*. London & New York: Routledge.

Women in Journalism (1999) *Real Women: The Hidden Sex*. London: WiJ.

Women's Broadcasting Committee (1993) *Her Point of View*. London: WBC and Bectu.

World Association of Christian Communication (2000) *Global Media Monitoring Project* 2000. London: WACC.

Zoch, L. M. and VanSlyke Turk, J. (1998) Women Making News: Gender as a Variable in Source Selection and Use, *Journalism and Mass Communication Quarterly*, 75(4): 762-775.

第二十二章　性别新闻实践

——在不同国家环境中对女性记者的经历考察

米内莱·马坦尼

- 新闻业与男性化实践间存在什么关系？
- 女记者与男记者经历着不同的采编室文化吗？
- 女记者在她们每日的职业生活中如何挑战盛行的权力定义？

本章调查在不同国家女记者的经历和她们面对的挑战，这些地区包括孟买、多伦多、悉尼和墨尔本。通过与女记者开放的、定性的访谈，我将提出我们虽然看到进入新闻业的女性人数在增长(Walsh-Childers et al.，1996)，但女记者继续面临着系统的性别歧视。这种歧视是非常相似的，不论访谈是在哪个不同的城市进行。我认为采编室的动态反映了男性化到处渗透的模式。不论地理、语言和文化有何不同，女性的从属地位一再循环出现，并被再生产。在本研究指出的那些不同国家的采编室里，这些男性化实践看起来已经广泛地国际化与本土化了。

在不同地点对女记者经验的这种快照式研究发现，一看到新闻业中女性人数上升，就庆祝新时代的到来还为时过早。相反这些访谈显示，尽管存在数量的增长，女性面临着复杂的性别歧视形式，限制着她们对各自工作的媒介全情贡献的能力。我特别关注什么类型的女性在采编室中被不断地雇用，我提出雇用行为显示了性别从属的体系模式，它未被挑战，而且产生重大的后果，与女记者缺少被关注程度和缺乏权力直接呼应，不管是在采编室还是在媒介的呈现中都是这样。

社会学、女性主义理论和新闻学这些领域内的研究都探索了性别和新闻业之间的关系（Henry and Tator，2004；Gauntlett，2002；Aldridge，2001；Women in Journalism，1999；Carter，Branston and Allan，1998，Baehr and Gray，1996）。这些研究展示出在思考性别、媒介与表现等方面重要的努力。然而，鲜有研究对位于世界不同地方采编室中女记者的日常经验进行跨国考察，她们各自的地理和地理位置是如何影响她们对新闻采编室里经验的理解的？她们自身在采编室的出现是如何影响和挑战回荡在这个特定媒介生产场域内的男性标准的？本章会考察这些问题，并指出我们决定要多样地呈现被边缘化的各类群体，但作出这个决定的采编室里却有着性别等级，并有着僵硬的约束。尽管新闻话语生产的设备在不同地理位置有所不同，但是生产出来的新闻产品基本是相似的。

男性化、客观性与新闻业

新闻反映出一个进步的自由主义、宽容、公正和对追求真相的典范。新闻的世界总是以这些思想为特征，客观性的概念引导着新闻报道的哲学（见 Zelizer and Allan，2002）。在这部分，我会通过指出男性化，这种强化和合理化男性统治的意识形态，是怎样建构了新闻业品行的想象形式，来阐述上述说法有问题的本质。

根据客观性标准，记者个人经历和生活史应该与新闻采集过程无关，被放在门外。他们的个人史不应该带入其工作中去。他们的身份无关紧要，将客观性作为新闻写作的标准进行膜拜，将记者从他们写的故事中擦去，与客体保持距离，并采纳一种永远的文化中立模式。然而，与我们希望相信的相悖的是，新闻报道本质上是不公平、不民主或不客观的（Alterman，2003；Schecter，2003；Robinson，2002）。一位 CBS 的新闻经理曾说过一个不那么光彩的趣话："我们的记者不从他们自己的视角来报道新闻，他们不从任何人的视点来呈现故事。"这一言论揭示了新闻业作为基础的一种谬论，新闻报道不是无缘无故冒出来的。记者假设别人的观点减轻了记者以自省的方式接近新闻的责任，同时还假设记者的个人与专业空间和经历永不会混淆。而事实是，新闻记者，与普遍的感觉不同的是，从未真正地置身于他们所报道的圈子之外（Henry and Tator，2002；Mahtani，2001a；Fleras and Kunz，2001）。然而，对于民主、中立、平衡和公平的肤浅理解操控着新闻采集过程，好像透明的中立应该且能够存在一样。记者的身份和经历可以不相干，所有优秀记者在他们调查一条新闻报道时，都能将他们的种族的、性别的和阶级的身份留在家中，这种观念依然持续对记者们有着巨大影响，但这对女记者有着特殊的后果。

女性主义地理学家金·英格兰（Kim England）认为研究是一个过程，而不是一个产物，这个过程中的部分是反映和学习以往的经验（England，1994）。我们自己的身份，不管我们是否喜欢，都会在材料的认知和作为学者进行字面解读时发挥作用。我认为新闻建构和生产也是一样。要求记者有超然的客观性，好像这种东西存在一样，这对女记者来说有着特殊的含义。女性主义理论家们坚持认为，现代政治和道德理论依赖于一种理性与合理性间的二元对立，它传统地被理解为男性气质与设定为女性气质的情感和欲望的二元对立。正如吉利恩·罗斯（Gillian Rose）所指出，合理性与普遍的男性气质相关，而主观性与女性相关，被看作是不客观或理性的（Ross，1993）。因此，女性知识的非理性或非客观形式被驱逐到私人领域，被视为是不重要，或是太无趣而无需真的认为有“新闻价值”的。

这种将女性划归私人，而将男性划归公共的分配，同样有力地显示了女性如何被“去除”位置。这种将女性归为私人领域的分工，在新闻采集领域中同样具有影响。根据神话学，女性就是无法超越她们的身体或她们与他人的个人牵扯，因此她们不能像男人那样置身事外地“写作”。这点在新闻的世界里有着特别的共鸣，在这个世界里，“女人的故事”仍被视为是关注个人、内在和家庭的。

将男性化和客观性等同，迫使许多女记者在新闻界试图采用更为男性化的方式，以使自己更成功，如穿特定类型的衣服（三件套，而不是短裙）或是按照被传统认为是男性风格的方式行事

(Mahtani, 2001b)。因此，采编室中的男性化表征看起来是一个漫长的、复杂的、令人困惑的并常常是政治的过程，时时由性别表演标示出来（Butler, 1990）。

男性化的采编室实践鼓励理性与客观性，它以特殊的方式影响着采编室文化，这点在下列访谈中将要阐释。男性价值和利益常以不可见和成体系的形式弥漫采编室，导致那些胆敢偏离社会性别规范的女性被放逐。甚至新闻语言也反映出男性化倾向：一个故事被“毙”了；“如果有流血，就可以做头条”；“我需要为这个故事加个矛”。男性化采编室文化对女记者来说意味着什么？在她们各自的采编室中，她们是如何应对那些重复生产和不断循环的意义的生产和交换的？

访谈

为了回答这些问题，我在2002年访谈了在孟买、多伦多、悉尼和墨尔本工作的女记者。大多数被访女性通过“喊话”的方式找到。作为一名前记者，我联系了在职的一些女性，并“喊话”说我在寻找其他能说出她们经历的女记者。我自身曾作为记者的身份对我获得访谈材料起了重要作用，这点很重要。我在多伦多做过5年的国家电视新闻制片人，这种经历创造了一种“自相矛盾的空间”(Rose, 1993)。例如，在访谈中常常会有女记者不停点头、微笑说：“对，你懂我的意思，米内莱。”而实际上我并不知道她们在说什么。不过被访者假设我理解她所说的。有些时候，女记者会说：“好了，就是那么回事，我跟你说，因为你曾经也经历过，我不认为旁人能够理解……”这就能使我获得一些她们可能不会告诉我的故事。这种经历促使我在收集访谈材料时思考自我反省的重要性，并不断审视在获取叙述时我自身的角色。

为了这篇文章，我在2002年至2004年间对20位女新闻工作者进行了访谈，我询问了与女记者工作和在采编室相关的问题，也问到她们的职业道路和新闻生产实践的文化问题。所有访谈都有录音和稿本。女性在多种新闻行业中被录用，包括印刷、电台和电视。我这里访谈的女性在孟买、多伦多、悉尼和墨尔本的各大主要日报、电台和各种电视网工作，列举其中一些包括《悉尼先驱早报》、墨尔本的《年代》、“特别广播服务”（澳大利亚的多语种、跨文化电台与电视服务）、《印度时代》、“加拿大广播公司（CBC）广播电视网”，以及《多伦多之星》和其他媒介组织。其中一些被访女性为（20个人中的两个人）为自由撰稿人。访谈者年龄在26岁到56岁之间，大多数在被访时已在新闻行业工作至少8年。所有名字都是化名，我也不会说清每个人具体是在哪里工作，因为大多数女性在访谈中都表达了可能被“解雇”的担忧。

在进入访谈资料之前，有必要指出为了说明的需要，本章对资料进行了选择。本章并不是一幅详尽的图景，而是以此内容对在全球不同城市中工作的女记者的日常生活作简要介绍。因此，尽管不可能从这些数据中得到明确的概括，它还是为我们日后对女性问题和新闻生产进行探讨明确了一些概念性的问题。在本章的余下部分，我将探讨从访谈中产生的主题，特别是与许多女新闻工作者工作单位中的性别歧视相关的主题。我先来考察女性与她们在采编室的地位的关系。

“是的，新闻在我写作时发生了变化”：女性与其记者工作的关系

几乎所有的被访女性指出她们自身作为女性影响到了作为记者做新闻的方式。许多本项研究中的女记者认为她们的性别特性在进行工作时扮演了一个核心角色。雷切尔，一位55岁的墨尔本电台主持重点谈到了在访谈时她的“安静”能力——这是一个从许多被访者中浮现的主题，“沉默”在传统意义上被认为是女性化的：

> 我每日的工作实际上是一半新闻，一半政治。因为我说过，我告诉了你被选为新闻网执行代表和主任，我认为……如果你相信安静的话……女性们擅长交流，我们善于强调，善于让人们说话。所以，无意识中我的女性身份在我的工作中很重

> 要，在我每天的工作中……我想我的工作是……引导出我的访谈对象说出他们的想法。不一定要使他们看起来不错，如果挺好，那么这是我要与他们交谈的原因。这不是关于我多聪明、多可爱或多吸引人或是这样的什么。所以，也许相对男性，女性有一点自我隐身实际上对于做好节目比较实用。

卡拉是一位在墨尔本工作的35岁的报社记者，她坚持认为女性在新闻报道上能提供多样的视角。然而，她指出在她的工作单位，这类视角没有被重视。实际上，在不同地域的访谈中，都出现了类似的主题，在不同城市所作的访谈都揭示出在访谈任务分配时所存在的性别歧视。一些女记者认为她们具有改变主流的新闻报道范式的能力，但对于这个能力存在着明显的阻碍。比如卡拉认为：

> 我认为女性常常对新闻中什么是重要的或有趣的有着自己不同的看法。这与男性观点不符，所以我们常被驱开，任务分派不到我们手中。我们不是被扔开，而是被忽略了。他们只需要按自己的方式行事就行了。

卡拉继而解释很少女性在其工作的报纸中占有权力位置，具有较高职位的女性倾向于主导报纸中的“生活方式”板块，或是报纸中传统意义上更“女性主义”的板块，这些报道不那么理性、客观，而是更感情化。正如其他人所指出的（Walsh-Childers et al.，1996），硬新闻总是被派给男性而软新闻则通常被分给女记者。一些女性坚持认为硬新闻被奖励给男人，报道分派仅仅是依据性别，这就是因为女性在媒介中缺乏高层职位。卡拉说在她工作的报纸中，没有什么女性具有权力地位，大多数女性被雇来写那些“软”新闻：

> 在（我的报纸）中实际上没有什么女性是扮演重要的守门人角色，我记得最后一次我们计算发现，我们有大概28位版面编辑，其中只有一位还是两位是女性。而她们是像“好

美食”这种食品版的编辑。

许多被访女性都认为性别歧视是一个严重问题，特别是在与采编室的权力位置相关时。一些女性清楚地感到在她们工作的地方占有高层职位时，那种对她们能力的歧视。例如，当我访谈塔拉，一位在多伦多工作的45岁的电视制片人时，她强调女性总是被分离到特殊的职位，即报道“生活方式”故事，而其他领域的大门，包括如“调查性新闻”很少向她们敞开：

> 尽管事实上有许多女性在采编室内工作，但是权力的实施还是掌握在男性手中。现在女执行制片和经理比以前大大增多了。但是，仍然存在着那些女性特别少的部门，并且也不鼓励女性进入。

在下一个部分里，我会展示一些在采编室里得到提升的“女性”，那些“安全而有吸引力的女性”，一种可以提升采编室女性数量，而其存在又不会构成威胁，不会对现状造成挑战的女性。

“安全而有吸引力的女性”——聘用不会挑战男性权威的女性

本研究中的一些女性质疑采编室中女记者人数的增长，是否实际上对现有工作场所中弥漫的男性实践构成了挑战。许多采编室在它们的网站上详细地描述了它们增长的女性雇员人数，突出在他们的采编室里所谓性别参与的成功。然而，这些数据是误导性的。在访谈中，女性们指出有一种特殊的雇用正在增长，就是雇用那些我称为“安全而有吸引力的女性”。许多被访的女记者解释说，一些女性为了不推翻垄断的权力范式，有一些特殊的表现。雷切尔给我们展示了新闻采编室里让人十分忧虑的一个景象，她认为在她工作的单位里，一些新雇用的女性故意选择不去挑战男性化的视角：

> 我现在所工作的这个组织，被一个卡利古拉①式的人物管理，他让他周围的高层管理者都是女性，这样他就不会面对对他的职位构成威胁的男性。这是我的猜测，因为我认为那些围绕在他周围的女性是不会挑战他的人。她们乐意去管理事情但实际上，她们是在完成他的任务。这并不是女性的一大进步，我不这么认为。它只是在数字上好看，但并不代表任何实际上的进步。

卡拉对雷切尔的很多说法都很支持，她认为在采编室拥有权力的男性身边的女性，都是不会挑战他们的职位而且被认为是有吸引力的女性：

> 在我看来，那些他们喜欢在其周围的女性是美丽的，能接受他们的世界观，而且在需要时完成他们需要她们做的事情。对男人们也是一样，他们也要长得好看，至少是能和他们观点一致的。

卡拉还解释说，一些报道"硬新闻"的女性实际上仅仅是遵从或执行由男性建议或指派的任务：

> 他们的确有女记者，但是她们都是一些牵线娃娃的角色。所以她们是那种聪明有能力的优秀执行者，她们被用来完成男编辑们的想法。对我来说她们自身并没有投入多少。

缺少辅导者：为什么年轻的女性离开新闻业

在采编室以及在报道中，缺乏能够挑战男性世界观的女性，这是访谈中的一个主导性主题。卡拉关注的是她从业的报纸年轻女性

① 译者注：卡利古拉，罗马帝国第三任皇帝。

能利用的资源缺乏。她哀叹道，许多开始从事新闻业的年轻女性在她们职业生涯早期就遇到了阻碍，然后转行到其他有创造性的行业中，例如剧作家、市场营销、广告、出版以及其他艺术领域，这揭示了在新闻业中对年轻女性支持的缺乏。

> 年轻女性常常对我说："没有榜样，我在这里看不到自己的未来。"我们最聪明的年轻女性渐渐地落后了，开始做夜班编辑或是找些其他事情做。她们回到大学。她们开始写作电影剧本。她们决定将她们的创造力放到其他地方而不是新闻业，因为她们觉得在这里没有什么前途。而且她们不大声抱怨。她们不和经理谈到她们的分心。这一切都是静静进行的。男人们完全不知晓。所以女性自己选择放弃是一部分原因，因为她们认为环境太无情。说到女性特征，一些女性很好地找到了她们的女性特征，实际上更大的问题是想不那么女性。

这个进程的悄无声息特别值得注意。卡拉强调这些女性"不大声抱怨"或"不和经理谈到她们的分心"，这显示出女性在面对采编室中的系统的性别歧视时所遭遇的真正挑战。卡拉建议这些女性完全放弃，脱离这种压迫的采编室，在别的领域追寻成功，而不是一起努力来挑战这种偏见。许多被访的女记者认为这些过程高层管理者是看不到的，他们并不将这些"退出"视作一种问题，正如卡拉所指出的：

> 对我而言非常清楚的是，管理阶层根本不知道这会对新闻产品带来问题。我认为这是第一步。我们这些年来一直试着从报纸委员会做很多事……他们表现得非常强硬和抵制。这是一个世界观问题。我是说对我来说是这么回事，如果男权思想是一种思想体系，好吧？那么最后一个改变的组织是怎样的？组织产生思想。你明白我的意思吧？问题就在于他们没把这个看作是一个问题。他们认为这如果是个问题，也只是部分女性的问题。但是甚至到那时他们也只是打个折扣说"真的这里有

些人做得不错，看看过去是什么样的?”所以我想这是个机会公平的问题，而且不会得到修正。我不得不告诉你我认为这不会变的。

被访的女记者不仅谈到了女性在采编室里的经历，同样也谈到了采编室中年轻男记者的角色。她们认为受雇于媒介的年轻男记者并不会更想挑战性别歧视。卡拉在早前的访谈中谈到新闻采编室中年轻男性所带来的希望，好像（错误地）认为这些男性会较少牵涉这个歧视体系，而更愿意面对新闻采编室中的歧视。然而，卡拉认为这在她所在的报社并不成立。

> 尽管一些刚进来的年轻男性没有像年长的男性那样对女性敏感和敌对，但他们也没有发现报社中的性别问题。他们认为一切都是小问题。所以只有当他们发现这也是他们的问题，这问题会影响产品的成功，否则不会有什么改变。

受众的期望对女性起到了关键的影响，人们告诉我他们的新闻组织有着非常明确的服务对象，但目标人口不是女性。卡拉认为她的报纸尤其将新闻报道指向男性，这对作为记者的她来说有某种暗示，对她对于报纸的看法也有影响：

> 我要说的是，我们是为非常保守的中年男性读者写稿的，如果他们足以支持我们所需的发行量那也没事，但是事实并非如此。而且我想只要他们整体不以另一种方式看待世界，我们就会生产大部分青年觉得与己无关的新闻产品。我的意思是说，我们跟青年人完全失去了联系。这是要命的。

成功的社会网的案例

与在澳大利亚的访谈相比，许多印度的女记者认为她们得到了社会网的大力支持，社会网给予了她们成为成功的记者所必需的帮助。当我问一位澳大利亚女记者是否有女记者的支持群体时，我总是得到否定的答案，似乎这种群体只在其他城市存在。而印度的回答则非常不同。在我与卡尔提，一位孟买的45岁报纸专栏作家访谈时，她告诉我女记者有定期的会议举办。不过有趣的是，这些会议不是“女性的会议”，而是为所有记者召开的会议，不过没有男性出席：

> 我认为在孟买我们挺幸运的。我每月一次在记者俱乐部与其他女记者会面。我们都是女记者，我想这个事实是个巧合，或者是一个偶遇，我们不是坐下来谈女记者的问题，而是谈记者的问题。

在访谈中，很多这个群体中的成员对于把她们看作是在“女性主义”群体中工作的女性主义者感到抵制。好几位女性坚持说她们不是积极的女性运动的一部分，相反，她们将她们参与这些群体看作是出于个人目标而非政治目标。有一个31岁在孟买工作的女性自由撰稿人普利亚这样解释自己的位置：

> 我从没被牵涉入女性议题。所以是的，你会看到所有这些女性都很乐意称自己为女性主义者。我必须说，我最近遇到一个人，她说再也不想叫自己女性主义者了。事实上我写了一篇关于这个的文章。因为我认为那些左派的女性主义者有点感到幻灭了。我猜我从没感觉到自己积极地成为女性运动的一部分。

改变的机会？

尽管上述例子都说明在不同的采编室存在系统的歧视，许多女性对于改变的可能仍感到乐观。很清楚的是，尽管有些女记者理解采编室政策与实践本质上是性别化的，但是几乎所有的受访者都坚称有许多获得高级管理的机会，她们能够以此来改变占主导地位的男性化范式。45岁的米兰达是悉尼一家日报的主编，她解释说采编室有很多方式可以成为对女性更公平和开放的场域，这将在她的采编室有效地面对系统的性别歧视：

> 我的意思是，你知道，基本上他们可以做上百万件事。他们可以提升女性到更高的职位，真正地倾听她们的声音和主张。你知道，所有这些事报纸都没做，因为他们是中世纪的地主，控制着受害人，他们有绝对的权力。

米兰达这段话的核心是对权力的讨论——权力是如何流通、再造以及渗透进采编室文化的。只要女记者和男记者间的权力流动没有揭示，没有讨论和挑战，我们将无法看到女性经历的改变。

本章通过访谈强调不同城市的女记者确信她们所经历的采编室文化与男记者不同。许多受访女性认为，在她们各自工作的地方有很多方式可以挑战性别歧视。从访谈中可以清晰地看到，女性在世界不同城市的不同工作地点经历了不同形式的性别歧视。这显示，这些经历不具有空间独特性，而是显示出在性别职业实践方面，采编室在全球范围内都非常相像。

传统上说，成功的新闻采集是通过一系列客观、公正和平等的行动产生的。然而不幸的是，在访谈中，在全球语境下都有不平等和歧视的形式。对在本研究中访谈的许多女性来说，她们在采编室文化中的位置被框架为他者的经历，是一种对女性性别化的刻板成见。这个定位让她们在采编室内降级从事某种特定的工作。

不管是在多伦多、悉尼、墨尔本还是孟买，系统的性别歧视是女记者生活的常态。尽管进入新闻业的女性数量在增加，记者的世界里仍然被性别化的不平等所建构着。如果我们真的希望新闻中女性的呈现是民主的、包容的，这个问题必须提上议程。

参考文献

Aldrige, M. (2001) Lost Expectations? Women Journalists and the Fall-out from the "Toronto Newspaper War", *Media, Culture and Society*, 23(5): 607-624.

Alterman, E. (2003) *What Liberal Media?* New York: Basic Books.

Arthurs, J. (1994) Women and Television, in S. Hood (ed.) *Behind the Screens*. London: Lawrence & Wishart.

Baehr, H. and Gray, A. (eds) (1996) *Turning it On: A Reader in Women and Media*. London: Arnold.

Butler, J. (1990) *Gender Trouble*. London: Routledge.

Carter, C., Branston, G. and Allan, S. (1998) *News, Gender and Power*. London: Routledge.

England, K. (1994) Getting Personal: Reflexivity, Positionality and Feminist Research, *The Professional Geographer*, 46(1) 80-89.

Fleras, A. and Kunz, J. (2001) *Media and Minorities: Representing Diversity in a Multicultural Canada*. Toronto: Thompson Educational Publishing.

Gautlett, D. (2002) *Media, Gender and Identity*. London: Routledge.

Henry, F. and Tator, C. (2002) *Discourses of Domination: Racial Bias in the Canadian English-Language Press*. Toronto: University of Toronto Press.

Henry, F. and Tator, C. (2004) Discrediting the Minister and Her Message: What the Media Did to Hedy Fry! Unpublished paper available from F. Henry, York University, Toronto, Ontario.

Mahtani, M. (2001a) Representing Minorities: Canadian Media and Minority Identities, *Canadian Ethnic Studies*, 33(3): 99-133.

Mahtani, M. (2001b) Mapping the Meanings of "Racism" and "Feminism" among Women Television Broadcast Journalists in Canada', in F. W. Twine and K. Blee (eds) *Feminism and Anti-Racism: International Struggles*. New York: New York University Press, pp. 349-367.

Robinson, P. (2002) *The CNN Effect: The Myth of News, Foreign Policy and Intervention*. London: Routledge.

Rose, G. (1993) *Feminism and Geography.* London: Polity.

Schechter, D. (2003) *Weapons of Mass Deception: How the Media Failed to Cover the War on Iraq.* New York: Prometheus Books.

Shohat, E. and Stam, R. (2003) *Multiculturalism, Postcoloniality and Transnational Media.* New Brunswick: Rutgers University Press.

Walsh-Childers, K., Chance, J. and Herzog, K. (1996) Women Journalists Report Discrimination in Newsrooms, *Newspaper Research Journal*, 17(3-4): 68-87.

Women in Journalism (1999) *Real Women: The Hidden Sex.* London: WiJ.

Zelizer, B. and Allan, S. (eds) (2002) *Journalism After September 11.* London and New York: Routledge.

第五部分　新闻与公共利益

第二十三章 以公共服务为遁词

——作为理想化新闻的调查性新闻

迈克尔·布罗姆利

- 调查性新闻是“新闻报道的顶峰吗”？
- 调查性新闻不过是窥探和刺探的借口吗？
- 为何公众从没被问到他们如何看待暗访的记者？
- 调查报道记者是否在挥霍“水门事件”的遗产？

21世纪伊始，人们就已经注意到调查性新闻在衰落（这种现象显著且并非个案，它遍及美国、英国、加拿大和澳大利亚（Bernt & Greenwald，2000；Haxton，2002；Hencke，2001；Malarek，1998）。对此的一个普遍解释是，在媒介商业化过程中，生活方式报道、市井新闻、丑闻、名人八卦、骇人听闻的犯罪新闻、社会上层人士的桃色新闻和小报化等得到了推动与发展（Bromley，1998；Ehrlich，2000；Hickey，1998）。另一种解释认为这是由于一种“挥霍式”新闻的发展而导致，即对重大事件的扫荡式广泛报道，使得进行累积式的研究或理解没有立足的余地（Woolfinden，1996）。这两种看法的背后都有着对不断增强的媒介所有权集中现象的忧虑，记者们认为媒介所有权的集中冻结了调查性报道的氛围（Foot，1999：86；Haxton，2002：22-24；Schultz，1998：53-54）。独立电视委员会（2002：33）报告中称，到2001年，调查性新闻节目在英国商业电视上十分稀少，使得关注少数族群利益的第四频道被边缘化。另外，调查性报道的从业者有些根本就不是记者，而是喜剧明星马克·托马斯①(Mark Thomas)(Collins,2000)。

调查性报道风格的新闻仍在继续，但是被诟病为空无一物，说这些新闻充其量不过是“翻扒污秽”(Rogers，2001；Williams，1998：249-251)；是靠给有钱人和名流“设套”维生的“揭露式新闻”(de Burgh，2000：19-21)，或是服务于媒介所有者的政治经济和意识形态利益的新闻事业（Linklater，1993：18-19)。电视业期望调查性新闻能够带动收视率猛增（O'Carroll，2000；Reeves，2000)；能够引发争议，引起关注，并且魅力无穷。调查性报道记者则被打造成“明星”(BBC，2000：2；O'Sullivan，1999)。BBC于1999年推出了其历史上最昂贵的时事节目《麦金太尔卧底》(*MacIntyre Undercover*）系列，以应对来自商业电视“激烈且不断加剧的竞争”(O'Sullivan，1999；Salmon，1999)。BBC一台被管控者认为“内容包含太多事实材料”，它带来了“真正受欢迎”的节目安排（Salmon，2000)。《麦金太尔卧底》一名来自调查记者多纳尔·麦金太尔，他承认他的部分职责是帮助BBC打造品牌（引自O'Sullivan，1999)。②

BBC新闻和时事部门的主管不自主地推崇那些民粹主义的、“激动人心且原创的”、极具影响力的新闻（Tomlin，2000，2001)。不过调查性新闻的践行者却指出，调查性新闻“常常是复杂无趣、无果而终的”(Tom Bower援引Spark，1999：17)。“真相很重要，但没有收视率重要”，尽管电视的“复杂、乏味、令人畏惧的琐碎”没法与调查性新闻讲真相的原则达到和谐，但这种情形并不仅仅限于电视（Young，1990：14-15)。即使是声称“穿梭在枪林弹雨中，破除狂热崇拜，揭露罪行，曝光丑闻，调查名流”的澳大利亚版《60分钟》，同样因煽情、琐碎、买断独家采访权的新闻受到诟病（Jackson，2004)。美国的调查性新闻，尤其是隐藏

① 译者注：马克·托马斯是英国知名喜剧明星和主持人。他在英国第四频道主持《马克·托马斯喜剧产品》，以其政治讽刺风格著称。

② 在《泰晤士报周日版》，主管们也认识到，洞察力是个很管用的“商标”(Doig，1997：206)。

的摄像机和“精心设置圈套”的暗中报道，都被用来激发电视观众的热情。媒介顾问建议新闻主管注意消费者偏好，他们告诉记者，“好”新闻的关键是画面和声音，与此相比，其他所有的品质都是无关紧要的。① 调查性报道与个人宣传相混杂，常常是过于个人化的话题和抱怨，以至于所谓的调查性内容混杂着一些根本不像新闻的元素。②

最后，调查性新闻十分依赖公众的支持。它过度依靠看似“客观”的揭穿感，有时遮蔽了在竞选或运动中更大的参与特征，尽管它受到了种种严格限定（Stein，2001：250-251，254-255）。调查报道记者声称代表他们想象中的观众鼓吹了某种道德。在美国电视新闻节目中，调查报道记者比小报化、杂志化的记者更突出、更积极进取、更武断（Grabe et al.，1999）。他们被描述成“道德角斗士”（Stein，2001：266-267）。不管怎样，这类电视节目持续不断挖掘极为狭窄的精英阶层，这使得它的新闻源显得极具视听效果。相比之下，较新的新闻杂志类型，无论是记者还是新闻源，都从属于视觉叙事（Grabe et al.，1999）。

调查性报道总是以其目的为其合理性辩护，要么称调查性报道是为了“完善现存法律或曝光不道德的行为”（Greenwald & Bernt，2000：4）；要么称其是为了揭露当下被隐蔽的事情（引自 Armao 的《调查性新闻记者与编辑》，2000：43）；要么称其是为了“发现真相，识别其中的过错”（de Burgh，2000：9）；要么称其是为了启迪公众获得权利（Leigh，2000）。调查性报道源自一种先验的假设：“调查性新闻记者的工作就是发现问题并进行曝光，他们能够促成有利的变革。”（Boyd，2001：29）它并非仅仅作为一种监督的

① 2000 年 10 月到 2001 年 3 月之间接受过我的采访，对底特律地方电视台新闻运作十分了解且富有经验的一些朋友为本章提供了很多信息，在此表示感谢。

② 2000 年 1 月底特律的电视台中，WJBK-2（福克斯电视网）在《耻辱堂》专题中加入了《问题解决》团队；WDIV-4（NBC 附属台）则拥有《辩护者》和《通往营救之路》等节目，而 WXYZ-7（ABC 电视网）拥有《调查者》和《呼叫行动》等节目。

形式“对我们被告知的事物进行验证和辩论”，而是担当着道德仲裁者的角色，就像“公共道德的无牌哨兵，潜入阵地，监督卧室和办公室的行为”（de Burgh，2000：67-70；Ettema and Glasser，1998：3-4；Stephens，1997：242）。这种例子不胜枚举。2003 年，（伦敦）《每日镜报》派记者潜入王室（大概是要反映安全隐患），拍下了这些画面：

> 王室餐桌上摆满了鲜花，还有盛在“特百惠”盒中的谷物和一盘水果……约克公爵的房间里，枕头上绣着“爸爸”的字眼，令人动容……（以及）韦塞克斯的“时尚浴室”里的装饰。
>
> （Lamont，2003）

从更广阔的公共领域来看，在追求这类调查时，新闻记者受到“民意检验”的制约，这使得他们得为自己的行为辩护，并让这些行为被接受。归根结底，正是“公众法庭”对记者的行为进行裁决，并受理那些被调查性报道诽谤中伤者的申诉（Jackson，1992：106-110）。澳大利亚电视台记者珍妮·布罗基（Jenny Brockle，《2003 媒体报告》）说：“我认为这应该由公众来做决定，不管公众兴趣是否被看得如此重要……我认为既然人们想在这些问题上指手画脚，他们就必须作出决定……”

最天然的公众支持测试就是受欢迎度。在大众民主时代，如英国等国家的法庭接受以报纸销量或电视观众数量作为“公众兴趣”的证明（Lamont，2003）。美国则重点审议调查性报道的策略、手段和动机（“报道过程”），而非报道的准确性和“公众兴趣”。面对“这种‘当场捕获’新闻所招致的日益增长的强烈反对”，“公众兴趣”之类的辩护看似被削弱了（de Burgh，2000：10；Paulson，1999）。并非所有可疑的动机都跟新闻本身挂钩。“调查性报道是出版商和广播机构为建立各自的受众群体所进行的一项昂贵而时髦的事业”（Leff et al.，1986：300）。“严肃的调查性新闻与哗众取宠的小报新闻之间”有着某种“亲缘关系”。煽情、人情味、抢先报道和八卦是19世纪后期较为“进取”的报道的特征，这也是新闻和媒体力求通过“曝光”这一时髦的发明来设定和提供的内容（Edge，2000：103-104，117；Wiener，1996：62-65）。

结果，调查性报道看上去就像是“特技”（Holland，2001：80-81；Kovach and Rosenstiel，2001：122），且与娱乐表演并无二致，甚至处在被娱乐表演取代的边缘（Collins，2000）。这就让我们可以提出以下质疑：调查性新闻不是用来促进媒体及其所有者的商业或意识形态利益的，不是要“通过一些吸引眼球的内容来提升收视率”（《媒体报告》，Longstaff，2003；White，2000）；而当调查性新闻让媒体蒙羞并可能殃及其盈利能力或权力时，它同样会遭到禁止（Armao，2000：45-46）。一位资深英国记者观察到，“‘调查性新闻’很少涉及记者结交的同行、政客和经营者”（Walker，2000：237）。一名新闻伦理课的学生问道：“当使用欺骗伎俩和旨在以市场盈利为目的时，调查性报道是基于怎样的‘价值观’?”（Berry，2000：33）① 所以，支持或者反对进行和出版调查报道的理由可能是上述提到的，也可能是出于某些隐藏着的“真正的原因”（Dufresne，1991）。

另一方面，在这个越来越关注建立和维护人权的普遍标准的世界，从联合国和欧洲人权法院到《世界人权宣言》第19条，各种组织机构都在促进调查性新闻的发展，将其作为揭露不正当行为、保证公平正义的主要机制之一（《世界人权宣言》第19条）。这些组织欢迎和鼓励记者卧底揭露要打击的“罪恶”，例如对儿童的性剥削（White & Holman，1996）。此外，国际言论自由交流网指出，在世界大部分地区，记者更有可能成为国家监控的受害者（见www.ifex.org）。

调查性新闻需要在媒体社会责任即媒体的监督功能、包括言论

① 或许经典的案例是连锁超市雄狮食品（Food Lion）抗议美国广播公司电视网一档使用隐藏摄像机偷拍的节目《黄金时段直播》的报道。这个案件不仅牵涉诉讼，还引发了一次报复性的公关活动（见 Sitrick，1998：111-116；Winch，2000：127-130）。

自由在内的人权、公众兴趣（至少部分靠简单的受欢迎度来衡量）、商业准则和记者的道德行为之间取得微妙的平衡。追溯到17世纪末期，调查性新闻与近代的理性、民主化运动和这个时代出现的公众舆论有着渊源（Armao，2000：36；de Burgh，2000：29-32；Kovach & Rosensteil，2001：113）。埃特玛和格拉瑟（Ettema & Glasser，1998：11）认为，当达到恰当的平衡时，调查性新闻能够“维持，甚至有时会更新对于是非曲直的共识”。经久不衰的原型是像艾达·塔贝尔（Ida Tarbell）这样费心搜集、整理证据来揭发约翰·D. 洛克菲勒标准石油公司黑幕的“扒粪”记者们（Chambers，1980：118-119；Dorman，2000；Newton，1999：142-145）。

记者与调查性报道

新闻记者和编辑依然是把新闻媒体视为第四种权力的最坚决的拥护者：他们监督、质疑、分析和告知民众，尽管常常遭到管理者的反对；后者则倾向于更循规蹈矩、更娱乐大众和不那么尖锐的报道方式（Schultz，1998：6）。

调查性新闻代表着这样一种思想的核心。经过对澳大利亚记者的调查，哈克斯顿（Haxton，2002：33）发现他们对调查性新闻的价值充满了热情，并将其视为“社会责任论和监督角色的中心支柱”。调查性新闻被视为“毫无疑问是新闻媒体最珍贵的财富”（Malarek，1998：45），以及“新闻事业的顶峰”（Tanner，2002：xix）。调查性报道取得的“重大胜利”，诸如揭露白宫人员渎职行为或萨力多胺剂的副作用等，备受关注（Griffiths，1992：452；Randall，1996：87-88）。记者往往强调调查性新闻中枯燥单调的特质，它要求记者将对档案、记录和文件的深入研究放在首位（Northmore，1994a：327，336）。1991年，鲍勃·伍德沃德（Bob Woodward）在一次调查性新闻记者国际会议上发言说，水门事件的新闻报道包含了跑警署新闻最基本的经验和方法（引自Lashmar，1993：33）。调查性新闻被称作“旧式的、顽强的新闻报道”

(Greene，1991：viii)；实际上，“尤甚于此”(Protess et al.，1991：5)。由此，调查性新闻从整体上加强了新闻业。

尽管一位英国的调查性新闻记者认为，“调查性新闻……无关乎藏在身上的无线小麦克风、隐藏着的摄像机、拿了爆料费的线人或者其他什么斗篷和匕首之类的东西”(Northmore，1994b：50)，调查性新闻将新闻记者塑造成“英雄”(Shepard，2000)。因此：

> 对名利的渴望确实增加了人类知识的总和，它是年轻的调查性新闻记者的驱动力，因为自从伍德沃德和伯恩斯坦变成众所周知的富人和名人以来，这些记者就在心底希望这份工作能够带来诱人的前景——扮演正义，抓住坏人，成为像罗伯特·雷德福和达斯汀·霍夫曼在好莱坞电影中扮演的那种英雄。
>
> (Greengrass，1996：67)

此外，调查性记者倾向于将“公共利益”当作一个理所当然的概念，进而专注于如何为其服务。有些人认为，负负得正(Franklin，1991)。当被调查者滥用公众信任时，调查记者的托辞就有其合理性了，记者只能这样对这些人进行审查（Steele，1995)。正如英国电视台卧底记者亚当·霍洛韦（Adam Holloway）所言，“是的，我们是在撒谎，但是我们拿到了真相”(经 Dugdale 引用，1993)。另一些人则认为，职业默许的欺骗或被动欺骗不像公然欺骗那样应受谴责（Harris，1992：71-72)，抑或欺骗“较小”，过错也较小（Fallows，1997：49)。

公众与调查性报道

关于公众对记者工作方式所持的态度相对而言知之甚少。在美国进行的调查中，大多数人显示出持续的双重性，既支持调查性新闻，又反对鬼鬼祟祟的报道手段，特别是当这些手段被认为是

“不道德、不诚实和肮脏的”时。① 在两者间进行比较的关键似乎是动机，当新闻竭力服务于公共利益时，公众就会更为宽容（Opt & Delaney，2000：94-95）。正是“公共利益”的考量赋予新闻以道德权利，在必要时可以采取任何（合法）的手段来找出不正当行为（Schudson，1995：162-163）。然而即使是在20世纪初美国“扒粪运动”时代，记者和公众在如何服务于公共利益上依然存在分歧（Thornton，1995）。这一情形似乎没有什么改变：在20世纪90年代，很多调查性新闻记者十分重视这项工作，因为它“能够促成变革”(Opt & Delaney，2000：84)。舒德森（Schudson，1995：164-165）提出的这个想法贯穿了所有的调查性新闻。而公众所关心的似乎与80多年前极为一致：调查性新闻主要是被当作信息源（Opt & Delaney，2000：95)。

报道是以公众的名义实施的，而公众似乎不再那么相信目的能够使手段合法化（Anon，1998)。20世纪60年代以来，调查性新闻在搜集信息时就离不开诸如秘密监视、盗窃、精心设套等“欺骗和卑劣的手段”(Winch，2000：126)。新闻工作者们怀着敬仰之情将《新闻日报》(*Newsday*) 汤姆·伦纳（Tom Renner）这样的记者铭记于心，因为他们的工作是“深入到肮脏的罪恶中”(《调查性新闻记者与编辑》)。当代最重要的两次新闻行动——美国五角大楼文件的公布和伦敦《泰晤士报》对警察腐败内幕的曝光，分别依靠的是盗窃和“窃听”(Daniel，2000：14；de Burgh，2000：48；Doig，1997：192)。新型的调查类电视节目，例如美国的《60分钟》(1968年开播）和英国的《世界在行动》(1963)，更是经常使用隐蔽摄像机（de Burgh，2000：58，232；Coffey，1993：90-91)。当卧底俨然成了很多调查性新闻记者的日常工作（Dashiell，2000：

① 例如，1997年美国的一项调查显示，29%的人支持向提供信息的线人付钱，31%的人支持隐匿记者的身份，42%的人支持使用隐藏摄像机和藏在身上的无线小麦克风。相比之下，52%的人支持匿名新闻源（见ASNE新闻公信力计划，公布于 www. asne. org/works/jcp/ jcpmain. htm，于2000年2月22日访问)。

179-180；Ettema and Glasser，1998：2，37-39)。

如果调查性新闻的命运，就像某些人提到的，与公众对于社会变革的需求和期望密切相关，与权力有效配置和良性使用的评估密切相关；如果对抗式的、“攻击性的”报道被视为对政府的遏制，那么同样，对报道自由的限制就能被视为抑制过度的媒介权力(Aucoin，1995；de Burgh，2000：68；Doig，1997：190；Opt & Delaney，2000)。由于公众对当代媒介权力限度的认识(Opt & Delaney，2000)，调查性新闻的手段显得“格格不入”，并且单纯靠用色情、“肮脏”和煽情迎合来维持公众兴趣（de Burgh，2000：55，61)。尽管一些报道手段可能是如此地司空见惯，仍然需要对所谓调查性报道的量和质进行区分（Ehrlich，2000：103ff)。

公众对新闻的信心和兴趣都在降低（例见 Kovach & Rosenstiel，2001：10；Worcester，1998：47)，这不只说明了新闻不会再像从前那样取悦公众——很多媒体已经反映出这种趋势，但也许更重要的是，新闻不再像人们所期望的那样行使告知的职能。有证据表明，当公众对此有所察觉时，公众对记者采取更极端的调查手段的支持随之减弱，而当公众怀疑媒体出于自身利益来怂恿公众兴趣时，他们甚至会对这种报道方式产生敌意。新闻本身最关心的是揭露和公开事实，新闻是信息得以披露的过程（de Burgh，2000：33-34；DeFleur，1997：vii，9-10)，而这使得调查性新闻风靡一时。

理想化的调查性新闻

在美国，像地方电视台这样的媒体组织认为，它们可以利用公众呼吁进行暗中拍摄报道，而且可能他们甚至会认为这类隐藏“调查”标签的做法是有价值的，但又不接受这样的看法：攻击性的、对抗式的报道针对社会权力资源，披露“公民极不道德行为的事实，并指出指导公共事务提升美德的可能性”(Ettema & Glasser，1998：7)。在这种情况下，暗访新闻令人不安地近乎是偷窥行为或秘密警察行径，这让认为调查性报道应该是告知的公众期待显得讽刺可笑（Greenslade，1999)。这种情况反映出理想化的调查性新闻中明显的冲突。这里采用的理想化是抽象化的取向，即放大某种现象的假定优势或是忽略察觉到的缺陷。这就反过来要用到马克思和恩格斯（1988：58-59）的分析，其中提到理想化“解释了来自思想的行为实践”。

对于新闻记者而言，调查无非是“真实的新闻”（Carter & Allan援引 Bernstein，2000：133）。远远不只是在实践上走得最远，调查包含了新闻自由思想，并构成了新闻工作者所主张的专业主义的关键要素，即成为遵从真实性和客观性原则的“科学研究者”（Longstaff《2003 媒体报告》；Newton，1999：143）。它英勇无畏地“以任何手段对那些殃及所有人生活的骗子、罪犯、彻头彻尾的恶棍的不道德的、邪恶的或是彻头彻尾的非法行为……进行曝光”（Alford，1999：3）。但是在调查性报道中总是有对“无关紧要的琐事”的大量报道，以及调查性新闻记者的歌颂与自我歌颂（Lamont，2003；Newton，1999：142）。在至高无上的商业利益的驱使下，媒体对名流、八卦和煽情的彰显不言而喻，这被伯恩斯坦（Carter & Allan，2000：134）称之为“低级庸俗的资讯娱乐文化”。然而，更有趣的是，这与公众理想中的调查性新闻明显脱节（Newton，1999：144）。

显然，公众将调查性新闻理想化为一种克服信息匮乏、提高信息门槛，并围绕分散的、短期的议题提供明确证据的途径。表现手法是包装和生产价值，而个性化似乎是必不可少的补充，它可以让苍白的事实变得引人注目（Lamont，2003；Leff et al.，1986：311-313）。另一方面，正如我们看到的，对新闻记者所采取的调查方法的鄙视甚至公开的敌意，常常压倒了对新闻自由的信念。没有多少人认为，公众要将调查性报道记者供奉在新闻“神殿”的更高位置。

结　论

调查性新闻以一种矛盾的方式被理想化了，这代表着关于新闻整体的意义和意图的更广泛的争论。不过此研究路径认为，不管怎样，这些争论的问题并非是二元的：资讯与娱乐，严肃与琐碎，客观与主观，事实与意见，准确报道与以讹传讹，言论自由与审查，民主与蛊惑人心，而是类似于一个复杂的矩阵，这些理想化的内容有时是互补的，有时又是对立的。新闻如何作为一个半自主的职业，媒体如何作为追逐利益的企业，以及公众如何（包括观众和消费者）在对新闻的想象中与新闻和媒体相互作用？这些问题吸引了很多文化研究学者（有两个突出的例子，见 Bourdieu，1998；Hartley，1996）。他们的介入并没有改善，而是强化了这种两极对立关系。鉴于其在新闻事业中的崇高地位，调查性新闻提供了一个“要塞”，使得对峙双方中的一方可以被严密保卫（Bromley，2004）。一如在主流媒体上的表现，新闻或许一直在堕落，但是这个观点认为“真正的”记者知道如何挽救它（Carter & Allan，2000：133，137-139）。

这一定位假设调查性新闻正在被收买。资源——培训、时间、资金、法律咨询、机构支持——被扣留，抑或“由于商业原因”，调查性报道未能面世（Donovan，2002；Kennedy & Morgan，2001；Morgan，2001a）。调查的概念与“色情活动……的淫秽细节”混为一谈，英国报刊投诉委员会主席指出这实际上对“延续了三百年的好的、旧式的英国调查性新闻”有着破坏性威胁（引自 Morgan，2001a）。新闻材料是通过“不法活动”而不是通过“挖出事实”、“细细梳理文件”以及“尾随狡猾的顾客”等新闻技巧搜集（Crossley，2001；Donovan，2002；Greenslade，2002；Morgan，2001b；Panton，2001；Snell，2001）。调查性新闻反映出媒体固有的“新闻的文化”和“金钱与利润的文化”之间的对抗（Kalb，2001）。如此一来，由于“围绕着调查性报道的传说很像美国人民对大众民主的理想”（Protess et al.，1991：3），所以反对它的人就是在否定民主权利。

不过可以这么说，调查性新闻过于推崇新闻的某些特征，如做记者这行的经验、“经年积累的人脉”和“传教士般的热情”，而不是主体的专业性（Negrine，1993：11-13；Williams，1978：xii-xiii）。新闻记者将调查工作视为对限制和操纵信息进行终极挑战，而将公众简化为目击者（Bird，2000：216；Waisbord，2001）。然而，在对媒体极度商业化的忧虑达到顶峰的20世纪90年代之前，将公众摆在中心的动员方式被一种“联盟模式”所取代，在这一联盟模式中，调查性新闻记者绕开公众，更加直接地与决策者建立联系（Protess el al.，1991：249-254）。尽管调查性新闻意味着什么很明确，但不可否认，新闻记者的训练欠缺，也不够专业，而且对“政治鼓吹”太过谨慎以至于不能促进任何辩论，且在任何事件上都未能正确区分鼓吹与辩论这两者的差异，这些都抑制了他们“为公共利益推动社会行动”的能力（Garnham，1990：110-112）。

调查性新闻可能给新闻记者提供了一个反弹点，我们可以围绕它建设新闻思想，那就是“新闻是民主的血液”（Nelson Mandela 援引 Tyson，1993：410）；但是它与公众的联系却是丧失的，因为它与公众心中理想化的新闻不同。攻击、对抗性的调查性新闻基于新闻报道（在“公民极不道德行为的事实”结构中“对现有话语的再处理”）和议程设置（“对公共事务进行指导能够增进美德”）之上的，而公众期望的是新闻权威和信息框架的瓦解，是哈特利（Hartley，2000）称为“直接的传播民主”的东西（Ettema & Glasser，1998：7；Hartley，2000：41，44-45）。一再肯定权威的调查性新闻的民主价值，以及调查性新闻记者的英雄主义，暴露了新闻行业的一种内部看法：把调查性报道不经考虑地提供给广大公众，因为它是“最有吸引力的新闻形式”（Downs，2002：15；Killick，2000）。

新闻业继续使用调查手段进行报道，这是可以将一系列新闻活动合法化的方式。媒介组织想借助调查性新闻来满足提供可出售的、煽情的和大众化的内容的需求。新闻业自身对于调查性新闻的界定的不确定性，及其淡薄的专业主义意识，增加了这种做法的可能性。正如麦金太尔谈及自身从业经验时所言：“新闻是太小、太遥远的词汇，无法涵盖其全部。它是不收第二次门票的剧场，它是戏剧——它是即兴创作、渗透和心理战。”

参考文献

Alford，D.（1999）Would You Care if I Had a Beard? *Guardian*

Media, 31 May: 2-3.

Anon (1998) A message about reporting methods: make no mistake, *Hidden Cameras/Hidden Microphones: At the Crossroads of Journalism, Ethics and Law*. Washington, DC: Radio-Television News Directors Foundation. Posted at www. pointer. org. Accessed 5 April 2000.

Armao, R. (2000) The History of Investigative Reporting, in M. Greenwald and J. Bernt (eds) *The Big Chill: Investigative Reporting in the Current Media Environment*. Ames: Iowa State University Press, pp. 35-49.

Article 19 (n. d.) Freedom of expression and investigative journalism. Posted at www. article19. org. Accessed 22 February 2001.

Aucoin, J. L. (1995) The re-emergence of American investigative journalism, 1960-1975, *Journalism History*, 21 (1). Accessed 10 May 2000.

BBC (2000) Summary of the Annual Report and Accounts 1999/2000. London: BBC. Bernt, J. and Greenwald, M. (2000) Enterprise and Investigative Reporting in Metropolitan Newspapers: 1980 and 1995 compared, in M. Greenwald and J. Bernt (eds) *The Big Chill: Investigative Reporting in the Current Media Environment*. Ames: Iowa State University Press, pp. 51-79.

Berry, D. (2000) Trust in Media Practices: Towards Cultural Development, in D. Berry (ed.) *Ethics and Media Culture: Practices and Representations*. Oxford, Focal Press, pp. 28-53.

Bird, S. E. (2000) Audience Demands in a Murderous Market: Tabloidization of US Television News, in C. Sparks and J. Tulloch (eds) *Tabloid Tales: Global Debates over Media Standards*. Lanham, MD: Rowman & Littlefield, pp. 213-228.

Bourdieu, P. (1998) *On Television and Journalism*, trans. P. P. Feguson. London: Pluto.

Boyd, A. (2001) *Broadcast Journalism: Techniques of Radio and Tele-*

vision News, fifth edition. Oxford: Focal Press.

Bromley, M. (1998) The "Tabloiding" of Britain: the "Quality" Press in the 1990s, in H. Stephenson and M. Bromley (eds) *Sex, Lies and Democracy: The Press and the Public.* Harlow: Longman, pp. 25-38.

Bromley, M. (2005) One Journalism or Many? Confronting the Contradictions in the Education and Training of Journalists in the United Kingdom, in K. W. Y. Leung, J. Kenny and P. S. N. Lee (eds) *Global Trends in Communication Research and Education.* Cresskill, NJ: Hampton Press.

Carter, C. and Allan, S. (2000) "If it Bleeds, it Leads": Ethical Questions about Popular Journalism, in D. Berry (ed.) *Ethics and Media Culture: Practices and Representations.* Oxford: Focal Press, pp. 132-153.

Chambers, J. W. (1980) *The Tyranny of Change: America in the Progressive Era, 1900-1917.* New York: St Martin's Press.

Clarkson, W. (1990) *Dog Eat Dog: Confessions of a Tabloid Journalist.* London: Fourth Estate.

Coffey, F. (1993) *"60 Minutes": 25 Years of Television's Finest Hour.* Los Angeles: General Publishing.

Collins, M. (2000) Stand-up, Be Counted, *Guardian* Media, 31 January: 2-3.

Crossley, J. (2001) Sticking to the Story, *Press Gazette*, 17 May. Posted at www.pressgazette.co.uk. Accessed 22 April 2002.

Daniel, D. K. (2000) Best of Times, and Worst of Times: Investigative Reporting in Post-Watergate America, in M. Greenwald and J. Bernt (eds) *The Big Chill: Investigative Reporting in the Current Media Environment.* Ames: Iowa State University Press: pp. 11-33.

Dashiell, E. (2000) For Mainstream Audiences Only: Investigative Reporting on Minorities, Gays and Lesbians and Women, in M.

Greenwald and J. Bernt (eds) *The Big Chill: Investigative Reporting in the Current Media Environment.* Ames: Iowa State University Press, pp. 177-196.

de Burgh, H. (ed.) (2000) *Investigative Journalism: Context and Practice.* London: Routledge.

DeFleur, M. (1997) *Computer Assisted Investigative Reporting: Development and Methodology.* Mahwah, NJ: Lawrence Erlbaum.

Doig, A. (1997) The Decline of Investigatory Journalism, in M. Bromley and T. O'Malley (eds) *A Journalism Reader.* London: Routledge, pp. 189-213.

Donovan, P. (2002) Justice Loses its Appeal, *Press Gazette*, 14 February. Posted at www.pressgazette.co.uk. Accessed 22 April 2002.

Dorman, J. (2000) Where are Muckraking Journalists Today? *Nieman Reports*, Summer: 55-57.

Downs, H. (2002) Foreword, in C. Jensen (ed.) *Stories that Changed America: Muckrakers of the Twentieth Century.* New York: Seven Stories, pp. 15-16.

Dufresne, M. (1991) Judgment Call: to Sting or Not to Sting? *Columbia Journalism Review*, May/June. Posted at www.cjr.org. Accessed 23 February 2000.

Dugdale, J. (1993) Beyond *Candid Camera*, *Guardian* Media, 29 March: 14-15.

Edge, M. (2000) And 'The Wall' Came Tumbling Down in Los Angeles, in M. Greenwald and J. Bernt (eds) *The Big Chill: Investigative Reporting in the Current Media Environment.* Ames: Iowa State University Press, pp. 197-210.

Ehrlich, M. C. (2000) Not Ready for Prime Time: Tabloid and Investigative TV Journalism, in M. Greenwald and J. Bernt (eds) *The Big Chill: Investigative Reporting in the Current Media Environment.* Ames: Iowa State University Press, pp. 103-120.

Ettema, J. S. and Glasser, T. L. (1998) *Custodians of Conscience:*

Investigative Journalism and Public Virtue. New York, Columbia University Press.

Fallows, J. (1994) *Breaking the News: How the Media Undermine American Democracy.* New York: Pantheon.

Franklin, J. (1991) Using Deceit to Get the Truth: When There's Just No Other Way, *FineLine: The Newsletter on Journalism Ethics* 3 (9). Posted at www. journalism. indiana. edu. Accessed 20 March 2000.

Foot, P. (1999) The Slow Death of Investigative Journalism, in S. Glover (ed.) *The Penguin Book of Journalism: Secrets of the Press.* London: Penguin, pp. 79-89.

Garnham, N. (1990) The Media and the Public Sphere, in F. Inglis (ed.) *Capitalism and Communication: Global Culture and the Economics of Information.* London: Sage, pp. 104-114.

Grabe, M. E., Zhou, S. and Barnett, B. (1999) Sourcing and Reporting in News Magazine Programs: *60 Minutes versus Hard Copy*, *Journalism and Mass Communication Quarterly* 76(2). Accessed 14 June 2001.

Greene, R. W. (1991) Foreword, in J. Ullmann and J. Colbert (eds) *The Reporter's Handbook: An Investigator's Guide to Documents and Techniques*, Second edition. New York: St Martin's Press, pp. vi-xi.

Greengrass, P. (1996) Did They Do a Deal with Faust? *British Journalism Review* 7(1): 65-68.

Greenslade, R. (1999) Shut Your Trap, *Guardian* Media, 27 September, pp. 2-3.

Greenslade, R. (2002) Fraternal Feuding, *Press Gazette*, 7 March. Posted at www. pressgazette. co. uk. Accessed 22 April 2002.

Greenwald, M. and Bernt, J. (eds) (2000) *The Big Chill: Investigative Reporting in the Current Media Environment.* Ames: Iowa State University Press.

Griffths, D. (ed.) (1992) *The Encyclopedia of the British Press, 1492-1992*. London: Macmillan.

Harris, N. G. E. (1992) Codes of Conduct for Journalists, in A. Belsey and R. Chadwick (eds) *Ethical Issues in Journalism and the Media*. London: Routledge, pp. 62-76.

Hartley, J. (1996) *Popular Reality: Journalism, Modernity, Popular Culture*. London: Arnold.

Hartley, J. (2000) Communicative Democracy in a Redactional Society: the Future of Journalism Studies, *Journalism: Theory, Practice and Criticism*, 1(1): 39-48.

Haxton, N. (2002) The Death of Investigative Journalism, in S. Tanner (ed.) *Journalism: Investigation and Research*. Frenchs Forest, NSW: Longman: pp. 20-36.

Hencke, D. (2001) No News is Bad News, *Guardian*, 5 March. Posted at www.mediaguardian.co.uk. Accessed 5 March 2001.

Hickey, N. (1998) Money Lust, *Columbia Journalism Review*, July/August. Posted at www.cjr.org. Accessed 17 July 1998.

Holland, P. (2001) Authority and Authenticity: Redefining Television Current Affairs, in M. Bromley (ed.) *No News is Bad News: Radio, Television and the Public*. Harlow: Longman, pp. 80-95.

Independent Television Commission (2002) *Putting Viewers First: Annual Report for 2001*. London: ITC.

Investigative Reporters and Editors (n. d.) The Arizona Project. Posted at www.ire.org.html. Accessed 24 September 2001.

Jackson, J. (1992) Honesty in Investigative Journalism, in A. Belsey and R. Chadwick (eds) *Ethical Issues in Journalism and the Media*. London: Routledge, pp. 93-111.

Jackson, S. (2004) *60 Minutes that has Lasted 25 Years, The Australian Media*, 12 February, p. 20.

Kalb, M. (2001) Media Coverage from Scandal to Crisis. Transition to Governing Project, Wohlstetter Conference Center, Washington

DC, 14 November.

Kennedy, P. and Morgan, J. (2001) *Express* Watchdog Panel Backs Desmond Regime, *Press Gazette*, 29 March. Posted at www. press-gazette. co. uk. Accessed 22 April 2002.

Killick, M. (2000) The Truth is Out There, The Rolls Royce 2000 Lectures. Cardiff, Centre for Journalism Studies, Cardiff University. Posted at www. cf. ac. uk. Accessed 14 April 2004.

Kovach, B. and T. Rosenstiel (2001) *The Elements of Journalism: What Newspeople Should Know and the Public Should Expect.* New York: Crown.

Lamont, D. (2003) Her Cereal's Safe from Us, *Guardian*, 24 November. Posted at http://media. guardian. co. uk. Accessed 1 December 2003.

Lashmar, P. (1992) A Fraudster's Charter, *British Journalism Review*, 3(4): 40-43.

Lashmar, P. (1993) Outsiders—In from the Cold, *British Journalism Review*, 4(1):32-36.

Leff, D. R., Protess, D. L. and Brooks, S. C. (1986) Crusading Journalism: Changing Public Attitudes and Policy-making Agendas, *Public Opinion Quarterly*, 50(3):300-315.

Leigh, D. (2000) Global Disclosure, *Media Guardian*, 31 January. Posted at www. media. guardian. co. uk. Accessed 11 September 2001.

Linklater, M. (1993) An Insight into Insight, *British Journalism Review*, 4(2):17-20.

Malarek, V. (1998) What it Takes to Be an Investigative Reporter, in D. Logan (ed.) *Journalism in the New Millennium.* Vancouver: Sing Tao School of Journalism, pp. 44-56.

Marx, K. and Engels, F. (1988) *The German Ideology*, C. J. Arthur (ed.). New York: International Publishers.

Morgan, J. (2001a) "Scottish papers behind new law on drugs and children", Press Gazette (22 February). Posted at www. pressgazette. co. uk.

Morgan (2001b) PressWise Backs Judge's Kiss-and-tell Clampdown, *Press Gazette*, 15 November. Posted at www. pressgazette. co. uk. Accessed 22 April 2002.

Negrine, R. (1993) *The Organisation of British Journalism and Specialist Correspond-ents: A Study of Newspaper Reporting.* Discussion Paper in Mass Communication no. MC93/1. University of Leicester, Centre for Mass Communication Research.

Newton, E. (ed) (1999) *Crusaders, Scoundrels, Journalists: The Newseum's Most Intriguing Newspeople.* New York and Toronto: The Freedom Forum Newseum.

Northmore, D. (1994a) Probe Shock: Investigative Journalism, in R. Keeble (ed.) *The Newspapers Handbook.* London: Routledge, pp. 319-336.

Northmore, D. (1994b) Knowing Where to Look, *British Journalism Review*, 5(1):47-51.

O'Carroll, L. (2000) *Newsnight's* Paedophile Scoop Sees Ratings Soar, *Guardian Unlimited*, 21 November. Posted at www. mediaguardian. co. uk. Accessed 21 November 2000.

Opt, S. K. and Delaney, T. A. (2000) Public Perceptions of Investigative Reporting, in M. Greenwald and J. Bernt (eds) *The Big Chill: Investigative Reporting in the Current Media Environment.* Ames: Iowa State University Press, pp. 81-102.

O'Sullivan, T. (1999) Who's Exposing Who? *Guardian Unlimited*, 21 November. Posted at www. guardianunlimited. co. uk. Accessed 8 September 2000.

Panton, J. (2001) A new opposition? *Press Gazette*, 15 November. Posted at www. pressgazette. co. uk. Accessed 22 April 2002.

Paulson, K. A. (1999) Food Lion Verdict Reversal has Lessons for Both Sides, *Free*! November. Posted at www. freedomforum. org. Accessed 22 February 2000.

Protess, D., Cook, F. M. L., Doppelt, J. C., Ettema, J. S., Gordon, K. T., Leff, D. R. and Miller, P. (1991) *The Journalism of Outrage: Investigative Reporting and Agenda Building in America.* London: Guilford Press.

Randall, D. (1996) *The Universal Journalist.* London: Pluto Press.

Reeves, I. (2000) MacIntyre Under Fire, *Press Gazette*, July. Posted at www.pressgazette.co.uk. Accessed 5 March 2001.

Rogers, D. (2001) Lack of Investigative Journalism on TV Criticised, *Guardian*, 18 January. Posted at www.mediaguardian.co.uk. Accessed 23 March 2001.

Salmon, P. (1999) Speech Launching the BBC 1 Autumn Schedule (10 August), BBC News Release. Posted at www2.kw.bbc.co.uk. Accessed 2 September 2000.

Salmon, P. (2000) Contribution to a Chat Session on BBC Online (8 August). Posted at www.bbc.co.uk. Accessed 10 September 2001.

Schudson, M. (1995) *The Power of News.* London: Harvard University Press.

Schultz, J. (1998) *Reviving the Fourth Estate: Democracy, Accountability and the Media.* Melbourne: Cambridge University Press.

Shephard, A. C. (2000) Local heroes, *American Journalism Review* (December). Posted at www.ajr.org. Accessed 25 May 2002.

Sitrick, M. S. (1998) *Spin: How to Turn the Power of the Press to Your Advantage.* Washington DC: Regnery.

Snell, R. (2001). Paper presented to the *Public Right to Know* conference, Australian Centre for Independent Journalism, University of Technology Sydney, 25 October. Posted at www.journalism.uts.edu.au/acij. Accessed 22 April 2002.

Spark, D. (1999) *Investigative Reporting: A Study in Technique.* Oxford: Focal Press.

Steele, B. (1995) Deception/Hidden Camera Checklist, Poynter Institute Handout (February). Posted at www. pointer. org. Accessed 5 April 2000.

Stein, S. R. (2001) Legitimating TV Journalism in *60 Minutes*: the Ramifications of Subordinating the Visual to the Primacy of the Word, *Critical Studies in Mass Communication*, 18(3): 249-269.

Stephens, M. (1997) *A History of News*. Forth Worth, TX: Harcourt Brace.

Tanner, S. (2002) Introduction, in S. Tanner (ed.) *Journalism: Investigation and Research*. Frenchs Forest, NSW: Longman: xix-xxvi.

The Media Report (2003) Australian Broadcasting Corporation, Radio National (30 October). Transcript posted at www. abc. net. au. Accessed 5 November 2003.

Thornton, B. (1995) Muckraking Journalists and their Readers: Perceptions of Professionalism, *Journalism History*, 21(1). Accessed 10 May 2000.

Tomlin, J. (2000) 'Original Journalism' is Key for BBC Current Affairs Boss, *Press Gazette* (July). Posted at www. pressgazette. co. uk. Accessed 5 March 2001.

Tomlin, J. (2001) Weekly Magazine Show Planned by Sambrook, *Press Gazette*, 5 March. Posted at www. pressgazette. co. uk. Accessed 5 March 2001.

Tyson, H. (1993) *Editors Under Fire*. Sandton, South Africa: Random House.

Waisbord, S. (2001) Why Democracy Needs Investigative Journalism, *Global Issues* 6(1). Posted at http://usinfo. state. gove. Accessed 24 April 2002.

Walker, D. (2000) Newspaper Power: a Practitioner's Account, in H. Tumber (ed.) *Media Power, Professionals and Policies*. London: Routledge, pp. 236-246.

White, A. and Holman, K. (1996) Prime Time for Children: Media, Ethics and Reporting of Commercial Sexual Exploitation of Children. Paper presented on behalf of UNICEF to the World Congress Against Commercial Sexual Exploitation of Children, 15 June. Posted at www. childhub. ch. Accessed 20 March 2000.

White, M. (2000) Humbug, *Guardian*, 23 October. Posted at www. media. guardian. co. uk. Accessed 2 November 2000.

Wiener, J. H. (1996) The Americanization of the British press, 1830-1914, in M. Harris and T. O'Malley (eds) *Studies in Newspaper and Periodical History*: 1995 *Annual*. Westport, CT: Greenwood, pp. 61-74.

Williams, K. (1998) *Get Me a Murder a Day! A History of Mass Communication in Britain*. London: Arnold.

Williams, P. N. (1978) *Investigative Reporting and Editing*. Englewood Cliffs, NJ: Prentice-Hall.

Winch, S. P. (2000) Ethical Challenges for Investigative Journalism, in M. Greenwald and J. Bernt (eds) *The Big Chill: Investigative Reporting in the Current Media Environment*. Ames: Iowa State University Press, pp. 121-136.

Woolfinden, B. (1996) Fast and Loose, *Media Guardian*, 12 August, p. 13.

Worcester, R. M. (1998) Demographics and Values: What the British Public Reads and What it Thinks of its Newspapers, in H. Stephenson and M. Bromley (eds) *Sex, Lies and Democracy: The Press and the Public*. Harlow: Longman, pp. 39-48.

Young, H. (1990) Can Television Tell the Truth? *British Journalism Review*, 2(1): 11-16.

第二十四章　机遇还是威胁？BBC，调查性新闻与赫顿报告

斯蒂芬·巴尼特

- 为何调查性新闻身陷囹圄？
- 在健康新闻文化的推动过程中，BBC 扮演何种角色？
- 为何 BBC 关于大规模杀伤性武器的报道能引起如此大的轰动？
- 在赫顿勋爵的报告中，其结论在哪些方面被误导？
- BBC 新闻与 BBC 本身的最终结果如何？

在一些评论家眼中，这是 BBC 历史上最严重的危机，它不仅威胁到了 BBC 新闻向来所享有的公正可靠的美誉，而且 BBC 的组织结构、资金，甚至其存在本身都受到了质疑。不仅如此，它还被描述为新闻业的失败、政客与政府操纵的胜利。此前，在 BBC 与政府的对垒当中，即使前者遭受了最糟糕的境况，也无人放弃，而这一次，主席与总干事却前所未有地选择了突然离职。

不管怎样，我试图在本章表明，关于 BBC 对政府出兵攻打萨达姆·侯赛因所声称的原因进行情报服务方面的报道，关于武器专家同时也是 BBC 主要信息提供者大卫·凯利的自杀，关于赫顿对于凯利之死的报告，所有这些给 BBC 及其新闻业带来的损害并没有事件刚刚发生时人们以为的那么大。这些事件本身对 BBC 来说是灾难性的，对大卫·凯利及其家人而言也是悲剧性的，而我们可以从总体上学到关于调查性新闻的重要教训，也可以就 BBC 的作用学到重要的一课。随着事件逐渐淡出，我们能够采取一种更为宽

阔的视角来看待其意义，我们甚至有可能说，最终结果是有利于BBC的。

受到威胁的调查性新闻

充满活力的新闻文化，尤其是具有挑战性的调查性新闻，对于健全的民主来说至关重要，这是本章的基本前提。失去这个前提，不仅政府或企业的错误行为会继续存在，而且最终还会使政治实体遭到侵蚀。我相信，调查性新闻揭发了许多重要的事情，而非简单报道或重复使用公关新闻稿，但这个新闻生产过程正处于严重的威胁之中。总的来说，我们可以把它归结为六个原因。

第一，企业合并及全球化的进程。相对于诸如迪士尼集团、美国在线—时代华纳、新闻集团等巨型跨国公司的增多来说，独立的新闻采访企业正在不断减少。不论对其他企业还是对政府施加压力，这些公司都一无所获，其重要原因在于它们经常要为拟议中的合并或收购寻求政治认同。报纸或电视频道对可能使政府难堪的揭发新闻不太感兴趣，因为它们商业活动的进一步扩张必须寻求该政府的批准。

第二，在全球竞争日益激烈的世界中，人们越来越强调在减少开支的同时做到利益最大化。调查性新闻是一种最为昂贵和最具风险的报道方式，一来是因为这是一种劳动密集型工作，二来在于其本质决定了有时候可能一无所获①。今天的新闻采集者受到了更多经济上的约束，而他们也因此发现报道名人或是王室家庭能更为容易地帮助其减少预算。

第三，在于对观众及读者争夺的扩大化。在一个碎片化而多渠

① 1988年泰晤士电视台《本周》节目创立之时，三名自称爱尔兰共和军（IRA）的恐怖分子被英国空军特别部队（SAS）射杀于直布罗陀，他们可能是被就地处决。由此产生的节目为了制作一部一小时的纪录片，花费了数月时间进行艰苦的调查。该纪录片最终使此海峡与当时的保守党政府一同被卷入了一场规模大且耗资巨大的骚动中。

道的世界中，报道百姓自己的新闻来吸引或留住观众的压力越来越大。美国新闻报刊如今已经为其几近消失的国际报道而背上了狼藉的声名，我自己的研究也表明，至少在一些英国的报刊中也出现了类似的发展趋势（Barnett et al.，2000）。小报化同样遍布整个新闻界，比起对政府不当行为的揭露，足球运动员的绯闻或王室王子们的故事更易于吸引那些“平常的”读者。

第四，掌握调查性报道基本技能的学习机会日益稀缺。调查性报道的培训课程被砍，在职学习的机会减少，同时调查性新闻被移出节目单，预算被削减。这种向自由撰稿人文化的转型意味着沉湎于调查传统或具备必要专业知识的记者会越来越少。

第五，严肃性新闻的衰退与公关的兴起成反比，对于优秀的记者而言，公关已成为一种利润丰厚且极具吸引力的职业。作为曾经的报纸编辑和前BBC新闻与时事部主管，伊恩·哈格里夫斯（Ian Hargreaves）曾这样说道：

> 记者的忧虑在于他们不再有资源去抵抗其宿敌日益老练的进攻：新闻界正被一些不怎么遮掩的说服者所坑害。
>
> （Hargreaves，2003：180）

公关的浪潮如今已经延伸到了公共部门，地方当局、国民保健服务信托（NHS trusts）及医院、警察部门，甚至一些大型志愿和竞选团体都已经展开了广泛的公关行动。

第六，公共关系向公共领域最大的扩张是在政治上的：在政党内部，尤其是新工党主政之下政府内部媒体关系的职业化。工党在其政府竞选活动中引入了政治传播方法，并常规地采用了一系列方法（像世界各国政府一样）来推动有利报道，阻碍不利报道。这一原则并没有什么新意可言，但政党公关的专业主义与纯粹用于媒体关系的资源则意味着，与以往相比，独立新闻必然会面临一个更具风险的“寒蝉效应”。

BBC 新闻的作用

由此分析发现，可主要从四个方面解释 BBC 在推动有生机的英国新闻文化中的重要作用。

第一，BBC 不屈服于全球化和私人公司的赢利压力。没有股东要求在那些投资回报差强人意且成本高昂的节目上削减开支。尽管 BBC 一直都面临着压力，要证明自己每一分钱都花在了刀刃上，但 BBC 永远承诺高品质、准确、不偏不倚的新闻，它因此要对一些必要的资源进行投入，以此维持这个承诺。

第二，由于 BBC 有一个可预测的收入源，它有能力对一些耗时长且昂贵的项目进行投资。当遭遇广告收入突然下滑时，赞助费和订阅费通常会迫使商业广播机构立即削减预算来对此作出回应，尤其是一些不那么热门的节目，诸如时事类节目，而 BBC 却能够把目光放得更长远。

第三，BBC 在经济规模上占有优势。由于其新闻业务横跨广播、电视、网络以及全球服务，且将新闻与时事纳入节目表是其公共服务责任之一，因此 BBC 的新闻运作使对手所提供的一切都显得相形见绌。这也使 BBC 得以维持更多的国外分社和更多的国内外驻站记者，并通过区域性广播电台提供远多于其他任何广播公司的当地新闻。

第四，由于其公共服务精神，BBC 能够抵抗住正日益困扰商业电台的新闻娱乐化诱惑。在使新闻接近观众的同时，BBC 还不能向其竞争对手那样对琐碎化或煽情化的报道倾斜，面对这样的两难境地，BBC 偶尔也会很不舒服地作出妥协，而批评家还是很轻易就指责 BBC“变肤浅”了。但 BBC 能够抵抗主宰美国报刊的好莱坞口味与犯罪报道。

公共资金和公共服务新闻的这些优势必然导致其对源于政府的压力和干预更为敏感。无论机构本身和新闻负责人有多么强大、独立，在一个政治传播专业化的年代，与完全商业化的机构相比，政府资助机构将在政府游说和欺凌的意图面前显得更为脆弱。BBC

对政府的伊拉克情报档案的报道及随后发生的灾难性事件所进行的报道，体现了 BBC 的公共本性、资金来源及其精神。

大规模杀伤性武器报道的背景

从 BBC 的历史来看，它一直在与各种性质的政府斗争。在战争时期，这种紧张关系尤为激烈，因为其时任何可能的人员丧生都意味着高风险，而政府的声誉也更为脆弱。因此，BBC 期待政府在伊拉克战争之前和之中施压。2003 年 4 月，BBC 总裁格雷格·戴克（Greg Dyke）曾明确表示 BBC 会进行反抗：

> 当国家处于战争之时我们要做的远非一些政客所希望的那样后退，这是要求政府进行解释的最重要时机……我们的工作是反映国家和公众的关注和焦虑。政客们不应该被那些刁难的问题所困扰，如果他们关于出战的决定正确无误，就应该对审查无所畏惧。
>
> （Dyke，2003）

与大多数前任相比，戴克更有理由做到如此坦率。在他出任总裁之前，有消息揭露戴克曾向工党捐献了 5 万英镑。聘用那些具有已知政党倾向的人来担任监督所有 BBC 节目的工作，这在 BBC 高管看来是站不住脚的。有人曾对时任主席的克里斯托弗·布兰德（Christopher Bland）爵士这样写道："（格雷格·戴克）也许能成为您所青睐的候选人，也许不能，但他被选中之后，政治适合性的阴影将笼罩着办公室。"（Wyatt，2003：21）

同样与工党有过紧密联系的加文·戴维斯（Gavyn Davies）被任命为主席，这使得已经有所察觉的问题进一步恶化。加文·戴维斯的妻子掌管财政大臣戈登·布朗（Gordon Brown）的办公室，而戴维斯曾作为合著者于 1999 年参与了一个政府指定研究，主要关注 BBC 资金的未来。主席与总裁，再加上与政府亲密的私人联系，这种结合在接下来的一系列事件中成为暗流之一，并导致了不幸且违背直觉的后果。

2002年9月24日，在战争开始的6个月前政府发布了一份情报档案，题为《伊拉克大规模杀伤性武器：英国政府评估》。政府希望公众相信萨达姆·侯赛因是一个危险的暴君，对西方世界构成了威胁，而这份档案正为此奠定了基础。他不仅掌握有大规模杀伤性武器（WMD），而且能在命令下达45分钟内发射化学武器。当天的伦敦《标准晚报》(*Evening Standard*) 以《45分钟完成攻击》作为标题；次日，《太阳报》把《他拥有它们……让我们抓到他》作为头条。

政府认为英国应该与美国结盟，共同发起军事攻击。然而，大多数民众却对此表示强烈反对。2003年2月15日，一两百万民众在伦敦聚集起来进行反战游行，这是英国历史上规模最大的一次。托尼·布莱尔强烈感受到他正冒着让选民疏远他的风险。在这样一种燥热的气氛中，布莱尔与其内阁成员群情激昂地争辩道，大规模杀伤性武器的存在使得萨达姆·侯赛因主政下的伊拉克成为一个真实且存在于当下的危险。

截至5月1日，军事行动已经结束，盟军对伊拉克的占领也已经完成。没有军队使用大规模杀伤性武器，占领军在行进过程中也没有发现任何蛛丝马迹，至今为止仍一无所获。美国组织了一个伊拉克调查小组，对该国进行了彻底搜查以试图找到大规模杀伤性武器存在的证据。2004年1月23日，小组负责人大卫·凯利博士辞去职务，并在次周向参议院军事委员解释说他不想再继续搜寻伊拉克大规模杀伤性武器，因为"我认为它们不存在"(Freedland，2004：353)。

政府告诫说大规模杀伤性武器不但存在，还构成巨大威胁。随着正式军事行动宣告结束，且没有发现任何大规模杀伤性武器存在的证据，一些好奇心较强的记者开始在严厉的政府警告背后进行探索。安德鲁·吉利根（Andrew Gilligan）是BBC广播四台《今日》栏目的战争记者，他在伊拉克对战争行为进行了报道。5月22日，吉利根与老熟人大卫·凯利进行了会面。凯利是一个武器检查员，在伊拉克大规模杀伤性武器方面被视为全国领先的专家之一。①

尽管5月22日那天，凯利与吉利根谈话的详尽内容无法得知，但没有人会否认大致的要点：那些传统上枯燥无味的术语进行了更改，以加强情报材料的说服力，而且更改来自唐宁街的干预。用一个媒体评论员的话来说：

> 本质上讲，凯利是在暗示英国政府让国家参战的基础是错误的，它遮蔽了选民的双眼，而情报部门……对此十分不满。
>
> （Wells，2004a：31）

对新闻专业的学生以及对BBC而言，接下来所发生的已经成为一种实物教学，示范了达到专业新闻标准的不同方法，及对政府与BBC关系引人入胜的洞察。

有关大规模杀伤性武器的报道及其后果

安德鲁·吉利根的报道被安排在5月29日的《今日》节目。清晨6点07分，当该节目的大多数听众仍处于睡梦中时，吉利根首次发布了他的报道：

> 一名负责起草档案的高级官员告诉我们，事实上政府有可能知道45分钟的数据是错误的，甚至在决定收录此数据前就已知道……我们的消息提供者称，在报道发布前一周唐宁街已经下令对其添油加醋，使其更加刺激，并下令要有更多令人惊

① 吉利根于1999年被《今日》节目的编辑罗德·利德尔聘用，在此之前他是《星期日邮报》的战争记者。利德尔担心BBC的防务报道大多依赖于政府的场面话和新闻发布会，因此吉利根的作用就变得更具调查性和挑战性。在他被派到伊拉克以前，他已经违反了1998年的地雷法案，暗中购买了杀伤人员地雷。他还获取了一系列被泄露的官方报告，这些报告与英国在科索沃战争中的表现有关。他的报道令政府感到不安，但却正好是BBC独立“监督”功能的一部分。

愕的事实。

指控唐宁街精心策划了这个蓄谋已久的弥天大谎，正如后来吉利根自己所承认的那样，远远超出了他所应该做的。在他下一档播出于7点32分的广播节目中，他仅仅谈到45分钟的说法是“有问题的”，尽管这个问题又被主持人约翰·汉弗莱斯（John Humphrys）的断言弄得更加复杂，他认为九月档案是“在最后一刻胡乱拼凑而成”。对于大多数报纸而言，尤其是那些设置有反战议程的报纸，这也许只是一个小的纰漏。但对BBC而言，无论是其准确和专业主义的声誉，还是与政府的关系，都遭受了严重影响。

BBC其他跟进此消息的记者也发现凯利是一个颇有帮助的消息提供者，但在如何使用他所提供的信息上，他们变得更为慎重。当晚BBC电视《十点新闻》继续跟进了这一报道，加文·休伊特（Gavin Hewitt）仅仅提到他与该档案的顾问之一交谈过，“在档案发布前一周，一些材料被删除，一些材料被收录。据他判断：首相官邸的添油加醋确实发挥了作用”。BBC《晚间新闻》的科学部记者苏珊·沃茨（Susan Watts）曾经在此前一年采访过凯利，鉴于吉利根的报道她再次采访了凯利。在《晚间新闻》中沃茨报道说，其消息提供者相信使用45分钟这一说法是“一个错误”。她还称：“他谈到政府对有利于此事件的一切都加以了利用，包括可能存在能在45分钟内准备完毕的武器。”这三名BBC记者各自约见了大卫·凯利，却不知道他们的谈话对象是同一个消息提供者。每一位对凯利提供材料的运用都有微妙的不同。

可想而知，在愤怒的信件狂风暴雨般袭来之后，这场特殊的骚动就应消退了。然而，3天后吉利根在《邮报周日版》上发表的一篇文章却在火上浇了油。在文章中，他记录下了当问到档案变质是如何发生时，其消息提供者的回答。他写道：“答案只有一个字。坎贝尔（Campbell）。”阿拉斯泰尔·坎贝尔（Alastair Campbell）是政府的传播战略总监，被普遍视为布莱尔最具影响力的顾问。对坎贝尔的提及使一场与政府和情报机构有关的泛化的骚动演变为更为私人化的东西。

在随后的两周内，坎贝尔与BBC新闻部主任理查德·桑布鲁克（Richard Sambrook）进行了信件往来。在信中，桑布鲁克明确表示BBC对其报道予以支持，且不会道歉。6月25日，坎贝尔向外交事务专责委员会（FASC）出示证据，指控BBC说谎并要求对方道歉。作为回应，桑布鲁克十分反常地在次日的《今日》节目中亮相，他说："我们没有什么好道歉的。"

此时，凯利走出来告诉他的上司他曾与吉利根会过面。尽管他否认自己就是报道中的消息提供者，但这却使得政府以及坎贝尔获得了更多可攻击对方的材料。通过国防部一些谨慎的简报，凯利的名字于7月10日这天出现在了3份报纸之上。5天之后，凯利被要求亲自向外交事务专责委员会作证，他否认自己是吉利根或苏珊·沃茨报道的消息源。然而，沃茨却录下了访谈，清楚记录了她随后所报道的正是凯利的谈话内容。两天后，7月17日，凯利结束了自己的生命。首相立即要求在赫顿勋爵的领导下对凯利之死的相关情况作出独立的司法调查。

对赫顿结论的分析

赫顿勋爵的报告发表于2004年1月28日，对政府而言这几乎是一个彻底的辩护，而对BBC而言则无异于一场灾难。① 赫顿接受了政府的立场，即"那些不能令情报机构感到完全满意的任何东西都不能出现在档案中"。对于联合情报委员会的负责人约翰·斯卡利特（John Scarlett）来说，要把唐宁街的起草建议考虑进去没什么不妥。首相希望"拥有一份档案……在有关萨达姆·侯赛因的大规模杀伤性武器所构成的威胁方面能尽可能强有力"，而赫顿至多也就是承认，这可能会"下意识地影响到"斯卡利特和联合情报委员。

基于这个原因，赫顿总结吉利根关于"添油加醋"的指控没有事实依据，因为吉利根的指控可能被人解读为该档案"在情报

---

① 以下引文摘自《赫顿勋爵结论摘要》，罗杰斯著（2004：309-322）。

机构明知或者确信有误或不可信赖时，仍进行了修饰。而这并不是事实”。此外，BBC 编辑们支持 6 点 07 分的脱稿广播，这也是“有缺陷的”，BBC 管理层没能妥善调查政府对 6 点 07 分广播节目的投诉，或者说，管理者没有注意到吉利根最严重的指控是缺乏依据的。管理者没有对政府的投诉是否有效给予“合适的考虑”，也没有充分认识到这与其维护 BBC 独立性的职责并不矛盾。对于吉利根的指控能否成立，管理者“没能进行更为细致的调查”，为此他们应受到指责。

这比 BBC 所预料的最坏情况还要糟糕，主席加文·戴维斯毫不犹豫地提出立即辞职。人们认为格雷格·戴克也会在次日召开的紧急董事会上递出辞呈，并预计这将会遭到拒绝。结果，部分由于戴维斯没能在场为他辩护，戴克的辞呈被接受了。几天以后，吉利根也选择了辞职。

人们对赫顿的结论大感惊讶并表示谴责。一些评论家指责他故意为政府粉饰，而另一些人却认为他仅仅是对新闻的日常运作毫无经验。尽管相比预期，政府无疑更好地摆脱了困境，但仔细分析呈交给赫顿的证据，而不是他自己对证据的狭义解释，给我们讲述了一个 BBC 新闻及其未来更健康的故事。这里主要有三个原因。

第一，毫无疑问，BBC 的记者发掘了一个具有巨大公共意义的合法报道：对于九月档案所公布的信息，情报部门内部对其说服力存有切实的怀疑，而这些信息正是英国出兵攻打伊拉克的依据。① 布莱恩·琼斯（Brian Jones）是国防情报分析参谋部科学组组长，他深度参与了档案的制作过程。琼斯告诉赫顿，“就目前所掌握的证据来看”，他认为伊拉克生化武器的能力“在各个方面都没有得到准确反映”。他同样谈到了“来自情报机构外部的影响”（《证据》：219-220）。

琼斯的忧虑得到了一位前联合国武器检查员，同时是伊拉克调查小组现任成员的认同。出于安全的原因，他通常被称为 A 先生。

① 凡出处标明为《证据》的引文均摘自《日复一日的证据》，罗杰斯著（2004：90-296）。

他告诉赫顿，他感到“档案之所以兜了多次圈子，是为了试图找到一种能强化某种政治目的的语言形式”（《证据》：221-222）。在一场关于档案的会议之后，2002 年 9 月 25 日，A 先生在给大卫·凯利的一封电子邮件中写道“与政府中那些热衷于打官腔的人相比，你我应该更多地参与其中”（《证据》：223）。

第二，作为一名资深且可靠的消息提供者，凯利的地位也是无可置疑的。反扩散部门的副主管帕特里克·拉姆（Patrick Lamb）对调查人员谈到了凯利在伊拉克事件上的专业技能。他提到这样一个事实，相比文件中包含的信息，高级官员更愿意相信凯利给出的信息。他还明确表示，凯利密切参与了档案的准备工作：“任何时候我们都想向大卫出示文本，我们总是十分依赖于他的专业技能和知识。他是一个资料来源，且能对我们得出的东西的准确性进行验证。”（《证据》：93）

第三，无疑，在与首相邸的顾问讨论过后，几乎正是基于此原因，档案已经遭到了更改。在发表 5 天前，档案的草稿显示：“情报表明，作为伊拉克军事计划的一部分，*如果萨达姆认为其政权受到了威胁*，他将准备使用生化武器”（斜体表示强调）。在一封电子邮件中，首相的参谋长乔纳森·鲍威尔（Jonathan Powell）警告说，这将使关于伊拉克不构成生化武器威胁的争论得到支持，“如果我们攻打他我们唯有制造出一个理由。我想你们应该重新起草这一段”（《证据》：274）。最终的版本将“准备”换为“乐于”，并删除了限定性条件。

在凯利与苏珊·沃茨的访谈中，他还选出了所谓的“45 分钟”的说法作为忧虑原因，因为其在首相的开场白中得到了强调。有人声称，一旦下令伊拉克部队可在 45 分钟内完成生化武器的部署，这被普遍解读为伊拉克有远程导弹，那就可以对敌国发射炮火，包括英国位于塞浦路斯的基地。但此种说法遭到了质疑，因为它只使用了仅用于自卫的短程战地导弹。

记住这个重要的事实，这是由那些不畏挑战政府的 BBC 记者们所披露继而跟进的报道，的确，吉利根在此扮演了特殊的角色。但这也确实需要谨慎处理，不是因为潜在的政府影响，而是与大多数报纸相比，BBC 新闻的名誉和传统要求其对新闻证据有一个更为强健的标准。

吉利根没有足够谨慎地处理这件事，尤其是 6 点 07 分的脱稿访谈。他自己也对赫顿调查承认说，有关唐宁街明知 45 分钟说法不实仍将其写入档案的指控是"一时口快，这并不经常在直播中发生"(《证据》：246)。对于任何一个指责首相根据一个故意制造的虚假前提将国家带入战争状态的记者而言，这都会被看作不够专业。对于一个 BBC 最受关注的广播节目的记者而言，这则是不可原谅的。在那段时间里，很多 BBC 记者都对 BBC 在这个报道上一心捍卫自身感到担忧，因为他们知道这个报道的步子迈得过大了。

随着争执愈演愈烈，吉利根缺乏一种谨慎的小心，而另两个因素也致使其在 BBC 内部进一步恶化。第一，在战争的筹备和进行过程中，新闻部主任理查德·桑布鲁克称唐宁街的投诉"声音十分之大"。尽管在高度紧张时期这已经有所预料，它还是增强了政府对 BBC 持续敌视政府的攻击。阿拉斯泰尔·坎贝尔于 6 月 28 日向外事委员会递交的证据使得这种敌对情绪进一步加剧，主席加文·戴维斯在给赫顿的证词中表示这是"对 BBC 一次史无前例的打击……他指控 BBC 在伊拉克冲突之前、之中和之后设置了一个反战议程"(《证据》：187-188)。随着政治压力的不断加大，应该看到坎贝尔于吉利根播音之后提出投诉的背景是，当时已经有大量来自唐宁街的类似投诉，通过电话、传真和电子邮件涌向 BBC。

第二，这种敌对的程度加上戴维斯和戴克作为工党支持者的个人背景，使得他们更坚定了展示其独立性的决心。6 月 29 日紧急会议之前，在一封给董事的电子邮件中，戴维斯写道：

> 我仍然坚定地认为，从全局上来看，从这场骚动中抽身而出且不被认为是迫于政府压力而低头，对于 BBC 而言这是至关重要的……在我看来，这是一个让董事站出来并得到认可的大好时机。
>
> (《证据》：285)

尽管这种情感令人敬佩，但也有可能是BBC主席内心没有多少政治冲突，他已经花了一些时间就这篇问题报道的出处和可靠性向管理人员提出了质询。

换句话说，正如BBC所承认的，它犯了一个错误。赫顿决定把几乎所有的重点都放在那些错误上，而忽视了更广泛的背景。但这不应该掩盖一个事实，即一个公众资助的广播机构，其主席和总裁都据称有亲政府的情感，在不懈的政府压力面前，它追求一种具有巨大公共利益的政治爆炸性报道。做到这一点不仅是对其公正性的考量，也是对资源的一种度量。

无论是独立电视新闻公司（ITN）还是天空新闻频道（Sky News），BBC的这两个对手都没有与之相同的社会关系和资源。在经过一系列的削减和裁员后，独立电视新闻公司已经不再有财力继续那些充满了活力与决心但麻烦费力的政治报道。鉴于天空新闻频道为鲁珀特·默多克独资拥有，很难相信在国际新闻公司中，具有如此政治敏感性的消息能在保有同样活力的情况下被报道。尽管天空新闻频道确实被视为一种高品质、不偏不倚的服务，但其记者明知老板是热切支持战争和政府的，在这种情况下，他们是否愿意对这种有争议且具潜在爆炸性的反政府事件进行报道就变得难以确定。

结果与未来

赫顿报告的直接后果就是大量关于BBC及其新闻未来前景的痛苦预测，该机构自身将很难痊愈，面对如此广泛的批评，BBC新闻将不可避免地受到胁迫。评论家在三个方面对BBC的未来表示了强烈担忧。而一旦眼下的危机消退，从以下三点中有可能找到让我们更为乐观的理由。

第一是BBC新闻，人们担心后赫顿时期的相互指责将会带来一个更为保守、收集事实的报道方式。当然，在赫顿与两份辞职的直接阴影下，人们会有更为强烈的谨慎感。BBC的内部调查旨在发现编辑机制的不足与可待改进之处，它使得高级管理人员心慌意乱。为了确保能正当且有把握地获取那些令政府不安的消息，记者也处于一种更大的压力之中，必要的时候他们还会请示上级。这种更严的编辑控制过程并不比 BBC 以往所遭遇的大动荡更为糟糕，也没有 1986 年解雇总裁阿拉斯代尔·米尔恩（Alasdair Milne）所引发的创伤严重（Barnett and Curry，1994；Leapman，1986）。

而且，BBC 内部存在一种根深蒂固的新闻文化，它赋予公正性、专业性及最为重要的独立性以巨大的价值。戴克离职后，1 万名 BBC 员工每人出资 5 英镑在报纸上刊登了一幅整版广告，以表达他们对格雷格·戴克的离去所感到的沮丧，这惊人地展现了 BBC 的团结。广告的一部分这样写道："格雷格·戴克代表一种勇敢、独立且缜密的新闻，在追求真相的过程中无所畏惧。在对真相的追逐中，BBC 不应该从其调查事实的决心中退缩，对此我们坚定不移。"（韦尔斯，2004b：333）四个月后，面对内政大臣大卫·布伦基特（David Blunkett）的严厉批评，BBC 旗舰节目《全景》播出了一档强有力的节目，主要报道在伦敦恐怖袭击事件中伦敦应急部门的准备不足。相比其主要对手，没有证据表明 BBC 已向政府示软。

此外，赫顿的片面结论使政府更难对不公报道大声抱怨，甚至政府的朋友也会考虑公众的强烈反应，公众对 BBC 在政府策略家的侵犯与欺凌下所遭受的待遇普遍表示同情。

第二点主要关注 BBC 的管理。由于主席与总裁都要进行更新，人们普遍担心政府会利用这次机会任命一个它所偏爱的人，此人不必是来自"右倾"的政治游说，但一定会拥护一种更为谨慎的新闻哲学。接任戴维斯的副主席理查德·赖德（Richard Ryder）对 BBC 的"错误"毫无保留地表示道歉，这引起了人们的惊愕。同样是赖德，在一次董事会议上提议说，报道事实比发现事实更适合 BBC。

事实上，部分由于政府不愿面对任人唯亲的指控，平民主义者同时也是广受尊敬的广播人迈克尔·格雷德（Michael Grade）得到了任命。由于格雷德的声誉，这个任命非常重要：他不准备主持一个较小的、裁过员的 BBC，可以预料他将不仅捍卫 BBC 的独立性，更会为其一贯延续的规模与活力而斗争。此外，他还任命了前《全景》节目的新闻主编马克·汤普森（Mark Thompson）为总裁。此任命凝结了一种情感，即 BBC 再次拥有了一流的领导小组，他们将如前任一样坚定地抵制政府压力。此外，他们还不背负任何已知政治倾向的包袱，这也是他们的额外优势。

这直接联系到了第三点，即将来临的对 BBC 许可证的复核。BBC 现在所持有的皇家特许证将于 2006 年底到期，如往年一样，政府已经对 BBC 的资金与组织结构展开了审查。一些人将此视为政府“强迫 BBC 就范”的一次机会，政府可能会就此建议取消牌照费或对 BBC 进行私有化或解体。

由于政府绿皮书于 2005 年初才到期，现在谈论会提出何种建议还为时尚早。然而，文化大臣特萨·乔韦尔（Tessa Jowell）在每一个重要场合都声称要维持一个“强大和独立”的 BBC，似乎政府圈内部丝毫没有要拆除或重组 BBC 的想法。相反，一份由保守党委托制作的有关 BBC 未来的报告推荐实行激进的计划，将 BBC 转交给认购基金，这个提议受到了政府的冷遇，甚至保守党的反对者也不大可能接受它（Elstein et al.，2004）。一个颇具影响力的政府顾问也提出了类似的论点与建议，但同样受到了政府的明显漠视（Cox，2004）。

尽管有担心认为，政府可能会因 BBC 对大规模杀伤性武器报道的处理不当而对其施以报复，但事实上，与 20 世纪 80 年代保守党主政时期相比，政界人士内部对公众资助且具有真正文化意义的 BBC 抱有更大同情。政府与 BBC 的共同问题在于讨论在一个多元渠道时代维持公共资金的方式，以对抗强有力的媒介集团日益增长的竞争。再一次，政府会否感到有必要保护 BBC 还值得探讨，部分原因在于政府要避免人们指控它因为吉利根报道而报复 BBC。

在 BBC 的管理方法这一点中，改变几乎是肯定的，吉利根事件也无疑阐明了问题。赫顿尤其注意到，董事们无法正确运用其监管作用要求管理部门作出解释。正如我们所看到的，特别是戴维斯，他一心捍卫 BBC 使其免受政府攻击。然而，董事会内部的反对者扮演着 BBC 拥护者与监管者的双重角色，他们被格外曝光，在许可证复查期间他们将受到严格审查。即使是 BBC 最狂热的支持者也同意，改变这一点不一定就是件坏事，它也有可能使其制度得到强化。

总的来说，没有令人信服的证据表明 BBC 在体制上或是新闻事业上受到了实质性的损害。作为公共利益的支持者、新闻事实及公正准确报道的探求者，BBC 的重要作用已经得到证明和支持。赫顿报告中可察觉的“粉饰”，如果有的话，使 BBC 更易于追求一种强大的调查性新闻文化。那些一度对 BBC 的独立性感到畏惧的人混淆了两个不同的必要条件：在准确性、公正性、公平性方面维持尽可能高的新闻标准的需要，政府干预和压力的脆弱性。为了支持前者，会有一段时间要求遵守职业新闻标准的严格准则，而这容易被误解为向后者的屈服。至少就目前来说，相较于以往与强势政府相对抗的后果，没有任何迹象表明鉴于赫顿报告 BBC 对政府的压力更为敏感。

参考文献

Barnett, S., Seymour, E. and Gaber, I. (2000) *From Callaghan to Kosovo: Changing Trends in British Television News 1975-1999*. London: University of Westminster.

Barnett, S. and Curry, A. (1994) *The Battle for the BBC*. London: Aurum Press.

Cox, B. (2004) *Free for All? Public Service Television in the Digital Age*. London: Demos.

Dyke, G. (2003) Speech given to the University of London Goldsmiths College Journalism Symposium, 24 April.

Elstein, D., Cox, D., Donoghne, B., Graham, D. and Metzger, S. (2004) (Broadcasting Policy Group), *Beyond the Charter: the BBC after 2006*. London: Premium Publishing.

Freedland, J. (2004) "Tugging back the Veil" in S. Rogers (ed.) *The Hutton Inquiry and Its Impact*. London: Politicos.

Hargreaves, I. (2003) *Journalism: Truth or Dare*. Oxford: Oxford University Press.

Leapman, M. (1986) *The Last Days of the Beeb*. London: Hodder & Stoughton.

Rogers, S. (ed.) (2004) *The Hutton Inquiry and Its Impact*. London: Politico's.

Wells, M. (2004a) "The Story of the Story" in S. Rogers (ed.) *The Hutton Inquiry and Its Impact*. London: Politico's.

Wells, M. (2004b) 'Bring Back Greg' in S. Rogers (ed.) *The Hutton Inquiry and Its Impact*. London: Politico's.

Wyatt, W. (2003) *The Fun Factory: A Life in the BBC*. London: Aurum Press.

第二十五章　新闻业，媒介集团与 FCC

奥利弗·博伊德-巴雷特

● 美国政府是用商业机会来换取媒体的支持吗？

● 美国新闻媒体能否扮演服务于公众的监督者的角色？

● 美国新闻媒体的所有权是否过于集中？

● FCC 在 2003 年做出撤销管制规定提案的目的究竟是为了特殊利益还是公众利益？

2003 年 6 月，美国联邦通信委员会（FCC）的五个成员以 3∶2的投票结果（其中共和党 3 票，民主党 2 票）支持通过了媒介所有权管理变化的议案，这种变化将极有可能加强媒介集团的兼并和收购活动。对于国会和公众来说，在投票之前无法找到准确的措辞来形容这次投票结果。FCC 主席迈克尔·鲍威尔（Michael Powell）反对要求推迟投票的呼声，其后他又反对推迟执行这些变革。

乔治·布什在 2001 年当选美国总统之后不久便任命了迈克尔·鲍威尔为 FCC 的主席，迈克尔是国务卿科林·鲍威尔（Colin Powell）的儿子。科林在 6 月选举前的 3 个月发动了侵略伊拉克的战争，这场战争被批评家认为是违法的。他发动战争依据的是一个错误的前提，即认为伊拉克存有大量大规模杀伤性武器，并对美国造成威胁。主流媒体一开始对战争的支持几乎是一致的、不加批判的和狂热的（然而后来由于面对政府表里不一的欺骗性证据、伊拉克混乱的局面、美国士兵和监狱看守对伊拉克战俘使用酷刑，以及世界范围增加的恐怖主义，媒体逐渐对战争持保留看法）

(Boyd-Barrett，2003a)。我认为我们应该问问，在 2002 年至 2003 年间，媒介巨头们是不是利用对乔治·布什“全方位支配”政策的支持，来换取在赚钱的媒介市场推进商业并购活动的法规的改变？是不是因为国会对法规改变的激烈反对，使得媒体后来以批评战争予以回应？还是说它们最初的支持行为仅仅是美国各社会统治集团之间拥有相同意识形态的一种偶然结果？媒介集团的所有者和管理者是利益的角逐者还是公共利益的看护者呢？

在本章中，我将分析 2003 年 FCC 提案对媒介兼并揭示了什么，以及它总体上对新闻媒介和 2004 年总统大选意味着什么。我将研究这一提案是否加强了以《1996 年电信法》为代表的去管制的进程。以竞争的名义推动，使合并变得更为容易。尽管媒介并购有利可图，但它是不民主的。规模小能更好地为公共服务。新闻媒介与资本和民主的关系持续而普遍地陷入危机，这种危机在公民陷入重大危险时会特别明显。在 2000 年至 2004 年间可以找到不少这样的时刻。

FCC 提案

1934 年美国电信法规定要管制广播电视产业，FCC 由此产生。FCC 将广播电视确立为一种商业企业，它同时也应该为公众利益服务。以判例法的方式界定（Corn Revere and Carfveth，2004），“公众利益”的概念是模糊而又渐进的。从 20 世纪 80 年代到包括《1996 年电信法》在内的一段时期，FCC 为了促进竞争而减少了对广播电视产业的限制。

随着“去管制”这一趋势的持续推进，FCC 在 2003 年投票通过，允许单一多电视台提供商拥有最高 45% 的美国电视用户（之前为 35%）（Ahrens，2003b）。另一项提案则允许单一媒介公司在同一个小镇上拥有两个电视台（某些情况下可以是三个），不过几乎都是在最小的市场上；单一媒介公司也可以在同一个社区内同时拥有报业、电台和电视台。不少城镇现在只有单一一个公司，拥有当地唯一的报纸和最好的电视台。FCC 为电台保留的限制与过去一样，但是对划分当地市场的方法进行了修订，力图断绝任何漏洞，使得单一媒介公司在一些城市拥有所有当地的电台。但它不限制在过去法规下购买过其他电台股份的公司，如美国清晰频道传播公司（Clear Channel）或无限广播公司（Infinity Broadcasting），出售过去购买的股权。如何运用新法规的变化，可以参看备受争议的、严格量化的“多样性指数”。

FCC 的提案直接与多样性议题相关：在信息和娱乐的媒介产品中，公众能接受的价值的多样性、观点的多样性、视角的多样性以及信息源的多样性。

公众与国会的反应

近百万人反对更进一步地去管制化，这个意见从数量上看占了优势。提出意见的有来自大范围的非政府组织，如美国劳工总会与产业劳工组织（AFL-CIO）、公民权利领导会、全国步枪协会、全国妇女组织、全国西班人和黑人记者协会、消费者联盟、美国消费者同盟以及美国天主教福音会（Ahrens，2003a）。有 1 万 8 千份电子的公众声明，97% 反对所有权进一步集中。甚至连 CNN 的创立者特德·特纳（Ted Turner）都抱怨说：“事实上 5 家媒介集团已经控制了 90% 我们读的、看的和听的东西。这是不健康的。”（Deggans，2003）在表决的准备阶段，FCC 与主要媒介公司主管私下会晤了 71 次，而与反对组织会面了 5 次。在 1995 年到 2003 年间，FCC 成员接受了 280 万美元媒介公司的慷慨馈赠，其中还包括多次去拉斯维加斯和伦敦的旅行。

大多数反对者认为更进一步去管制化是不利于“公众利益”的（Null，2003；Tourtellotte，2003）。迈克尔·鲍威尔效仿其里根时期的前任马克·福勒（Mark Fowler），公开讥笑这种观点。而马克·福勒曾宣称，电视大体上与一台厨房烤面包机没什么区别。民主党委员乔纳森·阿德尔斯坦（Jonathan Adelstein）将 FCC 的决定描述为“异常的、前所未有的和糟糕的”（Ahrens，2003a；Bartash，2003；Boehlet，2003）。该议案不曾料到会遇到来自国会的强大阻力。参众两院都采取措施不许议案实施。另一方面，政治家们对在自己服务的选区让大媒介公司发挥更大的影响力是持谨慎态度的。因为国会第一次威胁说要否决该法案，因此白宫被迫采取了折中的办法，把最高市场占有率提案中的 45% 降低到 39%，但是这已经足够使福克斯（新闻集团）和维亚康姆继续并购。这一比例早已超过了之前的 35% 的上限。尽管 39% 这一最高上限已经纳入到法律中，在调查了跨媒介所有权和垄断寡头的执行记录后，2003 年 9 月联邦上诉法院还是强制将法案中的改变延缓 12 个月执行（Mc Chesney and Nichols，2003；Stolberg，2003）。上诉法院在 2004 年 6 月否定 FCC 对提案中改变的部分所作出的辩解。

尽管现在判断法庭的判决对事件的最终结果意味着什么还为时尚早，提案本身和它们所服务的利益给我们提供了一扇窗子，透过这扇窗子，我们能够区分美国的媒介管制和媒介集中背后的政治经济动态。

提案“事实上”究竟是关于什么的？

真正的辩论其实和公共利益几乎就没什么关系。我们都不知道能不能说有真正的辩论，因为鲍威尔只安排了一场时长 1 小时的官方听证会，并且不愿意出席其他 9 场半官方听证会，这些官方听证会中的一部分是由 FCC 民主党人迈克尔·科布斯（Michael Copps）个人组织的（Nichols，2003；Chesney and Nichols，2003）。真正和这些辩论相关的是地方电视台的资产（许多地方电视台的利润率是 40%，高于大城市）是否和怎样在媒介集团中分配与再分配。站在一条战线上的是哭穷的电视网和支持它们的大的报业连锁集团，它们都急迫地想在自己的市场中并购地方电视台和电台，或提高对它们占有的份额。而站在另一条战线的是各附属台或独立电视连锁台，它们死死抓住自己会下金蛋的鹅不放。它们获得了独立电视台和电影制片人的支持，因为它们担心提案将会减少它们的产品客户，同化节目内容，并且减弱它们对费用的支配力。广告客户也支持它们，因为他们担心合并将鼓励大媒介集团提高广告费，强迫广告商购买打包的而不是具体的空档时段。全国广播电视工作者协会（NAB）反对提高观众覆盖率的上限，但是支持跨媒介所有权的措施，因为许多地方电视台都想并购其周边的电台和报社。

在辩论的话语中，电视网被塑造成独立于其他的参与者。尽管拥有126家地方电视台（作为电视节目的提供者，电视网还对其他不属于它们的电视台施加影响），4家电视网只是大型媒介集团的较小组成部分，它们分别属于迪士尼（ABC）、通用电气（NBC）、新闻集团（FOX）和维亚康姆（CBS），其他的联合企业还有美国在线与时代华纳、美国电话电报（AT&T）公司与微软。这样一来，电视网与有线电视频道、卫星服务、好莱坞的电影制片厂、剧院、主题公园和出版社等一起，都纳入到兼并融合的环境之中。

20世纪80年代到90年代的去管制措施培育了大型媒介集团。这提高了单一电视网可以覆盖的全国观众份额，带来了在一些市场上报纸和广播的跨媒体所有权兼并，解除了电视网对地方性电视台及其节目所有权的限制；放宽了将电信与广播分开的限制和“一般载体”与内容提供者分离的限制，还解除了对广播电视关于公平、对等时间和平衡的责任义务（本章关于美国媒介集团的资源及相关数据，见 Alexander et al.，2004 Bagdikian，2004；Croteau and Hoynes，2001；Herman，1998；McChesney，2000，2004）。

公共利益的评估

鲍威尔主席认为FCC有义务按照《1996年电信法》，每两年审查一次媒介管制，并且该法还要求他把稳定市场竞争作为首要考虑（Powell，2003），而华盛顿地区的美国上诉法院在2002年挑战了FCC对所有权限制的合法性，要求FCC为了市场多样性而采取更为强硬、更符合经验的方法。鲍威尔对此反驳说，一个完全自由的市场没有带来不健康并购的风险。随着有线电视、卫星技术、互联网和移动无线等的发展，每个人都可以享受宽带技术，旧的管制是为了确保稀缺资源的公平分配，那么这种现状已经没有必要，而且是反竞争的。

传播渠道在数量上有了极大的提高，这正是新科技和去管制两者结合的结果。但是鲍威尔在某种程度上忽视了被称为“集团化”的后果。各类媒体在数量上的增加不能弥补跨各类媒体的所有权集中，将消费者的时间和花费交付在少数几个媒介巨头手上。大型媒介集团是如此强大，让市场准入成本如此之高，以至于它们通过并购战略、高级产品和市场资源，将其他声音淹没下去。

2003 年比 1963 年有着更多的多样性，但是市场份额还是被少量的（而且还在减少的）供应商控制。现存的多样性没有看上去那么实在：每个地方，内容都越来越同质化和商业化。

2003 年，美国广播电视网和有线电视系统中 6 大最有影响的新闻源被 5 家大型集团所有（美国在线—时代华纳、迪士尼、通用电气、新闻集团和维亚康姆）。40% 的有线电视系统属于美国有线电视公司和美国在线—时代华纳两家公司。直接入户的卫星传输完全被回声星通信公司（Echostar）和新闻集团（DirecTV）两大公司控制。排名前 25 位的有线电视频道中，至少 20 家的 1/3 股份由上述 5 大集团中的一家拥有。一般来说，媒介公司最为重视的是 18 ~ 34 岁的男性群体。而在电台方面，清晰频道传播公司（Clear Channel）和维亚康姆（Viacom）拥有 42% 的听众，并赚得了总收入的 45%。清晰频道通信公司部分为西班牙人广播服务公司所有，但不久之后就被 Univision 公司并购，Univision 公司与 NBC 的 Telemundo 公司一起占领了美国的西班牙裔市场。90% 以上的日报在地方处于垄断地位，为超过 70% 的报纸读者提供服务。

报纸和电视台的所有者从 20 世纪 70 年代的 1 500 家下滑到 600 家，还有可能在新的管制下降至 300 家。好莱坞的主要制片商拥有 80% 以上的电影收入（Wasko，2004），并垄断了电影的产品和发行。1992 年，好莱坞独立制片生产了 16 部新的电视连续剧，而在 2002 年仅有一部。在吝啬的政府资助和依赖于公司资助的模式下，美国公共广播服务（PBS）的潜能变得平庸或者被扭转。甚至是在互联网上，相同的主要媒介公司控制着互联网上最具人气的网站和新闻来源（而这又极大依赖于美联社和路透社等新闻通讯社）。前20名的新闻网站被主要的大型媒介集团控制着。即便是业内人士巴里·迪勒（Barry Diller）都担心，有线电视和电话公司如ISPs将会以不惜审查制度和高昂价格为代价，作为进入互联网的最主要途径（Moyers，2003）。本地电话服务大部分被Baby Bell垄断，而它们自己也在Verizon和SBC两家公司领导下进行兼并，以抵抗远程运行商的准入。电脑制造商、组成部件、服务商以及软件，还包括对“骨干网”的控制，都发生了重大的并购（Boyd-Barrett，2004a）。

电视网抱怨它们将市场份额让给了有线电视和卫星电视（FAIR，2003）。而与之形成对照的是一些替代性频道，这些频道的节目制作仍然是有线电视和卫星电视中最受欢迎的。福克斯作为新闻集团的一部分，已经与有线电视和卫星频道实现了整合。所有的电视网都将产品卖给有线电视和卫星电视频道，广告客户则主要依靠广播电视网覆盖全国的观众。然而，与有线电视和卫星频道这些竞争者不同，广告是电视网的主要收入来源。电视网抱怨，为了使用附属地方电视台的空间，它们还要给予附属台“补偿”。它们认为，本来拥有这些地方台是为了能够削减成本，提高效益与协作。电视网悲叹制作像《老友记》那样流行的电视剧成本在不断增加。当附属电视台使用有限的权利“先占”网络时段播放地方性节目时，电视网感到十分地恼怒。电视网威胁说，如果不通过获得更多电视台所有权来提高利润，它们就无法合理地承担有“品质”的节目的开销，或是购买免费“在空中”传播的体育赛事。电视网将不得不将有品位的节目限制给有线电视和卫星频道播放。鲍威尔支持它们的这一请求，他声称，这是为了15%～25%仍然接受免费电视的电视家庭着想（James，2003）。

广播电视网和他们的母集团公司为了解释利润下降，会回看20世纪90年代的媒介兼并热潮，那股热潮受到了《1996年电信法》放宽媒介所有权限制的刺激，由高水准的债务资助完成。债务加强了商业化进程，也给消费者价格施加了压力。一场利润和股价的危机随之而来，导致股价大跌和公司分拆，让之前的并购理由成为笑谈。

批评观点认为，广播电视网（或其他非地方媒体）对地方台的并购将减少观点的多样性，并在市场上将新闻“去地方化”，而目前大多数人看电视都是为了获得地方新闻（Safire，2003）。保持独立性就可减少播放电视网的节目，促进地方节目的播放。报刊与电视的跨媒体所有权的影响相似。它通过集体运作带来开支的节省（和失业），也可以让媒介集团的所有者提高广告费。有批评认为，效率、合并效果和利润不应该是 FCC 最为关注的问题。他们还认为，鼓吹去管制化的目的是要提高股价和 CEO 们的工资，这是重复导致经济衰退的腐败之路。FCC 的主要着眼点应该是保护公众来自第一修正案的权利，保护对民主及其必要的观点和意见的多样性。FCC 的拥趸们则反驳道：跨媒介所有权市场已经存在，在之前管制的时代就已经孕育了，而新闻在质量和数量上也有了改善。但是，9·11 事件之后，多样化、批判性的观点缺乏，或是在入侵伊拉克的准备阶段，记者承认进行了自我审查，而且受到来自广告客户或母公司的压力（Croteau and Hoynes，2001），这都说明了所谓的改善是微不足道的。

规模与新闻质量议题

尽管地方新闻是高赢利的由广告驱动的生意，但地方电视台不是解决新闻集团问题的万能药。毋庸置疑，媒介的兼并带来一系列与地方电视台相关的扩张实践（在 2004 年度杰出新闻项目中有记载）。这包括反映式和表面化的报道，视觉和感觉的同化，更倾向于立即给出结果而不再是讲故事式的娓娓道来，地方主义（76%的报道是地方的），犯罪新闻的支配地位（占到 24%，其次是事故、奇闻、火灾和灾难报道，占 12%，人情味报道占 10%，政治报道占 10%），尤其是简报（70% 的新闻报道在 1 分钟之内），很少的调查性报道（仅有 7%），单方面报道（其中 60% 的报道都是有关争议的），极少的独立政治报道（为何要减少政治家对广告的推动力?）以及强调品牌甚于内容本身。新闻媒介日益依赖一种不需要驻外记者的报道（比如企业的新闻发布录像）。天气报道就是观众要收看电视的重要原因。甚至声称地方主义也日益成为一个幌子，新闻采编室是为众多广播电台和电视台服务的（即“中心+地方运营模式”），使用的不是当地的新闻节目主播或节目主持人，播放的节目是为不同市场专门编制的。公司希望新闻采编室做得多要得少，增加新闻播出时间，同时降低预算成本。四分之三的广播电视台有机动记者，但其中很多人都是兼职的。电视台由本地所有者拥有，且只拥有一至两家电视台的情况正在消失。

公众开始希望大型媒体可以提供有充足投资的节目，包括全国和全球新闻服务。然而在实际中，大媒体却不是公共利益可信赖的保护者。这不仅仅是因为大媒体不能为信息的收集和传递维持充足的资源，而且还在于它们不能在出现重大事件时保护公共利益，这类事件包括2000年的总统大选，2001年9·11恐怖袭击事件，以及其后对阿富汗的入侵和2003年入侵和占领伊拉克（Boyd-Barrett，2003b）。

2004年的“杰出新闻项目”研究小组（PEJ）的报告发现，媒体在可信度和公平报道方面不能获得公众的信任。59%的公众认为新闻组织是有失偏颇的，仅有59%～66%的公众对他们的报纸和电视网提供的新闻服务给予信任。人们日益不再相信那些拥有新闻媒介的巨型公司。

电视新闻的相对衰退

尽管仍然是“美国看得最多和最有影响的新闻媒体”，电视网的新闻比率从1993年到2003年下降了34%，自1969年以来下降了59%，而中年观众增加到60%（这一章的大多数数据来自2004年PEJ报告）。傍晚地方新闻的共有份额也开始下滑，从1997年的50%下降到2004年的41%。曾经辉煌的电视网新闻杂志类节目现在也不那么定期出现了，2003年该类节目的所占时长仅为1997年的1/5，收入下降48%。新闻杂志类节目不再是覆盖一天的重要新闻，而是擅长生活方式与行为举止、消费者新闻和娱乐。作为一种廉价的类型（只有电视剧成本的一半），它们的经济效用已经被

"真实电视"所取代。

2003 年对政府的报道（占所有电视网新闻报道的 18%）是 1987 年的一半，甚至早间新闻的数量更少。新闻部门成为大的广播公司中又小又不赚钱的部门，自身只占到其多媒体或母集团公司总利润的 5%~35%。过去新闻部分曾被认为是最赔钱的，但可以让管制者不对母公司指指点点，而现在新闻部门逐渐以利润回报作为判断标准。在今天这样一个国际冲突代价高昂的时代，电视网面临激烈的挑战。电视网日渐用一种不那么严肃，能吸引广告客户的消费者导向报道方式面向年轻观众，并且在其中还穿插更多的商业广告（两个小时内广告时间超过 30 分钟）。由于新闻各部门的大量裁员，使得他们不得不用更少且缺乏经验的驻外记者生产制作与以前数量相当或更多的报道。从 1986 年到 2004 年，在日均晚间新闻播报中出现的驻外记者数量下降了 1/3 以上。每个电视网都曾在海外拥有 15 个办事处，但现在大约只有 6 个，而且其中有些员工还是自由撰稿人。新闻节目的时间越来越短，从 1991 年到 2002 年，30 分钟的晚间新闻中新闻的播报时间从原先的 21 分钟减少到 18.7 分钟。

那么是否有其他新闻来源来弥补新闻的衰败呢？有线电视已经蚕食了电视网的观众份额，但是 2003 年电视网的夜间新闻播报每晚的观众仍然是有线电视黄金时段观众的 12 倍。有线新闻观众的年龄稍低于电视网新闻的观众（MSNBC 公司的数据为 52.4 岁）。PEJ 的报告显示，新闻的品质、可信度和严肃性是新闻节目中最需要的。62% 的有线新闻是采用"直播"模式，其中大多数是以新闻节目主播采访的形式进行。有线电视中记者的角色常常限定为现场即兴发挥，不再强调编辑好的故事和报道方式。多数有线电视的新闻接近于"初稿"。说话的能力和电视镜头感超过了以往对传统新闻记者能力的强调，如写作、编辑、培养消息来源、撰写配图文字等能力。有线新闻的新闻消息来源没有电视网和报纸的来源充足。PEJ 的报告称这种现象为"福克斯效应"，即"运用较少的员工，生产的新闻聚焦更少的话题，更少编辑新闻，更多地进行现场直播报道"。

除去几份全国性报刊如《今日美国》、《纽约时报》和《华尔街日报》，美国的报纸读者数量自20世纪70年代以来一直处于萎缩状态。从20世纪90年代开始，除开人口增长的因素，这种萎缩状况已演变成绝对趋势，跨越了大多数年龄层和人口学意义上的分群。而对于广告客户来说，报纸仍然保持了一定的吸引力，广告商提供了报纸总收入的80%，使得报纸比其他媒介拥有更多的记者、编辑和新闻采集能力。但是全国性报刊中最重要的7%支配了总发行量的55%，报刊媒体在员工数量和资源上都有一个净下降。报刊媒介2002年比1990年少了2 200名新闻编辑人员。收购之后往往就是大幅裁员，这极大影响了那些有经验、高薪水的记者和编辑；工作量的增加和预算的削减又给职业培训、旅行公干或是调查和深度报道的资源带来了不良的影响。

2003年，每两个美国人中就有一个在上网，而这些人中的1/2到2/3有时候会浏览在线新闻，网络比其他传统媒体更容易吸引年轻一代消费者。但是一些主要网站还没有达到盈亏平衡，其收入只占其母集团公司总收入的很小一部分。只有少量的媒介集团处于支配地位。时代华纳控制着前4位新闻网站中的两家。近一半最具人气的网站被10大媒介公司拥有，并且这10大媒介公司中的4家属于同一个母公司，而这4家还是盈利最多的公司。网络新闻在很大程度上是由传统媒介新闻材料组成的。只有1/3主要网站的头版文章出自该网站员工之手，而大多数材料甚至也不是互联网原创的。42%的头版文章是由未经编辑的电讯报道组成，主要是由美联社和路透社提供，还有1/4则是经过部分编辑或补充的电讯报道。

对公共利益的背叛

从2000年到2004年，主流媒体在前所未有的全球重大议题的报道上没有很好地服务公众，公司化、集团化和商业化并不能充分解释失败的原因。有观点认为主流媒体在这些议题的报道上犯下了合谋的罪行，才导致报道的失败。我并不认为媒介对以下新闻事件没有任何报道，而是这些事件的报道被转向了一边倒的方式，以犹豫的、零星的、单方面的（或是经常被忽略的）方式而不是用持续的、好奇的、充满洞察力和热情的方式，或是一点充满合理愤怒的方式，代表被伤害和被误导的公众。

2000 年美国总统大选的新闻报道没有将布什王朝的黑暗一面传达给公众：他们曾为纳粹政权服务；他们与猪湾事件、伊朗门及国际商业信贷银行的丑闻有关；他们与情报和军事集团勾结；他们是耶鲁大学“骷髅会”的封建小丑；小布什有酗酒、吸毒、内幕交易和重新信仰宗教等经历；这个家族与沙特阿拉伯精英有联系；他们在大商业利益面前虚弱的表现；他们忽视并轻视环境问题；还缺乏同情心（Boyd-Barrett，2003a）。如果不说“新保守主义”阴谋集团是在里根执政时期开始密谋，那么可以说它开端于第一次海湾战争，如果再出现一个“新珍珠港”事件，他们会做些什么呢？这一集团为两代布什政府所共有，它的思想根植于精英阶层中和马基雅维利主义之中。它与“大以色列国”院外游说集团和基督徒右翼有密切的关系，而后者伪装成“新美国世纪项目”和“美国企业研究会项目”等智库。以上这些对于 2002 年的美国公众来说绝对是令他们大吃一惊的事实。根本不要等到凯文·菲利普斯（Kevin Phillips）在 2003 年关于布什王朝的论著才能揭发出来。早在当年选举结束前，格雷格·帕拉斯特（Greg Palast，2002）就向英国媒体揭露了 2000 年佛罗里达州竞选的犯罪事实，而美国主流媒体却在数月后才将其公之于众，还顺手把报道放到内页里。到 2004 年中期，腐败和无纸投票机的问题终于占据了《纽约时报》至少 3 篇社论的主题，无纸投票机正是由右翼寡头垄断商控制的，他们的行为没有受到任何监管部门在审查或者颁发许可证上的限制。这类文章出现在媒介议程中，太少，也过迟了。

2001 年 9·11 恐怖袭击增加了越来越多复杂且令人不安的问题（Boyd-Barrett，2003b；Griffn，2004）。在这里列举一二。在事件发生前，政府内部和海外情报部门就已经发出了相关的准确警告；拦截被劫持飞机的标准操作程序失败；在是否有武器带上了航班的事情上，相关证据彼此矛盾；专家推测飞机是被远程控制的；9·11 之前华尔街出现了相关预测。在一个民主功能正常运作的媒介，以上任何担忧都能在报纸占据头版位置数月。追查炭疽杀手是一个相关线索，却没有一个媒体愿意费劲跟进。没人敢探寻，到底是一个系统还是某个个人是这一事件的根源。媒介偶尔不那么热心地消极而怯懦地等待正式调查的结果，而那些调查系统本来就是不完备和受到污染的，如2003年联合情报委员会的报告和2004年基恩委员会的报告。新闻媒体小心翼翼地合作。先是认为推翻塔利班是合理的，甚至是对9·11恐怖袭击事件有用的反应（因为大多数劫机犯是沙特阿拉伯人，给罪犯提供经济资助的也是沙特阿拉伯人。塔利班是巴基斯坦与沙特阿拉伯和美国联盟后的产物，劫机嫌犯在国际国内的情报人员眼皮底下活动了好几个月，而他们却毫不知情）。有了以上的荒谬观念后，其后的几个月美国媒体忽视石油议题，忽视战略利益和美国在中亚的军事基地议题，也没有调查出9·11事件其他可能的嫌犯，全然没有意识到在9·11之前，政府就计划在10月份入侵阿富汗的证据。当荒诞的复仇上演之后，媒体只是列举了政府长期以来筹备入侵和占领伊拉克的计划，把政府散布的每一个谎言当真话，哪怕替代性媒介在政府说谎当天就揭发这是个谎言。

资源的问题不能解释这样的失败，因为即使是被有理性、充满好奇心、思想开放的个体运作的小网站也能在这些议题上提供比主流媒体更好的服务，这仅仅是因为它们的作者读书、研究海外无论是主流媒体还是替代性媒体的资料，并且进行独立的、批判的、历史的、政治的理解与质疑。赫尔曼和乔姆斯基（Herman and Chomsky, 1988）的宣传模式恰当地说出了主流媒体的问题，但说得还不够。这一模式确认了媒介所有权对新闻的“过滤”、媒体对广告的依赖、标准化的新闻流程、畏惧抨击性报道，以及深植于主流媒介的无能与共谋之中的意识形态有色眼镜。模式声称媒介并不是有阴谋的，但是却不能调查如果所有权是一个重要因素，那么所有者如何做到以一种及时和统一的方式管理媒体作出那样的报道，而且还那么一致地为军事工业集团的战略目标服务。这个模式不足以说明情报机构以及其他特殊利益对媒体无所不在的渗透。但是，这一模式为我们一次性进行流畅的研究提供了一个理论框架。在苏珊默勒（Susan Moeller，2004）关于媒体对大规模杀伤性武器的报道研究中，她指出了媒体是如何惯例式地充当政府的速记员的，随后她将这些归咎于诸如倒金字塔写作文体的因素上，因为这种报道文体预设了来自权威官方的消息来源应当首先被提及，由此决定了什么样的表达方式和框架结构应当被放置在重要的位置上。这与社会学列举的媒介优先使用权威部门的消息的列表相符，也与议程设置理论相一致。但是这并不能说明如此不符合要求而且危险的操作手法怎么能够在一个自我标榜的具有批评性和专业性的行业内一再使用，这个系统根本是服务于精英阶层的，而且他们知道是这样的。

作为监督者的新闻业

为了保护公众传播空间免受更进一步公司殖民化的侵害，我们必须怎么做呢？首先，非政府的和可信度高的媒介监督机构要持久、协作、公开化地付出努力，以揭露媒介每日对传播特权的滥用，这些特权都是政府不计后果地授予那些媒介巨头的；还要揭露媒介公司在保护公众利益免受商业利润和政治腐败侵害时表现的无能；并且揭露媒介公司与财阀政治精英的勾结。我们需要一个非营利机构和艺术家、知识分子、教育家之间的结盟，不懈地为替代性媒体、非主流的新闻和娱乐来源呐喊摇旗，呼吁主流媒体的改革。我们需要实力雄厚的富豪财阀成员，能被说服资助在主流媒体中发出新的声音和开设新频道。对于改革者来说，长期的目标应当要建立一个广泛的传播空间，在这个空间中，通过平等的权力，所有的体验和观点都能被呈现，所有的声音都能被听见。更重要的是，我们的目标必须是建立一种公民管制的新文化，是一种政府与公民通过媒体进行交流的文化，它反映的价值和实践不属于有钱人，不属于企业，也不属于宗教的原教旨主义分子，而是属于人民。在这样一个改革的传播环境中，带来有效性的措施之一就是媒介在设置议程上具有意愿、能力、智识和道德上的领导，对于现实中地方和全球性问题进行中肯的反映。媒介所反映的问题是影响普通百姓和整个社会的，而不是或者可能特别是和政客、军事、企业和富豪阶层的呼声相反。

后 记

2004年6月17日，参议院投票赞成废止FCC在2003年6月提出的改变要求。预计众议院类似的投票结果会受到国会领导者的抵制。一周以后，曾经保留FCC改变条款的美国上诉法院费城第三巡回法庭以2：1的投票结果发回案件，要求他们做进一步的考虑，他们所依据的理由是证据和逻辑都不能合理说明FCC的规则变化是服务于公众利益的（Labaton，2004；Rintel，2004；Squeo and Flint，2004，为主要来源）。

法院没有驳回FCC放宽媒介所有权限制的权利，但是要求它必须以不“专断”和“反复无常”的方式完成。讽刺的是，这一语言表达方式让人们回想起2002年华盛顿特区巡回法庭审判的语言。当时，福克斯电视台和其他媒介巨头对FCC作出投诉，依照《1996年电信法》中要求FCC每两年对所有权进行重新审查的规定所代表的精神，华盛顿特区巡回法庭认为，FCC当年维持当时所存所有权限制的决定，是“专断”和“反复无常”的。FCC的主席迈克尔·鲍威尔称费城的审判结果是“混乱的”，并且认为现在国家有关媒介的法律“布满阴云，杂乱无章”。

联邦上诉法院裁定FCC应当弥补在多样性指数上的漏洞，因为该多样性指数曾是FCC决定新的地方跨媒介所有权规定的依据。联邦上诉法庭认为FCC观点中“本质的缺陷”就是认为，不管不同媒介的市场占有率为多少，它们都对多样性和市场竞争作出了平等的贡献。法院还对FCC在决定地方媒介声音数量时，把有线电视和互联网媒体排除在外提出了质疑。上诉法院对地方广播市场进行了新的界定，这将普遍防止大型广播公司在确定市场身份的时候不区分中波和调频电台的做法。

联邦上诉法院没有重新审查任何一家公司的电台、电视台的全国听众、观众能达到的最高上限（美国国会与白宫达成协议，让它保持在39%）。（业内人士指出他们将继续推动上限值数的改变，使之基于实际观看而非潜在观看）。上诉法院批准了 FCC 提出的有关撤销同一家实体企业可以在相同的市场上拥有地方的报纸、电台和电视台的限制。

上诉法院暂停了所有 FCC 关于新闻媒介所有权的法规，直到 FCC 有机会重新审查起草的新法规。FCC 的选择是要么重写法规，要么上诉至最高法院。以上两种做法都有可能花费一年或更长的时间。

上诉法院的判决得到了以下组织和群体的欢迎，它们是：媒体接近项目、电视制片人会议、作家和导演、媒体创意中心、数字化民主中心、美国消费者联盟、消费者协会、父母电视协会、全国教会大会，还得到了 FCC 委员迈克尔·J. 科普斯（Michael J. Copps，民主党成员）的欢迎。库布斯认为，是时候该“FCC 开始在广播电视媒体中提供一系列鼓励地方化、多样化和竞争的法规，而不再总是对大媒介集团的收购活动放行”。他还更进一步指出，没有持续的草根力量的注入，FCC 的委员可能会“回到对媒介民主十分不利的法规上去，而那些也正是国会和法院所抵制的”。

参考文献

Ahrens, F. (2003a) Unlikely Alliances Forged in Fight over Media Rules, *Washington Post*, 16 May.

Ahrens, F. (2003b) FCC Releases its New Media Ownership Rules, *Washington Post*, p. E01.

Ahrens, F. (2003c) Senate Move to Block New Media Ownership Rules, *Washington Post*, 16 July.

Alexander, A., Owers, J., Carveth, R., Hollifield, C. and Greco, A. (2004) *Media Economics. Theory and Practice*, third edition, Mahwah, NJ: Lawrence Erlbaum.

Bagdikian, B. (2004) *The New Media Monopoly*. Boston: Beacon Press.

Bartash, J. (2003) FCC grilled on media ownership rules, CBS Marketwatch.com, 4 June.

Boehlet, E. (2003) Congress to Big Media: Not so Fast, Salon. com, July.

Boyd-Barrett, O. (2003a) Imperial News for the New Imperialism, *Third World Resurgence*, N. 151-2, pp. 44-48.

Boyd-Barrett, O. (2003b) Doubt Foreclosed: US Mainstream Media and the Attacks of 11 September 2001, in D. Demers (ed.), *Terrorism, Globalization and Mass Communication*, pp. 3-33. Spokane, WA: Marquette Books.

Boyd-Barrett, O. (2004a) Cyberspace, Power and Globalization. Paper presented to the annual conference of the *International Communication Association*, New Orleans, 31 May.

Boyd-Barrett, O. (2004b) Understanding: The Second Casualty, in S. Allan and B. Zelizer (eds) *Reporting War: Journalism in Wartime.* London and New York: Routledge.

Cooper, M. (2003) *Media Ownership and Democracy in the Digital Information Age.* Stanford, CA: Center for Internet and Society, Stanford Law School.

Copps, Michael (2004) Corporate Media and Local Interests Downsizing the Monster, *San Francisco Chronicle*, 19 July.

Corn-Revere, R. and Carveth, R. (2004) Economics and Media Regulation, in A. Alexander, J. Owers, R. Carveth, C. Hollifield and A. Greco (eds), *Media Economics: Theory and Practice*, third edition, pp. 49-67. Mahwah, NJ: Lawrence Erlbaum.

Croteau, D. and Hoynes, W. (2001) *The Business of Media.* Thousand Oaks, CA: Pine Forge Press.

Deggans, E. (2003) Diverse Critics Fight FCC on Media Ownership Rules, *St. Petersburg Times*, 29 April.

FAIR (2003) Will the FCC help big media get even bigger? *Fair. org*, 20 May.

Griffn, D. (2004) *The New Pearl Harbor: Disturbing Questions about the Bush Administration and 9 · 11.* Northampton, MA: Olive

Branch Press.

Herman, E. (1998) *The Global Media: The Missionaries of Global Capitalism.* London: Cassell Academic.

Herman, E. S. and Chomsky, N. (1988) *Manufacturing Consent: The Political Economy of the Mass Media.* New York: Pantheon.

James, F. (2003) FCC Chief Warns of Future Shock. *Chicago Tribune*, 7 September.

Labaton, S. (2004) Court Orders Rethinking of Rules Allowing Large Media to Expand, *New York Times*, 25 June.

McChesney, R. (2000) *Rich Media, Poor Democracy: Communication Politics in Dubious Times.* New York: New Press.

McChesney, R. (2004) *The Problem of the Media: US Communication Politics in the Twenty-First Century.* New York: Monthly Review Press.

McChesney, R. and Nichols, J. (2003) Up in Flames. *The Nation*, 17 November.

Moeller, S. (2004). *Media Coverage of Weapons of Mass Destruction.* College Park, MD: Center for International and Security Studies at Maryland.

Moyers, B. (2003) Barry Diller Takes on Media Regulation. *NOW with Bill Moyers*, 28 April.

Nichols, J. (2003) FCC Rejects Public Interest. *The Nation*, 3 June.

Nichols, J. and McChesney, R. (2003) Public Be Damned. *The Nation*, 3 June.

Null, B. (2003) Diverse critics fight FCC on media ownership Rules. St. *Petersburg Times*, 29 April.

Palast, G. (2002) *The Best Democracy that Money Can Buy.* London: Pluto Press.

Powell, M. (2003) New Rules, Old Rhetoric. *New York Times*, 28 July.

Project for Excellence in Journalism (2004) *The State of the News Media 2004: An Annual Report on American Journalism.* New York:

Colombia University School of Journalism.

Rintels, J. (2004). Michael Powell Lays an Egg. MediaChannel. org, 29 June.

Safire, W. (2003) Localism's Last Stand. *New York Times*, 17 July.

Squeo, A. M. and Flint, J. (2004) Court Bars Media-Ownership Rules. *Wall Street Journal*, 25 June, p. A3.

Stolberg, S. (2003) Media Ownership Deal Reached, Clearing Way for Big Spending Bill. *New York Times*, 25 November.

Tourtellotte, B. (2003) Major Media Players Square Off On FCC Rule Change. *Reuters*, 28 April.

Wasko, J. (2004) *How Hollywood Works*. Thousand Oaks, CA: Sage.

第二十六章　全球公共空间中的新闻

英格里德·沃尔克默

- 你如何描述全球公共空间中的“国外”新闻?
- “国家”和“亚”国家新闻受众之间存在着怎样的关系?
- 你如何界定在跨国时代运作的新闻组织的责任?

自20世纪80年代中期以来，世界各地之间新闻与政治的交流发生了巨大的变化。这一变化包括各种各样的因素。其中一个关键因素是卫星容量的增大，它降低了卫星的租赁费用。基于这一发展，跨国公司能够跨国传送它们的节目。然而，同时较小的公司(甚至一些“草根”公司)也日益能够担负得起用卫星传输节目的费用。此外，基于这些新的结构，我们正面临着“全球”新闻流通的日益多元化。我们需要新的分析概念以帮助我们更好地理解跨国时代下由新闻业引起的种种后果。

除了西方那些我们所熟知的主要广播公司和通讯社向全世界传输它们的节目以外，比如CNN的国际频道(CNN国际频道)和BBC的世界服务电视(BBC-WS-TV)，同样也存在着跨国际的新闻频道。这些频道于20世纪80年代中期开始出现。其中包括阿拉伯新闻频道(Arab News Channel)、半岛电视台(Al Jazeera，设于卡塔尔)以及ZEE-TV(一个非常成功的电视频道，主要针对世界各地的印度侨民社区)。而除了这些跨国频道以外，各种小规模的但在世界各地已拥有了大量观众的“草根”电视台业已出现。它们往往是由各种组织机构(甚至包括企业个人)赞助支持，并在新的全球新闻流通基础之上发送针对特殊受众的节目。总的来说，这些发展往往被那些机械地认为全球化必然与媒介帝国主义相联系的观点所忽略。

对世界范围内政治传播新渠道进行评价，发现广阔的全球公共“坐标”正慢慢划定。比如，跨国媒体通过对公众舆论显而易见的影响去影响政府的决策过程。这一现象最初被描述为“媒介外交”(media diplomacy)。它的产生主要得益于 BBC 和美国之音（VOA）的国际影响力。然而最近，CNN 通过 24 小时新闻频道（24-Hour News Channels）在各种国际政治危机中（参见 Robinson，2002，2001；Neuman，1996；Rawnsley，1996，Seib，1996）所发挥的强大作用重新修订了“媒介外交”这一概念。而所谓的“CNN 因素”(CNN factor) 则被用来代表这些频道对决策者以及他们的决定所产生的影响，比如在人道主义危机中。同时，其他思考路径还考虑到以“软实力”进行“公共”外交而出现的新的政治传播平台（Tehranian，1999）比如，坎宁安和辛克莱（Cunningham & Sinclair，2001）讨论了新的跨国“流亡”文化与身份的问题，这一问题意味着在任何一个国家内建立“少数族群”的政治社区。同样地，柯伦和朴（Curran & Park，2000）提倡在全球新舞台上的媒介研究应当“去西方化”，以更好地比较媒介全球化对不同国家体系的影响。

这都是一些重要的新概念。而依我之见，在这个新的全球化框架中，应当把这些概念都纳入到政治传播的整体理论路径中。我认为，如果用一种全球化的视角来看待这些现象，那么就只能发现跨国政治领域的多样性、密集性，及其在和平时期与危机时期所具有的不同形式。这一理论路径承认“全球的整体性”，也就是说，它注意到了某些“连接形式”(formats of connectivity)。这些“连接形式”可以帮助我们区分民族与国家的公共空间，以及与“全球公共空间”的区别。其中，前者是基于国家民族的设想而提出，而后者则代表着一种新型的超社会政治领域。①

① 在这一讨论中，我需要对“民族”和“国家”政治领域进行区分。民族政治领域是建立在一个共同的基础之上的，即“民族”和某种共同的“人民”身份之上的。而国家政治领域则是建立在政治权力和政府势力的基础之上的（比如集权国家）。

提供政治信息与新闻的跨国频道

频道类型	名称	目标受众
商业的	CNN 国际频道	对西方观点感兴趣的受众
公共服务/商业的	BBC 世界服务电视	对西方观点感兴趣的受众
国有的/商业的	半岛电视台	阿拉伯侨民社区及对西方观点感兴趣的受众
商业的	ZEE TV	印度侨民社区受众
国有的	CCTV-4	华人社区受众
公共服务	RAI	意大利侨民社区受众
国有的	阳光频道	韩国侨民社区受众
国有的	ARY 数字	韩国侨民社区受众
国有的	STN TV 索马里电视网	索马里侨民社区受众

德国哲学家尤尔根·哈贝马斯对作为一种交往空间的“公共领域”所具有的作用作出了具有深远意义的分析。“公共领域”为欧洲的资产阶级提供了一种全新的社会权力空间（Habermas，1992）。① 哈贝马斯有关在欧洲国家语境下公共领域的政治作用的著作于 1962 年在德国出版。这一著作对所有后来关于“公共”这一政治概念的讨论产生了广泛的影响。然而，我们应当谨记的是，在哈贝马斯的分析中，“公共”这一术语和“现代”国家建立的特殊过程（在欧洲，现代国家的建立是以一种非常独特的方式进行

① 大众媒介越来越强大的影响力以及“二战”后不同国家从传统社会向大众消费社会（Riesman，1970）转变的社会过程（在这一转变过程中，大众媒介同样发挥着主要的作用）给哈贝马斯留下了极为深刻的印象。而正是基于此种印象，哈贝马斯于 20 世纪 60 年代提出了这一基本分析。近几年来，他对其中的某些观点做了修改。

的）是紧密相连的。在他的理论里，这样一种欧洲式的国家“公众”介于国家（政府）和“人民”之间；或者，换种说法，在市民社会里，介于国家机构和共享的主体性之间。哈贝马斯（1992）指出，最初公众讨论的中介是“公众对理性的使用”，而这其后被媒介形式转型为所谓“公共”意见的操纵与管理（Habermas，1992：105）。按照哈贝马斯的观点，大众媒介随着它们的商业化和“大众”市场方法，有效地成为一个伪公众论坛。它们在脱口秀和电视节目的“讨论”中模拟辩论，而更广泛的公众议题和讨论湮没在被彼此分割的、日益孤立的私人领域中。

相反，全球公共空间不仅由各种各样的“公众”(形成于不同的社会文化传统）组成，而且越来越多的跨国个人和团体开始使用全球公共机构。也就是说，在考察全球或跨国层面的问题时，我们可以在新的传播机构确认不同的民族或国家的“公众”。他们确立了自己的话语体系，这些话语未必是“理性的”(至少不是哈贝马斯认为的那种)，但它们以一种“全球的理智”发起不同论战。典型的例子是，它们唤起了大都市（康德意义上的）“公民”这个概念，和宗教世界观，从不同的全球视角否定意识形态立场。

在现代国家建立的时代，公众试图在国内建立民主机构。而“全球公共空间”则由一些非常特殊的机构（跨国新闻媒介）组成。这些机构作为新近出现的“全球公众”的组成部分紧密地结合在一起。正是由于这个原因，政治媒介的作用和意义与哈贝马斯的理论所设想的相当不同。在全球公共空间，新闻媒介被视作世界政治发展的“参与者”和“反射镜”。它们创造着世界的“代表”，而这些代表形成了人们的世界观。全球公共空间的理论路径把在这一意义上的跨国媒介（电视、因特网）视作“公共”机构，因而不管怎样它们创造了自己的“公共”话语平台。在这一意义上，“全球公众”将打破民族和国家的平衡。而且，与哈贝马斯的分析不同，“全球公众”将不再被定位在政府和“人民”之间，而将超越民族和国家，被定位在一种新的跨越国际的超社会领域，一种无社会组织的新的超国家和亚民族的开放空间。

从“联系性”网络到“连接性”网络

回顾过去二十年跨国媒体的基础结构，揭示出特定的“网络”塑造着特定的“全球公共空间”概念。如今，现存的新闻媒介基础结构创造出特定的“连接性”模式。

麦克卢汉（McLuhan）关于“地球村”的比喻是对国际化的深远影响作出的最早的说明。在国际化的过程中，世界各地不同的社会被暴露在同样的符号和信息之中。麦克卢汉的想象力深受媒介第一次在全球范围内“现场”报道新闻和政治事件的影响。尽管麦克卢汉的这一比喻以及其他比喻都被广泛地用于对全球化过程的描述，但我们要谨记的是，在这个时代，卫星实况转播不再像当下世界许多地区那样直接地把家庭作为目标对象。相反地，“现场”报道被发送到国内广播公司的编辑部，然后按照通常意义上的“把关”程序由编辑为他们的国内受众编辑这些国际的“现场直播”事件。我们可以举一个例子：阿尔及利亚电视台报道了阿姆斯特朗登月事件，并依据本地的情况发表了评论。评论这样说道，阿姆斯特朗在穆安津（在清真寺塔顶按时呼唤穆斯林信徒做礼拜的人）的呼唤中跨出了他的第一步。就这样，这一独一无二的科学成就被赋予了一种宗教色彩。而这一世界性的事件正是通过这种宗教的方式被“通俗化”地呈现在了本地穆斯林受众的面前（Volkmer，1998）。

在政治交流方面，“世界”变得日益国际化。然而，用今天的观点来看，这也仅限于某种非常有限的，或者像上面的例子所提到的“通俗化”的意义层次上；更确切地说，它与由“世界政治新闻区域”构成的网络相一致。这些世界新闻区域是根据麦克卢汉时代的“相对性”网络所创造出来的。这意味着从一个国家的立场去看待世界事件及其他的国际事件。在这个意义上，国内的新闻媒体提供分析的“框架”，并据此来定义与它们自身的国内议程相关的“国外”新闻。当然，与此同时，也建立起了欧洲新闻的垄断性联营，比如欧洲电视网，它为西欧国家和亚洲电视网提供新闻镜头（参见 Boyd-Barrett and Rantanen，1999）。我们甚至可以说，整个新闻的基础结构，即新闻通讯社的基础机构事实上是建立在这种“相对性”概念之上的。

19 世纪，通讯社随着殖民列强的路线运营。路透社的报道深入到英联邦的每一块殖民地，而法新社则对非洲那些说法语的地区进行报道等。在 20 世纪，整个 70 年代，一系列关于全球信息不平等的问题时不时地被发展中国家在联合国教科文组织进行的辩论中提出。这些既定的信息流动路线因为对地方新闻事业所造成的不利影响而受到批评。它们构成了南方国家的“从属”地位，并因此塑造着人们脑海中有关世界的刻板成见。正如史蒂文森和科尔（Stevenson and Cole，1984：48）所说：

> 在新闻从通讯社——大部分，但并不全都是西方的——流向媒介系统这一过程中，一个需要考虑的重要因素是通讯社的材料对当地编辑的影响程度。按照通俗的说法，通讯社经常通过告诉当地的编辑（依次是他们的读者）应该考虑世界的哪一部分以及哪些议题来为媒介设置议程，即使一些大的通讯社并不直接地影响新闻的提供方式。
>
> （Stevenson and Cole，1984：48）

当然，这些“联系性网络”中所谓的国际信息始终被西方，尤其是西方的新闻来源所支配。

在 20 世纪 90 年代初，社会学讨论提出了一种新的全球化模式。这一模式强调支撑全球化的多样化的反对过程。在这个时期，新媒介尤其是人造卫星带来的媒介机构建立了起来，其中许多机构可以很轻松地避开以前的国内媒体所实施的把关环节。这些机构可以通过有限输出、节目合作协议以及直接到户的卫星传输直接瞄准分布于世界各地的受众客户。这些发行模式建立起了新的网络类型。而它们可以被描述为“连接性”的网络（与前面的“联系性网络”相对）。

在这个新的连接性网络的空间内，CNN 是最早出现的媒介机构之一，它通过独特的多样化全球化节目安排直接为千家万户提供“本地”及“全球”的新闻资讯。CNN 国际频道作为 CNN 的国际窗口，通过提供连续不间断的新闻报道迅速地向先前的“联系性网络”（它们对于新闻有严格的时间限制）发出了挑战。一位 CNN 记者在谈到 1991 年第一次波斯湾战争最初发生的事件时说：

> 我记得当我第一次听到巴格达正在遭受轰炸时，我正在采编部。你要知道，亚特兰大的这群人比世界提前大约两分钟的时候就知道了这一消息……世界是因为 CNN 而得知这一消息的，我想那可能是最引人注目的新闻成就了吧。
>
> （引自 Volkmer，1999：146）

这种持续不断的新闻报道加强了新闻的即时性，同时它也通过目击者、“突发新闻”报道减少了事件的接近性。新的新闻类型被包装，并以一种通讯社式的订阅方式直接提供给世界各地不同的地方广播公司。所以，当 CNN 国际频道作为“全球新闻的引导者”出现时并不令人惊讶。它已经开始取代以前那些力图创造出一种全球新闻平台的地方与国内新闻的“联系性”模式。《世界报道》便是一例。其中，来自世界各地的广播电视人提交“他们”对某一事件的看法（参见 Flournoy，1992；Volkmer，1999）。

因此在 20 世纪 90 年代中期，像《世界报道》这样的栏目形式提供了独特的全球新闻平台，这已经开始转变以前播报“外国”新闻的“联系性”模式，这种模式往往为国内受众将国际新闻“本土化”。这些改革对于 CNN 国际频道这样一个为跨国政策提供政治信息的机构的建立起到了促进作用。在如今的网络时代，这一平台仍然被使用着。国家领导人通过它“向全世界”发表声明，或者提供罕见的访谈，比如与萨达姆·侯赛因（Saddam Hussein）的访谈。前利比里亚总统查尔斯·泰勒（Charles Taylor），利用 CNN 向（西方）世界，同时也向美国政府宣布他的辞呈。

因此，在这些连接性网络中，多样性因排他主义和普遍主义的新构造得以继续加强。而需要说明的是，有的媒体围绕民主、妇女权利以及生态等议题，将目标锁定为特定的跨国群体。这样一来，它们逐渐削弱了民族国家的公共领域基础，甚至动摇了人们所熟稔的“内部”与“外部”之间的区分（Robertson，1992：16）。同时也有人认为，以往的全球化进程倾向于将全球文化同质化，这种网络建设的路径通过对纯正性和身份的加强，使得全球化两极化。

依我之见，公共空间在某种程度上正融入到全球公共空间之中，并在寻找新的“连接”方式。然而，值得一提的是，在政治媒体的跨国基础结构中，公共空间（或者，甚至是全球公共空间）这一术语有可能让人产生误解，认为它是狭窄地局限于作为社会的民族，以及政治“连接”结构。相反，全球公共空间形成了一种有关政治传播的新的跨国维度。这一维度影响着民族国家的政治领域。在这里，我们再次引用半岛电视台为例。虽然需要通过非法的卫星天线才能接受到半岛电视台的节目，但它对阿拉伯国家的政治话语颇具影响力。

超国家与亚民族的内部结构：连接性的自我参照空间

跨国媒体作为全球公共空间之内的公共机构同样以一种超国家的模式运行着。它们为世界各国不同的移民提供服务。这些移民时常缅怀那些自己曾生活于其中的“公共”文化。虽然拥有不同的文化和政治背景，但这些亚民族“公众”却展现了某种共同的连接性基础。正如卡斯特尔所说，“这种网络社会建立的基础是，大部分个体和社会群体在本土与全球的联系上是体系性分离的”（Castells,1996：11）。在跨国语境下，媒介扮演的角色是，以不同的“自我参照”空间类型和连接性模式，将这些“分离的”个体与社会群体重组。

在网络社会中，政治信息的流动在超国家和亚民族的维度上，对卡斯特尔（1966）所说的“身份”概念赋予重要的含义，从而以一种新的跨国类同精炼“意义”。可是，媒介作为自我参照的机构所发挥的作用，即作为全球公共空间中的身份构建（个人的和公共的）和传播的支撑系统，在国际传播理论中还没有得到很好的认识。尽管网络提供了交互的空间以及非常特别的信息类型，但跨国电视频道依然沿着所有不同的连接性模式运行着。这些所谓的“分裂的媒介流”被作为“流亡人群的”媒体加以讨论（Cunningham，2001），并且经常被界定为“政治文化的全球窄播”。吉特林（Gitlin，1998）称它为亚民族“球体”（sphericals）。哈特利和麦基（Hartley and McKee，2000）则称之为“不完全的球体”（semiospheres）。总之，这些观点引起了关于新的媒介所支持的身份认同的有趣讨论（参见 Cunningham and Sindair，2001）。然而，可以说这种先进的网络社会的内部结构已经发展出各种不同的“连接性模式”，与全球公共空间等同。

社区空间

这种将分散于国际的民族社区联系在一起的模式可以被描述为社区空间。例如中国中央电视台四套（CCTV-4）便可以在世界各大洲接收得到。同样，日本全国广播公司日本全球频道（NHK World TV）和泰国电视台（Thai TV）也是如此。CCTV-4 从中国的国家电视台收集信息，给世界各地的华人观众提供一个“中国全景”。这一模式的其他例子还包括在欧洲广播的，与不同的阿拉伯国家有关联的崭新的民族国家频道，例如约旦电视台（Jordan TV）。来自首尔的阿里郎电视台向美洲、欧洲、亚洲，亚美尼亚、非洲等地传送节目。两个伊朗频道——IRIB1 和 IRIB2，在欧洲、美国和亚洲都可以接收得到。而美国的福克斯新闻则可以用卫星在欧洲、中东地区以及日本接收。

在未来几年里，这种“社区空间”的模式将会有更进一步的发展。例如，中国和法国将共同建立一个面向世界的 24 小时新闻频道，建立这些民族国家新闻频道的目的是为了让世界更好地了解中国和法国关于各种世界大事的观点与态度。

除了这些属于民族国家的频道，即像在本国政治讨论中发挥“桥梁”作用的国内媒体的国际输出之外，还有被描述为超国家社区空间的第二种模式。这些频道并不以民族国家为本，而是为超国家社区而建立。比如位于洛杉矶的一个伊朗电视频道——NITV。NITV 的目标是连接居住于世界各地的伊朗同胞从而从“外围”来影响伊朗的政界。也就是说，尽管在伊朗只能通过非法的碟形卫星天线才能接收到它的信号，但这一频道还是试图直接影响伊朗的政治活动。通过利用新型的超国家连接模式，这一频道显示出在全球公共领域内影响国家政策的潜在力量。这种政治权力的规模远远超过了传统的“媒介外交”所能达到的程度。

微观空间领域

在这一去领土化的全球公共空间里，新的信息平台看起来大部分都出现在世界发生危机的时刻。尽管在第一次波斯湾战争期间，CNN 使自己强有力地占据了新闻的垄断地位，但如今 CNN 在世界危机报道中所起的作用（当然它依然发挥着很重要的作用），已经无法企及前面所达到的那种主导程度。随着 2001 年 9 月 11 日的到来，像半岛电视台这样争夺新闻资源的新的跨国危机平台出现了。

西方媒体倾向于把半岛电视台称作全球新闻流动过程中的“阿拉伯之声”，但是在定居于诸如北美和欧洲等地的阿拉伯观众看来，半岛电视台只不过是众多阿拉伯跨国电视台中的一员而已。事实上，它是扩大的阿拉伯跨国“微观领域”的一个组成部分，只不过西方观众看到了它在 9·11 事件和阿富汗战争报道中所发挥的重要作用。而以前的情况是，跨国电视台试图吸引世界范围内尽可能多的受众，而这些“微观领域”空间只在特定的政治、文化或者其他特定的跨国微观领域空间中运作。

目前，在世界各地的阿拉伯社区所形成的公认的“微观领域”空间已经存在了相当长的一段时间。除了在阿拉伯媒介中带有一些“自由”之音色彩的半岛电视台外，其他的阿拉伯电视台从 20 世纪 90 年代早期开始纷纷建立起来。其中包括来自英国伦敦的 MBC，即中东广播中心。事实上，MBC 是最早的阿拉伯跨国电视频道。其新闻报道多持保守的态度。在这样的背景之下，半岛电视台可以被看作是对保守的阿拉伯国家电视频道的一种抗衡。它作为一个跨国运作的电视频道，已经（通过“现场”访谈、电视 Call-in 节目等）“从外围”改变了阿拉伯世界的新闻报道。

在阿拉伯世界，半岛电视台的新闻报道观点备受争议。它曾经冒犯过许多并不认同其报道议程的阿拉伯世界的政府。比如科威特，它关掉了半岛电视台在当地的办事处，并对该电视台针对其发表的反对言论发出了警告。约旦亦是如此，它甚至还召回了其驻卡塔尔的大使。这些行动的原因主要都是对内的：例如，约旦的行动缘于半岛电视台的一档谈话节目。这档节目对约旦和以色列在签署 1994 年和平条约之前的关系进行了分析。其他的例子，比如沙特阿拉伯，据称其因半岛电视台在一则报道中批评沙特阿拉伯王国的创始人而撤回了其驻卡塔尔的大使。

正如上面所提到的，当这些分裂的信息“流”在全球公共空间里得到加强并向人们提供“真实的”反馈与信息时，微观领域空间便在世界的危机时刻占据了显著的地位（参见 Volkmer, 2002）。半岛电视台英文网站便充分说明了这一点。该网站是为了与 CNN 的网站争夺英语世界的受众而建立起来的，在伊拉克战争中多次遭到美国黑客的劫持。这一持续数周的信息战显示了其更加激进的潜力。只要半岛电视台把平民受害者的图片发到这一网站上，便会遭到黑客的劫持，而这些图片也将会被不同的美国图片，诸如一面美国国旗和写着“让自由之钟响起”的图片所取代。虽然其他的电视频道通常受到阿拉伯观众所在的位置和可利用的卫星“覆盖区域”的限制，但它们也同样在这个微观领域中运行着。

有趣的是，半岛电视台在阿拉伯世界的成功（该电视台拥有 4 千 4 百万观众），也包括因其“自由”新闻而受到的质疑，促成了这一去领土化空间里不同跨国电视频道的诞生。Al Arabya 阿拉伯语频道建于 2003 年 2 月，即伊拉克抵抗宣言正式发布不久。它从属于 MBC，直接与半岛电视台竞争。在备战的几个月里，CNN 通过一个阿拉伯语网站也开始参与到阿拉伯世界的微观跨国领域。此外，20 个特定的阿拉伯国家电视频道也通过 Eutelsat 卫星系统被原汁原味地传送到欧洲的阿拉伯观众那里。而最近，美国国务院创办了萨瓦（Sawa）广播电台和一份杂志，专门针对于这一微观领域18～35周岁的青年受众。

在阿拉伯世界成为全球最先进的微观空间领域的同时，其他的微观领域也呈现了出来。前面所提到的中国便是这样一种微观领域。不过，这里我们要提到一个更广泛的微观领域。这一微观领域是为了全球最大的移民群体——印度侨民的共同利益而建立起来的。ZEE TV主要提供娱乐和音乐节目。在美国，ZEE TV同样使用英文字幕以吸引当地的观众（参见Thussu，2000：198）。

话语空间

全球公共空间中，政治媒体的基础结构不仅会带来亚民族话语，而且也会在不同层面上影响民族国家政治领域。跨国媒体的注入改变了新闻行业的形式，并为其建立起了新的“共向”模式。虽然1992年针对欧洲公共服务电视台的记者们所做的一项调查显示，他们是通过观看CNN来了解世界所发生的事情的，但如半岛电视台这样的信息源更有可能被作为世界各地相关新闻的指示器。这些跨国媒体对国内新闻议程所产生的影响值得深思。

在阿拉伯国家，新闻媒介的言论受到国家的严格控制。而俄罗斯对“话语空间”的控制亦是如此，只不过程度较轻一些。如果有需要的话，这些国家将会对该国媒介内容进行审查，并拦截和中断其卫星发送。在诸如美国这些国家，“国际新闻”通常都是围绕着美国的行动以及海外利益（甚至CNN的国内新闻也主要集中于美国的双边活动）。而所谓的“海外”频道，比如BBC美国，正在塑造着国内的新闻议程。“我们的新闻议程是不同的”，一位BBC的高级记者如是说，“我们好像是透过窗子观看的局外人，可能这会对美国的观众具有巨大的价值”（引自Burt，2003：2）。“美国的媒介，”他补充道，“都不愿意自己的新闻报道令布什政府不安，因为它们需要考虑翘盼已久的媒介所有制改革。”而相反的是，BBC“将充分利用这一趋势，并声称‘长篇累牍’式的新闻的存在是必要的：无论是来自于巴士拉还是柏林的新闻及其详解”。BBC 将在美国开播一个 24 小时的新闻频道。而与此同时，其他针对西班牙语公民（其为美国最大的少数民族群体，有 3 千 7 百万个家庭说西班牙语）的亚民族节目也已经发展了起来。NBC 于 2002 年 10 月收购了西班牙语电视频道 Telemundo。

在世界的其他地方，比如印度，建立起了新的国内新闻频道以平衡跨国媒体（比如 CNN 和 BBC）的新闻报道。在印度，全国广播公司 Doordarshan 开播了一个 24 小时的新闻频道。在欧洲创办了 Euronews，为人们提供了一种不同于 CNN 的欧洲的国际视角。

全球的连接性与对于意义的寻求

上述这些连接性模式似乎表明，全球公共空间绝不是“普遍的”或“世界性的”，而恰恰相反，其变得越来越“特殊”和“碎裂”。它不是一个开放的、“均质化”的领域，也不是毫无意义的“世界公民身份”与“全球市民社会”。依我看来，全球公共空间更多地是“私人的”而非“公共的”，它一方面建立在跨国媒体的基础之上，另一方面建立在生活世界的基础之上。这两个“基础”都与各种制造自我参照的“真实”与“意义”的连接性模式有关。

尽管在哈贝马斯的公共领域理论中，“意义”被民族国家所限定，但对网络社会中意义的寻求依然被定位在生活世界之上。生活世界渗透着各种反向的、多视角的全球政治新闻流，它们构成了个体的新闻议程以及我们对于这个世界的综合看法（即哲学意义上的“世界观”）。这是些重要的问题，因为我们依靠这些概念来调整我们的“行动”和“参与”。

人们的私人“生活世界”从来没有如此直接地受到利用地面、电缆以及卫星传送信息的跨国政治媒体的侵入。正如卡斯特尔（Castells）所说，“市民社会在收缩和脱节，这是因为全球网络的权力制造逻辑与特定社会文化的关联和表现逻辑之间不再存有连续性”(Castells，1996：11)。他说，对于意义的寻求“发生在围绕公共原则的身份保护的重构之中”(Castells，1996：11)。换句话说，它将在超国家与亚民族的“连接性”动态之中，即在全球公共空间与生活世界之中被发现。库姆尔（Kumer）在分析印度和巴基斯坦时说，“‘网络’社会也是过渡性的”，差不多所有的过渡社会都可能具有“网络社会”的某些特征（Kumer，2003：42）。

然而，依我之见，全球公共空间与生活世界之间的关系是至关重要的。在媒介被严格控制的国家，比如伊朗，碟形卫星天线被官方禁止，以防止人们受到国外政治的影响而对抗本国的官方意识形态。那么它们就被藏匿在“一扇窗户之后或院子里某些准备好了的花树之中”（Mass，2003：12）。更确切地说，就是外面的观点（来自于CNN、MBC以及半岛电视台的观点）作为一种更让人信赖的“意义”（甚至是对于“到底发生了什么”这一问题的“真实性”）资源为“里面的”观点，即国家媒体或者政府宣言，提供了参考框架。在以市场为基础的多元化模式国家（比如美国），以及以公共服务广播为基础的国家（比如英国），跨国媒体的反向流动增加了在生活世界寻求意义以及“世界导向”的压力。正如一位居住在美国的埃及人所陈述的：“你不能相信任何电视台……当你看半岛电视台时，你看到的是他们对人民做了什么，而不是军队做了什么。半岛电视台呈现的是美国不好的一面。而CNN则向你展现了伊拉克政府罪恶的一面。我看CNN，没人被杀。而我看半岛电视台——那简直就是一场悲剧。”（引自Roumani，2003）

政治信息的流动为生活世界创造出了一个全新的辩证过程，它为“世界”的意义提供了参考框架。在生活世界中，建立在这种辩证的相关性政治基础之上的危机传播可能会在将来变得非常极端和激进。在伊拉克战争期间，我们已经通过半岛电视台英文网站不断被劫持这一事实，目睹了这样的一种“极端化的潜能”。另外的一个例子是CNN试图展示巴勒斯坦自杀性袭击的双方。CNN在美国采访了一位自毁性轰炸员的父母。而当CNN播出该访问时，以色列对位于亚特兰大的CNN发出了威胁，要求其把CNN国际频道的卫星信号从以色列移开。没有哪个国家会对这些争论无动于衷，而且它们也一定会在未来的几年里变得更加白热化。因此，研究这些新的发展，并构建一个新的全球传播的框架结构是传播媒介研究的一项任务和责任。

参考文献

Boyd-Barrett, O. and Rantanen, T. (eds) (1999) *The Globalization of News*. London: Corwin Press.

Burt, T. (2003) Trust me, I'm British, *Financial Times*, 19 July, W1/W2.

Cardoso, F. H. (n.d.) UN debate on global civil society, see http://www.un.org/reform/pdfs/cardosopaper13june.htm.

Castells, M. (1996) *The Rise of the Network Society*. Oxford: Blackwell.

Clausen, L. (2003) *Global News Production*. Copenhagen: Copenhagen Business School Press.

Cunningham, S. (2001) Diasporic Media and Public Sphericules, in K. Ross (ed.) *Black Marks: Minority Ethnic Audiences and Media*. Aldershot: Ashgate, pp. 177-194.

Cunningham, S. and Sinclair, J. (eds) (2001) *Floating Lives: The Media and Asian Diasporas*. Lanham, MD: Rowman & Littlefield.

Curran, J. and Park, M.-J. (eds) (2000) *De-Westernizing Media Studies*. London and New York: Routledge.

Flournoy, D. (1992) *CNN World Report: Ted Turner's International News Group*. London: John Libbey.

Gitlin, T. (1998) Public Sphere or Public Sphericules? in T. Liebes and J. Curran (eds) *Media, Ritual and Identity*. London: Routledge, pp. 175-292.

Habermas, J. (1992) *The Structural Transformation of the Public Sphere*. Cambridge, MA: MIT Press.

Hartley, J. and McKee, A. (2000) *The Indigenous Public Sphere: The Reporting and Reception of Aboriginal Issues in the Australian Media*. Oxford: Oxford University Press.

Kumar, K. (2003) India and Pakistan: From Transitional to Network

Societies? *Development*, 46(1): 41-48.

Lasica, J. D. (2002) Blogging as a Form of Journalism, in R. Blood (ed.) *We've Got Blog. How Weblogs are Changing our Culture. Cambridge*, MA: Perseus, pp. 163-170.

Maass, M., Riviera, D. and Hofman, A. (2005) Mexico, in: I. Volkmer (ed.) *News in Public Memory.* New York: Peter Lang.

Neuman, J. (1996) *Lights, Camera, War: Is Media Technology Driving International Politics?* New York: St Martin's Press.

Nye, J. (2003) *The Paradox of American Power: Why the World's Only Superpower Can't Go It Alone.* Oxford: Oxford University Press.

Robinson, P. (2001) Theorizing the Influence of Media on World Politics: Models of Media Influence on Foreign Policy, *European Journal of Communication*, 16(4):523-544.

Robinson, P. (2002) *The CNN Effect: The Myth of News, Foreign Policy and Intervention.* London and New York: Routledge.

Rawnsley, G. D. (1996) *Radio Diplomacy and Propaganda: The BBC and VOA in International Politics.* London: Macmillan.

Riesman, D. (1970) *The Lonely Crowd.* New York: Yale University Press.

Roumani, R. (2003) One War, Two Channels, *Columbia Journalism Review*, section "Voices", online edition http://www. cjr. org/year/03/3/roumani. asp May, June.

Seib, P. (1996) *Headline Diplomacy: How News Coverage Affects Foreign Policy.* Westport, CT: Praeger.

Stevenson, R. L. and Cole, R. (1984) Patterns of Foreign News, in R. L. Stevenson and D. L. Shaw (eds) *Foreign News and the New World Information Order.* Ames, Iowa: The Iowa State University Press, 44-47.

Tehranian, M. (1999) *Global Communication and World Politics: Domination, Development and Discourse.* Boulder, CO: Lynne Rienner.

Thussu, D. (2000) *International Communication: Continuity and Change.* London: Arnold.

Volkmer, I. (1998) "Hic et nunc" von Nachrichtengenerationen: Überlegungen zu der Kategorie des 'Da-seins' aus der Sicht globaler Phänomenologie, in Hug, T. (ed.) *Technologiekritik und Medienpädagogik. Zur Theorie und Praxis kritisch-reflexiver Medienkommunikation.* Hohrengehren: Schneider.

Volkmer, I. (1999) *News in the Global Sphere. A Study of CNN and Its Impact on Global Communication.* Luton: University of Luton Press.

Volkmer, I. (2002) Journalism and Political Crises in the Global Network Society, in B. Zelizer and S. Allan (eds) *Journalism After September 11.* London and New York: Routledge, pp. 235-246.

第二十七章　新闻与伊拉克战争

霍华德·裘伯

- 第二次海湾战争是“第四权力”的转折点吗？
- “嵌入式报道”的记者能够做到客观公正吗？
- “非嵌入式报道”的记者或者说独立记者的安全受到了严重的损害吗？

学者和记者们常常醉心于宣称当前的事件是历史的关键转折点。传播学者同这些学者和记者一样，也免不了夸大事件的相对重要性和可能带来的影响。所以第二次海湾战争给新闻带来了什么样的关键议题？此次战争是“第四权力”的转折点还是仅仅是特定的政治、经济、文化和科技潮流的继续？

在第二次海湾战争中，一些研究分析了新闻媒体报道的不同方面并提出了重要的和有意义的见解。“新数字科技”、“24 小时新闻”、“宣传”、“媒介偏见和框架”、“新闻来源”以及“异议的被边缘化”都在此次战争中得到了重新评估。但是，大体上这些研究都旨在揭示最近和过去冲突中显示的趋势，而非凸显此次战争中它们的独特性（参见 Allan，2004；Aufderheide，2004；Bromley，2004；Couldry and Downey，2004；Iskandar and El-Nawawy，2004；Kellner，2004；Lewis and Brookes，2004；Moeller，2004；Rantanen，2004；Reese，2004）。

在新闻业内，BBC 的国际记者和主要主持人尼克·高英（Nik Gowing）多次强调新媒体技术的大量出现如何模糊了媒体和个体公民之间的界限。便携式摄像机、数码相机和电脑的广泛使用使得大量的普通民众可以捕捉新闻事件，这引起了政府和军队以及新闻组织的关注。安全部队发现很难隐藏他们的活动，而暴露他们的活动又对他们的军事政策、策略和实践具有影响。政府面前是一场新的对抗恐怖主义和游击部队的宣传战，因为恐怖主义和游击部队现在掌握了操纵和传播图像的方法，而媒体从业者却在选取播出的图像时面临巨大的挑战，尤其是当那些信息来自匿名的或未曾核实的新闻来源时。纠正不可靠的报道或虚假的影像带来的影响是很棘手的，这便把新闻报道者置于脆弱的位置（Gowing，2004）。

但是起源于第二次海湾战争的哪些议题使得新闻界随后产生了自省？有两点是很明显的：部队当中“嵌入”了500多名记者，以及新闻从业人员的人身安全问题。

嵌 入

在部队当中“嵌入”500多名新闻记者是第二次海湾战争中最值得一提的媒体报道的新发展。在1982年的福克兰战役中，新闻记者碰巧“嵌入”了英军的作战部队。而此次与福克兰战役不同，这次“嵌入”是美国国防部与新闻组织协商之后的结果，他们有意制定此项计划，把新闻记者安插到部队的不同位置。此项“改革”背后的策略事实上已经开展了一些时日。

自越南战争起，政府和军队就已经尝试各种方法对媒体进行“控制”和“管理”。“电视使得美国输掉了越南战争”，这一想法致使美国政府和军队相信对媒体的严格控制是必要的，只有这样他们才能控制信息并且最终“因为赢得了民众的支持而赢得战争的胜利”。英国政府和军队在马岛所采用的信息政策是建立在越南神话之上的，但那是组织不利和缺乏计划的。该政策缺乏一致认同的程序和标准，没有集中的控制系统，也没有部门间的协作配合（见 Morrison and Tumber，1988：189-190）。在福克兰战役中，舆论战在“作战安全”的掩盖下打响，这个术语可以囊括一切，成为推迟信息和审查信息，以及传播错误信息的借口。

美国的军队和国防部官员注意到福克兰战役的经验，采用了各种方式来运用军队和市民的头脑，他们让记者在军队驻地，并进行集中安排。20世纪80年代，新闻组织和五角大楼间进行了一些讨论，建立了一些合作的基本原则。对格林纳达（Grenada，拉丁美洲国家）的入侵第一次检验了这种改善了的关系，那次行动被称为“紧急愤怒”。然而，此次检验非但没有为军队和媒体之间奠定和谐关系的基调，还引发了新闻组织的强烈抗议，因为有600多名新闻记者被扔在巴巴多斯（Barbados，拉丁美洲国家），而不能报道格林纳达发生的事情。记者们就这样被扔了两天，等他们到达岛上的时候，行动已经结束了。部队的后勤根本无视新闻组织的需求。随后来自媒体的激烈批评使得“参谋长联席会议”设立了一个委员会，该委员会以怀南特·西德尔（Winant Sidle）将军为首来支持未来的媒体运作。其中一个主要的提议是，在不能让所有媒体都进行报道时，应该在未来的军事行动中建立对全国媒体的集中安排。这个提议先是在波斯湾的“诚挚之声行动”（Operation Earnest Will）中得以实施，接着在美军参与的巴拿马行动中得以运用。不过后者的新闻集中安排系统成为了一场灾难，因为当时的国防部长迪克·切尼（Dick Cheney）阻碍安排与调用，因此记者无从采访此次行动（Tumber and Palmer，2004：2）。

到1991年的第一次海湾战争，记者已经通过有组织的集中供稿和正式简报来报道军事行动了。他们的行动受到限制，他们必须上交他们的稿件，进行正式的安全审查。部队面临的问题是如何组织和处理蜂拥而至的数百名记者。临时记者安置点被设立，但是记者们无视这些安置点的存在，而是自由地进行活动。这一结果让新闻组织沮丧，也让军队对于记者如何管理继续感到困惑。军队讲究秩序与合作，新闻业则充满竞争、散乱、无政府主义。当这两种文化冲撞，其结果往往是互相反感与彼此困惑。福克兰岛的经验和教训应该成为军队在未来战争中利用的蓝本。相反，对记者如何行动的误解意味着要用20年时间才能组织起一个完全有序的“嵌入式”报道过程。

“嵌入式”报道并非一个新现象。这种方式在第二次世界大战和越南战争中都存在。近来，随着波斯战争中资源库系统的不受欢迎，不同类别的“嵌入式”手法被用在了许多地方，包括1994年的海地、1992年到1995年的索马里和1995年的波斯尼亚（见Porch，2002）。然而，在第二次海湾战争中使用“嵌入式”报道之前，军队和媒体的关系因为科索沃战争（1999）中南斯拉夫被迫从该区域撤军而经历了进一步的恶化。这个冲突是因为媒体在该事件中没有任何采访机会而是完全依赖军方提供的轰炸信息。在入侵阿富汗的战争（2001）中，许多编辑、驻站首席和驻外记者认为五角大楼的报道规定较以前更加严苛了。最大的不满集中在记者不能进入对塔利班政府阵地发起空袭的陆地和海上基地，以及对来自五角大楼的信息源的严格限制。新闻组织甚至收到了国防部长助理和五角大楼首席发言人维多利亚·克拉克（Victoria Clarke）的道歉。

第二次海湾战争中，为了协调媒体进行了各种安排，其中最重要的创新就是大规模地让记者“嵌入”到部队中，出现在战场上。嵌入的过程是有组织的，而且是在战争开始前通过五角大楼和新闻组织协商安排好。没有一个人，至少没有一个记者愿意回到以前战争中的统一安排体系或者仅仅依靠官方简报。很多记者对嵌入过程很是忧虑，尤其是如何保证他们公正报道的能力，其他记者则欣然接受了这个到前线的机会，因为新闻组织渴望能够进行连续的现场报道。随着部队开入海湾，第二个忧虑随之而来，那就是“嵌入式”记者仅仅提供了战争的一个快照。美国和英国政府都抱怨说公众看到的只是关于此次战争的被歪曲的画面。

嵌入过程的实施是建立在这样一个计划之上，即将新闻组织而不是单个记者分配到不同地方去。这就使得自由撰稿人很难获得准入资格，除非他们与某个新闻组织订立合同。这也使得国防部可以通过对记者所属新闻组织发布禁令来惩罚记者的“错误行为”，从而使得对嵌入过程的“控制”更加容易。

“嵌入”到军队当中的记者需要在特殊的程序和指导下行动。记者和媒介组织一开始就被要求签署文件，答应遵照规定可以或者不可以报道哪些新闻。比如，关于未来的军事行动的细节不可以报道；不许带私人卫星电话和手机；在嵌入式状态中不许开着自己的车乱转；不能有显示安全级别、敌军俘虏或被扣押者脸部、胸牌和其他具有身份识别特征的照片。为了保护军事行动安全，记者还必须同意遵守新闻禁令（Tumber and Palmer，2004：16）。

媒介组织的主编们对“嵌入式新闻”最初的热情是显而易见的，因为虽然沙尘暴和快速的行军可能会给报道带来一些延迟，但实际上媒体可以不需要经过军队的审查就进行实时报道。五角大楼允许大批记者“嵌入”部队，这就使得媒介组织和那些一般不在五角大楼优先考虑名单的媒体可以接近战争了。它给予地方性的小报亲临战争现场的机会，可以代表它们的观众拥有一种“我在现场”的荣耀感，而这是在以前的战争采访中很少有的现象。

“嵌入式报道”最初给军队和媒介组织都带来了一股热情，但是不久紧张局面就开始出现了。一些记者因为“嵌入”在部队中无法见到任何一场军事行动而沮丧。于是有些记者擅自离开了他们所在的部队，或者他们的媒介组织要求他们离开部队。对于那些除了“嵌入式”记者外还派了其他独立行动的记者的大媒介组织来说，问题就没有那些小媒介组织那么严重了，因为小媒介组织没有在整个战争区域都派驻记者的财力。还一些记者抱怨说他们要依赖军事通讯给编辑发稿。

另外一个主要的问题是记者的安全。“嵌入”部队的记者依赖于本身就具有风险的部队的保护，于是，就像保护他们的军队一样，他们同样有受伤和死亡的风险。但是他们还存在一个被俘虏的潜在问题，那就是如果他们被敌方捕获，他们是该被视为受《日内瓦公约》保护的战争犯人，还是不具备同样保护资格的间谍？对于那些独立于部队单独行动的记者（他们被称作“独行侠”），这些风险就变得尤为明显。这不仅仅指的是军队会拒绝他们接近、限制他们的运输和通讯，而且还意味着他们当中的很多人在冲突中会受伤或者死亡（见 Tumber and Palmer，2004：7）。

有一卷记者编辑的材料，里面收集了第二次海湾战争有趣的“嵌入”过程的记录。正如卡托夫斯基和卡尔森（Katovsky and Carlson，2003）在引言中所言，有些记者承认“肾上腺激素激增”而有些人仍然被他们的经历所困扰。有些记者超越了客观这条界线，他们穿上军事装备，带上武器，不时地瞄准对方的狙击手（Katovsky and Carlson，2003：xix）。

随着政府和军队在改善“嵌入”式报道中变得越来越拿手，在未来的战争报道中摆在记者面前的主要问题就是保护和维持他们的专业公正性。美国“陆军战争学院战略领导中心成员”在讨论未来方案的时候建议成立一个永久的“嵌入”部门，采用警局、体育队和政治运动一样的模式（Tumber and Palmer，2004：60）。这除了涉及媒介组织的花费外，也对新闻客观性提出了挑战。一旦记者被嵌入到部队，他们的命运就与该队伍的士兵息息相关。保持公正的可能性慢慢被削减，并且随着职业不确定性环境的变化，以往作为记者保护伞的职业道德开始与之妥协。

记者的安全

第二次海湾战争尤其突出了与记者的安全相关的议题。“国际新闻安全研究所”（INSI）于2004年8月发布的新闻称，截止到当时，在伊拉克战争中已有50名新闻从业人员被杀，不论其原因是敌方袭击还是友方误伤。“记者保护协会”（CPJ）报告称，在伊拉克战争开始的头6周内就有17名记者或新闻从业人员死亡。这个高伤亡率引发了人们的忧虑：是否第二次海湾战争意味着独立见证战争时刻的终结。在巴士拉和巴格达共发生了4起记者被联军无缘无故杀害（共7人遇害）的事件，这更引发了记者们前所未有的愤怒。“国际记者联盟”（IFJ）对导致政府和军队令人惊异的自满和对记者安全的疏忽的军事和政治文化非常不满。“监视、控制和操纵信息的冲动使得政府和军队无视记者的安全和独立报道的权利”（IFJ，2003a）。来自“国际记者联盟”（IFJ）的数据显示，记者在第二次海湾战争中的伤亡数量是史无前例的。发生在1954年到1975年之间的越南战争耗时21载，63名记者被杀害。在伊拉克战争中，媒体工作人员的伤亡率高于史上任何一次战争，按目前的人数比例算，甚至高于联军的伤亡率（IFJ，2003a；也见于Tumber and Palmer，2004：36）。

“国际记者联盟”(IFJ) 的报告显示，到该报告发布时止，12年间共有1 100名记者和媒体工作人员在执行任务时死亡（IFJ, 2003b)。这些死亡并非仅仅发生在敌对政权下和战区。大部分记者是被本土人袭击的对象，因为他们对有组织犯罪、毒品和军火交易进行了报道。这些伤亡不仅限于世界上的一两个区域。“国际记者联盟”(IFJ) 的报告确认了38个国家的伤亡。这些数字表明媒体工作人员人身安全日益受到威胁，因此媒介组织建立一个保障它的工作人员生命安全的框架的压力也日益加强（见 Tumber, 2002a)。

安全措施的需求已经成为战争报道的主要议题。2000年5月发生在塞拉利昂的两名新闻记者的死亡事件导致许多媒介组织（路透社、美联社、CNN、BBC 和美国的几大电视网络）签署了一个“安全工作守则”(Owen，2001)。记者行为安全的“国际工作守则”要求媒介组织提供风险意识培训、社会保障（生命保险)、免费医疗以及对自由记者或兼职记者的保护。它也要求当局尊敬记者和媒体工作人员的权利和人身安全。尽管此工作守则被一些主要传媒机构所接受，但是可以使得媒体工作人员从风险意识培训中获益的整个行业范围的体系还是没有建立起来。广播组织和机构信守诺言，他们的培训已经扩展到所有的地方工作人员，但是报纸媒体还没有作出类似的承诺。而第二次海湾战争中记者的死亡带来了迫切的要求，要更好地理解这些死亡背后的原因（Tumber and Palmer，2004：37)。

除了第二次海湾战争中的死亡，记者也受到恐吓威胁，经历被驱逐、被拘留和被没收采访设备的噩运。记者遭袭事件不仅仅拘囿于伊拉克及其周边国家。来自马德里和开罗的记者在报道中讲述了记者在采访反战抗议的时候被袭击的事件。菲利普·奈特利（Philip Knightley，2003）把伊拉克战争描述为“记者成为众矢之的的战争”。曾被友军误伤的 BBC 世界时事主编约翰·辛普森（John Simpson）将许多记者的死归咎于“新闻审查的最终结果”。辛普森认为“嵌入式”系统意味着独立于美军和英军行动的新闻记者成为潜在的攻击目标（Tumber and Palmer，2004：39)。

记者在巴格达报道的问题始于 2003 年 2 月入侵伊拉克之前，当时伊拉克决定驱逐 69 名记者。据 NBC 估计，在 2003 年 3 月 17 日之前，巴格达有 450 名记者，但经过伊拉克驱逐和媒介组织自行撤回记者的联合作用，到 3 月 20 日仅有 150 名记者留下来。大量媒介组织召回它们的驻外记者和摄像师，其原因是它们担心它们的记者有可能成为伊拉克报复分子的攻击目标，而且有可能被用作人体盾牌（Tumber and Palmer，2004：42）。

基于敌对的环境而为新闻记者的安全考虑就会导致新闻组织的新闻编辑完整性受到损害。一个例子便是战后的 CNN，它是第一次海湾战争爆发后还留在巴格达的为数不多的几个媒介组织之一。CNN 的执行新闻总编伊森·乔丹（Eason Jordan）在 2003 年 4 月给《纽约时报》写了一封信，他指出在此前的 12 年间，CNN 掩盖了萨达姆政权一系列暴虐残忍、令人发指的事件。掩盖报道真相的原因很明显，那就是保护在伊拉克的生命，尤其是那些替 CNN 工作的人。据乔丹讲，在他 13 次去巴格达游说伊拉克政府网络新闻局保持开放，和安排对伊拉克领导人进行采访的事宜的行程中，他所听到的和见到的新闻使得他越来越不安，但是这些都不能被报道，因为这有可能给他的员工带来危险。据报道称，仅以 20 世纪 90 年代中期为例，就有一个在伊拉克的 CNN 摄像师被秘密警察绑架和虐待，原因是他们认为乔丹为美国的中央情报局工作。CNN 称，乔丹在巴格达待的时间已经很久，足够令他知道这样一个事实，那就是如果告诉全世界他的一个员工正在遭遇虐待，不仅会招致此员工的立刻身亡，同样也会给该员工的家人和同事带来很大的风险。乔丹同时也说有时候不报道某个新闻事件是为了保护非 CNN 的伊拉克人。乔丹讲述道，1995 年，萨达姆的长子乌代通知他说他将要暗杀背叛了他的两个连襟。乔丹说他意识到他不能报道这则新闻，因为他不确定乌代会不会通过杀害伊拉克翻译来实施报复。乔丹坚持认为因为害怕乌代会通过杀害伊拉克翻译来实施报复而不该报道。他补充说还有其他伊拉克官方告诉他的令人不安的新闻直到现在才可以公布于众。他被指责说为了保护电视网能继续在伊拉克发回报道，他损害了 CNN 的新闻使命（Tumber and Palmer，2004：

42-43）。

为了保住他的位置，乔丹告知他的属下说，萨达姆的恶行已经记录在案，而他在该政权瓦解之后再告诉全世界真相的决定挽救了无数的无辜民众。因此，CNN 选择在伊拉克之外报道伊拉克的人权问题。他指出 CNN 曾 6 次被伊拉克政权驱逐出境，常常是刚刚进入战争区域 3 天内就被赶了出来，比如记者克里斯蒂安·阿曼普尔（Christiane Amanpour）和布伦特·萨德勒（Brent Saddler）（Fletcher，2003；另见 Tumber and Palmer，2004：42-43）。

在第二次海湾战争中，一位涉及记者伤亡的事件被广泛报道，事件发生在巴格达的巴勒斯坦酒店。2003 年 4 月 8 日，美军向几乎是所有西方媒体在巴格达驻地的巴勒斯坦酒店开火，一位西班牙的电视摄像师和一位路透社的摄像师身亡，另有 4 名记者受伤。同一天，炸弹袭击了半岛电视台驻巴格达的办公室，一名半岛电视台的记者身亡。阿布扎比电视台在那天也遭到袭击。事实上，不知道是有意还是巧合，几乎所有主要的西方和阿拉伯国家的媒体总部都在同一天遇袭（Tumber and Palmer，2004：45）。

CNN 的国际新闻网主席，国际新闻安全研究所名誉主席克里斯·克雷默（Chris Cramer）声明：

> 就像我们大家害怕的那样，此次战争是我们新闻行业遇到的最坏的情景。每一天，新闻记者和从业人员都以惊人的速度被杀害。与军人不同的是，他们是自愿到那里的，我希望公众应该感激他们冒着生命危险去采访。
>
> （引自 Byrne，2003）

克雷默一直是记者安全的捍卫者，最近他攻击新闻采集的老传统。在传统新闻文化中，在新闻采访中任何情感和心理痛苦的表达都被认为是对新闻职业的威胁。克雷默认为新闻机构应该允许他们的记者表达感情，尤其是当他们刚刚从战场回来时。“应该让他们恢复体力、吐吐苦水”（Hodgson，2001；另见 Tumber，2002a）。

美军军方对巴勒斯坦酒店袭击事件的最初解释是，一个坦克在与对方狙击手和火箭弹交火的过程中击中了酒店。美国第三步兵师的指挥官布福德·布朗特（Buford Blount）将军告诉路透社："那辆坦克受到来自酒店的小规模武器射击，就和旁边的一个坦克一起回击。"此外，美国军方官员称半岛电视台的办公室被击中完全是失误（引自 IFJ, 2003a）。巴格达的巴勒斯坦酒店事件之后，115个国家的主编代表联合写信给唐纳德·拉姆斯菲尔德（Donald Rumsfeld），谴责美方袭击是"不可饶恕"和"不计后果"的。代表成千上万美国记者的工会领导人也写信给国防部长（见 IFJ, 2003a）。

设在维也纳的"国际新闻协会"的总裁约翰·弗里茨（Johann Fritz）和"英国独立电视新闻公司"的前任主编理查德·泰特（Richard Tait）副主席告诉拉姆斯菲尔德，国际新闻协会认为当美军的坦克朝着巴勒斯坦酒店射击的时候，它就打破了《日内瓦公约》。酒店袭击事件由"记者保护协会"(CPJ, 2003）进行了全面的调查。它的报告对该事件进行了详细描述，包括目击者的陈述，其结论是："没有任何证据支持美军的立场，说是为了反击来自巴勒斯坦酒店的敌火袭击。这与无数酒店中目击该事件的无数记者的证词相冲突。"此项报告以要求"更详细的调查"结束（Tumber and Palmer, 2004：44）。

五角大楼调查了该事件，在 2003 年 8 月末发布了一个两页的总结，证明美国军方对该事件不负任何责任。该报告称对此事负责的士兵们当时觉察到酒店中有伊拉克的潜伏者在使用观测弹朝他们开火，他们进行回应也完全符合军队的规则。这个总结遭到"国际记协"的广泛谴责，认为这是美国官方和新闻官在袭击发生后对其错误的一种"为一己之利的洗白"(IFJ, 2003a：28)。

出于保护记者的目的，2003 年 5 月成立了"国际记者安全研究所"。该研究所提出 3 条新法规，认为它们有利于提高对战争报道中媒体的独立性的尊重，还能促进在记者成为暴力的受害人时展开透明的、深度的调查。

1. 建立对杀害新闻记者和媒体工作人员的事件进行独立调查的国际框架。这必须包括传唤证人的能力，和从相关信息源获得信息的能力。

2. 在国际法的框架内将故意袭击记者和媒体工作人员的行为明确列为该受惩罚的犯罪。

3. 在国际法的框架内，对没有给记者提供足够保护，或者因为考虑不周而危及媒体工作人员的生命，或导致记者或媒体工作人员死亡的行为视为明确的犯罪（IFJ，2003a）。

这几件事件的广泛意义对未来的战争报道影响深远。如果军队、恐怖分子和暗杀人员把记者作为袭击目标从而阻止他们目睹事件，对事件进行独立报道，那么公众肯定会遭遇缺少可靠信息的“灾难”。记者越来越容易遭受身体和语言上的攻击。如果“嵌入式”报道形式被广泛推广，记者们会被认为是和所在部队一起的，从而承担由此而来的风险，这会导致他们被敌军袭击或者抓获。而如果记者保持他们的“独行侠”状态，他们可能要冒被袭击的风险，而且也没有双边的保护。两种情况都有可能让记者冒着被指控为间谍的风险。自由撰稿人是最危险的，因为他们除了有“嵌入式”记者和“独行侠”记者的风险外，他们还没有媒介组织提供给员工的保护，比如设备、培训和保险（Tumber and Palmer，2004：46）。

记者嵌入到军队中的过程与记者在冲突状态中的安全问题是息息相关的。从 1999 年开始，新闻行业和新闻产业的一些部门开始对新闻记者的安全问题十分重视。如果公众要很清楚地了解他们的政府和军队在未来战争中的行动，那么“第四权力”持续保持警惕的姿态就是它能有效运作的最重要条件。

参考文献

Allan，S.（2004）The Culture of Distance：Online Reporting of the Iraq War，in S. Allan and B. Zelizer（eds）*Reporting War*. London：Routledge.

Aufderheide，P.（2004）Big Media and Little Media：the Journalistic Informal Sector during the Invasion of Iraq，in S. Allan and B. Zelizer（eds）*Reporting War*. London：Routledge.

Bromley，M.（2004）The Battlefield is the Media：War Reporting and the Formation of National Identity in Australia—from Belmont to Baghdad, in S. Allan and B. Zelizer (eds) *Reporting War*. London: Routledge.

Byrne, C. (2003) Iraq—the Most Dangerous War for Journalists. Available at http://media. guardian. co. uk/iraqandthemedia/story/0,12823,932496,00. html.

Couldry, N. and Downey, J. (2004) War or Peace? Legitimation, Dissent, and Rhetorical Closure in Press Coverage of the Iraq War Build-up, in S. Allan and B. Zelizer (eds) *Reporting War*. London: Routledge.

CPJ (2003) Twenty-seven Journalists Killed in 2003. Committee to Protect Journalists, Available at http://www. cpj. org/killed/killed03. html#unconfirmed. Accessed 30 October 2003.

Fletcher, K. (2003) CNN's Secret News Agenda. *Daily Telegraph*, 18 April.

Gowing, N. (2004) Power of the Media, http://www. britische-botschaft. de/en/news/events/nik_gowing. htm.

Hickey, N. (2002) Access Denied, Columbia Journalism Review. Available at http://www. Cjr. org, January/February.

Hodgson, J. (2001) Let Reporters Show Emotion. Available at http://www. media. guardian. co. uk/attack/story/0,1301,596093,00. html, 19 November.

IFJ (2000) International Code of Practice for the Safe Conduct of Journalism. IFJ Report on Media Casualties in the Field of Journalism and Newsgathering. Available at http://www. ifj. org.

IFJ (2003a) Justice Denied On the Road To Baghdad. Available at http://www. ifj. org, October.

IFJ (2003b) Press Freedom and Safety. Available at http://www. ifj. org/default. asp? Issue = PRESSFREEDOM&Language = EN. Accessed 28 October 2003.

Iskandar, A. and El-Nawawy, M. (2004) Al-Jazeera and War coverage in Iraq: the Media's Quest for Contextual Objectivity, in S. Allan and B. Zelizer (eds) *Reporting War*. London: Routledge.

Katovsky, B. and Carlson, T. (2003) *Embedded: The Media at War in Iraq: An Oral History*. Guilford, CT: The Lyons Press.

Kellner, D. (2004) The Persian Gulf TV war revisited, in S. Allan and B. Zelizer (eds) *Reporting War*. London: Routledge.

Knightley, P. (2003) Psyops: The Battle for our Hearts and Minds, *Guardian*, 2 April.

Lewis, J. and Brookes, R. (2004) How British Television News Represented the Case for the War in Iraq, in S. Allan and B. Zelizer (eds) *Reporting War*. London: Routledge.

Moeller, S. D. (2004) A Moral Imagination: the Media's Response to the War on Terrorism, in S. Allan and B. Zelizer (eds) *Reporting War*. London: Routledge.

Morrison, D. E. and Tumber, H. (1988) *Journalists at War*. London: Sage.

Owen, J. (2001) Training Journalists to Report Safely in Hostile Environments, *Nieman Reports*, 55(4): 25-27. The Neiman Foundation For Journalism At Harvard University.

Porch, D. (2002) No Bad Stories, http://www.Nwc.navt.mil/press/review/2002/winter/art5-w02.

Rantanen, T. (2004) European News Agencies and their Sources in the Iraq War Coverage, in S. Allan and B. Zelizer (eds) *Reporting War*. London: Routledge.

Reese, S. D. (2004) Militarised Journalism: Framing Dissent in the Gulf Wars, in S. Allan and B. Zelizer (eds) *Reporting War*. London: Routledge.

Tumber, H. (2002a) Reporting Under Fire, in B. Zelizer and S. Allan (eds) *Journalism After September 11*. London and New York: Routledge.

Tumber, H. (2002b) Sources, the Media and the Reporting of Conflict, in E. Gilboa (ed.) *The Media and International Conflict*. New York: Transnational Publishers, pp. 135-152.

Tumber, H. and Palmer, J. (2004) *Media at War: The Iraq Crisis*. London: Sage.

译 后 记

对于新闻与传播现象进行批判式解读，是我们多年来关注的研究方向。早在20世纪90年代，石义彬教授就以其传播学批判学派研究在国内传播学界独树一帜，之后他一直带领着众多后进者在这方面进行着专注的研究。译介国外有影响力的书籍，是我们在此领域进行研究的一种方法，也是一种成果。

能够遇到这本书并将其翻译出版是一件机缘巧合的事情。在我们两位自访学欧洲的经历中，我们亲见英国开放大学（Open University）出版社的书籍被多所知名大学指定为课程的必读教材，尤其是其人文社会科学方面的著作。究其原因，我们发现由于开放大学多年来探索以远程教育的方式传授课程，因此教师们特别专注于撰写各领域清晰可读的教材与专著，以方便学生在课后自学与深入研究。这些教材与专著的品质在学界享有良好的声誉。

2005年出版的《新闻业：批判的议题》便是这样一类书籍的典型。该书是当年出版的新闻传播学类书籍中最受赞誉的一本，因其以批判的意识建构新闻学的学术与实践对话而著称。该书27章的数位作者均是各领域中顶尖级作者，对我们司空见惯、重复谈论的新闻议题重新进行审视，并提出了许多关键性问题。有学者评论，这本合集描绘了一个新闻地图，它所展示的新闻学就是一种艺术。而任何看过此书的人都会对作为“第四权力”的新闻界的界域及其问题、公共领域的建构及其意义等新闻学的关键问题拥有一些不同的视角与看法。能够译介此书是我们的荣幸，我们也在这个过程中深受启发。

在本书的初译过程中，多位同学贡献了他们的力量，特在此感谢张颖、马靖、张晶、李薇、徐雅平、张金刚、谭春燕、何漫漫、杨亮、江夏、刘晶晶、肖云颖、管理、饶遥等。

翻译涉及两种语言、两种文化，是跨语言、跨文化的交流。译者虽倾心相注、精心而为，但时间紧迫、能力有限，疏漏甚至错误之处在所难免，恳请读者不吝赐教！

纪 莉 石义彬

2011年6月10日

于武昌珞珈山